# 农业专业村的地域经济效应研究

## 以河南省种植业专业村为例

吴娜琳◎著

# Study on Regional Economic Effect of Specialized Agricultural Village

## Taking Multiple Specialized Planting Villages in Henan Province as an Example



中国经济出版社
CHINA ECONOMIC PUBLISHING HOUSE
北京

**图书在版编目（CIP）数据**

农业专业村的地域经济效应研究：以河南省种植业专业村为例 / 吴娜琳著 .-- 北京：中国经济出版社，2023.4（2025.4 重印）
ISBN 978-7-5136-7238-2

Ⅰ.①农… Ⅱ.①吴… Ⅲ.①农业经济-研究-河南 Ⅳ.①F327.61

**中国国家版本馆 CIP 数据核字（2023）第 032474 号**

责任编辑　丁　楠
责任印制　李　伟
封面设计　久品轩

**出版发行**　中国经济出版社
**印 刷 者**　北京艾普海德印刷有限公司
**经 销 者**　各地新华书店
**开　　本**　710mm×1000mm　1/16
**印　　张**　22
**字　　数**　320 千字
**版　　次**　2023 年 4 月第 1 版
**印　　次**　2025 年 4 月第 2 次
**定　　价**　88.00 元
**广告经营许可证**　京西工商广字第 8179 号

**中国经济出版社** **网址** www.economyph.com **社址** 北京市东城区安定门外大街 58 号 **邮编** 100011
本版图书如存在印装质量问题，请与本社销售中心联系调换（联系电话：010-57512564）

# 前言

*Preface*

专业村是指全村大多数农户从事同一项生产活动或参与同一个产业项目，且该活动或产业的产值占全村经济总产值比重较高的自然村或行政村。专业村是我国乡村经济发展的重要模式之一，对提升我国乡村经济发展水平，提高农户收入发挥着重要作用。因此，专业村的形成、发展、演化也成为众多学者关注的焦点。但是，长期以来，专业村的区域范围被认为是一个自然村或行政村的村域，专业村的发展与演化也是一个村的事。那么，一个区域范围狭小、资源条件有限的村，在其专业化生产水平达到某一高度(如100%)后，又该如何发展呢？也就是说，专业村形成之后的道路又在何方？单从当前国内学者对专业村的定义和衡量标准来看，人们似乎无法看到专业村进一步发展的空间，专业村发展的终点似乎还是专业村。那么，在市场竞争激烈的今天，一个小小的专业村何来存续空间？尤其是在城市化、工业化快速推进的当前，乡村劳动力大量转移，大量村落成为“空心村”，甚至衰落、消失，专业村的发展趋向更是引发众多学者的质疑：村将不存，以村为载体的专业村又将何去何从？有无必要大力发展专业村？以上问题，在现有专业村的研究中，似乎还没有学者正面给出系统的答复。

实际上，受行政区划差异的影响，我国专业村和国外专业村的村域面积不同，如日本的一个村几乎相当于中国的一个镇，甚至更大；即便都是我国的行政村或自然村，其行政管辖面积、人口规模也有较大的差别。但是，目前我国的研究多认为专业村的空间范围就是一个村，未能就其生产规模、地域范围进行识别和区分。此外，无论是自然村还是行政村，都只是广阔开敞乡村地区的一个点，无时无刻不与外部环境发生各种各样的联系，尤其是在世代久居的中国传统乡村地区，村域之间的联系更加频繁和紧密。因此，在专业项目落地某村之后，在该村成为专业村之前，就通过各种廊道将专业项目的各种信息、技术传递给了周边区域。从此角度来看，专业村的发展并不是一个村的事情。成功的、可持续发展的专业村及其产业活动，一般不会停留于一个狭小的村内，它通过自身示范带动效应使周边村域、农户参与到专业项目的生产中来，从而形成区域化、规模化、产业化的产业集群、产业区。因此，专业村更像是产业项目在发展初期集中分布在一个村的阶段性现象，真正具有发展潜力和市场竞争力的产业项目不会局限于一个个点——村内，其最终将以“星星之火”开启“燎原”之势。相应地，专业村问题的研究也不应该将视域局限于一个狭小的村内，而应该提升俯瞰高度，将其放在更广的区域内，从产业的区域化、集群化发展视角入手进行剖析。否则，可能无法真正解读专业村形成与发展背后的机理。为此，本书的研究主题——农业专业村的地域经济效应，尝试从产业发展视角，以专业村为起始点，探讨产业项目通过专业村发展为区域化、集群化生产格局的路径与机制。

专业村的地域经济效应是指在专业村形成及发展过程中，其产品生产、经营模式等引发周边村域农户模仿、学习，或受其产业发展需要的影响，参与到专业村产品生产、销售等相关的上下游产业中来，从而扩大了专业村专业项目的生产规模，延伸原专业项目的产业链条，最终出现产业空间覆盖区域逐步或跳跃式扩展的地域经济现象。本书首先以农户行为理论、空间相互作用理论、专业化分工理论为基础，以空间扩散理论、农业产业集群理论、农业产业区理论为支撑，在假定参与专业村形成与发展的各行为主体均为有限理性且存在异质性、专业村具有生命周期、专业村地域经济效应的终极表现形式为产业区的前提下，按照和产业区基本特征的相似程度，将专业村地域经济效应划分为初显、扩大、强盛、消失四个阶段，并从理论上详细阐释了专业村地域经济效应形成的基本条件、动力机制、形成机理；其次采用以空间换时间的思维范式，以农业型专业村为主、专业村地域经济效应水平不一、案例村所在的自然环境不完全一致为原则，选取河南封丘县青堆树莓专业村、宁陵县袁庄葡萄种植专业村、西峡县水峡河香菇专业村、郏县前王庄大根萝卜专业村分别作为专业村地域经济效应的形成阶段、发展阶段、强盛阶段、消失阶段案例，运用历时10年(2013—2022年)的实践调研数据，按照专业项目的引入、农户的参与、村域的参与、其他经济主体的参与、销售网络及产业链特征的顺序，展示处于专业村地域经济效应不同发展阶段的整个产业发展历程、空间分布变化特征、形成机制；最后系统剖析了专业村地域经济效应形成过程中的农户参与机制、村域参与机制，并将农业型专业村的地域经济效应和旅游专业村、工业专业村的地域经济效应进行对比，进一步明确农业型专业村地域经济效应的特征，得出了一系列研究结论。

本书主要分为四大部分十个章节，具体安排如下。

第一章为绪论部分。本章概括性地阐述了专业村地域经济效应研究的背景、立论依据，本书的研究思路、研究内容、研究方法和技术路线等。

第二章至第四章为理论分析部分。其中，第二章为国内外研究述评，在辨析专业村的概念、专业村地域经济效应概念的前提下，以“专业村”为关键词或篇名，搜索、整理、归纳与总结了国内外相关研究，并总结出了长期以来专业村研究的状况及存在的问题。第三章为理论支撑与研究假设，重点阐述了地域经济效应研究的基础理论、核心理论及理论假设。第四章为专业村地域经济效应的理论分析，在阐述农业专业村地域经济效应形成的基本条件、动力机制的基础上，从关键要素、关键动力、农户参与三个方面分析了农业专业村地域经济效应的形成机理，划分了专业村地域经济效应的阶段。



第五章至第九章为案例分析与对比部分。其中，第五章至第八章分别就封丘县树莓专业村、宁陵县葡萄种植专业村、西峡县香菇专业村、郏县大根萝卜专业村四个案例，按照产业特征与区域特征相似度→项目的引进与推广→生产主体的跟进→产业化特征与形成机制的步骤，系统阐述不同类型、不同发展水平的农业专业村地域经济效应及其空间演变特征、影响因素与作用机制。第九章采用计量分析方法，综合对比了不同类型专业村地域经济效应的形成机制及其差异。

第十章为结论与政策建议部分。首先，系统总结了本书的研究结论与发现；其次，在专业村区域化发展方面，给出了些许政策建议；最后，讨论了本书的创新点、研究的不足与未来需要进一步明确的问题。

专业村地域经济效应无处不在，而不仅限于农业型专业村。但不同类型专业村地域经济效应的大小、空间分布格局、集群化模式、未来发展走向等均不同，且受时代背景、区域发展环境等内外多重因素的综合作用。因此，不同区域、不同类型的专业村，在不同时期对地方经济发展的影响程度也是不同的，不可一概而论。遗憾的是，受时间、精力及数据的限制，本书仅就河南省种植业专业村的地域经济效应进行了对比与分析，且存在很多不足。笔者希望本书的出版能抛砖引玉，引发更多学者关注专业村的地域经济效应，关注专业村的健康可持续发展，让专业村不仅能够在不影响国家粮食安全的前提下，实现区域化、集群化发展，更能带动宏观区域经济的发展，让科学研究服务于国家的社会经济建设。

# 目 录

Contents


第一章　绪论

一、研究背景与立论依据 / 001
二、研究区域与数据来源 / 006
三、研究思路与内容 / 013
四、研究方法与技术路线 / 014

第二章　国内外研究述评

一、相关概念 / 020
二、国外研究述评 / 024
三、国内研究述评 / 029

第三章　理论支撑与研究假设

一、基础理论 / 040
二、核心理论 / 043
三、理论假设 / 047

第四章　专业村地域经济效应的理论分析

一、专业村地域经济效应形成的基本条件 / 051
二、专业村地域经济效应形成的动力 / 058
三、专业村地域经济效应的形成机理 / 064
四、专业村地域经济效应的阶段划分 / 088
五、本章小结 / 092

第五章　封丘县树莓专业村的地域经济效应

一、树莓产业特征及封丘县基本概况 / 095
二、项目的引进与推广 / 100
三、生产主体的跟进 / 104
四、销售网络及产业链特征 / 111
五、树莓专业村地域经济效应的形成机制 / 115
六、本章小结 / 127

第六章　宁陵县葡萄种植专业村的地域经济效应

一、葡萄产业特征及宁陵县基本概况 / 129
二、项目的引进 / 135
三、生产主体的跟进 / 135
四、销售网络及产业链特征 / 144
五、葡萄专业村地域经济效应的形成机制 / 145
六、种植村数变化的人地关系解释 / 157
七、本章小结 / 160

第七章　西峡县香菇专业村的地域经济效应

一、香菇产业特征及西峡县基本概况 / 162
二、项目的引进与推广 / 169
三、生产主体的跟进 / 172
四、香菇销售网络及产业链特征 / 185
五、西峡县香菇产业区域化格局的形成机制 / 188
六、西峡县政府的管制措施 / 196
七、本章小结 / 208

第八章　郏县大根萝卜专业村的地域经济效应

一、大根萝卜产业特征及郏县基本概况 / 210
二、项目的引进与推广 / 218
三、参与主体的跟进 / 222
四、形成机制分析 / 230

五、参与主体感知 / 237
六、本章小结 / 241

**第九章 专业村地域经济效应形成机制的比较分析**

一、专业项目的确定机制 / 244
二、农户参与机制 / 247
三、村域参与机制 / 261
四、和非农专业村地域经济效应特征对比 / 282
五、本章小结 / 294

**第十章 结论与政策建议**

一、本书研究结论 / 298
二、政策建议 / 304
三、讨论 / 311

**参考文献**

**致 谢**

# 第一章 绪论

## 一、研究背景与立论依据

### （一）研究背景

1. 乡村振兴背景

民族要复兴，乡村必振兴。乡村是具有自然、社会、经济特征的地域综合体，兼具生产、生活、生态、文化等多重功能，与城镇互促互进、共生共存，共同构成人类活动的主要空间。乡村不仅为人类提供了所需的食物来源，更为工业经济的发展提供了大量的生产原料及劳动力，是国民经济发展的资源“储蓄池”。乡村的价值也不仅在于经济生产，更在于其生活价值、生态价值、社会价值和文化价值。但是，多年来，在以经济建设为中心，快速推进工业化、城市化的背景下，我国乡村的发展地位被长期忽略、乡村的价值被严重低估。我国改革开放 40 余年，经济发展虽然取得了巨大成就，城市建设亦达到了前所未有的水平，但是乡村建设水平依然不高，农业发展严重滞后于工业化水平，并成为阻碍我国经济进一步发展的关键。例如，2009 年，中国城乡居民可支配收入差距为 12022 元，城乡居民人均消费支出差距为 8272 元；10 年后，即 2019 年，以上两个数字分别为 26338.1 元、14735.7 元，翻了一番。党的十九大报告指出，当前，我国人民日益增长的美好生活需要和不平衡不充分的发展之间的矛盾在乡村最为突出，我国仍处于并将长期处于社会主义初级阶段，它的特征很大程度上表现在乡村；全面建成小康社会和社会主义现代化强国，最艰巨、最繁重的任务在农村，最广泛、最深厚的基础在农村，最大的潜力和后劲也在农村。乡村兴则国家兴，乡村衰则国家衰。于是，乡村振兴战略应运而生。

对于如何振兴乡村，2018 年 9 月，中共中央、国务院印发了《乡村振兴战略规划(2018—2022年)》；2021年2月21日，中央一号文件发布《中共中央国务院关于全面推进乡村振兴加快农业农村现代化的意见》；2021年3月，中共中央、国务院发布了《关于实现巩固拓展脱贫攻坚成果同乡村振兴有效衔接的意见》；2021年4月29日，十三届全国人大常委会第二十八次会议表决通过《中华人民共和国乡村振兴促进法》；2021年5月18日，司法部印发了《“乡村振兴　法治同行”活动方案》，明确给出了乡村振兴的方针政策、实施方案与目标。其中，产业振兴作为乡村振兴的物质基础，对乡村振兴起着基础性、根本性、关键性作用，被排在首位。在众多乡村产业兴旺发展的实施意见中，大力发展特色优势产业被公认为是乡村振兴最有效的路径之一，而专业村则作为乡村特色产业规模化发展的重要模式之一被给予高度重视。《全国乡村产业发展规划(2020—2025年)》指出，拓展乡村特色产业，建设一批“小而精、特而美”的“一村一品”示范村镇，形成一村带数村、多村连成片的发展格局。

2. 专业村发展背景

专业村的雏形最早见于欧美等西方发达资本主义国家，如英国“原工业化”(Proto Industrialization)和美国公司镇(Company Town)，但并不普遍(Moore，1990)。在亚洲地区，专业村的兴起源于1979年日本大分县的“一村一品”(One Village One Product，OVOP)运动。所谓“一村一品”，是指各村或各地区立足当地资源优势、区位优势和自然与人文优势，根据市场需求寻找当地有市场竞争力的、能发挥当地资源优势的主导产品和主导产业，通过集聚规模优势，延伸产业链、树立品牌，提高农产品的加工率和商品率，提高当地的资源利用率和资源转化率，促进当地经济的发展(孔祥智，2008)。由于“一村一品”运动的开展符合大部分县实际的经济、社会状况和农民的实际需求，因而大大调动了当地农民的积极性，从而使这一运动成为振兴农业经济的典范，并在世界范围内引起了广泛关注(卢向虎，2007)。泰国、马来西亚、韩国、蒙古、马拉维、菲律宾、巴拉圭等国纷纷效仿(Kunio Igusa，2008；Kurokawa，2009；Natsuda，2011)，“一村一品”运动逐渐成为发展中国家振兴农村经济的重要途径。经过多年的发展，源于“本土化与全球化的策略”、“自主创新”以及“本土人力资源的发展”三个关键点(Yoshimura，2004)，各国的“一村一品”运动均较成功，且各具特色。

改革开放初期，我国建立了以家庭联产承包责任制为主要形式的农业生产方式，形成了以公有制为主体的多种经济成分并存的发展格局，农户自由的生产经营活动为专业村的出现提供了土壤。1980 年，上海市发起了口号为“One Hamlet One Product”的 OHOP 运动，中国成为第一个在日本以外实施“一村一品”专业项目的国家（Karki，2010）。之后，农村改革向社会主义市场经济方向转变，商品经济意识在农户头脑中萌生，许多省份都出现了专业户、“一村一品”专业村现象（张永森，2000）。1997 年，党的十五大提出“积极发展农业产业化经营，形成生产、加工、销售有机结合和相互促进的机制，推进农业向商品化、专业化、现代化转变”的重大任务，为专业村的进一步发展提供了良好契机。2004 年，中央一号文件在时隔 18 年后重新聚焦“三农”，提出加快实施优势农产品区域布局规划，大力发展农业产业化经营，促进优势产业带的形成，推进“一村一品”要以兴县富民为出发点，着力培育产业支撑。2012 年，自党的十八大以来，党中央、国务院始终把解决好“三农”问题作为全党工作的重中之重。2015 年，中央一号文件将引导土地流转和规模经营，积极发展多种形式适度规模经营，提高农民组织化程度作为加快构建新型农业经营体系的重要举措，专业大户、家庭农场等新型农业经营主体与形式得到重视。2019 年，中央一号文件提出县域发展农产品精深加工的意见，鼓励建成一批专业村镇和加工强县，培育农业产业化龙头企业和联合体，支持建设一批特色农产品优势区，加强乡村旅游基础设施建设，发展乡村新型服务业和“互联网+专业村”（如“淘宝村”）。2019 年，《国务院关于促进乡村产业振兴的指导意见》（国发〔2019〕12 号）提出要加大乡村重点产业关注度，促进资源要素集聚，突出集群产业链的延伸，建设一批专业村镇。专业村发展历程见表 1-1。



**表 1-1 专业村发展历程**

| 时间 | 背景关键词 | 发展形式 | 主要观点 |
|---|---|---|---|
| 1982—1991 年 | “专业分工”“专业户”“商品生产”“商品生产基地” | 专业户、专业村、专业镇 | 充分利用分散的物力、财力和专业人才，发展家庭副业、专业户 |
| 1992—1998 年 | “农业产业化”“商品化”“专业化”“现代化”“公有制” | 龙头企业，农业产业化 | 公有制实现形式可以而且应当多样化 |
| 1999—2012 年 | “优势产业带”“农业产业化龙头企业”“农民专业合作组织”“企业集群”“农产品加工” | “一村一品”、专业合作社、特色产业 | 走集约化、产业化道路，促进优势产业示范带动效应的发挥；培育农业产业技术创新联盟（2012） |
| 2012 年至今 | “优势产区”“特色品牌”“现代农业产业园”“集约化”“加工产业集群”“休闲产业”“互联网+农业” | “淘宝村”、产业集聚、产业集群 | 延长农业产业链，扶持发展“一村一品”（2015）；实施数字乡村战略（2019）；促进一、二、三产业融合 |

在政府的大力支持与倡导下，专业村数量及发展实力日益凸显。据原农业部统计，2006年底，我国专业村为41293个，从业农户1870.58万户，从业农户人均纯收入4560元，比全国农民人均收入高27%。原农业部从2008年起实施“一村一品强村富民工程”。2010年底，全国“一村一品”专业村镇数量达到51486个，占全国行政村总数的8.66%；全国专业乡镇3479个，占全国乡镇总数的10.24%。2011年底，全国“一村一品”专业村达到5.2万个，从业人员5724万人，专业村农民人均纯收入7946元，高出全国农民人均纯收入13.89%。2014年底，全国各类专业村达到5.5万个，农民人均纯收入11673元，比2014年全国农民人均纯收入高出18%。2017年，全国各类专业村达到6.1万个，专业村农民人均可支配收入15108元，高出2017年全国农民人均可支配收入12.5%（农村经济体制与经营管理司，2018）。截至2018年底，全国832个国家级贫困县已发展各类“一村一品”专业村15211个，约占全国专业村总数的25%，其中，经济总收入超亿元的专业村镇有2398个，超10亿元的有151个，专业村农民人均可支配收入达10674元，大幅高于贫困地区平均水平（农业农村部新闻办公室，2019）。实践反复证明，专业村是一种有效的农业农村经济发展模式，在改善农村经济边缘化（Kay，2011）和城乡发展不平衡（Rozellet，1995）、提升农业多样化水平（Brandth，2011）等方面起到了促进作用，并成为我国精准扶贫和乡村振兴的重要方式之一。



### （二）立论依据

乡村振兴的关键在于产业兴旺，而产业的发展在于规模化、标准化、产业化，将产品附加值尽可能多地留在乡村。但在我国，乡村发展的行为主体仍然以小农户为主，其小规模、多样化、分散化的经营方式严重制约了我国乡村产业的升级（Wang，1996；Yan，2019）。为此，政府出台了一系列政策，促进了一些地区生产的区域化、规模化、专业化发展（Gao，2020）。但是，此现象仅出现在个别区域，并未普及开来，小农户依然是我国乡村建设的主体（王亚华，2020），细碎化、分散化依然是我国乡村产业（尤其是农业）的主要发展模式（Hualou Long，2020）。在“大国小农”这一背景下，如何进一步推动乡村产业区域化发展，促进产业规模效应的生成和集聚经济的实现，就成为乡村产业发展面临的重要问题之一。目前认为，土地流转或构建农业合作社是解决以上问题的有效方式，但实施效果不尽如人意（Ge D，2018；Shi Zheng，2012）。有学者认为，农户是乡村产业兴旺的主体，也是乡村振兴的受益者，若把亿万农民群众的积极性、主动性、创造性调动起来，让其积极主动地参与乡村各项产业发展，实施效果应更有保证(Xin M，2015)。可是，如何将大规模分散的农户联合起来，形成区域专业化生产格局呢?

专业村是乡村地域和乡村产业聚集融合的典型区域，更是农区专业化生产典型模式之一，其以专取胜，以特见长，因地制宜地生产满足市场经济需求的特色农产品，对农村经济发展与空间集聚具有重要的推动作用，成为各地乡村振兴的重要方式之一。但局部地区部分村庄的专业化，空间布局分散，生产规模有限，不利于从整体上实现农区农业生产的专业化、规模化格局。若分布在同一区域(资源等)同质性较强的村从事同一产业，形成专业村集群式发展，不仅可以扩大专业化生产的地域范围，产生规模经济，亦可形成地域优势，在更大范围内带动农区经济的发展。实践发现，在专业村形成之后或形成过程中，具有一定经济优势的专业项目的生产活动，并非局限于一个村，而是通过多种途径向周边地区渗透，不断将更多的资源吸引进来，从而在空间上形成了以原有专业村为中心的扩散态势(魏后凯，2010)。《全国乡村产业发展规划(2020—2025年)》中指出，依托专业村培育具有乡村特色的产业集群。那么，专业村对周边区域有何影响?能否带动周边村参与到专业项目中来，从而形成区域化生产格局?不同类型专业村的地域经济效应有何不同?专业村地域经济效应出现的内在机理是什么?以上问题的解答，具有重要的现实及理论意义。



在理论方面，深化对专业村发展演化规律的认识。现实中，专业村的形成不是一蹴而就的，专业村在形成过程中及形成之后也并非稳定不变，而是处于长期动态演化之中的。因此，对专业村发展演化规律的认识需要以时间为轴线，从动态视角进行过程性分析。可是当前，人们对专业村的研究虽然涉及形成机理、经济效应、空间分布格局等诸多方面(Karki，2010；李小建，2012；Smith，2019；曹智，2020)，却忽视了专业村形成之后或形成过程中自身对周边区域的辐射、示范效应，对专业村的形成、发展和变化未能从动态视角进行细致梳理。基于此，需要关注专业村通过示范效应带动周边农户、村域参与专业项目，从而扩大生产规模、延伸产业链条，并形成区域规模化、专业化生产格局的过程与机制。

在实践方面，为乡村产业集群化发展提供实践参考，为乡村振兴建言献策。自20世纪80年代开始，专业村在我国乡村经济发展中就已经扮演了重要“角色”。但长期以来，人们对专业村的认识仿佛一直停留在“一村”“一品”的状态，“一村”即专业村是一个自然村或行政村，“一品”即一种产品，误认为一个自然村或行政村生产一种产品就是专业村(朱乾坤，2022)，专业村的形成与发展就是一个村的事。但现实中，专业村不是封闭的，在其整个形成与发展过程中，均或多或少、或大或小地与周边区域产生诸多联系，对周边区域产生不同程度的影响。值得注意的是，专业村通过自身示范效应带动周边村域、农户参与专业项目的生产，从而形成区域化、规模化、产业化的产业区、产业集群，就是专业村从更大、更广区域带动乡村经济发展的典型例证。但相关研究不多，对其规律性认识不足。实际上，专业村只是产业项目在发展初期集中分布在一个村的阶段性现象，如何以专业村为“始发器”，让产业最终走向区域化、集群化发展的道路，对乡村经济建设与发展具有重要意义，但是很少有学者对其中的内在机理、机制问题进行探讨。

## 二、研究区域与数据来源



### (一)河南省的代表性

在专业村建设与发展方面，河南省不仅具有独特的优势，而且亟须通过专业村建设提升乡村发展水平。一方面，河南省具有发展专业村的独特优势条件。①河南省有着悠久的农耕历史，是我国传统农业的发源地，具有悠久的农业发展历史，农村劳动力资源丰富。第七次全国人口普查数据显示，河南省农村人口(4429万)约占全国农村人口总数(50979万)的8.7%。②河南省是全国农业大省，2020年底，河南省耕地灌溉面积为5463.1千公顷，居全国首位；同时，河南省也是农产品生产、消费和输出大省，全省小麦、花生、食用菌、肉蛋奶、水果、蔬菜等农产品产量均居全国前列。③河南省位于我国第二阶梯，拥有多样化的地理环境和丰富多样的特色农产品类型，为将特色转变为优势的专业村建设提供了基础。另一方面，河南省亟须通过专业村及其地域经济效应振兴乡村。长期以来，河南省乡村产业多以传统粮食作物为主，收入水平低，青壮年劳动力流失严重。2020年底，河南省农村居民人均可支配收入仅为16107.93元，不足当年全省城镇居民收入(34750.34元)的一半，也低于当年全国人均可支配收入(32188.80元)。为增加农民收入，河南省政府大力推进农业供给侧结构性改革。早在2016年9月，河南省省长陈润儿就提出了“四优四化”工程，即优质小麦、优质花生、优质草畜、优质林果，布局区域化、经营规模化、生产标准化、发展产业化；随后制定的《河南省优势特色农产品标准体系》在全国公开发行。虽然河南省2012年就已经发展了2957个专业村（李小建，2012），但和全国众多专业村整体发展情况相似，仍然存在诸多问题：①专业村发展水平不高，市场竞争力不强，例如，郏县前王庄大根萝卜专业村，技术水平不足，龙头企业带动作用有限，受国际市场的影响，在短短数十年内便销声匿迹（吴娜琳，2016）；②生产区域专业化水平低，例如，封丘县青堆树莓专业村，经过十几年的发展，仍未形成稳定的区域化生产格局（吴娜琳，2018）；③专业村地域经济效应普遍不高，虽然河南省每年都有新的专业村出现，但根据2017年问卷调查，上规模、持续发展的专业村数量不多，区域化、专业化、产业化水平不高，抗风险能力不强，难以辐射更多的农户，地域经济效应有限。鉴于河南省在我国农业和农区中的地位，以及专业村建设与发展问题的代表性，以河南省为研究区域，以专业村为切入点，以专业项目发展区域为分析范围，探讨专业村的地域经济效应，应该具有一定的代表性和典型性。

### （二）案例区的选择依据



本书案例选择基于以下理由。

一是以农业型专业村为主。为方便对比和规避产业属性带来的影响，案例选择尽量限同一产业类型。而乡村产业以农业为主，在众多专业村类型（农业、工业、商业、服务业）中，农业类型的专业村（尤其是种植业专业村）占据多数。例如，截至2018年，在农业农村部公布的2500多个国家级示范性专业村中，特色种植类村镇为2164个，占86.4%（周爽、吴娜琳，2021）。因此，本书以农业专业村作为案例村。

二是专业村地域经济效应水平不一。专业村的地域经济效应不仅存在于专业村形成之后产生的示范效应时期，还存在于专业村形成、发展与衰落的各个阶段。在时间序列数据难以精准获取的情况下，以空间换时间，通过分析不同发展阶段专业村及其地域经济效应，应该同样能够获得相似的结论。专业村地域经济效应的最高水平应是形成具有一定区域带动效应的产业集群或产业区。因此，案例区的选择以具备农业产业集群或产业区的基本特征为最高水平，并依次降之。

三是案例村所在的自然环境不完全一致。由于农业专业村的地域经济效应的发挥较其他类型的专业村受自然条件的影响更大，如地形、区位等，为兼顾样本的全面性，需要选择地理环境迥异的区域进行对比研究，方能揭示专业村地域经济效应形成的一般过程和规律。

基于以上三点，通过对全国“一村一品”示范性专业村数据的分析和大量的实践调查，并和产业集群的基本特征进行对比，本书以河南省封丘县青堆树莓专业村、宁陵县袁庄葡萄种植专业村、西峡县水峡河香菇专业村、郏县前王庄大根萝卜专业村为起始点，通过剖析整个产业的发展历程、空间分布变化特征及形成机制，就专业村地域经济效应展开分析。

一是形成期的封丘县青堆树莓专业村。封丘县位于河南省的东北部，濒临黄河，地势平坦，是河南省的产粮大县。树莓产业是该县近年来大力倡导的新兴农业专业项目，并已成立了 2 家深加工龙头企业，具备了树莓生产、加工、销售“一条龙”的专业化生产组织体系。2002 年，留光镇青堆村最先尝试树莓本地化种植；2011 年，青堆村被评为“全国示范性专业村”，产业发展势头强劲。但截至 2020 年底，历经 18 年的发展，青堆村树莓种植户数仍非常有限(约占全村总户数的 1/10)，也未在封丘县县域内形成“遍地开花”的群体化、规模化种植现象，且产业的多数生产环节集中于龙头加工企业，虽然初步具备“企业+基地+农户”的农业产业化生产形态，但整体分布分散。



二是发展期的宁陵县袁庄葡萄种植专业村。袁庄村位于我国传统农业大县河南省宁陵县西部，紧邻阳驿乡政府，对外交通便捷，是我国北方最早探索棚栽葡萄种植的村庄之一。袁庄村全村 330 家农户，16 岁以上 65 岁以下劳动力为 880 人，其中，大中专以上学历者占 6.5%，外出务工人数占 12.5%。村民思想开放、活跃，对新鲜事物接受速度快，科学种地意识强，曾是商丘市农科院的实习基地。由于耕地以沙地为主，氮、磷、钾含量低，传统粮食作物产量不高，村民不断尝试种植大蒜、花生、西瓜等各种经济作物。20 世纪 80 年代，由郑州市果树研究所传入葡萄种苗，经村内能人改进后，在周边区域逐渐扩散开来。1990 年仅有 2 个种植村，但 2010 年之后种植村数迅速增加，种植规模不断扩大。目前，全县种植过和正在种植葡萄的村数合计 111 个，约占全县总村数的 1/3。此外，围绕葡萄种植业，出现了葡萄鲜果零售、批发等个体工商户、葡萄种植合作社以及葡萄深加工企业等，产业化发展势头强劲，具备了产业集群的部分特征。

三是成熟期的西峡县水峡河香菇专业村。西峡县位于河南省西南部，地形复杂，北部是海拔高、坡度大的中低山地，南部是鹳河谷地，两侧是起伏大的低山丘陵。西峡菌菇栽培已有50多年的历史。水峡河村是西峡县重阳镇最早成功种植袋料香菇的村庄，1996年，水峡河村香菇种植户就占全村总户数的7.6%，生产技术由此推向整个县域。目前，西峡香菇种植户分布在全县15个乡镇的236个行政村，香菇种植量达1.2亿袋，种植户达3万多家，占全县总户数的1/3。全县鲜菇总产量20吨，总产值20亿元，占全县农业总产值的40.2%、农民人均纯收入的50.0%。2013年，该县被河南省政府评为"仲景大厨房食用菌产业化集群"（河南省人民政府，2013）。2020年，香菇生产人数近20万人，加工企业300多家，出口企业142家，年交易额近200亿元。通过实行"规模拉动、科技推动、龙头带动、营销带动、政策驱动"的战略，采取干部带头、基地示范等措施，极大推进了香菇产业的区域化、规模化、标准化发展。当前，已形成产前、产中、产后的高度专业化分工网络体系，几乎具备了农业产业集群的全部特征：网络化、专业化的地域分工体系。

四是衰落期的郏县前王庄大根萝卜专业村。郏县地势呈马鞍形，东南、西北部高，中部低，以平原和岗地为主，具备平原、山地、丘陵地形。该县的大根萝卜产业始于1996年，最早种植村为该县冢头镇前王庄村，并在该村村支书的努力下成立了合作社，建立了大根萝卜深加工企业，大大增加了农户的收入来源。在该村的示范带动下，该村附近约20个村庄里的农户参与种植，初步形成了"企业+农户+基地"的产业化、区域化发展态势。但曾红火一时的产业，早在2013年就已不见踪影，成为典型的衰落型专业村。

### （三）数据来源

由于本书的分析思路是以就业人数、参与主体类型及产业化水平等来划分农业专业村地域经济效应的形成阶段，以行为主体为分析对象来探究影响专业村地域经济效应形成的因素与作用机制，因此，不仅需要具有研究区域的区位、交通、地形等地理空间数据，更需要具有自然资源、人力资源、社会经济发展状况等经济发展数据。此外，不同行为主体，如农户、企业、服务机构的相关数据数量、质量直接决定了本书的研究能否进行，尤其是农户、村庄的属性数据更为重要。庞大的数据量，需要多方面的获取渠道，归结本书数据来源，主要有以下三个获取途径。

(1)政府官方统计年鉴数据。1996—2021年《中国统计年鉴》《河南统计年鉴》，2006—2021年《河南调查年鉴》，1995年、2000年、2005年、2010年、2013年、2016年、2020年《西峡县统计年鉴》，2008年、2010年、2013年、2019年《封丘县统计年鉴》，1993—2014年《郏县统计年鉴》。

(2)地图数据。一是纸质地图数据，2010年河南省地图院绘制、河南省民政厅监制的1：120000《西峡县政区图》，2006年河南省测绘局绘制的1：67000《郏县地图》，2004年封丘县人民政府地名办公室编制的1：60000《封丘县地图》，毛忠民主编的1999年版《河南省地图册》，2005年河南省地图院编印、河南省测绘局监制的1：150000《河南省十八省辖市图》，2019年版河南省行政区划图。二是矢量地图数据，Google Maps的卫星图像(UTM投影，WGS84坐标系)，国家400万基础数据库矢量图，河南省90×90DEM影像数据等。为遵守地图使用的相关规定，且尽量不影响文章的可读性，本书地图数据均进行了保密处理。

(3)调查数据。主要获取产业区整体发展历史及现状，如县域整体经济的发展情况，各个乡镇、村域经济的发展情况；以及各个行为主体，如企业、农户、服务机构等相关信息。前后历时10年，外出调研19次，发动学生31人，获取纸质县级统计年鉴12本，电子版统计年鉴5本；获取村级调查数据1031份；获取农户调查问卷1007份；获取相关内部资料若干。封丘县、宁陵县、西峡县、郏县的调研时间节点及内容安排见表1-2至表1-5。



**表1-2　封丘县调研时间节点及内容安排**

| 日期 | 调查目的 | 调查人数 | 调查内容 |
|---|---|---|---|
| 2013年3月中旬 | 预调研 | 博士生1人，硕士生1人 | 获取树莓产业的整体发展情况，主要包括农产品加工龙头企业成立时间、规模结构、产品类型及数量、初级产品来源途径、辐射带动周边情况；与政府相关部门进行协商，请求给予协助，并由政府工作人员发放村级调查问卷，获取以青堆村所在乡镇为中心的周边7个乡镇的村级数据219份 |
| 2013年3月下旬 | 入户调查 | 博士生1人，硕士生6人，本科生5人 | 在封丘县内，以青堆村为中心，对其周边村落(25个村)参与和未参与专业项目的农户进行调查，调查内容主要包括农户属性、农户社会资本、农户农业生产条件及生产情况、农户参与专业项目的情况等。获取问卷289份(非专业户问卷145份，专业户问卷144份) |

续表

| 日期 | 调查目的 | 调查人数 | 调查内容 |
| --- | --- | --- | --- |
| 2013 年 5 月 | 补充调查数据 | 博士生 1 人，硕士生 1 人 | 获取 2008 年、2010 年《封丘县统计年鉴》以及企业相关数据，《封丘县地图》 |
| 2013 年 10 月 | 补充调查数据 | 博士生 1 人 | 获取 2013 年《封丘县统计年鉴》 |
| 2018 年 4 月 | 补充调查数据 | 博士生 1 人，硕士生 1 人 | 发放问卷，对全县树莓种植情况进行地毯式跟踪摸查 |

**表 1-3　宁陵县调研时间节点及内容安排**

| 日期 | 调查目的 | 调查人数 | 调查内容 |
| --- | --- | --- | --- |
| 2017 年 6 月 | 预调研 | 博士生 1 人，硕士生 1 人 | 获取县域产业的整体发展情况，主要包括农产品加工龙头企业成立时间、规模结构、产品类型及数量、初级产品来源途径、辐射带动周边情况；与政府相关部门进行协商，请求给予协助，获取葡萄种植、酥梨生产、花生生产等特色产业发展数据若干 |
| 2017 年 11 月 | 预调研 | 博士生 1 人，本科生 1 人 | 确定调研居住、饮食等后勤工作，确定交通工具及随行工作人员 |
| 2017 年 12 月至 2018 年 2 月 | 入户调查 | 博士生 1 人，硕士生 6 人，本科生 8 人 | 在宁陵县内，以长期居住在村内的干部为主，就宁陵县全县 357 个村的特色产业发展历史及现状进行问卷调查；以袁庄村为区域，采用半结构式访谈方式对全村农户进行调查。获取村域调查问卷 357 份，农户调查问卷 120 份 |
| 2020 年 7 月 | 补充调查数据 | 博士生 1 人 | 对全县葡萄种植情况进行走访式核查 |
| 2022 年 7 月 | 补充、更新数据 | 博士生 1 人 | 对宁陵县葡萄产业经济产值、从业户数等数据进行更新，获取葡萄产业法人单位相关数据 |

**表 1-4　西峡县调研时间节点及内容安排**

| 日期 | 调查目的 | 调查人数 | 调查内容 |
| --- | --- | --- | --- |
| 2013 年 5 月初 | 预调研 | 博士生 1 人，硕士生 2 人 | 获取香菇产业的整体发展情况，主要包括农产品加工龙头企业数量、成立时间、规模结构、产品类型及数量、初级产品来源途径、辐射带动周边情况；各个乡镇的专业村数量、从事户数、生产规模、基地数量等发展历史与现状；与政府相关部门进行协商，请求给予协助，并由政府工作人员发放村级调查问卷，获取全县所有(15 个)乡镇的村级数据 260 份 |

续表

| 日期 | 调查目的 | 调查人数 | 调查内容 |
|---|---|---|---|
| 2013年5月下旬 | 入户调查 | 博士生1人，硕士生8人，本科生2人 | 在西峡县内，对全县13个参与专业项目的村庄的农户进行调查，调查内容主要包括农户属性、农户社会资本、农户农业生产条件及生产情况、农户参与专业项目的情况等。获取问卷299份 |
| 2013年9月 | 补充调查数据 | 博士生1人 | 获取1995年、2000年、2005年、2010年、2013年《西峡县统计年鉴》 |
| 2013年8—10月 | 检测整理数据 | 博士生1人 | 对农户调研数据、村级调查数据进行全面核查，主要通过咨询调查人、与被调查人进行电话核查，确保数据的真实性、客观性、有效性 |
| 2016年5月 | 数据核查 | 博士生1人，硕士生2人 | 前往政府部门，就全县香菇产业进行回访式调查；获取2015年《西峡县统计年鉴》；发放村域调查问卷，对全县各村香菇生产情况进行跟踪式调查 |
| 2022年7月 | 数据获取 | 博士生1人 | 通过电话、网络等途径，获取西峡县2020年前后香菇产业发展的整体情况、政府政策等 |

**表1-5 郏县调研时间节点及内容安排**



| 日期 | 调查目的 | 调查人数 | 调查内容 |
|---|---|---|---|
| 2013年4月初 | 预调研 | 博士生1人，硕士生1人 | 获取产业整体发展历史以及现状，主要包括农产品加工龙头企业成立时间、规模结构、产品类型及数量、初级产品来源途径、辐射带动周边情况；与政府相关部门进行协商，请求给予协助，并由政府工作人员发放村级调查问卷，获取以专业项目发起所在乡镇为中心的周边6个乡镇的村级数据195份 |
| 2013年4月下旬 | 入户调查 | 博士生1人，硕士生4人，本科生5人 | 在郏县内，以专业项目发起的村庄为中心，对其周边村落（4个村）参与和未参与专业项目的农户进行调查，调查内容主要包括农户属性、农户社会资本、农户农业生产条件及生产情况、农户参与专业项目的情况等。获取问卷299份 |
| 2013年5月 | 补充调查数据 | 博士生1人 | 获取1993—2007年《郏县统计年鉴》 |
| 2015年6月 | 跟踪式回访 | 博士生1人 | 前往郏县政府及前王庄村，就大根萝卜未来发展趋向进行访谈和验证 |

注：前后参与调研人员合计31人，本科生（12人）包括梁婉真、张百献、王蓝蓝、周爽、张露、李永月、吕秋立、朱晶晶、吴胜利、吴凯、李喆、朱津逸；硕士生（18人）包括陈晓燕、娄帆、白丹丹、舒艳玲、韩峰、周洋、闫书生、杜萍萍、朱文哲、马雪姣、张超、汪海飞、代猛、张志伟、徐煜东、徐江浩、张庆华、施瑞；博士生（1人）为吴娜琳。

## 三、研究思路与内容

### （一）研究思路

1. 研究范式

将专业村的发展过程按照时间顺序划分为四个阶段：形成阶段、发展阶段、成熟阶段和衰落阶段（以下简称“四阶段法”）。在对不同发展阶段的专业村的地域经济效应进行理论分析的基础上，采用以空间换时间的思维范式，就不同发展阶段的案例专业村的地域经济效应展开实证分析。

2. 研究问题

解决的关键问题包括：①专业村地域效应空间表现的规律性问题，②专业村地域效应的发生机制问题，③专业村地域效应的持续放大能否形成专业化生产区域的问题，④专业村地域效应这一现象如何用地理学、经济学理论解释的问题。

3. 研究目标

厘清专业村地域经济效应的形成机理，揭示我国中部欠发达农区专业村与周边区域相互作用的空间表现形式及发生机制，归纳不同发展水平专业村空间相互作用的规律性特征，找出以专业村为突破口、以专业村地域效应的持续放大为途径，实现区域生产专业化的可能方式。



### （二）研究内容

1. 专业村地域经济效应发生的理论分析

在综合分析国内外研究现状的基础上，以农户行为理论、空间相互作用理论、专业化分工理论为基础，以空间扩散理论、产业区与产业集群理论为核心，按照从业户数、产业化水平、空间分布范围等的不同，将专业村划分为形成期、发展期、成熟期、衰退期四个阶段；分析不同阶段专业村的地域经济效应的形成过程与特征；根据作用机制的不同，将专业村地域经济效应划分为农户自发型、民间组织带动型、企业带动型、政府推动型四种模式；在实践经验基础上，推理专业村地域经济效应的形成过程及机理。

2. 专业村地域经济效应的空间表现形式

在深入剖析专业村地域经济效应形成机理的基础上，根据专业村不同发展阶段(形成期、发展期、成熟期、衰退期)，选取河南省国家级示范性专业村镇及地域经济效应明显的村域——封丘县青堆村、宁陵县袁庄村、西峡县水峡河村、郏县前王庄村，将专业村与其周边区域(一定空间距离范围内的村域、生产组织或机构)作为有机统一的空间系统，运用官方统计及实地调研数据，采用 ArcGIS 空间分析法、AMOS 结构方程模型、各种计量回归分析等方法，分别从农户和村域两个视角，分析在空间作用力——梯度力和引力作用下，专业村对外辐射影响的途径、方式、速度和规模及空间分布特征。

3. 专业村地域经济效应的发生机制

从资金、劳动力、技术、信息、产品的空间流动视角出发，运用空间扩散理论、社会资本理论、产业集群理论等，解释案例专业村地域经济效应的影响因素及作用机制。主要从三个方面展开：①将农户、村域作为参与主体，探讨农户参与专业项目的速度、程度和农户退出专业项目的影响因素及机制，探讨专业村周边村域参与专业项目的方式、速度和规模；②将农户、村域作为扩散主体，分析农户和村域参与后，将生产信息或技术进一步向外扩散的规模及其影响因素；③外部环境，如政府政策、企业行为等对专业村地域经济效应发挥的影响机制。



4. 专业村地域经济效应的实践性应用

在以上分析的基础上，探寻地域经济效应持续放大的专业村的发展趋势，结合区域专业化生产的相关理论，分析以专业村为突破口、以专业村地域效应的持续放大为途径，进而实现区域专业化生产的可行性。

## 四、研究方法与技术路线

### (一)研究方法

本书以空间相互作用理论、空间扩散理论、专业化分工理论、农户行为理论等作为研究的理论基础。在研究中，注重实证研究与理论推理相结合、过程演化与空间分析相结合。

1. 空间分析法

GIS 与 RS 是分析经济地理现象空间分布规律的重要工具，尤其是在空间分析中，具有其他分析所不可替代的作用。从可视化的空间角度来看，专业村地域经济效应的发生实则是农业专业项目的生产技术、相关信息等从点向局部区域、整个区域逐步扩散的过程。由此，需要利用 ArcGIS 空间分析软件，将空间数据符号化，通过编制专题地图对数据进行可视化表达，以此探寻专业村地域效应的空间特征。此外，通过空间可视化分析，亦可在专业村地域效应强度不同的时期，找出地理环境、区位条件等对其的影响情况。

2. 社会网络分析法

社会网络分析法(SNA)是刻画网络形态、特征和网络结构的一种重要分析方法，在社会学中的应用最为广泛。它强调行为主体间"关系"的重要性，行为主体可以是个体、企业、独立组织或各种团体，行为主体及其行动被看成是相互依赖的单元，而不是相互独立的原子式个体。行为主体之间的关系纽带或联系是资源传送或流动的通道，这些资源可以是物质的，也可以是非物质的(如知识或信息符号等)。同其他产业区相同，农户、企业、服务机构等之间的网络联系是专业村地域效应发生的前提条件。它既具有经济特征，又具有社会结构特征，是动态的、空间变化的。因此，有必要运用社会网络分析法，探究区域内各个行为主体之间的联系频度、网络密度，并将其投影到地理空间上，从而揭示专业村所在区域内部网络联系的空间特征及其对专业村地域效应发生机制的影响。本书采用社会网络分析软件 UCINET，探寻专业项目生产技术及相关信息的空间扩散过程和农户生产资料、信息、技术以及资金的来源网络。



3. 比较分析法

比较分析法是获知差异、发现显著性影响因素的重要途径。本书通过对比分析河南省不同类型、不同发展阶段、不同区位专业村地域经济效应的空间特征、发生机制，目的在于找出影响专业村地域经济效应的一般共性因子。首先，对比分析不同发展水平专业村地域经济效应的空间特征、形成机制，找寻经济发展水平的差异对专业村地域经济效应的影响；其次，通过对比同等发展水平、不同类型专业村的地域经济效应，找寻项目类型对专业村地域经济效应的影响；最后，通过对比同等发展水平、同样类型但区位不同的专业村对周边区域的影响情况，找寻不同地理环境作用下专业村地域经济效应的空间特征、发生机制等问题。

4. 回归分析法以及归纳演绎法

回归分析法用于分析现象之间相关的具体形式，确定其因果关系，并用数学模型来表现其具体关系，是判断影响因素作用方向与强度的经典方法。为测定发展阶段(形成期、发展期、成熟期和衰落期)、区位条件(平原、山地、丘陵)等因素对专业村地域经济效应空间特征、发生机制的影响，需要利用SPSS20.0、EViews6.0、Stata等计量软件，采用回归分析法进行深入探讨。归纳演绎法是将具体个案研究上升为一般的具有普遍理论意义的方法。本项目在应用上述分析方法进行实证研究的基础上，结合实地调查所获得的一手信息资源，对实证分析结果进行归纳整理及推理，使结论具有现实经济意义及政策含义，以提升研究成果的理论价值和实际应用价值。

## (二)关键技术

1. 结构方程模型



结构方程模型(AMOS)具有可同时处理多个因变量，同时估计因子结构和因子关系，且容许自变量和因变量含测量误差等优点。模型中有两种变量——可直接测量的测量变量和不可直接测量的潜变量，包括两部分——描述测量变量和潜变量之间关系的测量方程与反映潜变量之间关系的结构方程。测量模型结构为：

$$x=\Lambda_x\xi+\delta \quad 式(1-1)$$

$$y=\Lambda_y\eta+\varepsilon \quad 式(1-2)$$

式中，$x$、$y$ 分别为外生和内生测量变量向量；$\xi$、$\eta$ 分别为外生和内生潜变量；$\Lambda_x$ 表示外生测量变量在外生潜变量上的因子负荷矩阵；$\Lambda_y$ 为内生测量变量在内生潜变量上的因子负荷矩阵；$\delta$、$\varepsilon$ 分别为外生和内生测量变量 $x$、$y$ 的误差项。

结构方程模型表示为：

$$\eta=B_\eta+\Gamma\xi+\zeta \quad 式(1-3)$$

式中，$B$、$\Gamma$ 分别表示内生潜变量间的关系和外生潜变量对内生潜变量的影响；$\zeta$ 为结构方程的残差项，反映 $\eta$ 在方程中未能被解释的部分。本书用该方法分析农业专业项目空间扩散时，各因子间的相互作用关系。

2. Logistic 二元回归模型

Logistic 模型，也译作"评定模型""分类评定模型"，又作 Logistic regression，"逻辑回归"是离散选择法模型之一，属于多重变量分析范畴，是社会学、生物统计学、临床、数量心理学、计量经济学、市场营销等统计实证分析的常用方法。专业村的地域经济效应，首先表现为村域或农户的参与过程，即是否参与，是典型的"0-1"离散变量。因此，选取 Logit 二元回归模型，公式如下：

$$p=\frac{\exp(\alpha+\beta_1x_1+\beta_2x_2+\cdots+\beta_nx_n)}{1+\exp(\alpha+\beta_1x_1+\beta_2x_2+\cdots+\beta_nx_n)} \qquad 式(1-4)$$

式中，因变量 $p$ 为村域参与的概率；$x_1$，$x_2$，…，$x_n$ 是自变量；$\beta_1$，$\beta_2$，…，$\beta_n$ 是 Logistic 回归待定系数。对上式进行变换，由于：

$$p=\frac{\exp(x'\beta)}{1+\exp(x'\beta)},\ 1-p=\frac{1}{1+\exp(x'\beta)} \qquad 式(1-5)$$

故而，

$$\ln(\frac{p_i}{1-p_i})=\alpha+\sum_{k=1}^{k}\beta_kx_{ki} \qquad 式(1-6)$$



式中，$p_i=p[y_i=(1\mid x_{1i}, x_{2i}, \cdots, x_{ki}\mid)]$是在自变量 $x_{1i}$，$x_{2i}$，…，$x_{ki}$取给定值时村域参与概率的变化概率，其中，$\alpha$ 为截距项，$\beta$ 为斜率。

3. 相关分析法

相关分析法是研究变量间密切程度的一种统计方法。相关系数是描述两个变量间线性关系的强弱度和方向的统计量，一般用 $R$ 表示，如果一个变量 $Y$ 可以确切地用另一个变量 $X$ 的线性函数表示，则说明这种关系是确切的，两个变量之间的相关系数为 1 或-1。正态分布的等间隔测度的变量 $x$ 与 $y$ 之间的相关系数采用 Pearson 积矩相关公式计算：

$$R_{xy}=\frac{\sum_{i=1}^{n}(x_i-\bar{x})(y_i-\bar{y})}{\sqrt{\sum_{i=1}^{n}(x_i-\bar{x})^2\sum_{i=1}^{n}(y_i-\bar{y})}} \qquad 式(1-7)$$

式中，$\bar{x}$、$\bar{y}$ 分别表示 $x$、$y$ 的均值；$x_i$、$y_i$ 分别是变量 $x$、$y$ 的第 $i$ 个观测值。$R_{xy}$值越趋近于 1 或-1，表明两变量间的关系越密切；越趋近于 0，表示相关性越弱。此外，对于输出结果，需要检测，以确定其置信区间。下文分析中，**表示在置信度为95%的情况下两指标间的相关系数；*表示在置信度为90%的情况下两指标间的相关系数。

4. 多元线性回归分析法

为探索自然地理、社会人文、政策体制等多种因素对专业项目扩散、农户采纳行为等的影响，本书采纳多元线性回归分析法进行解读。多元线性回归分析，是指根据多个自变量的最优组合建立回归方程来预测因变量的回归分析。其模型为：

$$\widehat{y}=b_0+b_1x_1+b_2x_2+\cdots+b_nx_n+\varepsilon \qquad \text{式(1-8)}$$

式中，$\widehat{y}$ 为根据所有自变量 $x$ 计算出来的估计值；$b_0$ 为常数项，$b_1$，$b_2$，…，$b_n$ 为 $y$ 对应于 $x_1$，$x_2$，…，$x_n$ 的偏回归系数；$\varepsilon$ 为未知变量。

## （三）技术路线

为找出专业村地域效应空间表现的规律，厘清专业村地域经济效应的发生机制，回答专业村地域经济效应的持续放大能否形成区域生产专业化的问题，制定以下技术路线（见图 1-1）。第一，构建研究假设。在界定专业村概念、专业村地域经济效应概念的前提下，借鉴国内外相关研究，以农户行为理论、空间相互作用理论、专业化分工理论为基础，以空间扩散理论、农业产业集群理论、农业产业区理论为核心，构建研究假设。第二，选取案例，确定研究对象、研究范围，整理数据，建立空间数据库、属性数据库。第三，专业村地域经济效应的机理分析。根据专业项目空间扩散历程，从理论上确定专业村地域经济效应形成的必备条件、明确其动力机制、剖析其形成机理、划分其形成阶段。第四，依次以封丘县树莓产业、宁陵县葡萄产业、西峡县香菇产业、郏县大根萝卜产业为例，按照专业项目的引进、农户的参与、村域的参与、技术网络及产业分工网络形成的步骤，详细剖析专业村示范带动下的专业项目区域化、产业化发展历程及影响因素。第五，归纳总结不同发展阶段专业村地域经济效应的形成机制，专业项目选取机制、农户参与机制、村域参与机制，并与非农专业村地域经济效应的空间表现形式进行对比。第六，提出深化专业村建设与发展的组织协调路径或政策建议。

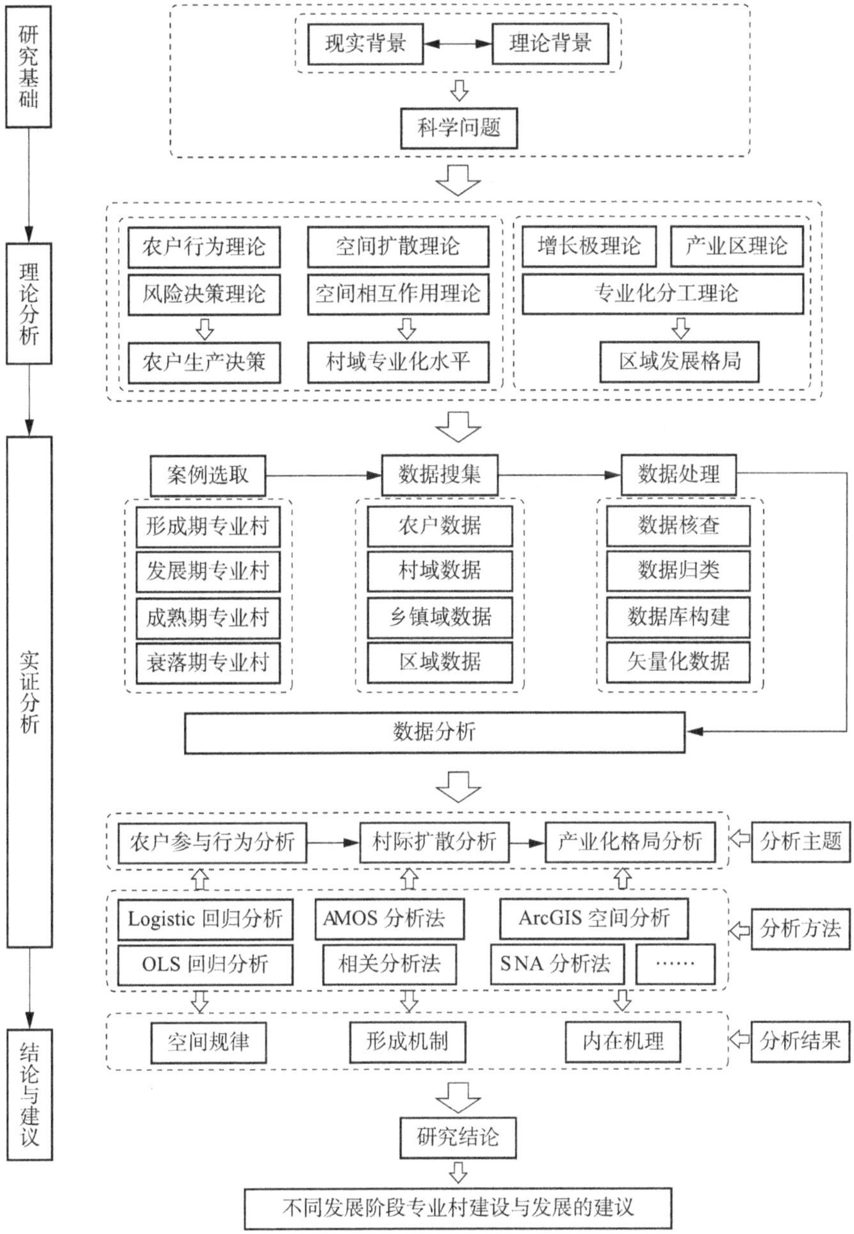
研究基础
现实背景
理论背景
科学问题
理论分析
农户行为理论
空间扩散理论
增长极理论
产业区理论
风险决策理论
空间相互作用理论
专业化分工理论
农户生产决策
村域专业化水平
区域发展格局
实证分析
案例选取
数据搜集
数据处理
形成期专业村
发展期专业村
成熟期专业村
衰落期专业村
农户数据
村域数据
乡镇域数据
区域数据
数据核查
数据归类
数据库构建
矢量化数据
数据分析
农户参与行为分析
村际扩散分析
产业化格局分析
分析主题
Logistic 回归分析
AMOS 分析法
ArcGIS 空间分析
OLS 回归分析
相关分析法
SNA 分析法
……
分析方法
空间规律
形成机制
内在机理
分析结果
结论与建议
研究结论
不同发展阶段专业村建设与发展的建议

图 1-1　技术路线

# 第二章 国内外研究述评

## 一、相关概念

### （一）专业村概念的演变及界定



在我国，专业村概念被引用较为广泛的是李小建（2009）提出的定义：一村大部分农户商品性地从事一种或多种相互关联的生产或服务活动，并且该产值构成这个村的社会产值的主体。其实，专业村的兴起源于1979年日本大分县的OVOP运动，原意是指各村町根据当地的地理、气候等自然条件以及特有的物产，发展并制造有特色的、一流的、能打入国际市场的一种产品（孔祥智，2008），最终目标是开发当地人力资源。由于"一村一品"运动的开展符合大分县实际的经济、社会状况和农民的实际需求，因而大大调动了当地农民的积极性，从而使得这一运动成为振兴乡村经济的典范，并在世界范围内引起了广泛关注（卢向虎，2007）。1980年，上海市发起了口号为"One Hamlet One Product"的OHOP运动，中国成为第一个在日本以外实施"一村一品"项目的国家（Karki，2010），此后，泰国、马来西亚、韩国、蒙古、马拉维、菲律宾、巴拉圭等国纷纷采取了相似的举措（Kunio，2008）。但是，其他国家的"一村一品"专业村概念均和日本的OVOP概念有出入（Kurokawa，2009）。就我国而言，首先，我国的"村"和日本的"町村"规模不同，后者相当于我国的乡镇。其次，我国的专业村更强调专业化水平。例如，1982年，孙洪志将专业收入占基本核算单位收入50%以上的家庭叫作"专业户"，把专业户占大队总户数30%以上的村叫作"专业村"（孙洪志，1982）；1987年出版的《宾阳县志》将专业村定义为凡50%以上的农户从事某项商品生产，该项商品生产收入占总收入的50%以上和该项产品的商品率在80%以上的自然村为专业村（宾阳县统计局，1998）。原农业部于2011年开始实施的"国家级示范性专业村镇认定”中，同样要求专业村主导产业收入占全村农业经济总收入的60%以上，从事主导产业的农户占农户总数的50%以上。鉴于此，国内学者逐渐认为“一村一品”专业村应该是一个形象说法，它并非要求一个村只限生产一种产品；所谓村，也应该是一个区域概念，可以是一个村，也可以是一个乡镇；“一村一品”强调的应该是一个村或乡镇至少要开发一种具有本地特色、打上本地烙印的产品，并围绕主导产品的开发进行专业化、产业化生产（秦富，2010）。因此，当前的专业村概念不仅仅局限于一个村庄、一个品种，它已延伸至多个村庄、多个品种、上下产业相关联的专业化产业区范畴。为方便理解、避免混淆，本书中的专业村概念仍然沿用以往的概念含义，是指村内50%以上的农户商品性地从事同一产业或其关联产业的生产或经营活动，且以其为主要收入来源的一个行政村或自然村，而非多个集中连片的村或乡镇。

### （二）专业村地域经济效应的概念

专业村地域经济效应的发挥主要通过自身示范带动效应，对周边村域和农户产生影响，诱使其参与专业项目。示范，在汉语词典中的解释是做出榜样或典范，供人们学习。示范带动效应，是某行为主体（个人、组织或区域）的某种行为发生后，被其他行为主体（个人、组织或区域）模仿、学习，并产生同种或相似的行为活动，从而形成规模化、区域化或群体化效应的现象。现实中，很多行为主体的行为目的并非有意供人学习，而是由于其行为活动产生的某种优势或收益，引发具有同等或相似生产条件和需求的行为主体的共鸣，并进行模仿、学习，从而形成示范带动效应。在专业村形成初期、中期或后期，专业项目通过亲缘、地缘、业缘或媒体、政府等途径，传播至其他村庄，若该村农户受其影响参与专业项目的生产活动或从事与专业项目相关的产业，专业村则实现了扩散，从而形成地域示范带动效应。专业村的示范使得专业项目生产规模扩大、产业链条延伸、空间分布范围更广，进而形成了多村集中分布的专业化产业区（见图2-1）。根据已有研究资料，按照行为主导者类型及扩散动力机制的不同进行总结，目前专业村地域经济效应的实现主要有以下四种模式。



模式一，农户自主发起型。当原有专业村生产项目扩散至其他村庄时，出现以下两种情况，一是具有与原专业村农户相同或相似生产条件的农户直接参与到专业项目中来，从而进一步扩大了专业项目的生产规模；二是该村农户加入专业项目所属产业链的前端或下游，以原专业村的产品为原材料，进行销售或深加工，促使专业项目生产类型多样化、分工精细化。随着生产规模的继续扩大，政府开始支持、引导并参与，如改善基础设施、搭建交易平台等。随着基础设施的建设、有关专业项目发展的区域条件的改善，外部规模经济进一步显现，当初级产品生产规模进一步扩大并达到了企业生产的最低门槛时，加工类企业开始出现；随着区域内行为主体类型及数量的进一步增加、交易频次的增多，服务机构、科研机构、金融机构开始出现。最终形成了以农产品专业化生产基地为区域，集龙头企业、政府及科研、金融等服务机构于一体的空间生产组织体系——农业产业集群。

模式二，民间组织发起型。民间组织是指商会、协会、合作社等群众自发组织且有一定行为规范并受法律保护和约束的团体，团体成员可能是农户、企业、政府领导等来自不同行业或部门的个体，他们可能来自同一个村或地区，也可能位于不同的村、县。最初，组织负责人或成员将自认为经济效益较好、发展前景广阔的生产项目引入组织，并最先在组织成员内实施、推广。组织成员取得成功后，当其所在地区多数农户的生产条件（除自然地理与资源环境外，还包括劳动机会成本、风险意识、文化风俗等）刚好满足该项目的发展条件时，大批农户迅速跟进，并逐渐形成稳固的初级农产品生产基地，即“民间组织+农户+基地”。当初级产品生产扩大至企业生产最低门槛规模时，初创企业出现并发展为龙头企业，进一步推动农产品生产规模的扩大。初创企业通过不同的衍生路径衍生出不同类型与不同功能的企业和机构，进而扩大行业规模，细化行业分工，并产生集聚优势，最终形成农业集群（李二玲，2020）。



模式三，企业主导型。该种类型多见于“企业+农户”的农业产业化生产组织模式。具有一定市场洞察力的企业，尤其是靠产品多样化或差异化战略获取市场竞争力的企业，当获知某地具有较高潜在市场价值、地域特征明显的农产品时，通过与农户签订具有法律效力的产销合约进行生产。若在有限的可选择的生产活动类型中，订单农业生产的比较收益较高，则农户愿意从事订单农业生产。当企业扩大生产规模时，需要更多的农户参与，若订单收益此时仍高于当地农户可选择的其他生产活动的收益时，原本未参与订单生产且有条件进行生产的农户，将会加入其中。这样，在地理空间上，就形成了以企业为龙头，以农户生产为基础的专业村——农业产业化生产基地。

模式四，政府引领推动型。政府部门为达到解决农民就业、增加农民收入、发展农区经济等目的，立足当地资源优势、区位优势和自然与人文优势，根据市场需求寻找当地有市场竞争力的、能发挥当地资源优势的主导产品和主导产业。首先在一个村内进行试点，试验成功后，在该村村内或相邻村域进行推广，或农户看到实际效益后模仿，多个专业村同时迅速形成，并在一定区域范围进一步扩散。随着生产规模的扩大，集聚优势开始显现，政府通过及时改善基础设施、投资环境，吸引龙头企业进驻，使得原有农产品的产业链延伸、农产品的加工率和商品率进一步提高，当地的资源利用率和资源转化率迅速提升，其他相关机构及社会组织成立，彼此间逐渐建立联系，最终形成专业化产业区。

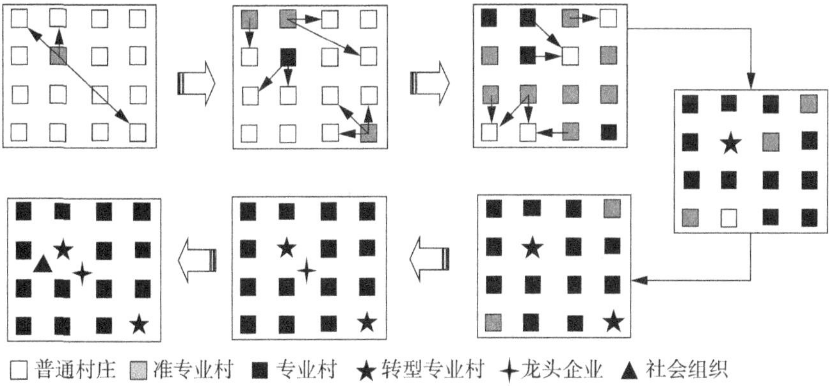


**图 2-1　专业村的区域化效应**

现实中，并不是所有的专业村都能向外围扩散，形成分工明确、联系紧密、具有一定规模效应的区域化生产态势。受自然地理环境、社会文化环境、区域经济条件、专业项目本身的属性特征等多种因素的综合影响，多数专业村是以“马赛克”的形式出现在农区广大腹地，形成“孤岛”式专业村；少部分专业村在乡(镇)内扩散，形成面状产业区；极少部分专业村在县域或更广空间范围内扩散，形成广域产业区(见图 2-2)。若产业内部进一步分工，区域内各类行为主体集聚在农产品生产基地附近，彼此相互竞争与合作，就形成了专业村地域经济效应的终极表现形式——农业产业集群。

在本书中，专业村的地域经济效应是指专业村在形成及发展过程中，其产品生产、经营模式等引发周边村域农户模仿、学习，或受其产业发展需要的影响，参与到专业村产品生产、销售等相关的上下游产业中来，从而扩大了专业村专业项目的生产规模，延伸了原专业项目的产业链条，最终出现产业空间覆盖区域逐步或跳跃式扩展的地域经济现象。

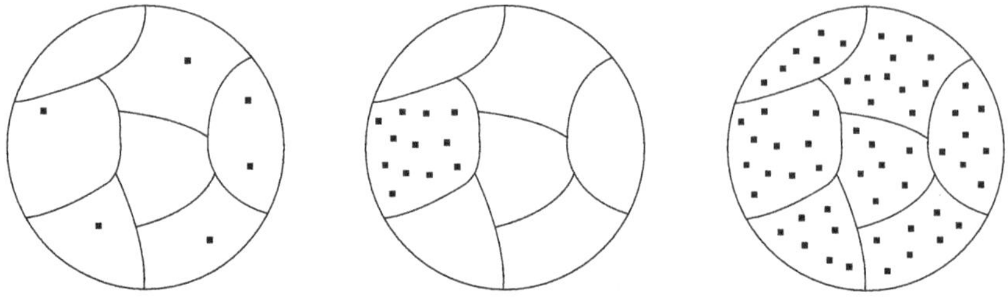


**图 2-2　专业村在不同空间尺度的扩散**

## 二、国外研究述评

国际对专业村的研究主要集中在亚洲地区，包括日本、韩国、泰国、菲律宾等国家，对欧美等西方发达资本主义国家专业村的研究较少(Moore，1990)。国际上“一村一品”专业村形式主要有三个名称，多数国家以“One Village One Product”(OVOP)命名，泰国以“One Tambon One Product”(OTOP)命名，而越南以“One Commune One Product”(OCOP)命名，且不同国家的发展模式不完全一致，有关专业村的研究也不完全相同。



### (一)研究内容综述

1. OVOP

OVOP 的意思为“一个村一种产品”，该运动起源于日本，是日本农民自发的农业产业化模式，由日本大分县前知事平松守彦于 1979 年倡导发起，OVOP 的目标是一个社区应该在其当地资源的内生发展下创造至少一种适销对路的产品。OVOP 就其真正意义和理念而言，不仅是一种内生的发展模式，更是一个战略计划。它鼓励大分县的每个村选择一种具有当地特色的产品，并将其发展为全国乃至全球的知名品牌(Natsuda，2012)。大分县开展“一村一品”运动目的在于激发农民的创造性，促进该地区焕发经济活力(奇金，1992)。这一概念已在包括拉丁美洲和非洲在内的世界不同地区采用(Kurokawa，2009)。日本 OVOP 运动是自下而上的行为，但其成功离不开当地政府的大力支持(Okura，2009)。OVOP 运动关注每个社区的独特性，人们可以为自己的文化和当地智慧而深感自豪，它不仅关注当代人的生活质量，也关注子孙后代的福祉。因此，OVOP 运动的目标远超越了自身利益(Kemavuthanon，2014）。除东南亚诸国外，南亚地区的印度乌塔尔邦也遵循日本OVOP的全球理念，于2018年实行One District One Product（ODOP）方案，包括公共设施中心计划（CFC）、营销发展援助计划（MDA）、经济援助计划和技能发展计划，其目的是通过提高各地区传统著名产品的质量，为每个地区提供新的身份，并确保在地区一级创造就业机会，为各地区的经济发展做出贡献。目前，ODOP计划已取得显著成效，不仅促进了当地的经济增长，而且当地的知名产品已获得全球认同。此外，OVOP运动自2006年以来也在肯尼亚得到采用并开始推广。但肯尼亚多个地区实施OVOP项目的成果表明，地区所处理的产品重复、缺乏创新性和独特性，必须提高当地的创造力和全球化思维（Ohaya，2014）。大量非洲国家也采用了OVOP计划，如马拉维、埃塞俄比亚、加纳、塞内加尔、莫桑比克、乌干达、坦桑尼亚、马达加斯加、尼日利亚、南非和赞比亚等。

OVOP的成功实施及各国的积极参与，引发了学者们的广泛关注。研究内容主要包括以下三个方面。一是探讨了日本“一村一品”发展模式在各国的适用性和积极影响。例如，Igusa认为日本大分县的OVOP模式适应于亚洲国家（Igusa，2008）。联合国人口与发展委员会的Yoshimura在回顾20世纪60年代至90年代日本国家发展计划的轨迹时强调，OVOP活动最重要的任务是促进以社区为导向的经济和产业政策（Yoshimura，2004）的实施。Kurokawa（2009）将OVOP运动描述为发展中国家的一项发展政策，但有学者指出了原始的OVOP计划与海外的OVOP方法之间的明显差异。二是OVOP活动具体案例研究。例如，印度尼西亚有关OVOP的研究多由某一地区的优势产品展开，探讨其发展现状和影响因素，并提出有关建议。Miagina（2021）对西托布罗市的研究发现，该地区在农业和种植业产品方面具有若干优势，适宜开展“一村一品”，但公众对该地区发展潜力的认识及地方政府的指导作用仍需提高；Sudiar（2019）认为廖内省的零食产品仍然需要引导才能成为区域优势产品，可以从提高本地产品的独特性、与当地政府和企业合作、提高管理技能和商业动力等方面入手；Marlina（2018）则提出了合作社在Wonoyoso村具有扩大业务、促进人民富裕、使人民摆脱贫困等方面的巨大贡献。三是研究了OVOP运动成功的影响因素与内在机理。例如，Stenning（2008）研究发现社会资本影响社区能力发展、知识创造和共享，以及随后引入更高附加值的社区政策结构，如新产品、农业加工技术和社区概念的方式。Yamagami（2007）则认为，大山町发展规划的真正本质在于其多样性。Fujita（2006）从空间经济学和内生增长理论的角度出发认为，通过充分利用当地资源，开发每个村庄特有的产品或服务，并确定、培育农业品牌对发展农业经济具有重要意义。

2. OTOP

OTOP 的意思为“一个小区一个产品”。2001 年，泰国政府在 OVOP 计划的基础上采用了 OTOP 计划，旨在通过为当地人民创造更多就业机会，为当地社区带来繁荣，从而使人民获得更稳定和持续的收入，并最终实现自力更生。尽管大分县 OVOP 运动和泰国 OTOP 政策有相同的口号与核心原则，但这两个方案在设计和实施上却大不相同。日本的 OVOP 运动是自下而上发生的，而泰国政府的做法是坚决自上而下，并认为 OTOP 政策机制是“如果一级生产商努力，那么二线生产商也会努力”（Valentin，2019）。但一些学者对此提出疑问，认为由于 OTOP 项目是自上而下的活动，中央政府对地方政府的政策分配可能会限制村民和当地人民的主观能动性，因为省和地方政府必须等待中央政府的政策（Kemavuthanon，2014）；自上而下的管理政策和定价策略也是 OTOP 出口商成功的限制因素，未来的重点应该放在泰国 OTOP 地区的集群竞争力上（Vipada Sitabutr，2018）。



有关 OTOP 的研究主要涉及 OTOP 项目实施效果及其影响因素等。首先，在项目实施效果方面，尽管 OTOP 活动受到各方面的批评和质疑，但该项目确实为泰国的农村经济做出了贡献，特别是在创造就业方面（Natsuda，2012）：全国超过 22762 个村庄参与了该项目，共有 37840 名 OTOP 生产者和超过 130 万名成员和雇员，尤其是家庭主妇和老年人也可以增加家庭收入。Thaiprasert（2004）从农业发展的角度出发进行研究发现，通过 OTOP 项目可以发挥农业和农业加工部门的潜力，为不同的家庭创造更多的收入，创造更好的收入分配，并使国家产生更多的储蓄。其次，在影响因素方面，Tuamsuk（2013）对泰国 OTOP 顶级企业成功的关键因素进行分析，认为推动 OTOP 企业的知识（如领导、组织文化、人和知识）管理是重要影响因素。影响农产品等级的因素主要包括营销和制造的主要目标、企业设立模式、经营期限、成员人数、创始投资金额、主要目标市场、销售方式等（Pisit，2021）；Sura K（2008）以清迈桑纸企业为例，认为影响其成功的因素有管理能力、领导能力、资金来源、发展战略等。

3. OCOP

OCOP 意思为“一个公社一个产品”。该运动的重点是在越南各地发展具有比较优势的农业、非农业产品和服务，旨在基于自然资源和人力资本方面的本土优势发展农村经济，这一运动是越南实施新农村规划的重要项目之一。越南的 OCOP 运动充分考虑了日本 OVOP 的三个原则：一是立足本地、放眼全球，二是自力更生和创造力，三是人力资源开发（Nguyen，2021）。但是，和泰国相似，OCOP 在充分挖掘地区优势的同时，政府也发挥着相当重要的推动作用。例如，2022 年 4 月 28 日，越南举办了"OCOP 湄公河三角洲产品对接论坛"，本次论坛将为区域产品带来巨大发展机遇，论坛的亮点是在湄公河三角洲和越南北部省份的 OCOP 产品展区，超过 1000 种越南香料被展出（越通社，2022）。

越南对 OCOP 的研究主要从产品售卖的影响因素出发。例如，Hien N T（2022）根据越南 OCOP 标准分析和评估产品质量对旅游体验意愿的影响，研究表明产品质量和服务质量对个人体验旅游的意愿影响最大。该研究可帮助 OCOP 旅游产业群的主体更好地了解游客的要求，完善自己的产品，从而为人们提供就业机会；Mai N T（2021）研究分析了越南清化省和义安省的 OCOP 产品，认为产品级别、产品类型结构和产品区域结构等仍需完善；Hoa（2022）研究了影响消费者使用 OCOP 产品意愿的因素，结果表明对"OCOP 消费意愿"影响最大的因素是"信任"。



4. 联合国粮食及农业组织的"一国一品"行动：OCOP

联合国粮食及农业组织（FAO）于 2021 年 9 月启动"一国一品：特色农产品绿色发展全球行动"，旨在为特色农产品打造绿色和可持续的价值链，支持小农和家庭农业充分分享全球市场回报，最终推动农业粮食体系转型，实现可持续发展目标（驻丹麦王国大使馆经济商务处，2021）。其核心是通过创新和绿色发展推广特色农产品，同时推动小农和家庭农业生产模式的发展，为实现《2030 年可持续发展议程》，特别是为实现无贫困和零饥饿的目标做出重要贡献。尤其是最近新冠肺炎（COVID-19）疫情对社会经济和自然生态系统产生了负面影响，该计划将通过绿色发展包容性、盈利性和环境可持续性的特种农产品粮食价值链，支持粮食体系转型。FAO 将"特色农产品"定义为因地理位置和文化遗产影响而具备独特品质的农产品，可为确保粮食安全和健康膳食做出突出贡献，支持农民生计和经济增长，同时保护环境和生物多样性。"特色农产品"不仅被公认为具有国家或地方象征意义，还具备打入本地、区域及全球市场和贸易的巨大潜力（中国网，2021）。

"一国一品"将有可能带动更多资源，用于品种改良、气候智能技术、土地管理、农业机械化，以及市场对接和贸易便利化等。全球各国拟通过推动绿色生产、推动绿色加工、推动绿色市场发展、推广绿色存储等方式，推动"一国一品"的项目开展（联合国粮农组织，2022）。目前，有关此方面的研究还待进一步开展。

### （二）国外研究评价

专业村发展模式源于国外。当前，发展专业村的国家较多，且集中于东南亚、南亚及非洲等欠发达地区。由于自然环境、人文因素、国家政策等方面原因，各国有关专业村项目推广与实施的模式各不相同，主要包括以日本为代表的"自下而上"和以泰国为代表的"自上而下"两种模式。但无论何种模式，其核心都是通过结合当地特色、利用自身优势产业进行专业化发展，通过打造国际品牌，开发市场潜力，以促进乡村地区经济的繁荣。而欧美国家的很多乡村是在产业发展带动下形成的，且早期多以工业发展为主，故其发展模式与一般的"一村一品"不同，而是以农村家庭工业（Mendels，1972）和公司镇（Porteous，1970）的形式出现。因此，国外学者有关专业村的研究具有以下特征。



一是研究区域集中。国外相关研究案例区域多集中于日本、泰国、越南、印度尼西亚等亚非国家，对西方发达国家专业村的研究较少。

二是以定性分析为主。从研究内容来看，大多以某一地区为例，以定性分析方法为主，通过简单的数理统计，介绍当地的特色产品和专业村发展模式、取得的社会经济效益、存在的问题以及可能原因和解决方案等。因此，国外虽然研究起步较早，但理论尚不完善。

三是有关专业村地域经济效应的定量化及可视化分析较少。国外研究缺乏对专业村形成与发展的内在机理、机制的探究，从时空演变视角对"一村一品"项目实施与扩展的空间格局演变及其形成机制的研究更是鲜有涉及。

四是研究区域范围不统一。在研究尺度上，受各国行政区划范围不同的影响，专业村实际上并没有统一的区域范围。

世界上许多国家的许多村庄都面临着经济衰退、生活水平低下、不适合耕作的自然条件、农业活动所得收入有限、社会技术基础设施装备不完善等问题，这导致大量农民从农村地区迁移（Viñas，2019；Bański，2020），留下被遗弃或衰落的聚落（Ntassiou，2022）。如何因地制宜地促进乡村地区的可持续发展，提高乡村居民的生活水平，已成为世界各国亟须解决的问题。虽然各国的国情不同，乡村发展的路径与模式不同，但同处于逆全球化、信息化的国际大背景下，故提高农民收入、振兴乡村的整体目标具有一致性。因此，国外有关专业村建设发展的理论与实践应该对我国专业村的建设发展具有一定的借鉴意义。现阶段，FAO 提出的 OCOP 项目，将为特色农业专业村、专业区的建设提供更广阔的思路。我国作为农业大国，应紧抓机遇、应对挑战，促进农业绿色创新以实现可持续发展。

## 三、国内研究述评

基于中国知网和万方学术两大数据库，检索篇名中含有"专业村"的所有文献，在剔除新闻报道、咨询、政策、会议通知等非研究性文献，摒弃含有"专业村"字眼但与"专业村"研究无关的文献或重复的文献后，最终获得 605 篇文章，其中包括硕士学位论文 23 篇、博士学位论文 1 篇、核心期刊论文 81 篇、普通期刊论文 500 篇。本书以 SCI 来源期刊、EI 来源期刊、CSSCI 来源期刊、北大核心期刊、CSCD 来源期刊和 CSTPCD 来源期刊作为核心期刊。以此作为基础数据，分别进行以下两个方面的分析。一是文献数理特征的分析。基于 CiteSpace 软件的分析功能（陈悦，2015），对文献作者的合作网络进行分析；基于 Noteexpress，对核心文献及硕博学位论文的关键词进行分析，系统综述国内"专业村"领域的研究热点。二是文献学理特征的分析。以时间为轴线，采用归纳总结法，就不同时期专业村的研究内容、理论要点，从专业村的形成机制、空间分布及其演化特征、经济效应发挥机制等方面进行汇总、剖析，总结研究内容和理论方面的共性特征。需要说明的是，受数据库、获取手段、关键词的限定等的影响，此处分析结果仅基于已找到的文献资料。



### （一）文献数理特征的分析

#### 1. 文章数量及结构分析

将文献按照核心期刊文献、硕博学位论文划分为两大类，按照历年发文数量、累计发文数量分别进行统计，发现以下规律。①核心期刊数量随时间变化波动较大。在 1990 年之前，有关专业村的内容多出现在报纸、新闻报道和面向普通民众的杂志上，进行深入探究的文献极少。1991—2005 年是专业村研究的小高峰期，核心期刊数量持续上升，其中，1994 年和 2000 年发文数量较多，分别为 6 篇、7 篇。但在 2006—2008 年，发文数量又几乎跌至零。自从 2009 年，河南大学李小建教授在《中国软科学》发表有关专业村的形成机理一文后，有关专业村研究的持续性逐渐增强，2009—2022 年几乎从未间断。其中，2014 年发文高达 9 篇。但是，整体仍然呈现“多—少—多—少”的剧烈波动状态。②硕博学位论文数量高度集中于部分时段。在 2001 年之前，篇名中含有“专业村”字段的硕博学位论文几乎为“0”；2002—2011 年，发文总数仅为 3 篇；而在 2012—2020 年，硕博学位论文数高达 21 篇，占总数的 87.5%。③发文总量稳步攀升。按照累积计算方式，1990 年，文献总量为 93 篇，核心文献 1 篇；2000 年，文献总量升至 255 篇，核心文献升至 25 篇；2010 年，文献再次翻倍，达到 423 篇，核心期刊文献也跃升至 38 篇；2020 年，文献累计 597 篇，核心期刊达到 76 篇；2022 年 6 月，发文总量已经高达 605 篇，核心期刊达到 83 篇。可见，专业村研究受到了越来越多学者的关注。文献结构特征见图 2-3。

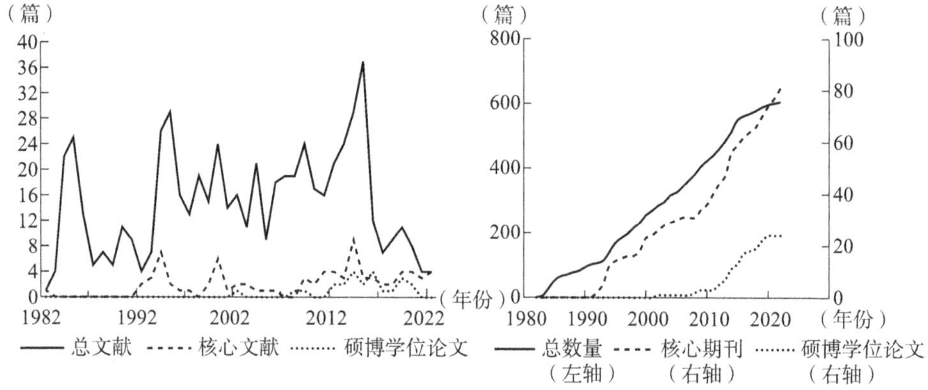


（a）各年发文量　　(b)累计数量

**图 2-3　文献结构特征**

2. 作者合作网络特征分析

利用 CiteSpace 软件对作者合作网络进行分析，对专业村领域具有代表性的学者和主要的研究力量进行可视化，如图 2-4 所示，可视化结果只保留了主要网络关系。作者名字字体越大表明作者发文量越多，图中每个节点代表一位作者，节点间连线代表作者之间存在合作关系，作者之间连线越密集表明作者之间的合作研究越多。可视化结果表明，国内有关专业村的研究学者集中分布于河南大学、河南财经政法大学，且均属于我国著名经济地理学家李小建教授团队；就发文量来看，团队中的乔家君和李小建两人发文量最多，其次为韩冬、李二玲、吴娜琳、李亚静、刘晨光等，最后为罗庆、朱乾坤等；从研究学者的网络关系来看，呈现以李小建与乔家君为核心，以李二玲、吴娜琳、韩冬等学者为次核心，以李亚静、白丹丹、刘婷等为外围的层次分布格局。在其他团队方面，徐广才团队、穆月英团队的内部合作网络关系也较强，发文数量较多。除此以外，仍有不少高级学者参与专业村的研究工作，如中国人民大学郑风田、中国科学院曹智、中山大学杨忍等，但这些学者之间就专业村方面的研究合作较少，网状关系相对较弱，无法显示。

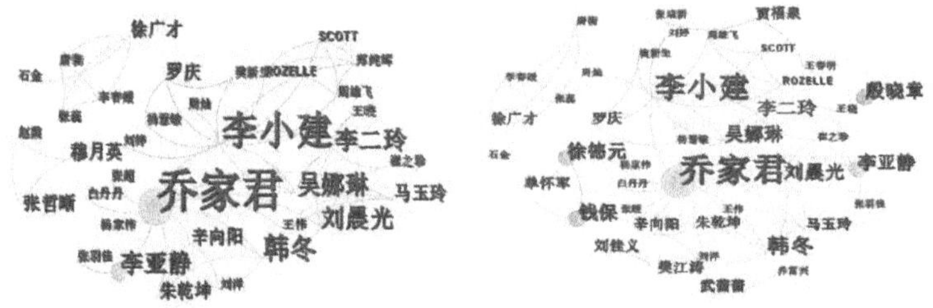


(a) 核心文献发文作者图谱　　　　(b) 总文献发文作者图谱

**图 2-4　专业村文献作者网络及发文图谱**



3. 关键词数理特征分析

由于核心文献及硕博士论文更具代表性，故对其进行关键词数理特征分析。基于 Noteexpress 的数据分析功能，得出各关键词出现的频次，并根据关键词的特征进行合并及分类，出现频次最多的关键词为“专业村”，出现 61 次，除去“专业村”，其余关键词根据特征共分为十大类（见表 2-1）。其中，出现次数最多的关键词类别为“专业村类型”，主要包括农业型专业村和服务业型专业村，前者包括蔬菜专业村、养殖专业村、渔业村、养鸡专业村等，后者包括旅游专业村、淘宝专业村、手工专业村等。第二大类关键词指专业村的研究尺度，出现最多的关键词是“河南省”和“黄河流域”，自改革开放以来，河南省依托其自然资源和地理位置等，不断出现大批的专业村和专业镇（李小建，2010），一直是专业村研究的热点地区。从研究内容来看，国内学者主要从专业村的形成机制、时空分布及演化、产生的效应、影响其发展的因素、发展面临的问题五大方面进行研究，其中，专业村的时空分布及演化和产生的效应是研究的热点内容。前者包括对专业村的时空分布、时空演变、空间集聚、集聚机理和集聚测度的研究，后者包括专业村对农村发展、农民收入、农村劳动力、产业结构等方面的影响。与研究方法相关的关键词不多，研究方法有地理探测器法、区位商指数测算法和核密度分析法；研究构建的模型有结构方程模型、面板数据回归模型和“双介质钟摆”模型等。此外，一些关键词与时代背景及国家宏观政策相关，主要有“乡村振兴”、“一村一品”、“三农”问题等，这表明国内“专业村”相关研究以国家政策文件为引导，助力农村发展。

**表 2-1　关键词分类**

| 关键词类别 | 频次(次) | 占比(%) | 主要关键词 |
|---|---|---|---|
| 专业村类型 | 65 | 20.313 | “农业型”(蔬菜、养殖、渔业、养鸡)、“服务业型”(旅游、淘宝、手工)、“电子商务” |
| 研究尺度 | 61 | 19.063 | “中国”“河南省”“黄河流域”“山东省”“市”“村庄” |
| 空间特征 | 53 | 16.563 | “时空分布”“时空演变”“空间集聚”“集聚机理和集聚测度” |
| 经济效应 | 51 | 15.938 | “农民增收”“农村经济总收入”“农村现代化”“高效益” |
| 影响因素 | 29 | 9.063 | “能人”“地理环境”“营销策略”“政府扶持”“内源”“外生”“市场环境”“科技创新”“村落边界”“共同体意识” |
| 时代背景 | 18 | 5.625 | “乡村振兴”、“三农”问题、“奔小康” |
| 发展问题 | 16 | 5.000 | “衰落”“发展历程”“优势与劣势”“发展模式”“转型” |
| 研究方法 | 10 | 3.125 | “地理探测器法”“区位商指数测算法”“核密度分析法”“结构方程模型”“面板数据回归模型”“双介质钟摆模型” |
| 机制机理 | 7 | 2.188 | “理论研究”“形成机理”“动力研究” |
| 其他 | 10 | 3.125 | “研究进展”“技艺传承”“学科进展” |



### (二)文献学理特征的分析

我国专业村非常丰富，几百年前就有土纸生产专业村寨(丘衍林，2018)、笠帽专业村等(黄祖焕，2017)。但是，国内对专业村的研究却始于改革开放后期，即日本“一村一品”专业村理念传入之后。为了解不同时期相关研究关注的焦点、研究水平，利用搜集到的文献，以时间为轴线，按照 1978 年改革开放至 2000 年、2001—2010 年、2011—2022 年三个时间段，对专业村研究脉络进行梳理。

1. 1978—2000 年专业村研究的萌芽期

在这段时期，国内学者主要从专业村的概念、类型、产生的效应、发展经验四个方面开展定性、描述类研究。

在专业村的概念界定上，孙洪志(1982)把专业收入占基本核算单位收入50%以上的家庭叫作“专业户”，把专业户占大队总户数30%以上的村叫作“专业村”；周德章(1984)等认为河南省的专业村就是以自然村(或行政村)为单位，根据当地经济和技术条件，绝大多数农户都参加的、以发展商品生产为目的、以一种或几种专业经营为主要内容的小型商品生产基地。刘生学(1994)认为除一般意义上的粮食生产外，某一产品的种植面积占全村耕地面积的50%以上，或从事某一产品生产的户数比例与这一产品的收入比例达到50%以上，就可以视为专业村。该时期，对专业村概念的争议在于专业户或生产规模的比例到底达到多少才可以称为“专业村”。

在专业村的类型划分上，不同学者有不同的划分标准：陈永良(1996)根据南通市的专业村特征，将其划分为传统技艺型、地理优势型、资源开发型、名特产品型等九大类；也有学者参照乡村类型进行划分，比较常用的方法是按照产业结构中各产业发展的水平来划分。这一时期出现了大量对不同类型专业村的报道，包括养殖专业村、种子专业村、棉花专业村、茶叶专业村等，即普遍根据商品的类型进行划分。



从专业村发展带来的效应上看，张仁寿(1984)、占锡昌(1984)等认为专业村产生时间虽不长，但具有较好的经济效益，一部分农民靠自己劳动先富起来，而后吸引和带动本村农民走向共同富裕的道路，促进了共同致富；张永森(2000)认为专业乡镇所从事的产业多以个体私营为主，因而可直接增加地方财政收入，拓宽农民致富门路，收到富国、富民的双重效果，即专业村的效益主要是增加农民经济收入。

此外，众多学者在这一时期还介绍了专业村的发展经验。例如，黄献军(1990)通过对湖南省益阳市专业村的调查，认为能人带动、传统技艺、市场需求和自然资源是专业村形成的主要因素；常军(1993)以养猪专业村为例，认为领导、技术和优惠措施是推动专业村发展的重要经验；吴云亭(1994)认为农民、能人和政府是促进专业村发展的三大法宝；王治华(1994)把因村制宜、放宽政策、培植典型、瞄准市场、提高素质作为山东省青州市专业村的发展经验；李歧(1995)认为能人、科学方法、饲养、屠宰、销售并举是栈羊村发展的重要因素；任振鹤(2000)通过对利川市特色专业村的调查，提出的经验有思想变财富、观念变效益、资源是根本、需求是导向等。

2. 2001—2010年专业村研究的拓展期

这一时期，国内学者对专业村研究的理论性逐步增强，研究问题逐步深入，主要表现在专业村的定义、形成动因、产生的效应三个方面。

一些学者对专业村的定义做出了新的解释。齐双虎(2006)认为一个村的人们所从事的工作(或职业)相同，不管按全村户数还是人口比例乃至收入来源所占的比重，都应占据多数，这样才构成专业村；陈建胜(2007)认为，专业村就是社会化大分工中所形成的一个个相互关联的行业或专业的连接点，所谓专业村，是指在一个村子内部或者相邻几个村落，大部分村民从事某种相同或相似的经济活动，逐渐形成具有一定知名度的某一种产品或行业。黄映晖(2008)基于传统意义上的专业村概念，指出专业村是在发挥本地优势基础上，在特定区域内，通过大力发展特色产品，使整个地区产生出一个特色明显的主导产业，以达到大幅提升农村经济发展实力的目的；李小建(2009)对专业村的概念进行较为完整的表述，他认为专业村是指一个村大部分农户商品性地从事一种或多种相互关联的生产或服务活动，并且该产值构成这个村的社会产值的主体。该时期对专业村的定义不再仅停留于专业化率，而将区域优势、产业效益等要素纳入其中。



这一时期，部分学者开始关注专业村的形成机制和影响因素。例如，叶勇(2002)将吴江市专业村的形成原因归纳为市场取向、组织引导、产业延伸、科技保障、社会服务五大方面；郑风田(2006)通过对云南斗南花卉个案开展实证研究后认为，企业家在专业村的形成与发展过程中发挥着至关重要的作用；李小建(2009)同样认为企业家精神是专业村形成的核心，并和资源禀赋、地理区位、经济基础及传统习惯4个因素构成了专业村形成的基础。但该时期，这类深刻揭示专业村形成机理的文献数量有限。

从专业村产生的效应上看，郝允德(2001)通过对五河县的调研，认为其“五专并举”的措施，即专业户、专业村、专业批发市场、专业合作组织、专业区或乡镇“五位一体”，拉动了农村经济发展，加快了农民增收；姜明文(2004)认为，发展手工业特色专业村对周围乡村有着很好的辐射带动作用，能更好地实现“产业集聚”，有利于农民积累资金；吴晓明(2002)认为，专业村的积聚效应一方面有利于农户之间互学互帮、提高技术，另一方面有利于产品销售，这反过来进一步促进生产扩大，产生经济效应。

总之，该时期有关专业村的研究，不再停留于描述性介绍专业村的概念、发展状况和经济效应，而是赋予其更多内涵，对其形成机理、影响因素等的研究也更加严谨、深入，但有关专业村空间分布的研究较少。

3. 2011—2022 年专业村研究的深化期

当前，学者们围绕专业村的国内外研究进展、形成条件与演化机理、发展历程和影响因素、空间格局与集聚效应、时空演化与扩散规律、发展动力与路径、经营模式与组织形态、存在的问题与困境以及转型升级等方面开展了一系列的研究工作，尤其关注地理环境因素及不同利益相关者对专业村形成产生的影响（杨忍，2021）。其中，形成动因、空间分布格局及演化、发展问题及对策是这一阶段学者们关注的焦点。

该时期，专业村的概念与内涵、研究类型均在不断扩展。在专业村的定义上，虽然仍有学者将专业村简单定义为从事相同职业或类似经济活动的村庄（Zhijun Liu，2011），但也有学者综合前人对专业村的定义，对专业村的概念进行了更全面的概括：基于规模经济和分工经济形成的、内部联系紧密的、以模仿创新为起点的基本单元，村内大部分村民从事某种相同、相似或关联性较强的经济活动，其实质是微尺度上的产业集群（乔家君，2013）。在专业村类型方面，不再局限于特色农业型、工业型及其他类型专业村（李亚静，2012）或者农业（广义农业，包括特色种植、养殖等）型专业村、工业（制造业、加工业等）型专业村、服务业（旅游、文化创意产业等）型专业村等（白丹丹，2016），专业村类型拓展为农产品生产型专业村、涉农服务型专业村和非农产业型专业村三大类（刘晨光，2018）。值得注意的是，这一时期由于电子商务的快速发展，出现了新型的淘宝专业村，并根据阿里研究院对“淘宝村”的定义，将一个村庄的活跃网店数量达到 100 家以上或者达到当地家庭户数的 10%以上的村称为“淘宝村”（辛向阳，2018）。

在专业村的形成动因方面，高更和（2011）以豫西南专业村为例进行研究，认为专业村的形成是多种因素综合作用的产物，其中，地理环境、能人、政府行为和农户特征具有重要作用。也有学者通过对河南省专业村的分析，指出专业村在形成过程中，受企业带动、政府和能人引领、区位交通、地形、自然资源禀赋和传统习俗等多种因素共同作用（李亚静，2012；李小建，2018）；不同行为主体在专业村形成与发展过程中的作用不同，能人与村干部的带领、相关产业的从业背景以及获得信贷等因素影响专业村的形成速度；企业家的社会关系、村干部和亲友的支持有助于提升专业村的经济效益；企业家的外界联系、经营履历及企业现状发展情况对专业村的未来走向影响密切(林柄全，2017)。此外，农户的行为方式不同，专业村的形成速度、产业分工及经济效益不同(吴娜琳，2014)。

在专业村的空间分布格局方面，沈璐璐(2012)分析了安阳市专业村发展情况和空间集聚特征；李亚静(2012)系统地分析了河南省的专业村，认为中北部较为集中，西南区很少，存在“大范围分散、小范围集聚”的特征；张超(2015)从宏观层面研究种植专业村的空间分布特征，结果显示其在空间上趋于集中分布，且呈现“高高集聚、低低集聚”的态势；刘晨光(2020)系统研究了黄河流域的专业村，发现其主要分布在低海拔、小坡度和向阳区，沿河流、公路和行政边界线呈带状分布，集聚分布在关中地区和黄河下游；曹智(2020)基于农业农村部“一村一品”示范村镇资料揭示了我国专业村镇的空间格局，运用地理探测器模型从全国和农业区尺度分析了地形特征、资源禀赋和区位条件等村域环境因素以及市场需求和经济基础等区域环境因素对专业村镇分布的影响。总结来看，专业村空间分布的影响因素可分为内部因素和外部因素两大类，其中，内部因素包括地形气候、资源禀赋、地理区位、交通状况、经济组织、历史传统、生产/种植习惯、能人/民间组织、农户个体意愿、创新能力等；而外部因素多为城乡关系、区域环境、制度政策、政府推动、市场需求、科技手段、发展机遇、社会资本、媒体宣传、偶然因素等(杨忍，2021)。



专业村的形成和演化是诸多因素综合作用的结果，在专业村的空间演化方面，吴娜琳(2013)以河南省柘城县辣椒种植专业村为例，分析了专业村的空间扩散及影响因素，结果显示其空间扩散特征为点域扩散→交通轴线扩散→局部面状扩散→广域扩散→边缘区扩散，区位、资源条件和市场是影响其空间演化的重要因素；张柳青(2014)将制造业专业村的空间集聚机理归因于模仿创新、网络联系、规模与分工经济和政府行为，它们之间相互联系、相互依赖，贯穿专业村集聚发展的整个过程；杨家伟(2014)采用定性和定量相结合的方法，对旅游专业村的空间集聚进行研究，认为其受自然地理环境(坡度、高度、河流、山水风景)、政府行为、资本(特别是民营资本)、土地流转和交通等因素的影响；乔家君(2012，2014)以南阳市为例，认为农业型专业村发展的时空演化遵循空间界面理论，该地区的专业村由最初的最适宜农业区向山区、城区方向转移，并具有行政边缘化的特征。还有学者认为，在不同的发展阶段，不同因素的作用强度不同。对于农业专业村而言，地形和区位对农业专业村的形成影响较大，但在其发展期，地形和区位因素的作用逐渐降低，而市场和经济因素的影响越来越大（Niu，2021）。乔家君（2022）利用2008—2014年黄河流域9省35353个专业村的信息，对35353个专业村的时空演化进行研究发现，自然环境因素始终对专业村分布有较大影响，但影响程度逐步下降，地方经济发展水平对专业村的形成和发展的作用逐渐增强。此外，王伟（2020）等对不同类型旅游专业村的空间分布格局进行了分析，徐广才（2019）、李春媛（2020）、石金（2021）对不同时段北京市蔬菜专业村空间分布的动态变化特征进行分析，王明杰（2022）对我国电子商务专业村空间格局演化及其影响因素进行了分析。

在经济效应发挥机制方面，因专业村的形成和发展产生了一系列经济效应，这一时期的学者开始探究经济效应的发挥机制。发展效应是指实施某种措施后所产生的效果或作用。王晓（2011）对河南省的专业村进行调查研究，结果表明农户生产专业化转型后产生了发展效应和技术扩散，农户的收入增加。琚胜利（2016）以旅游收入、旅游资源等级、旅游区位条件、村庄之间的最短距离等作为专业村空间相互作用的主要因子，构建的农家乐专业村空间相互作用模型证明，专业村对周边其他村有着较强的中心作用。



### （三）国内研究评价

#### 1. 国内研究共同特征

国内对专业村的关注始于改革开放后，历经40多年的发展，取得了丰富的研究成果。

一是概念内涵不断拓展。专业村最初是为了防止人口减少，各村基于当地资源，生产出具有地域特色的主导产品，并将其发展到一个国家和全球认可的标准。之后，专业村逐渐被定量化，如村内专业户数比重、主导产业收入比例、市场交易额等。当前，我国专业村的地域范围不再局限于"一村"，产品也不再局限于"一品"，而逐渐朝产业聚集区发展。因此，对专业村的定义及研究范围需要进一步扩展。

二是研究尺度不断扩大。专业村最初的研究多聚焦单个村域，探讨专业村的形成模式、发展变化；之后，开始拓展为一定区域内的多个专业村，分析其区域效应、空间特征、未来趋势等。最近，学者开始关注更宏观区域专业村的空间分布格局。但整体来看，研究尺度多以某一市或县为例，空间普遍尺度较小，且研究区域集中于中部和东部地区，西部地区的研究较少，其中，又以对黄河流域的研究居多。因此，研究结论的普适性还有待提升。

三是研究内容不断丰富。1990 年前后，关注专业村带来的区域经济效应；2000 年前后，聚焦专业村的形成及发展，涉及专业村发展途径、发展机制、发展格局等；2010 年前后，地理集聚成为专业村研究的重要内容；近期，专业村时空演化机制及驱动因素成为焦点，研究内容集中在专业村的形成动因、空间分布格局、空间演化、经济效应发挥机制等方面，研究对象拓展至旅游专业村、淘宝专业村、手工业专业村等。

2. 国内研究存在的不足

虽然有关专业村的研究已经取得了丰硕的研究成果，但还存在以下共性问题，值得思考。

一是专业村的尺度范围不清晰。我国的行政村或自然村范围和日本的“OVOP”、泰国的“OTOP”、越南的“OCOP”不同，即使同为我国的专业村，不同省份的行政村或自然村的行政管辖范围也不完全相同。那么，以行政边界划定的生产区域范围是否科学？



二是专业村的生产规模不明确。以往研究仅以专业户占全村总户数的比重或商品产值占全村总产值的比重进行界定，也就是但凡专业化率达到一定水平就能称为“专业村”，而不管其生产规模有多大、技术水平有多高，这种“简单粗暴”的界定方式是否合理？

三是专业村持续发展的时间没要求。虽然专业村的概念不断丰富、拓展，但自始至终尚无学者对专业村持续发展的时长有提议，只要专业化率达到标准就是专业村，但对于发展时长仅有一年或更短的“昙花一现”的村，能否称为“专业村”？

四是专业村发展的动力机制不准确。现有研究默认专业村的发展是一个村的事情。但是，从行政管辖角度来看，村只是我国行政区划的最微观单元，其发展方向、资源配置、政策制定等无不受乡镇、县政府左右；从地域空间视角来看，村只是乡村地域系统中的一个节点，其发展与变化深刻受制于周边村域、环境等的影响，也就是说，村（即使是行政村）独立自主发展的权限和能力不足。因此，对专业村的研究停留于一个村，或者就专业村而论专业村，能否真正揭示专业村的发展与演变？

五是专业村的未来发展走向不清楚。和很多西方发达国家的乡村一样，在城市化快速推进、城乡融合发展背景下，我国乡村时刻面临着空心化、衰退、消失的风险，鸡鸣狗吠的传统村落已再难看到，在“村将不村”的背景下，专业村的价值应当如何体现？专业村应当何去何从？研究专业村、发展专业村的意义是什么？

3. 以往研究对本书的启示

以往研究是本书的基础，不仅为本书提供了数据的获取方式和分析方法，更提供了理论和研究思路。本书认为，对专业村的研究应该将村域属性特征和专业项目的产业发展规律结合起来。首先，在将专业村作为一个点并充分考虑村域属性特征的同时，跳出村域的地域限制，将分析视野扩展至该点所在的面状区域，考虑区域整体资源环境对专业村发展的影响；其次，在关注专业项目属性特征的同时，更关注其所属行业的发展规律，将专业村作为产业发展过程中的阶段性特征，分析产业发展过程中的结构演变及专业村的作用。因此，对专业村地域经济效应的研究，实则是在分析区域环境和产业项目特性等多重因素决定下的专业村发展演变及其辐射带动效应，且具有研究区域尺度广、分析数据时间序列长、产业结构复杂等特征。本书可能仍然无法回答或解决目前专业村研究中存在的问题，但可以作为一个探索性思路。

# 第三章 理论支撑与研究假设

## 一、基础理论

### （一）农户行为理论



专业村地域经济效应产生的关键在于位于不同村域、不同区位点的行为主体的参与。农户是构成村域单元的"细胞"，农户参与的速度、规模直接影响着专业村地域经济效应的空间格局。因此，探讨农户生产行为决策对于解释专业村地域经济效应的形成具有重要意义。农户行为理论是探讨农户生产决策问题的重要理论之一，它主要从决策的"理性"方面对农户生产决策行为特征进行研究，并划分为理性学派、非理性学派、有限理性学派、历史学派等。其中，理性学派认为，小农经济中的家庭农场同资本主义企业一样"理性"，他们追求利润最大化，并根据要素的边际成本与边际产出确定要素的投入量。传统农民即使在落后的生产技术条件下，也会最大限度地利用各种生产机会和有效率的资源，即"贫困而有效率"（舒尔茨，2010）。非理性学派认为，农民在高度自给的社会中，追求的不是个人利益，而是整个家庭的消费需要和维持劳动力生产的生活需要，农民缺乏求利欲望和积累动机（Boeke，1953）。有限理性学派认为，人的行为具有理性和非理性两种特征，在理想状态下，人总是追求利益最大化，但在现实社会中的个人决策往往受众多因素的影响，表现出"有限理性"。我国小农或贫农的看似非理性行为实则是经济理性的一种表现，是在制度、习惯、风险偏好等内外条件综合制约下的"有限理性"（文长存，2017）。还有学者认为，单纯在经济理性的框架下分析农户行为是不科学的，不同类型的农户有着不同的经营目标。随着商品经济的发展，我国的小农逐渐分化成经营式农场主、富农、中农和贫农，这些家庭农场所追求的目标和经济性质也表现出了不同。为追求家庭发展和更多的利润，农户的生产活动越来越倾向于采用市场化的经营方式(黄宗智，2000)。

农户生产行为是其在自身所处的社会、经济、资源环境中，结合自身土地、劳动力、资本等生产条件及风险意识形成的，它不仅受农户自身条件的限制，亦受区域环境、政策体制、市场等外在宏观环境的影响。而在不同时期，或面对不同约束条件、不同机会成本和就业替代，农户的行为与动机就会不同。显然，不能直接拿以往研究经验、结论来解释今天的农户行为特征。对农民行为的分析必须放在其特定的、具体的生存境遇、制度安排和社会变迁的背景中进行。判断“理性”与“非理性”要以行动者的眼光衡量，而不能按照局外人的标准(吴娜琳，2014)。当前，中国农户经济行为已经由生存理性转向经济理性，但受农产品价格、资产专用性程度、土地利用方式、政策环境和农户行为角色等多种因素的影响，经济效益最大化很多时候都难以成为农户生产决策的唯一依据。周围农户的行为决策、社会规范等对农户种植结构的影响同样深刻(杨婧，2022)。

### (二)空间相互作用理论

世界上所有事物之间都存在着普遍联系(Tobler W，2004)。区域空间的存在也绝不是孤立的，其必然和以物质、能量等其他形式存在的物理对象发生各种各样的作用与联系(Ullman E L，1957)。一个区域的发展在很大程度上是其内部变化及与相关区域相互作用的共同结果，无论该区域处于何种规模等级体系(孟德友，2009)。而区域内各种经济活动之间或各区域之间的空间位置关系就决定了其与其他区域之间的相互作用关系和强度。由地理学第一定律(TFL)(Tobler，1970)可知，各种经济活动或地区之间的空间距离不同，相互发生联系的机会和程度也就存在差异，而距离越近的区域之间相互影响的程度就越大(李小建，2018)。在我国，村域是最小的行政区域，是一个独立的、对外开放的微区域系统，村域经济是一个长期的、联系的空间经济行为，村之间通过地缘、业缘、亲缘各种廊道存在着各种各样的联系(乔家君，2008)，与其他空间尺度的区域一样，村域与其周边区域的村庄、乡镇或生产机构、组织等发生着人口、信息、技术、资金、物质的流动(苑鹏，2004)。尤其是发展水平较高的村庄，对外影响程度和范围更大。“一村一品”专业村作为专业化生产微型区域，以其先进的生产组织形式、较高的经济发展水平和竞争优势，被称为农区空间经济中的“马赛克”、资源流动中的“黏着点”，是推动农区经济发展的“排头兵”(李小建，2009)。专业村对周边村域经济发展的影响较普通村落更为明显。因此，本书从空间相互作用视角出发借用空间相互作用理论探讨专业村对周边区域影响的地域经济效应具有适宜性。

但是，以往空间相互作用理论研究的主要是国家联盟、国家、地带、经济区(国家内部)或城市群、省域或大中小城市等较宏观的空间尺度，而对微观尺度的关注严重不足，尤其是对村际空间相互作用的研究极为匮乏。有学者认为，县域应是空间相互作用研究的最小经济区域系统，村、镇在理论上无法作为独立的经济区域系统(张劲，2010)。但也有学者认为，以微观主体(企业或农户)为研究主线分析资源、产品、资金的流向，能够对空间相互作用进行具体量化，利于宏观设计与微观布局的有机结合(谭传凤，2001)。本书同意后者的观点。诚然，大尺度区域的研究有助于把握区域的整体发展态势，利于区域整体的协调布局、规划与资源调控，但是，宏观区域是由各种微观区域组成的，区域内部各微观区域间的空间分布、联系直接影响整个区域的空间结构。因而，忽略了区域内部微观区域就等同于忽略了区域内部的非均质性，将会影响对宏观区域的把控。同理，大范围区域专业化、规模化的生产空间亦是由不同微型区域板块构成，农业生产区域是由不同微型空间单元——村庄组成的农区，其专业化、规模化的实现离不开村域农业生产的专业化。因此，对专业村地域经济效应的研究需要借助区域空间相互作用理论进行分析。



### (三)专业化分工理论

亚当·斯密在其1776年出版的《国民财富的性质和原因的研究》中，提出加强劳动分工以提高劳动生产率的论断。其原因是分工可以提升劳动者的劳动技能熟练度、缩短工作转换的时间、提高机械化水平。而专业化分工是在分工的基础上强调专业化，即在完成一项生产时，每个环节和步骤均由专业技术人员来操作，每个人只负责其中某一特定阶段的任务并且长期固定在某一个环节，这样有利于提升工人的工作效率，激发专业技术人员改进工作效率的创新性思维，进而从整体上促进产业发展。总之，专业化分工通过生产环节分工、专业化实现生产成本降低、劳动生产率提升，进而实现专业化经济(徐金海，2008)。但是，长期以来，由于农业生产的季节性、时序性、时令性等特征，学术界普遍认为农业生产各个环节难以分工。但随着机械化水平的提升、农业技术的进步、交通条件的改善和市场化进程的加快，农业专业化分工现象日益显现(王留鑫，2017)。在专业化分工条件下，农户通过创新创业适应与引领分工、被动卷入分工，通过专业生产形成规模经济、专业化经济，不同专业化主体相互合作，创造并分享农业专业化分工经济、专业化经济，降低生产成本、提升技术水平与效率(张建锋，2020)。

专业村的形成在于村内从事专业项目生产活动的农户数量不断增加，而专业村地域经济效应的进一步显现，更依托于专业项目生产链条的不断延伸，即上下游生产活动的种类、生产规模不断扩大，农户间相互协作不断增强，从而逐渐形成产业化、区域化的生产态势。例如，葡萄种植专业村在其发展过程中，除了葡萄种植户数不断增加外，在生产规模日益扩大的葡萄生产基地还出现了葡萄种植合作社、葡萄销售网点、葡萄酒加工厂等多样化的分工现象。近年来，随着城市化进程的加快、土地的大规模流转，农户合作型经济组织、服务组织等开始出现。农业生产专业化分工的不断深化，对专业村地域经济效应的发挥产生了重要影响。因此，有必要基于专业化分工理论剖析专业村地域经济效应。

## 二、核心理论



### (一)空间扩散理论

地理学者的传统之一(至少自拉采尔以来)，一直是解释地球表面占有空间的事物的扩散和退化(Morrill，1988)。从地理学角度来看，扩散是一种地表事物或地理现象从源地向外传播、转移或推广的空间过程(牛文元，1987)。扩散可分为生物学扩散、化学扩散、物理学扩散等多种类型。20 世纪 50 年代，瑞典学者哈格斯特朗出版的 *Spatial diffusion as an innovation process* 一书奠定了现代空间扩散理论的基础(Hagerstrand，1968)，他总结了创新扩散的两个空间规律——“邻近效应”(Neighborhood Effect)和“等级效应”(Hierarchy Effect)。自此之后，地理学家有关地理现象扩散的研究涉及商品、疾病、组织、文化、技术创新等的扩散。研究认为，空间扩散主要包含以下特征：①扩散系统主要包括扩散主体、扩散廊道、扩散时间、社会系统等(Rogers，2002)；②扩散方式主要有接触扩散、等级扩散、跳跃扩散、人际关系扩散等，且具有邻近效应和等级效应(Casetti，1969)；③扩散基本上是模仿和同质化过程，扩散过程与行为受控于地域的非均质性(David，1993)，空间上一般呈簇状或块状分布；④空间扩散不仅是空间问题，也是时间现象(Grubler，1996)；⑤没有立即扩散的创新，随着时间的推移，采用创新的数量增加速率呈S形扩散规律。同样，扩散现象也存在于专业村的形成及其对周边区域的影响过程中。

由空间扩散的邻近效应（Casetti，1995）可知，如果新的农业专业项目首次被某村农户从事，则村内与其邻近的农户最易受到影响。由于扩散基本上是模仿和同质化的过程，扩散过程与行为受控于地域的非均质性（Tuma，1993）。因而，扩散地与接收地的区域同质性越强，专业项目越易于扩散。一般情况下，同一区域内的村庄，在自然地理环境、社会人文环境等方面的同质性较强。农户之间的贫富差距、资源禀赋差异均较小。此外，邻里间在长期频繁的相互影响下，思想认识、行为方式同样具有相似性，个体之间的一致性较强（Johnston，2009）。所以，村内一家农户能够从事的专业化生产项目，其他农户一般同样具备该项目的生产条件。对于同一村内的农户来说，亲缘网络、邻里关系均较浓厚，农户之间的失信违约现象较少，信息共享现象普遍，易于通过接触扩散、人际关系扩散等途径实现专业项目的空间扩散。对于不同村域的农户来说，姻缘关系、人际关系网络复杂，易于形成"村看村，户看户，群众看干部"的"跟风"现象（何蒲明，2003）。将以上理论用于区域内农户之间相互模仿现象的分析，可以推理专业化的农户只要能够成功运作，就很易于带来一定程度的区域专业化发展（Li Erling，2011）。非均质空间扩散模拟图见图3-1。



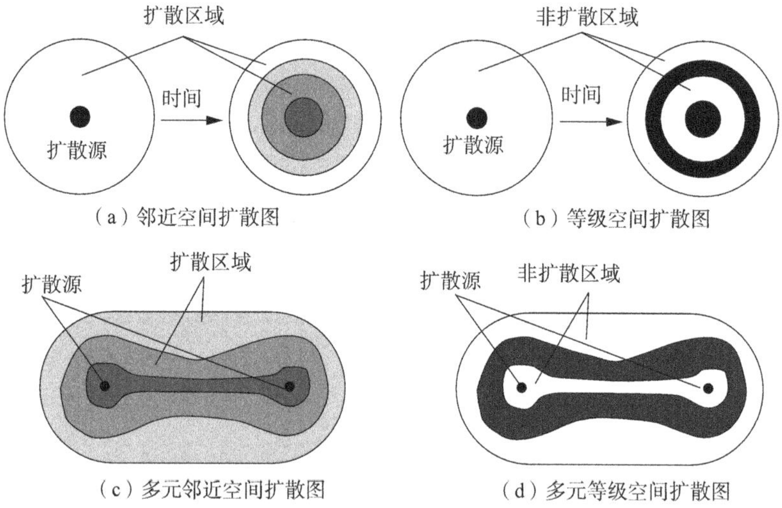


**图3-1　非均质空间扩散模拟图**

注：根据康凯（2000，2001）非均质空间扩散模拟图修改。

### (二)农业产业集群理论

1984年，Piore与Sabel合作出版的《第二次产业分工》提出了资本主义向后福特主义弹性专业化生产体制转型的观点，极力推崇意大利基于专业化的、技术先进的中小企业空间集聚的工业发展模式(Piore M，Sable C，1984)。从此，弹性专业化的产业发展模式形成的“产业区”，受到国际学术界的广泛重视。随后，产生了“产业集群学派”(苗长虹，2006)。最早提出集群概念，并真正促使产业集群在学术界和全世界各层次决策者间引起广泛影响的学者是美国哈佛大学教授迈克尔·波特。他认为，产业集群是指在某一特定领域中(通常以一个主导产业为核心)，大量产业联系密切的企业以及相关支撑机构在空间上集聚，并形成强劲持续竞争优势的现象(Michael E Porter，1998)。由于他定义的产业集群过于宽泛，因此在不同领域得到了不同的应用，并被赋予了不同的含义，以致变成了一个混乱的概念(Martin，Sunleny，2003)。中国学者王缉慈(2006)认为，产业集群并不是一个严格统一的概念被全世界所采用。产业集群把区域经济视为相互依赖(尤其是非贸易的相互依赖)的企业和机构的地理集聚，将地理集聚作为一种经济系统来研究。国际上关于产业集群的研究报告一般都与新产业区理论、区域创新系统理论等新区域主义学说联系在一起(王缉慈，2006)。



农业产业集群是产业集群在农业生产组织中的补充与完善。目前，采用较广的是国际经合组织(OECD)对其的定义，“一组在地理上相互临近的以生产与加工农产品为对象的企业和互补机构，在农业生产基地周围，由于共性或互补性联系在一起形成的有机整体”，并将其列入“部门或层次产业的范畴”。农业产业集群并不是农产品加工企业集群，后者是指以生产与加工农产品为对象的企业和互补机构，相互联系、密切合作，并在地理上集聚分布的现象，其与一般的产业集群并无本质区别。而农业产业集群，根据OECD的定义，它是以企业所需的初级农产品为原料，将农产品生产基地作为其组成部分之一，由从事同一农业生产项目，但处于产业价值链不同位置的同村、同镇或其他自然界定区域的农户、企业，彼此之间相互联系、相互影响，进行产业分工、合作与竞争，从而形成的具有一定市场竞争力的空间生产组织系统。它不仅是众多企业构成的生产组织，更是地域空间组织，强调空间的概念。发展势头强劲的专业村，若其经济收益较当地其他产业更高，且进入门槛有限，在比较优势和经济效益的刺激下，大批农户、村庄跟进后，初级产品生产规模不断增加，极有可能吸引上游或下游企业厂商的跟进，进而形成农业产业集群式发展。

### （三）农业产业区理论

拥有产业集群的特定社会经济空间，就是所谓的“产业区”（陈光金，2008）。顾名思义，拥有农业产业集群的特定空间亦可称为“农业产业区”。通过 Google 学术和中国知网搜索，目前，有关“农业产业区”的概念在期刊论文中极少出现。在正式出版的学术文献中，中文仅见郑风田于 2005 年在《管理世界》中发表的《从农业产业化到农业产业区——竞争型农业产业化发展的可行性分析》一文，其将农业产业区定义为：在农业区域分工的基础上，在一定区域内围绕该地区具有资源优势的农产品，形成专业化、规模化、特色化的农产品生产、加工、销售一体化的综合产业区。此概念与农业产业集群的定义较为相似。本书在辨析产业区与产业集群概念差异的基础上，通过分析农业产业区与农业产业集群概念的异同，最终认为，“农业产业区”更能表达农业区域化、集群化发展的现象，且更为贴切。理由如下。



首先，从主体构成来看，农业产业区涵盖了农业产业集群的所有主体，且不局限于农业产业集群的主体。产业集群是由中小企业组成的群体，而企业在外部景观上，是以厂房、车间等地表建筑为载体的，占地面积较小。此外，企业之间为便于共享信息、基础设施以及降低产品运输成本等，常常聚集在特定的有限空间内。因此，虽然学术界尚未明确规定产业集群占地面积的大小，但是从以上分析可以看出，产业集群是“地方系统”“中小企业综合体”，强调空间内的经济主体及其之间的关系网络，而极少将可视化的“土地斑块”这一实体纳入其中，且空间范围有限。而农业与其他产业不同，农业产业集群不仅包括农产品加工企业、金融机构、合作社以及其他社会经济组织，还包括以农户为生产主体的农产品生产基地。因此，农业产业集群与其他产业集群相比，其空间范围相对而言更明确，更强调区域环境。

其次，从汉语表达习惯来看，汉字中的“区”较其他文字或词语对空间概念的反映更为直观。汉字“区”是区域、地区的意思，如张衡对《东京赋》中的“造我区夏”中的“区”做注为“区，域也”，言下之意“区”就是具有一定边界的外部景观斑块。在我国当前的行政单位中，“区”字更是随处可见，如“区划”“社区”“地区”等，也正是取其地域空间之意。而产业区是“领土的实体”，不仅强调区域内的经济主体与产业组织，更强调视觉上可见的“斑块”——区域空间本身。从此角度来看，农业产业区与农业产业集群相比，更能突出农产品生产基地的地域生产系统。而若将产业集群与产业区同时称为“产业集群”，则易于发生望文生义的错误，甚至与农产品加工企业集群相混淆。

据此，本书将以生产区域内主要农产品、彼此之间相互独立又相互联系的专业户为基础主体，以加工区域内主要农产品的企业为龙头，以银行、科研单位、政府机构为服务主体，联合农业流通企业、农业中介组织、提供配套产品和服务的企业，基于本地自然资源优势和其他区域比较优势，按照区域化布局、产业化经营、专业化生产的要求，所形成的空间上专业化特征显著且具有范围经济和持续竞争优势、地理边界明显的农业生产地域空间系统，称为“农业产业区”（见图 3-2）。

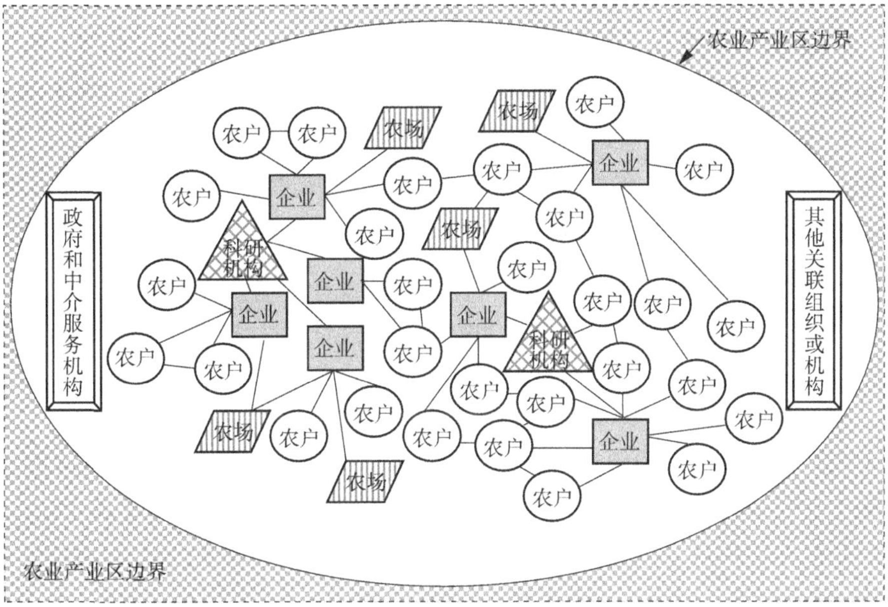


**图 3-2　农业产业区及其构成**



## 三、理论假设

科学研究结论往往在特定的环境下才能成立，专业村地域经济效应的研究亦是如此。基于对专业村相关研究的归纳和总结、相关理论的分析和解读，专业村地域经济效应的研究是在以下理论假设条件下进行的。

假设一：专业村的生命周期性假定。世界上的任何事物，无论其是否具有生物学生命特征，都有形成、发展、消亡的生命周期，如人类、植物，甚至石头、地球、机器、电脑操作系统等都有其生命周期。人类社会中的经济主体或现象同样如此，它们从出现到消失的过程，通常被划分为产生、发展、衰落、消亡等阶段。作为社会经济“细胞”的企业以及由多个企业集聚而成的产业集群、产业区的生命周期，更是学者们研究的重点对象。专业村生命周期的划分是根据专业化水平(主导产业从事户数/产值占全村总户数/经济总产值的比重)和产业发展状态(初期、中期、晚期)进行的，专业化水平不高且产业发展处于起步阶段时意味着该村有可能处于专业村的形成阶段；而专业村水平同样不高但产业发展处于没落阶段时意味着专业村有可能消失。据此，本书将专业村划分为形成期、发展期、成熟期、衰落期四个生命阶段。

假设二：专业村地域经济效应的遍在性假定。专业村是具有企业家精神的农户通过发现新的商机，促进新型经济活动的出现，成为专业村的先导农户，并通过演示效应和网络联系扩散至其他农户而成(李小建，2009)。在专业村的形成过程中或形成之后，具有一定经济优势的专业项目，一般不会停留在一个适宜其发展的特定区域，而会通过各种廊道向其他适宜地区扩散，尤其是周边邻近地区。原因有三点。一是相邻村域的生产条件一般较为相似。同一区域内的村庄，在自然地理环境、社会人文环境等方面的同质性较强，农户之间的贫富差距、资源禀赋差异一般较小，一家农户能够从事的专业化生产项目，其他农户大多同样具备相应的生产条件。二是同一区域内的风俗习惯相似。农户在长期频繁的相互交往中，易于形成相同或相似的行为方式，模仿行为普遍。三是具备先天性社会网络。村域间亲缘网络、地缘网络较浓密，农户之间失信违约现象较少，信息共享现象普遍。总之，以上现象使大多数专业村具备了通过扩散方式向周边区域施加影响的可能，即扩散主体(专业村内的专业项目及生产技术、销售信息等)从扩散源(专业村内的农户)经过扩散廊道(亲缘、地缘、业缘等网络)到达扩散地(主要是周边区域)，从而使得专业村的地域经济效益成为一种普遍现象。



假设三：有限理性人假定。“理性人”要求每一个从事经济活动的人都是利己的，都是力图以自己最小的经济代价去获得自己最大经济利益的理性人。这里的“人”包括农户(农户生产决策，归根结底表现为农户家庭成员集体或户主的决策)、厂商(农产品加工或销售的龙头企业，归根结底表现为企业家和各级经理人的行为)、政府(归根结底表现为人——各级政府官员的行为)等在内的各类行为主体的抽象。罗伯特·西蒙教授认为，人的行为具有理性和非理性两种特征。在现实社会中，个人决策往往受众多因素的影响，表现出“有限理性”。林毅夫(1992)继承并发展了西蒙的思想，他认为，经济理性是经济决策者在面临几个可供选择的经济活动方案时，会选择一个能令其效用得到最大化满足的方案。小农或贫农的看似非理性行为是经济理性的一种表现，是在制度、习惯等外部条件制约下的“有限理性”(林毅夫，1988)。农户虽然是理性的，但是受信息不对称、制度、习惯或其他方面的因素制约，只能做出满意的而非最优的生产决策。因此，农户是“有限理性人”。

假设四：农户之间、村域之间的“异质性”假定。在完全竞争模型中，行业内所有农户、企业都被假定为完全相同的最优化的专业化生产者，所有的农户、企业都拥有完全的知识和预见，生产要素是完全竞争性的，可以通过公开市场获得，农户之间、企业之间、农户和企业之间的市场也被视为无成本。从此角度而言，农户、企业之间具有一定的同质性。但是，由于同一时刻的不同农户，其家庭生命周期阶段不同，家庭成员年龄结构、知识结构、能力水平不一，因此，“异质性”和“多样性”才是小农的真实特征(徐振宇，2011)。参照企业异质性假设(周维颖，2004)，有些农户的核心知识与能力是非竞争性和难以被模仿、替代的，其核心资源或生产要素的供给是固定的，无法通过市场公开获得。因此，农户之间的同质性程度是不同的。同理，村域是由农户群体和其他资源构成的微观空间单元，虽然同一区域范围内的村域之间在社会文化风俗、制度环境、自然资源条件、经济发展水平等方面差别不大，但不可否认，村域之间的相对异质性始终存在。



假设五：产业区是专业村地域经济效应的终极表现假定。长期以来，学术界对专业村未来发展方向持质疑的态度，常常发出“专业村形成之后又当如何”的质疑，认为村域空间范围、农户数量、土地规模等均十分有限，专业村再如何发展其影响能力也十分有限。有此疑惑者一般是将专业村局限于“一个村”，认为专业村的发展就是微观区域——村域经济。实则非也。若从产业发展视角来看，专业村只是产业发展初期集中于某一个村的阶段性现象而已。从始至终，产业的发展都不会局限于一个狭小的村内，专业项目一旦出现在某个地点，其生产技术、信息等就会通过农户间、村域间、区域间的各种廊道进行扩散。因此，当真正具有比较优势和发展潜力的专业项目落到了最适宜(如自然地理环境、人力资源、市场区位等极为适合专业项目)发展的区域，其一般不会停留于一个村域内，而会引发周边农户、村域甚至乡镇、县域等更广区域内的行为主体参与其中，并在共同行动背景下进一步建立业务网络关系，从而形成区域化、规模化的生产态势。而根据产业分工理论，规模化生产势必激发上下游及服务部门的出现，从而形成产业化发展态势。当不同组织形式的产业链条通过经济主体之间的产业价值链与非产业价值链的联系、正式与非正式的联系以及双边与多边的联系整合起来，相互支持，就形成了一个有机的产业网络体系（郑风田，2005），即产业区（见图 3-3）。由此，本书假定农业专业村地域经济效应的终极表现即为农业产业区。

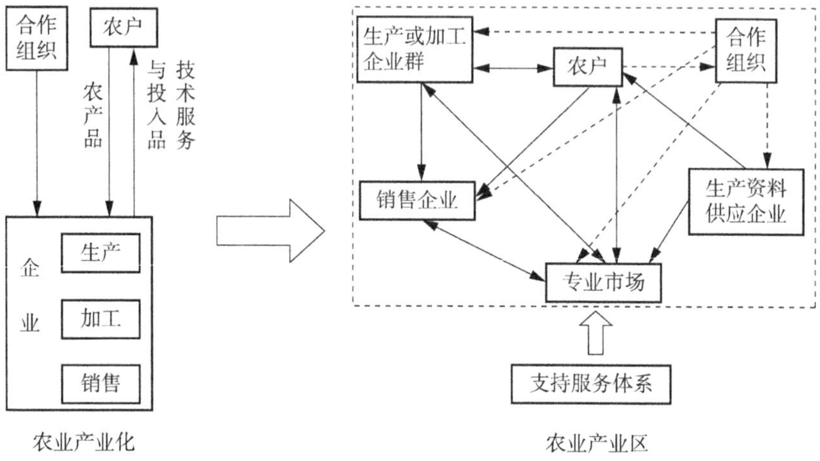


图 3-3　从农业产业化到农业产业区

# 第四章 专业村地域经济效应的理论分析

## 一、专业村地域经济效应形成的基本条件

通过对国内外专业村的观察，借鉴大批学者的相关研究以及调查，不难发现，并不是每个专业村都会产生地域经济效应。总结已有文献（罗军，2010），本书认为，专业村地域经济效应的形成至少需要满足以下六个条件。

### （一）具有比较优势的农业专业项目

在市场经济中，只有那些具有竞争力的生产项目或产业才能生存下来并不断发展。但产业的比较优势对其生存和发展的意义更大，它不仅有利于产业本身的健康发展，更有利于经济效率的提高。违背自身比较优势的产业政策并不能实现既有目标；反之，遵循地方比较优势的产业政策则能有效地促进增长（陈钊，2015）。就农业产业而言，具有比较优势的农业专业项目可快速吸引各类行动者的积极参与（Rogers，1962），形成区域化、规模化生产现象。农业专业项目的这种优势主要表现在以下三个方面。



首先，专业项目的经济效益。在市场经济背景下，农户生产活动决策的直接动机一般在于追求经济效益最大化。根据理性人假设，在其他条件相同的情况下，只有当专业项目的经济效益较区域内其他产业的经济效益更高时，农户参与的可能性才会更高。例如，有学者发现，随着家庭收入的提高，农户会改变他们的风险决策，由倾向于种植“安全第一”的粮食作物转向种植风险较大、经济效益较高的经济作物或从事养殖业（Kilic，2009）。一般情况下，农户行为决策不会偏离规模收益最大化的初始逻辑，农户也不会因风险偏好而盲目决策（王小叶，2018）。高经济效益的专业项目可吸引更多的行动者参与，促使专业项目的扩散及产业区的形成（吴娜琳，2013）。

其次，专业项目的参与门槛。此处的门槛是指农户参与专业项目所需要

具备的条件，如技术水平、资产规模等。对于需要掌握先进的生产技术、购买高昂的生产设备、大量的土地资源、团队协作等生产技术、资金、资源、管理等要求较高的专业项目，即使经济效益非常可观，在文化技能水平较低、资源匮乏、组织管理水平有限的农区，也未必能够迅速扩散。因此，经济效益最高的专业项目不一定是参与农户最多的项目，参与门槛将会限定参与的农户类型和数量。

最后，专业项目的绿色化水平。即使满足以上两个条件，即经济效益高且村域农户具备参与的条件，在人地协调发展、可持续发展等理念深入人心的时代背景下，专业项目能否快速扩散，还受制于其是否绿色、环保等属性特征。在我国，专业项目的绿色环保水平与其被支持度呈高度正相关关系，即环保绿色水平越高，消费者越喜爱，政府的支持度越高，发展空间也越大（李昊，2022）；反之，污染性越高，被抵制、淘汰的速度越快，农户参与的可能性就越小，地域经济效应也将更有限。

### （二）具备企业家精神的能人



企业家精神是指企业家组织、建立及经营管理企业的综合才能。企业家（Entrepreneur）的概念在经济学中的应用始于 1755 年法国经济学家 Cantillo 的《商业性质概论》，他将企业家定义为承担经营风险的人。最早赋予企业家突出重要性的是 Say（1803），这一概念后经 John Stuart Mill（1848）推广和传播而成为经济学乃至其他学科研究的一个重要领域。在当代文献中影响最为普遍的当属 Schumpeter 对企业家精神的定义，他认为企业家精神不是一种均衡的力量而是一种非均衡的现象："企业家精神的作用是对现有的生产进行彻底的改革，从而创造一个新的产品或者用新的技术生产一个现有产品，实现这一经济功能会面临诸多挑战，需要走常人所不能理解的非正规路线，对环境有着抵抗力。"他把"创新"作为企业家精神的核心，认为首创性、成功欲、冒险和以苦为乐、精明与敏锐、强烈的事业心是企业家精神的五大要素。长期以来，在内涵上，企业家一直被定义为社会经济发展最稀缺要素的所有者。在本质上，企业家一直被界定为经济增长生产力的主要来源（丁栋虹，2000）；从实践来看，农村能人是激活农村经济的"催化剂"，是加快农业结构调整的"推进器"，是提高农民组织化程度的"领头雁"（白丹丹，2015）。在专业村的发展过程中，企业家的社会关系、与外界的联系不仅影响专业村的经济效益，更扰动专业村的未来走向（林柄全，2017）。正如郑风田（2006）通过对云南斗南花卉个案的实证研究认为，专业村地域经济效应的发挥，首先需要具有首创性、成功欲、冒险和以苦为乐、精明与敏锐、强烈的事业心的企业家，敢于大胆尝试新事物，且不怕失败，方能在不断的试错过程中找到适宜在当地发展且具有一定经济效益、市场潜力的新作物，从而使专业村及产业区的形成成为可能。当然，在产业区形成的不同阶段，企业家发挥着不同作用：在产业集群产生阶段，发起型企业家起着重要作用；而在集群从"点"到"线"的发展过程中，模仿型企业家功不可没；在从"线"到"面"再到"群"的过程中，网络型企业家起主导作用；而产业群在升级换代从低路(Low road)向高路(Up road)转型的过程中，研发型企业家扮演重要角色。

### （三）具有稳固而丰富的区域社会关系网络

专业村地域经济效应出现的前提在于专业项目生产技术、相关信息能够在一定区域范围内传播与扩散，而专业项目信息技术的扩散是基于区域内原有的社会关系网络。社会网络主要是指群体中的行为人及行为人之间的关系(费孝通，1938)。社会网络通过连接机制，向不同节点传输信息、技术或价值观念，最终影响区域整体行为和选择(戴维·诺克，2017)。我国大部分乡村地区是世代久居的传统农区，农户之间、村域之间除了由血缘关系联结而成的亲属网络，还有基于长期居住在同一区域而形成的地域性纽带。在以往研究中，农区社会关系网络主要被划分为地缘、业缘、政缘、亲缘、媒体五种类型(吴娜琳，2013)。其中，地缘关系是指农户之间或村域之间因居住或生产活动场所距离较近而形成的熟人关系，如邻居、邻村等；业缘关系是指原本无关系或信任度较低的农户之间、村域之间因业务往来而形成的稳定的关系网络，如合作者、供应商、经销商等；政缘关系是指非政府组织或个人、农户通过政府搭建的平台或以政府为媒介获得专业项目的信息、技术或业务合作者，从而形成的特殊关系，如科研机构—地方政府—农户，企业—政府—农户等；亲缘关系是指位于不同村域的农户在与具有近或远血缘关系亲戚的日常往来过程中，基于特殊的信任和共享关系而形成的稳固社会关系，如老表关系、叔侄关系等；媒体关系是指农户或村集体将报纸、电视台、互联网、手机 App 等网络媒介作为合作对象或以其为媒介形成的获取生产技术、销售信息的关系，如网友关系。不同时期，不同廊道的作用大小不一。在差序格局中，亲缘关系被认为是各种社会网络关系中最稳固的关系；但在信息技术飞速发展的今天，媒体(尤其是智能手机)在农户获取生产项目信息中的作用越来越大。总之，在各种网络交织的区域中，农户作为网络上的一个个节点，当村内某个农户参与或引进了先进的生产项目且获得可观的经济效益后，便会通过各种网络关系发挥节点的中心性作用，将生产项目的信息传输、扩散至其他经济行为主体（王玉斌，2016）；且区域网络越丰富，扩散与传播的速度越快。

### （四）具有比较优势的承载区

专业村的优势在于充分发挥了本地资源优势。资源可分为自然资源和社会资源两大类，前者包括阳光、空气、水、土地、动植物、矿藏等，后者包括人力资源、信息资源及各种人造物质财富等。对于走市场差异化道路的专业村而言，具备特殊的自然或社会资源禀赋是专业村发展的基础与优势。

1. 外生比较优势

外生比较优势是指事前生产条件来自不同个体之间要素禀赋的差别，如地区之间基于地理禀赋、区位条件、自然资源而具有的优势。在新古典经济学的分析框架中，比较优势是区域经济发展的直接驱动力之一。如果一个地方在某方面的资源相对丰富，而在其他方面的资源相对不足，则应该发展资源相对丰富的产业，如自然资源丰富的地区应发展以自然资源为主要生产原料的产业。对于专业村的建设与发展而言更是如此（李小建，2012）。因为农业不同于其他产业，它是利用动植物等生物的生长发育规律，通过人工培育来获得产品的部门，受自然条件影响大，具有明显的区域性和季节性。如研究发现，我国农业发展的得失在很大程度上取决于能够发挥比较优势或充分利用专业化（蔡昉，1994）。在给予农业生产者足够的生产自主权时，地区有依照比较优势原则实现生产专业化的倾向（Carter C A，Zhong F N，1991）。由于区域比较禀赋优势无法复制、不可模仿，它可以成为特色农业产业区形成的绝对优势，使其具有持续的竞争优势和发展潜力。例如，研究发现，气候、土壤和土地条件等区域性因素限制了我国河南省夏玉米产量空间分布的格局，且施肥也无法影响作物的空间分布格局（巫振富，2019）；优越的气候条件、丰富的土地资源以及较少的自然灾害使得我国云南省水果产业呈现出“东高西低”的空间分布格局（伍景琼，2019）；土壤 pH、微生物活性影响茶叶酸碱性和口感，进而影响市场销路（Arafat，2019）。若各地区都能结合自身自然资源条件以及地理环境特征，发展最具优势的农业专业项目，则可进一步优化农业生产空间配置效率，农业产业区形成的概率亦会相应提高。

2. 内生比较优势

内生比较优势是指比较优势可以通过后天的专业化学习或通过技术创新与经验积累人为创造出来，它强调的是比较优势的内生性和动态性。

一是历史资源禀赋。历史资源禀赋是在长期的历史演变过程中逐渐产生的物质、文化资源，具有较强的地方性特征，难以模仿和复制。例如，商丘市夏邑县火店镇的“宫灯村”，当地人擅长制作宫灯，早在汉朝时期就有宫灯作坊，目前全镇从事宫灯、旗穗、中国结等工艺品生产的中小私营企业有8000余户，覆盖19个自然村，从业人员3万余人，产值达到5亿多元，全镇形成了宫灯、旗穗、花边、排须、刺绣、中国结、塑料工艺品等生产基地，并被命名为“中国民间文化艺术之乡”；许昌市鄢陵县姚家村的花木种植已有1000多年的历史，该村积极适应市场需求，大力发展花卉生产，成为带动全镇乃至全县花木产业迅猛发展的专业村、示范村；荥阳刘沟村的河阴石榴栽植源于汉代，至今有2100多年的历史，2005年春扶贫团队开始进驻刘沟村，规划建立了800亩精品石榴园，引导村民种植并聘请园艺师和农业专家进行技术指导，并确定了以石榴种植为主，以乡村旅游带动石榴销售，石榴产业和旅游业“双业并举”的整体发展思路。受时代环境的影响，具有很高商业价值的产业往往被尘封。在精准扶贫、乡村振兴等的政策及当地村民自身求富、自主发展动力的推动下，这类产业被发现后经过技术改进、市场化包装，成为带动当地区域发展的重要产业。由此可见，具备历史资源禀赋的村更易发展为具备一定市场竞争优势的专业村。



二是人文风俗。区域文化是人们经过长时间的历史积累形成的一个在价值取向、行为习惯、意识观念上相互认可的文化单位。农户的生产行为实际上是一种行为选择，它既是与社会、经济和自然资源环境相适应的结果，也是根据环境调整自己行为方式的表现。农户的行为不仅受市场等客观环境的影响，还受特定的社会文化环境下人们所形成的心理与主观认知的影响（钟涨宝，2003）。研究发现，在土地利用方式方面，传统风俗习惯因素仍发挥着一定的作用（杨海龙，2010），区域文化使农户的生产行为活动具有“路径依赖”效应，限制了农户农业生产行为的改变。我国土地要素投入凝固化的主要原因之一是土地利用强度与农户耕作习惯相联系，改变土地利用强度，意味着改变耕作习惯。耕作习惯与其他生活习惯一样都是较长时期经验积累的结果，蕴藏着较浓的地方文化特色，短时间内难以改变。此外，农户土地利用行为和决策具有群体特征，某个农户个体的土地利用行为和决策受到其周围一定空间内的农户土地利用群体特征的影响（孔祥斌，2010）。因此，农户的观念文化（社会意识、社会心理、文化水平等）、行为文化（行为习惯、语言习惯、组织化程度）、乡土知识等的改变，直接影响农户农业生产活动，左右专业村区域经济效应的发挥。

### （五）存在相似的行为主体

农业专业项目能够扩散开来的另外一个根源在于存在一批相似的行为主体。根据行为经济学理论，能够同时参与同一产业项目的不同行为主体应至少在以下三个方面存在共性特征。一是位于同一个社会网络体系中。社会嵌入理论表明，个体在做出相关决策时并不是完全独立的，而是深刻受制于其所嵌入的社会网络（刘浩，2022）。农业专业项目发生在一定的村域社会环境中，其生产技术、信息必然也会嵌入先导者所在的社会关系网络中。位于社会关系网络中的成员就可以通过信息传导机制获取各方面信息，进而影响其生产决策。而位于同一社会网络中的农户，获取的信息、技术具有相似性，因此可能产生相似的行为决策。二是遵循相同或相似的社会规范。社会规范是指特定社会成员应共同遵守的行为标准，如习俗、宗教信仰、道德规范、商业氛围、社会信任、法律法规等（Zeng，2020）。我国农民的生产活动大多是在地理关系的基础上进行的，社会规范通过影响农民的相关价值认知、风险信心和技能影响农民的生产行为（Zeng Yangmei，2021）。当新的作物种植技术传播到村庄时，村民的共同价值取向将成为其是否“顺应潮流”的决策依据。特别是在知识有限的情况下，农民种植结构调整更容易受到当地文化和生产习惯的影响。而遵循相同或相似社会规范的行为主体，相似的价值理念、风俗习惯、生产习惯使其对同一农业专业项目的反应具有相似性。三是拥有高于同一个阈值的生产条件。几乎所有生产活动的开展都需要满足一定的条件。农户参与农业专业项目也需要满足拥有项目生产所需的设备、技术等的最低要求，即前文所说的进入门槛。只有满足农业项目生产门槛条件的行为主体，才能参与到项目中来。总之，能够满足专业项目生产条件的相似行为主体的存在同样是专业村地域经济效应发挥的基本条件。



### （六）具有利于专业村地域经济效应形成的制度环境

制度是指对个人行动施加的社会约束（诺斯，1994），是由团体成员认可、遵守并对单个成员的行动进行约束的一组规则（克拉克，2006）。制度的主要功能在于节约交易成本、提高经济效益、增加安全保障。虽然制度并非生产要素，但制度能够成为经济增长或下降的独立根源（阿兰·斯密德，2004）。这是由于，很多“外生比较优势”都是由制度内生出来的。有些看起来像是外生（天生，与生俱来）的比较优势，其实正是由于制度和文化的多元化而内生创造出来的（周维颖，2004）。产业集群的竞争力直接表现为由竞争性治理机制所推动的集群的持续创新能力（李君华，2003），而政府恰恰就是创造这种竞争性治理机制的主体，它可以通过制度创新促进产业区的形成。例如，在产业区的形成过程中，地方政府可通过为区内的所有企业、行为主体创造公平的竞争和创新环境，提供促进和调整产业区内的企业与公共机构之间的各种联系机制，提高企业间合作的效率，亦可通过创造要素、整合要素，向产业区提供政策和公共品。非正式制度，如社会风俗、价值观念等区域文化的力量在于其始终潜移默化地影响产业集群发展主体的行为，通过影响发展主体的组织整合功能，影响经济发展的各个环节；通过区内行为主体的中介传导作用，参与经济循环，成为产业区持续发展的重要因素（郑耀群，2009）。总之，拥有利于产业区形成的制度环境对农业产业区的形成至关重要。

在乡村，土地问题是农民最关心的问题，也是我国农村问题的重点和核心。自新中国成立以来，土地制度变革对我国经济、政治体制影响深远。土地的集体管理弱化了家庭作为农村社会保险有效单位的功能（Zhao，1998），农业生产结构完全由政府计划决定。农村家庭联产承包责任制的实施，使农民成为土地的使用者，生产什么及如何生产完全由农户自主决定，从而极大地调动了农户生产积极性（Lin，1992）。但受农业税的影响，农民生产压力较大，由于“赢得起输不起”的普遍保守心理，农户不敢轻易调整生产结构或尝试新的农业生产品种。自 1990 年起，中央政府逐步实施农业税改政策，且自 2006 年 1 月 1 日起国家不再针对农业单独征税。农民“无税一身轻”，农业生产自由化程度进一步提升。尤其是在社会主义市场经济体制的推动下，人们生产生活水平显著提高，消费结构逐渐变化，进一步推动了农业供给侧结构性改革。自 2010 年以来，原农业部进一步推出“一村一品”“农业产业集群”“特色农产品优势区”等一系列推动农业发展的政策方针，极大地鼓舞了农民因地制宜搞特色农业发展的信心。总之，有利的制度环境是专业村地域经济效应持续发挥的保障。

## 二、专业村地域经济效应形成的动力

如果说一个区域拥有了专业村地域经济效应形成的上述条件，那么它一定会出现地域经济效应吗？答案当然是否定的。这是因为资源是固定的、分散的，只有将资源流动起来、整合起来才能发挥其应有的作用和价值（王星媛，2021）。因此，专业村地域经济效应发挥的前提是区域拥有推动资源流动、整合的力量。我国农业产业区是在传统的种植业、畜牧业发展到一定程度的基础上产生的，在工业化、城市化、市场化的推动下逐步演变和发展的。有学者认为，市场需求扩大、分工深化、知识创造与扩散之间互动引致的收益递增和集群租金构成了农业产业集群成长的关键机制（苗长虹，2009）。同理，专业村地域经济效应的发挥同样需要市场需求、区域分工、产业分工、产业集聚等方面的动力推动。

### （一）市场需求动力

农业产业区是依靠农产品的生产、加工与销售获取经济利益的商业化地域生产系统。因而，农产品市场的需求规模、结构及变化对农业产业区的形成与发展至关重要。一个拥有较好发展前景的产业往往得益于其持续的、旺盛的市场需求。市场需求是指一定的顾客在一定的地区、一定的时间、一定的市场营销环境和一定的市场营销计划下对某种商品或服务愿意而且能够购买的数量。消费者需求理论认为，有效需求具备三个要素：消费者偏好、消费者收入和商品的价格；在理性人假设前提下，每一个消费者都会在给定的商品价格、可支配收入（预算约束）和消费者偏好条件下，选择一定数量的商品或服务组合，以获得最大效用（哈尔·R. 范里安，2004）。因此，若要使产品拥有足够的市场空间就需要且不止满足以下两个条件，一是产品能够迎合消费者需求和偏好，二是产品价格低于消费者愿意支付的最高价格。产品迎合消费者需求和偏好的关键在于产品本身的行业属性与品质，例如，产品的市场需求量、可替代性、刚性需求水平等行业属性直接决定了其市场空间的上限；而产品的质量、是否绿色等产品的品质直接决定了其与同行竞争的能力。产品价格取决于产品在生产、存储、销售等过程中产生的成本和市场整体供给能力，而其是否低于消费者的保留价格还受消费地经济发展水平的影响。在消费者保留价格一定的情况下，若要使市场规模扩大，就需要改进技术，降低产品的成本价格、提升产品质量和品质。但对于产品生产者而言，生产技术、投入成本就是其参与产业的门槛值，该值越高则参与户数越少、参与速度可能越慢，从而影响专业村地域经济效应的发挥；而参与户数的多寡、区域生产规模的大小又通过规模经济、范围经济左右产品的生产成本，形成价格优势或劣势，从而进一步影响专业村地域经济效应的形成。此外，市场需求的变化将推动农业生产结构的调整，进而影响专业村的发展命运。根据马斯洛的人类需求层次理论，当人们满足了生理、安全、感情等较低层次的需求之后，便会追求尊重及自我实现等更高层次的需求(Hagerty，1999)。随着社会经济的发展，城市化、信息化、全球化的形成以及人们消费理念(Boulding，1945)、价值观的改变，市场需求结构亦在不断变化之中。人们的消费正从简单地满足生理需求逐步转向同时满足生理和心理需求，消费内容亦已从以物质消费品为主转向物质消费品和精神消费品并重(何问陶，2007)，并直接影响专业村产品供给类型。因此，市场需求就成了专业村地域经济效应形成的关键动力(见图 4-1)。



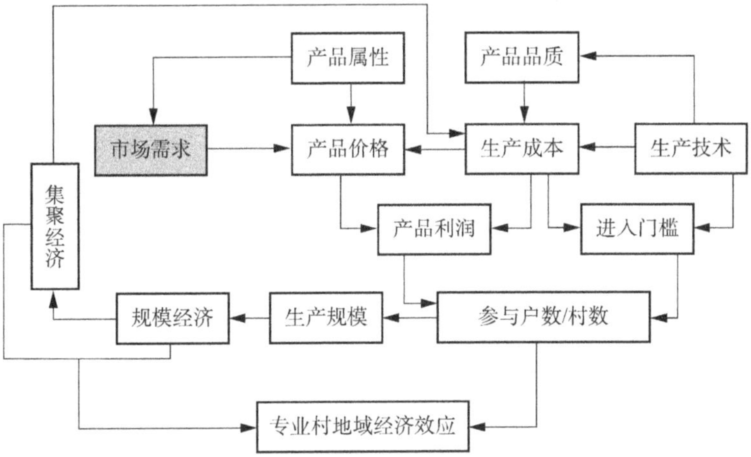


**图 4-1 市场需求视角下的专业村地域经济效应的形成机制**

需要说明的是，市场的作用虽然直接影响专业村地域经济整体效应的发挥，但它并不能使区域(尤其是微观区域)产生空间分异。这是因为市场的影响具有全面性、一致性，它不会仅对某一个县或某一个村产生影响或影响较大而对其他县或村没有影响或影响较小。因此，在分析专业项目空间分布格局(尤其是区域差异)时，本书未将市场因素考虑其中。

### （二）区域分工动力

区域分工是指各区域在充分利用区域优势的基础上实行区域专门化生产，并通过区际交换实现其专门化部门生产的产品价值与满足自身对本区域不能生产或生产不利的产品的需求，从而扩展区域的生产能力，增进区域利益（张敦富，2003）。首先，区域差异是区域分工的自然与历史的基础，在资源和要素不能完全自由流动的情况下，为满足各自生产、生活方面的需求，提高经济效益，各区域在经济交往中就必然按照比较利益的原则，选择和发展具有优势的产业（李小建，2018）。其次，区际要素流动是区域专业化分工得以实现的前提条件。要素的流动使得人们不再停留于自给自足，当区域发展所需要的其他物品都可以通过市场得到满足时，方能使区域专注于自身最擅长的产业。在我国，随着交通、物流等基础设施的改善，运输成本的降低，以及全国统一大市场的构建，地方保护壁垒的破除，物流、人流、信息流将更加畅通，距离对农业生产的影响逐渐降低，具有某些重要资源禀赋的地理区位比其他区位更容易获得比较优势。当由资源禀赋引发的原始集聚产生的经济效益远大于非集聚节省的其他费用时，集聚势必进一步发展、延伸，区域专业化生产进一步显现。最后，区域资源禀赋、资源配置能力、区位条件、外部环境等多方面因素造成的区域差异是区域产业类型选择的基础，因其客观存在，且不易改变，对区域未来发展方向和水平的影响深刻且长久。对自然资源依赖性很强的农业，地质、气候、水文等内在的自然条件直接影响农产品的品种、品质。即使科技进步，如设施农业、智慧农业的发展，自然条件仍是决定我国农业种植结构空间分布的主要因素（梁书民，2006）。当前，以基本生产要素为主建立起来的农业相关产业之所以集聚在一起，大多也是为了获得农业资源比较优势的机会（李秀娟，2021）。而农业产业区形成的诱因就在于区域比较优势的差异所导致的生产成本的变化，继而引发了企业的不断集聚，成为产业区形成的起点（见图 4-2）。近年来，我国物流业迅猛发展，农产品销售不再局限于生产—批发—销售的传统模式，而是由产地直达消费者，出现了“直播带货”“电商专供”等销售形式，不仅加快了农产品的流通速度，更满足了多样化产地源头与个性化消费需求的对接，推动了地方土特产由“小特产”向“大产业”转变的区域化态势。在村域、城际、区域交通条件畅达的背景下，借助现代信息技术，越来越多的专业村走上规模化、区域化、产业化发展道路。

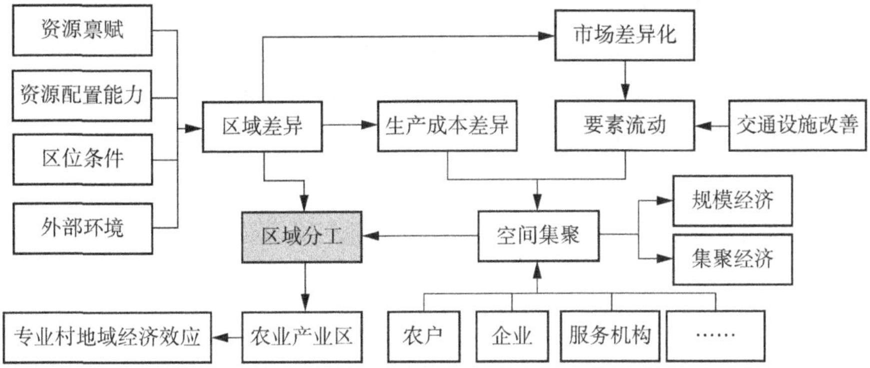


**图 4-2 区域分工视角下的专业村地域经济效应形成机制**

### (三)产业分工动力

亚当·斯密(1776)认为，分工与专业化的发展是经济增长的源泉，分工提高生产率的原因：一是分工有利于增进劳动者的熟练程度；二是分工使劳动者节省了由一种工作转到另一种工作损失的时间；三是分工的结果导致许多机械的发明，从而简化和节省劳动。卡尔·马克思指出，分工与协作能够产生一种集体形式的生产力。新古典经济学强调，分工是交换的产物，经济发展是分工与专业化不断深化发展的过程，分工与专业化能够加速知识的积累，实现收益递增。但是，由于需求和供给的不同特性，不同产业会表现出不同的可分工性或者大小不同的分工深化空间，进而表现出不同的生产迂回程度、分工利益和效率特征。农产品是自然生物，其生产周期受外界环境的影响较小，在生产管理过程中，多采用分散作业，因而监督战线长、监督成本大，同时难以判断最终产出的绩效和每一环节努力之间的关系，即难以对每一环节的贡献进行计量，由此会导致生产环节主体的讨价还价——最终谈判、考核、监督和协调的交易费用过高，当考核成本与专业化分工所带来的生产效率改进收益相当时，农业纵向生产环节的分工就会停滞。农业由于其产业性质特殊，从而没有发生像制造业那样细密的分工；农业上的各种劳动和生产活动由于其季节周期性和不可分性，也不能像制造业那样断然地分立。所以，“农业劳动生产力的增进，总是跟不上制造业劳动生产力的增进的主要原因，也许就是农业不能采用完全的分工制度”，这就是著名的“斯密猜想”(罗必良，2009)。

农业生产各阶段的分工难以深化，并不意味着整个农业的分工都难以深化。在农业的产前、产中、产后各个阶段，依然存在各种分工类型。例如，产前阶段的种子研发、肥料生产、机械设备制造，产后阶段的农产品储存、加工、销售等。若将农业各个服务部门分工细化，并由此带来农业生产力的提高，农业产业分工就有发生的可能。根据杨格(1996)和杨小凯(1998)对分工的界定，农业分工的深化可以从农业生产者个人专业化水平的提高、农业生产迂回程度的增强和中间产品种类数的增加三个方面进行。个人专业化水平的提高在于形成微观层面的农业专业化、规模化和集约化生产模式，如农业专业大户、专业养殖场等；农业生产迂回程度的增强可通过拉伸农业产业链来实现，如农产品深加工类企业、农业生产服务业等；中间产品种类数的增加可通过在农业生产中更为密集投入和使用具有“横向关联”性质的中间产品，不断扩展、融和农业生产要素，如机械、良种、化肥等物质型中间产品和农业科学技术、知识、信息、人力资本和创新机制等知识型中间要素(肖卫东，2012)。现代农业发展过程中伴随着生产集约化、规模化的增强，现代农业理论也特别强调农业生产中的农产品异质性、规模报酬递增(藤田昌久，2009)。专业村地域经济效应的形成就是围绕特定农产品的各类行为主体，依靠专业化分工带来的外部规模经济、产业整体生产力的提高，获取分工好处。产业分工视角下的专业村地域经济效应形成机制见图4-3。



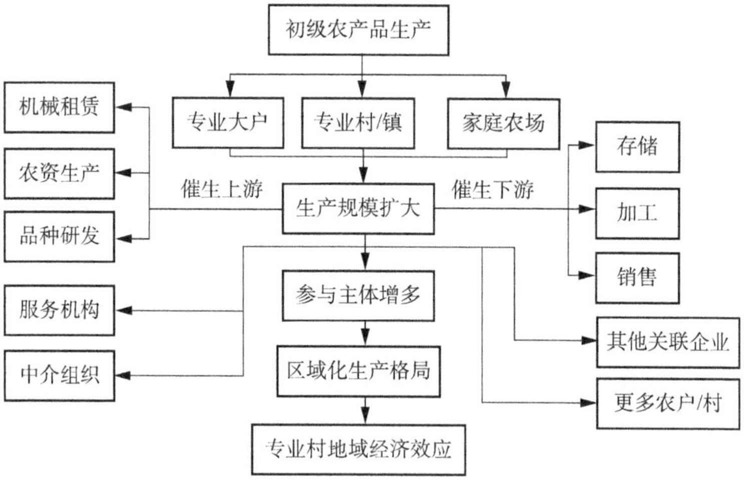


图4-3 产业分工视角下的专业村地域经济效应形成机制

## (四)产业集聚动力

产业集聚是产业发展演化过程中的一种地缘现象，是同一类型或不同类型的产业在一定地域范围内的集中、聚合（周文，1999）。分工产生经济的同时，也带来了交易费用，较高的交易费用会阻碍分工与专业化发展，减少人们之间的交易行为，由此形成了通过分工实现的报酬递增与交易费用递增之间的两难冲突。若同一产业链上的企业分工联网在地域上集中，不仅能够通过分工与专业化生产实现收益递增，而且能够提高交易效率，有效地降低交易费用（杨小凯，1998）。首先，集聚能够产生地理接近的优势，降低运输和交易成本，容易获得专业化的投入，如劳动力、服务和技术诀窍等。其次，集聚能够产生专业化经济，“企业间的劳动分工”使企业专业化于某一特定的任务与工序，并向多种用户提供产品。经济活动的地理集中和经济增长是相互强化的过程，经济增长效应影响了经济活动的地理集中，经济活动的地理集中效应进一步促进了经济增长（Martin，2001）。产业内各类行为主体的地理集中，产生了根植于当地社会文化环境的分工与合作的组织网络，此种地域生产系统就是所谓的产业区。因而，产业区可以从多样化经济中获得好处，能够以不同方式生产最终产品而不损失生产效率。同时，产业区也能通过任务的专业化从规模经济中获得好处（苗长虹，2011），如中小企业集聚地——意大利东北部和中部地区、美国硅谷地区等。



由于农业高度依赖先天禀赋、土地资源和劳动力资源，加之现代农业分工的细化增加了交易费用，促使农业生产不断向优势区域集中。在优势区域中，随着农业生产主体专业化水平的不断提高，农业生产规模和市场规模的不断扩大，生产主体专业化水平进一步提高的同时，吸引现代农业生产要素的供给部门、为农业生产主体提供专业化服务的中介机构、专业批发市场、加工和流通企业在该优势区域集聚，从而形成了包含农业生产主体、关联企业、中介服务、专业批发市场和政府在内的柔性网络合作集聚体。它们集聚同样是为获得外部规模经济：提供协同创新的环境、辅助性工业带来的好处、专门技能的劳动市场、平衡劳动需求结构、促进区域经济的健康发展、便利顾客等（乔家君，2014）。农业地理集聚的形成和发展顺应了农业区域分工规律，促进了农业分工的进一步深化和演进，进而促进了农业产业区的形成。实践发现，当农产品生产基地的生产规模达到了可以承载一家或多家加工企业所需的原料时，为节约运输成本、共享基础设施与信息资源，企业、金融机构及其他服务组织，在利益的驱动和政府的招商引资下，更倾向于聚集到当地基础设施健全、对外交流方便的农产品生产基地周围。

总结以上分析，在接近自由竞争的环境中，在农户农业生产自主决策的前提下，各区域按照发挥各自比较优势的原则，使得农业生产逐渐呈现出区域专业化生产态势。由于区域专业化生产只专注于生产一种类型的农产品，在长期的干中学过程中，劳动者的劳动熟练程度会逐步提高。而劳动熟练程度的提高缩短了劳动时间，从而使劳动者有更多的时间和精力用于提高生产技能、延伸产业的生产链条，增加农产品的加工类型，即分工经济会随之出现。但专业化分工产生经济效益的同时，引发了交易成本、风险成本以及其他问题，阻碍区域经济的进一步发展。产业的地理集聚不仅减少了产品的运输成本，同时亦能够共享基础设施和各类信息，通过交流与合作，产生竞争，促进技术创新，逐渐形成了技术、信息、产品销售等复杂的、根植于当地社会文化环境的社会网络。最终形成了以农产品生产基地为依托，各类行为主体群在专业化分工的背景下，相互合作与竞争的农业地域生产系统——农业产业区。

## 三、专业村地域经济效应的形成机理

### (一)专业村地域经济效应形成的关键要素



#### 1. 专业项目

项目本身的属性特征和区域特征之间的相对关系对专业项目能否落地成功起着决定性作用。参阅埃弗雷特·M. 罗杰斯在《创新的扩散》中的相关论述，成功到达扩散地的农业专业项目需要具备以下优势。①相对优势，主要是经济效益优势和发展前景的潜在优势，如经济收益率是否比区域内其他经济作物更高，市场风险性是否更小，发展潜力或未来升值空间是否更大。②相容性，如该作物与当地自然环境、气候条件、土壤地质条件等自然环境的适宜性，与当地的风俗习惯、社会文化环境等人文环境的相容性。③技术复杂性，这决定了其对劳动力素质的要求。对于文化素质较低、技能有限的农户而言，简单易学、可操作性较强的生产技术，所需投资成本小、劳动强度低的农作物更易于采纳。④可试验性，农户在未确定新作物品种的风险性、收益性等情况下，不敢贸然一次性大面积种植，能否实施小面积试验性种植的作物，主要是由其进入及退出的成本决定，可试验性较强的作物，进入成本、退出成本均较低。⑤可观察性，“眼见为实”是我国广大农户决策是否从事某项活动的最基本依据。经济效益、技术操作等可直接通过“示范户”观察得知的作物，往往更易被农户采纳。假设专业项目的属性分别为 $C_1$，$C_2$，…，

$C_m$，属性的权重分别为 $\omega_1$，$\omega_2$，…，$\omega_m$，符合归一化条件，$\omega_1+\omega_2+\cdots+\omega_m=1$，则专业项目的优势度：

$$S=\omega_1 C_1+\omega_2 C_2+\cdots+\omega_m C_m \qquad \text{式(4-1)}$$

在区域内已有可替代性的生产项目中，若最具优势的专业项目的优势度 $S'>S$（$S$ 为专业项目的优势度，$S'$ 为已有可替代性的生产项目中最具优势的专业项目的优势度）时，则该专业项目无法成功被广泛采纳；当 $S'<S$ 时，根据理性人假设，该项目一旦出现在当地，在其他条件的支持下，被选择的概率将非常大。

2. 传播者

当某一地区形成或出现专业项目时，一般情况下，便会通过一定的扩散中介扩散至周围及其他地区。就一项技术或作物品种而言，日常生活中的媒体（包括广播、电视、报纸、户外广告以及互联网等）和技术推广人员往往是潜在采纳者开始知晓该专业项目的最为快捷和有效的媒介。由于农户对专业项目的评价往往不是基于科学的计算和分析，而是依靠已采用者的经历和评价进行的主观评价，并以此为参考决定是否采用（陈玉萍，2010），因此，村庄社区内农户之间的交流成为说服农户参与专业项目的最有效方式，尤其是有着相同社会经济地位、教育背景或在其他方面相似的农户之间更容易相互影响。在此过程中，传播者将发挥关键作用：①传播者具有获取专业项目信息的渠道，相对于区域内其他行为主体而言，能够较早知晓相关的技术和信息（掌握了先机），且具有敏感的市场洞察力；②传播者具备掌握专业项目的能力，如特殊资质（冒险性精神、敢于尝试的精神等）和生产条件（资金、技术等），在其洞察了专业项目的发展潜力后，能够成功掌握生产技术和信息，并成功复制；③传播者具有一定的扩散能力，那些社会威望较高、社会网络中心性较强的传播者可以借助已有的社会网络，通过共享或有偿服务等方式，实现专业项目的区域扩散。在乡村中，具有企业家精神的能人往往是传播者的最佳人选。此外，扩散源至扩散地的空间距离亦发挥着重要作用，由距离衰减效应可知，空间距离越远，引进者获取扩散源地信息的可能性就越小。假设引进者获取项目信息的渠道数为 $n$，区域与项目所在地的距离为 $d$，传播者掌握项目 $A$ 的能力为 $\alpha$，则该引进者成功引进专业项目的可能性为：

$$P_1=k\alpha\frac{n}{d}+\varepsilon \qquad \text{式(4-2)}$$

式中，$k$ 为 $\alpha$、$n$、$d$ 的综合折算系数，$\varepsilon$ 为不可预知的偶然性因素对传播

者扩散专业项目 $A$ 的影响。

3. 传播网络

社会网络是社会行动者及他们之间关系的集合。社会网络理论视社会结构为一张人际社会网络，其中，“节点”(node)代表一个人或一群人组成的小团体，如一个村庄、一个企业、一个组织等，“线段”(line)代表人与人之间的关系或不同群体之间的关系，以社会网络分析法分析其结构特征。在社会网络理论中的嵌入性观点中，处于同一个社会网络中的个人通过关系，在动态的互动过程中相互影响彼此的行动，并改变彼此的关系。在此过程中，个人的能动性很有可能改变其所在的社会网络结构。这种观点，不仅保留了个人的自由意志，又把个人的行为置于人际关系互动网络中观察，强调行动者在做一项决定时，固然有自己理性的算计和个人偏好，但他/她的理性与偏好却是在一个动态互动过程中做出行为决定的，他/她会和周围的人际社会网络不断交换信息，搜集情报，受到影响，并改变偏好。所以，行动者的行为既是“自主”的，也是“嵌入”在互动网络中，受到社会结构的制约。另外，他/她的行动也会使某些线段断裂，又建立新的线段，从而使网络的结构发生改变，而影响到集体行为的结果(罗家德，2005)。



社会网络分析的指针靠关系矩阵的运算加以获得。一个图形 $G$ 可以转换成一个矩阵 $X$，一个矩阵包含了行和列，其行列值定义：$X_{ij}$ = 从 $X_i$ 到 $X_j$ 的关系值(见图 4-4)。

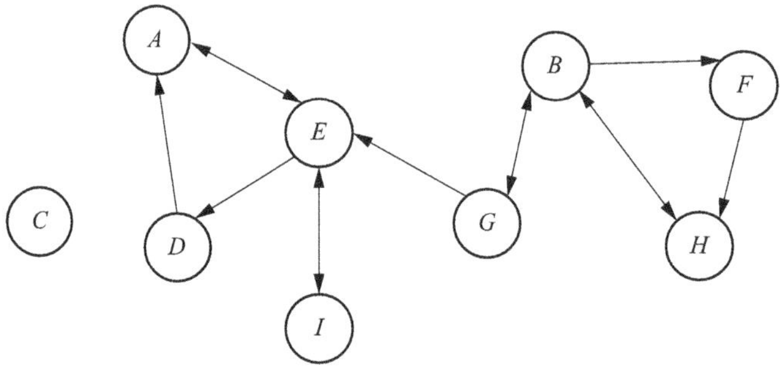


**图 4-4　方向性社会网**

如图 4-4 所示，因为从 $A$ 到 $D$ 没有关系，所以 $X_{AD}$ 为 0；从 $D$ 到 $A$ 有关系，所以 $X_{DA}$ 就等于 1，则图 4-4 可以转换成 9×9 的方形矩阵(见图 4-5)。

| | $A$ | $B$ | $C$ | $D$ | $E$ | $F$ | $G$ | $H$ | $I$ |
|---|---|---|---|---|---|---|---|---|---|
| $A$ | 0 | 0 | 0 | 0 | 1 | 0 | 0 | 0 | 0 |
| $B$ | 0 | 0 | 0 | 0 | 0 | 1 | 1 | 1 | 0 |
| $C$ | 0 | 0 | 0 | 0 | 0 | 0 | 0 | 0 | 0 |
| $D$ | 1 | 0 | 0 | 0 | 0 | 0 | 0 | 0 | 0 |
| $E$ | 1 | 0 | 0 | 1 | 0 | 0 | 0 | 0 | 1 |
| $F$ | 0 | 0 | 0 | 0 | 0 | 0 | 0 | 1 | 0 |
| $G$ | 0 | 1 | 0 | 0 | 1 | 0 | 0 | 0 | 0 |
| $H$ | 0 | 1 | 0 | 0 | 0 | 0 | 0 | 0 | 0 |
| $I$ | 0 | 0 | 0 | 0 | 1 | 0 | 0 | 0 | 0 |

**图 4-5　方向性社会网转换矩阵**

根据现实情况，关系矩阵不必然是正方形，也可为矩形。如两个集合的节点，第一组集合是 9 个职员{1，2，3，4，5，6，7，8，9}，第二组为 4 个主管{$A$，$B$，$C$，$D$}，现调查其中的咨询关系，若职员 1 向主管 $A$ 请教，则 $X_{1A}$为 1，而主管 $A$ 并未向职员 1 请教，则 $X_{A1}$为 0，这样就形成了 9×4 的矩形矩阵(见图 4-6)。

| | $A$ | $B$ | $C$ | $D$ |
|---|---|---|---|---|
| 1 | | | | |
| 2 | | | | |
| 3 | | | | |
| 4 | | | | |
| 5 | | | | |
| 6 | | | | |
| 7 | | | | |
| 8 | | | | |
| 9 | | | | |

**图 4-6　9×4 矩形网络矩阵**

在社会网络结构中，不同主体所处的位置不同，获得资源的机会和数量也将不同。那些处于社会网络重要节点的行为主体，一般具有更高的传播能力和对周边区域的影响力(Ronald，2008)。

4. 传播地

在接收地存在与扩散者相似的行为主体是成功实现专业项目空间范围拓展的又一关键要素。本书借鉴化学领域的“相似相溶”原理对这一问题展开分析。“相似相溶”原理是化学中一个经典的经验性原理。“相似”是指溶质与溶剂在结构上相似，“相溶”是指溶质与溶剂彼此互溶。该原理指出，当溶质和溶剂的分子结构相似或极性大小相近时，该溶质就较易于溶解在该溶剂中，即结构相似的物质易于相互混溶，结构差异较大的物质难以相互溶解。其主要表现在以下三个方面：一是极性溶剂(如水)易溶解极性物质(如 NaCl、KOH 等离子化合物与 $NH_3$、HCl、HCN 等强极性化合物)；二是非极性溶剂(如苯、汽油、四氯化碳、酒精等)能溶解非极性物质(大多数有机物、$Br_2$、$I_2$ 等)；三是含有相同官能团的物质互溶，如水中含羟基(-OH)能溶解含有羟基的醇、酚、羧酸。总之，一般情况下，极性相似则可相溶。衡量溶质在溶剂中的溶解程度，通常采用“溶解度”来标识，固体或液体的溶解度是指在一定温度下，某固体物质在 100 克溶剂中(通常为水)达到饱和状态时所能溶解的质量。它一方面取决于物质的本性；另一方面与外界条件，如温度、压强、溶剂种类等有关。

区域内不同村庄或村庄里的不同农户参与专业项目的现象可用“相似相溶”原理来类比。将村庄(农户)视为“溶质”，将专业项目视为“溶剂”，村庄(农户)的生产条件及要求满足专业项目的生产条件及要求的程度即为“结构相似度”。那么，村域整体(农户家庭)参与专业项目的程度(用生产规模或经济收入比重来衡量)视为“溶解度”。根据“相似相溶”原理，“结构相似度”越大的村庄，参与专业项目的可能性、程度也就越高。“结构相似度”差异越小的不同村庄(农户)，村域整体(农户)参与专业项目的程度越相似。“结构相似度”差异越大的村庄，参与专业项目的程度差异也就越大。此外，由于“溶解度”还受外部环境的影响，如温度、压强等，因此村庄(农户)参与专业项目的程度亦受外部环境的影响和制约，如政策法规、技术水平、市场环境等。



具体言之，溶质与溶剂的“结构相似度”，是指专业项目扩散地的自然资源、气候、土壤、劳动力工资水平、生产技术等与专业项目对自然资源、气候、土壤、劳动力工资水平、生产技术等的要求的吻合或匹配程度，其中任何一项不匹配，如扩散地自然资源不足，或气候不适宜，或劳动力工资水平高等，均无法实现“相溶”。村庄之间的相似度，可通过村域资源条件(耕地面积、林木资源量、矿产资源存储量、劳动力数量)、区位条件(与县城的距离、彼此的空间邻近度、单位面积内同一等级公路的长度)、产业结构(三产比重、人均收入水平等)等的差值来衡量，差值越大，相似度越低，参与同一专业项目的程度越不同。

对于不同的村庄而言，假如村庄 $A$、$B$、$C$ 与专业项目的相似度分别为

$S_a$、$S_b$、$S_c$，且 $S_c-S_a>S_c-S_b$，$S_b-S_a<S_c-S_b$，即意味着村庄 $C$ 与村庄 $B$ 的差异较小，而与村庄 $A$ 的差异较大；但是，村庄 $B$ 与村庄 $A$ 的差异小于村庄村 $C$ 与村庄 $B$ 的差异，那么，由此可以推出，村庄 $A$ 与村庄 $B$ 的差异最小，当专业项目扩散开来，村庄 $A$ 与村庄 $B$ 的参与速度和程度更为相似，而与村庄 $C$ 的差异性较大。但是，当外界条件发生变化时，如政府战略方针的调整，使得村庄 $B$ 与专业项目的相似度降低，以致 $S_b-S_a>S_b-S_c>S_c-S_a$，则村庄 $A$ 变得与村庄 $C$ 更相似，当村庄 $A$ 参与专业项目时，则村庄 $C$ 较村庄 $B$ 更倾向于参与。

### (二)专业村地域经济效应形成的关键动力

#### 1. 区域扩散动力

扩散是一个时空统一的演进过程，空间扩散是指地理粒子(或现象)在地理空间的展开，是其从一个空间单元向另一个空间单元传播、转移的过程。空间扩散的必要条件是地理空间系统的介质条件。在均质空间中，空间扩散仅与空间距离因素有关，地理粒子(或现象)的空间扩散是以相同的扩散趋势从扩散源向外连续地扩展进行。但地理空间系统中各种要素普遍存在明显的地域性，具有非均质结构，因此空间扩散的介质条件具有非均质性，即具有不同的区域结构与区域类型。为解决这一问题，扩散理论中，通常将不均质空间切割成一块块均质的空间单元，即“扩散域元”(Diffusion Field Pixel, DFP)，作为扩散主体的基本空间单元，它是使扩散行为有意义的最小空间单元；并用扩散域元中地理环境、资源禀赋、基础设施状况、技术经济环境、人文环境等来表征域元的“综合质量”。总之，扩散不仅受空间距离的作用，还受扩散域元综合质量的制约。受非均质空间随机扩散方程的启示，本书从扩散区域的空间可达性、专业项目的扩散方式、扩散接收者与扩散源之间的差异性、专业项目自身属性等多个角度，对专业村地域经济效应的形成进行简单的理论分析。



非均质空间随机扩散方程为：

$$D(x,\ m)=D\frac{d}{\sqrt{4Z(m)}_{\max}} \qquad 式(4-3)$$

式中，$m=f_{\max}$；$D(x,\ m)$为扩散值，$D_{\max}$为最大扩散值，erfc$(x)$为高斯余函数；$Z(m)$为扩散系数函数；$d$ 为与扩散源之间的距离；$f_{\max}$为扩散源的社会、经济、自然综合质量；$f$ 为被扩散源影响的域元的自然、社会、经济综合质量(单卫东，1995)。农户是农业生产活动的最微观组织单元，成员之间相互影响，且利益一致，行动目标亦具有一致性。农户是否参与专业项目的生产，多是家庭成员之间协商后的决定。因而，假定农户单元内部具有均质性。那么，专业项目的农户所占据的空间(农户住宅、耕地、其所在村域的空间位置及大小)即为扩散的空间域元，农户自身属性即可表征域元"综合质量"。空间域元所在的地理环境引起的空间摩擦、农户属性表征的域元综合质量对扩散的影响可作为扩散域元的介质条件(见图4-7)。

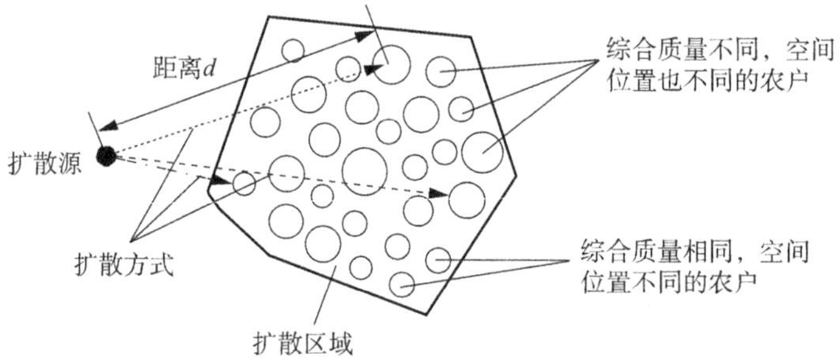


**图4-7 扩散原理**



依据非均质空间随机扩散原理，利用非均质空间随机扩散方程，同种专业项目的空间扩散速度受以下因素的制约。

一是扩散区域的空间可达性与扩散方式。扩散到达的时间与空间可达性及扩散方式有关。首先，空间可达性。空间可达性指从一个地方到达另一个地方的便捷程度，与起点、终点和交通条件有关，常使用距离、旅行时间或旅行成本表示。其中，距离衰减被认为是地理学第一定律，它强调所有事物都相互关联，事物之间的关系随着它们之间的距离增大而逐渐疏远(Tobler，2004)。空间距离越近，扩散到达的可能性越大。其次，扩散方式。扩散方式多种多样，如邻近模仿、亲友介绍、业务需求、媒体宣传、政府推广等，扩散方式不同，扩散速度差异较大。邻近扩散即为由近及远的接触性扩散，受空间距离影响明显，传播速度较慢，但范围较广；亲友介绍及业务需求倾向于形成局部性、跳跃性扩散，李小建(2002)称其为"通道扩散"，这种扩散方式在短时间便可传播较远的距离，但范围较小；媒体宣传及政府推广易于形成面状广域扩散，且传播速度较快。假设 $T$ 时刻，扩散到达的概率与扩散速度 $S$ 函数关系为 $P_s=P(s)$。

二是扩散接收者与扩散源之间的差异性。由行为经济学理论可知，个体差异性越小，行为相似性越高（董志勇，2005）。农户之间越相似，如文化水平、思想意识、家庭结构及资产条件，则采取相同行为的可能性越大。假设 $T$ 时刻农户 1，2，…，$i$ 的域元综合质量分别为 $m_1$，$m_2$，…，$m_i$，$m_i=f$（农户自身属性），$m$ 为扩散源的域元综合质量，$m-m_i$ 则为质差，即扩散源农户与接收扩散农户之间的差异性，质差越小，农户之间越相似，当专业项目扩散到时，越倾向于采用专业项目。由非均质空间随机扩散公式可知，扩散系数即为 $Z(m_i-m)$。

三是专业项目自身属性。在专业项目出现之前，区域内可能存在具有一定优势的其他可替代性专业项目。因而，区域内农户和其他行为主体最终是否采纳专业项目，往往需要在一系列的决策分析之后方能确定。假设区域内具有多个策略和可选择方案，如 $A_1$，$A_2$，…，$A_n$ 等多个专业项目，具体选择哪个方案最优，需要决策者通过综合评估，将专业项目分别与 $A_1$，$A_2$，…，$A_n$ 进行逐一比较，若专业项目较其他项目具有明显的优势，其就为最满意的方案。在区域发展的决策过程中，一般为非独断型决策，而多集中一群人的智慧来共同解决决策问题，即根据群体中各个成员的意见和偏好来制定统一决策。基于群效用函数，其一般形式为：

$$U(a)=g[U_1(a),\ U_2(a),\ \cdots,\ U_m(a)] \qquad 式(4-4)$$



式中，$m$ 代表第 $m$ 个决策者的效用值。若个人效用函数和群效用函数均满足关于效用的 Von Neumann-Morgenstern 公理系统：当群体中每个决策成员都认为某两个方案是无差异的，则决策群也认为这两个方案是无差异的，个人效用函数的效用值是独立可加的，满足上述条件的群效用函数可以表示为：

$$U(a)=\sum_{i=1}^{m}\lambda_i U_i(a) \qquad 式(4-5)$$

式中，$U_i(a)\subset[0,\ 1]$ 是群中第 $i$ 个成员的个人效用函数，而 $\lambda_i$ 是 $U_i(a)$ 的权值。而且，$U_i(a)=U_i(S_a \mid E)$，即项目 $A$ 对第 $i$ 个成员的个人效用函数取决于项目 $A$ 在当地区域环境资源条件 $E$ 下，项目自身属性决定的优势度 $S$。则：

$$U(a)=U(S_a \mid E)=\sum_{i=1}^{m}\lambda_i U_i(S_a \mid E) \qquad 式(4-6)$$

假设只有两个可选择性专业项目，分别为项目 $A$ 和项目 $B$，当 $U(a)=\sum_{i=1}^{m}\lambda_i U_i(S_a \mid E) > U(b)=\sum_{i=1}^{m}\lambda_i U_i(S_b \mid E)$ 时，则选择考虑采纳项目 $A$，即群效用越大，项目被采纳的可能性越大。假设群决策采纳的概率与群效用函数

之间的关系为 $P_2=\theta U(a)=\theta\sum_{i=1}^{m}\lambda_i U_i(S_a \mid E)$，$\theta$ 为群决策采纳专业项目的概率受专业项目群效用值的影响程度指数。所以，区域选择采纳专业项目 $A$ 的可能性指数为 $I=P_1P_2$，代入 $P_1$、$P_2$ 值，最终 $I$ 值为：

$$I=\theta\left(k\alpha\frac{n}{d}+\varepsilon\right)\sum_{i=1}^{m}\lambda_i U_i(S_a \mid E) \quad \text{式(4-7)}$$

2. 区域分工动力

古典经济学认为，经济增长、资本积累会推动生产专业化和劳动分工的发展，而生产专业化和劳动分工会进一步让资本流向更具效率的生产领域，实现规模经济，进而带来更快的经济增长（亚当·斯密，1880）。杨小凯（2003）等经济学家认为，分工是交换的产物，分工和专业化能够加速知识的积累，带来收益递增。但分工的深化会引起交易费用的增加，从而使其在交易费用与分工收益的相对比较中自发演进。这种自发的演进过程可粗略地描述为：在经济发展的初级阶段，人们对生产活动没有经验，生产效率低，人们没有富余的产品，也没时间和精力去进行交换，只能选择自给自足。随着人们劳动经验的逐渐积累，“知识沿时间的互补性”使生产效率慢慢提高，经济开始初步增长，相对可以承担一些交易费用，通过互相交换产品，开始产生初步的分工和专业化生产。由于专业化生产加速了经验积累和技能改进，“知识沿空间的互补性”的“溢出效应”使生产效率进一步提高，经济发展开始逐步加速，从而使人在权衡专业化带来的报酬和将要增加的交易费用后，认为可以支出更多的交易费用时，试验新的分工组织，进一步提高分工的水平。这样，就形成了一个良性循环的过程，使分工演进越来越快（周维迎，2004）。



借鉴杨小凯（1998）对专业化分工好处的描述，使用生产函数概念来定义专业化经济概念。因为专业化是对于个人而言的，所以定义专业化经济之前，需要对个人设定生产函数。假定一个人可以从事两种生产活动，生产产品 $x$ 和 $y$。我们将此人投入 $i$ 种产品生产活动的劳动份额称为他生产 $i$ 的专业化水平，并用 $l_i$ 代表此水平。则他的生产函数可假定为：

$$x^p \equiv x+x^s=l_x^a \quad \text{式(4-8)}$$

$$y^p \equiv y+y^s=l_y^a \quad \text{式(4-9)}$$

式中，$x^p$ 和 $y^p$ 分别为两种产品的产量；$x$ 和 $y$ 为他们的自给量；$x^s$ 和 $y^s$ 为他们的销售量；$a>1$ 为一个专业化经济程度参数。对于此人而言，$l_x+l_y=1$，即总劳动份额为 1。如果我们假定每人有一单位劳动，则 $l_i$ 也是用来生产产品

$i$的劳动量。对式(4-8)、式(4-9)求导，不难验证：

$$\frac{dx^p}{dl_x}=al_x^{a-1}>0，\frac{d^2x^p}{dl_x^2}=a(a-1)l_x^{a-2}>0 \qquad 式(4-10)$$

$$\frac{dy^p}{dl_y}=al_y^{a-1}>0，\frac{d^2y^p}{dl_y^2}=a(a-1)l_y^{a-2}>0 \qquad 式(4-11)$$

其中，$\frac{dx^p}{dl_x}$和$\frac{dy^p}{dl_y}$分别为两种产品的边际劳动生产率。式(4-10)、式(4-11)意味着边际劳动生产率$\frac{dx^p}{dl_x}$(或$\frac{dy^p}{dl_y}$)随专业化水平$l_i$上升而提高，即产出水平对劳动投入水平的二阶导数大于0。从类似的计算也可看出，平均劳动生产率随专业化水平的上升而提高。令平均劳动生产率为$AL_x\equiv\frac{x^p}{l_x}$，$AL_y\equiv\frac{y^p}{l_y}$，则：

$$AL_x\equiv l_x^{a-1}，\frac{dAL_x}{dl_x}=(a-1)l_x^{a-2}>0 \qquad 式(4-12)$$

$$AL_y\equiv l_y^{a-1}，\frac{dAL_y}{dl_y}=(a-1)l_y^{a-2}>0 \qquad 式(4-13)$$



所以，若某人在生产某产品时，生产函数显示边际或平均劳动生产率随他在此活动中的专业化水平上升而提高，则他在生产此产品的活动中有专业化经济。产业分工的劣势在于交易成本的增加，如传播信息、广告、与市场有关的运输以及谈判、协商、签约、合约执行的监督等活动所花费的成本，当交易成本大于由分工带来的经济效益时，分工便会停滞。但是，从事同一产业不同生产环节的行为主体在空间上的集聚，即产业区的出现使得这一困境得到了缓解。尽管信息通信技术使远距离通信传输加快，但近距离的互动，在促使商业知识、金融知识和技术知识与不同行为主体之间的流通方面，仍发挥着无可取代的作用。空间集聚不仅降低了交通费用，提高了公共设施的使用效率，加强了行为主体间的信息交流与合作，而且吸引了其他地区同类企业、劳动力的进驻，不断促进区域产业的发展。农业产业区同样遵循上述规律。虽然大量实证研究表明，农业因生产特性具有内部规模不显著、劳动监督困难等特点难以获得明显的规模经济，但通过拉长农业生产链条，发展农业的产前、产中、产后的全方位社会化服务体系，农业获得外部规模经济效应将会充分展现，从而提高农业的劳动生产率。

在产业发展的初期，每个农户同时从事多种生产活动，如以香菇种植业为例，其所能完成的香菇种植上游工作如砍柴、粉碎等获取生产原料的活动，下游工作如香菇的加工、销售等。随着产业的发展和种植户的不断增多，产业规模不断扩大，区域内各行为主体基于自身比较优势，开始自发地进行产业分工与协作。若农户将原来用于获取生产原料和销售的时间与精力集中于香菇的种植，此方式的收益大于自身从事所有活动的经济效益，则说明存在分工剩余，分工就会产生。

一是销售环节，农村经纪人等中介组织的出现。最初没有专门人员从事市场销售，当产品在同一市场区域范围内趋于饱和时，产品价格便会迅速下降。而在区域外，由于产品供给不足，价格较高。于是，具有一定资质(如企业家精神)和生产条件的农户或其他产业的行为主体发现商机后，在利益的诱导下，便会外出开辟市场疆域，以扩大销售区域边界、增加市场半径。此举不仅使其自身获取经济收益，亦使得其他农户在无须直接与外部市场打交道的情况下，持续大规模地销售农产品。总之，通过流通环节的分工，由专门的经济组织或农民经纪人从事农产品流通，实现流通的规模经济，创造出流通环节的剩余。



二是加工环节，深加工类企业的出现。最初农户仅对农产品进行简单的加工，甚至部分农户不经加工便投向市场。这不仅造成农产品的低附加值，而且市场销售空间与潜力有限。初级农产品的深加工，就可以解决这一问题。此时，具有一定市场洞察力的企业家，便会在市场利润的驱动下，建立农产品加工企业。为能够更容易获得原料，并且可以从源头把控原料的质量，企业家选择将工厂建立在产业区内。只要利润空间尚在，其他企业家便会纷纷效仿。于是，加工企业陆续出现在区域内，共享信息、基础设施、劳动力等生产要素，并呈现出空间集聚现象。此现象，对于农户而言，使其能够有更多的选择机会，从而能够分配到更多的剩余。对于产业而言，延伸了产业链条，提升了初级产品的利用空间和产品价值，实现了加工环节的增值，创造出加工环节的剩余。

三是监督环节，合作社、政府组织的出现。最初由于农户的生产活动类型为自给性，极少进行市场交易，彼此之间并不会因为信息的不对称给产业发展带来影响。但是，随着专业分工的深化、交易频率的增加，不同行为主体间信息不对称带来的问题逐渐显现出来。例如，农户不按照公司规定的标准进行生产，企业不履行合同收购农产品等。信息不对称问题、机会主义行为问题，造成市场效率的降低。随着矛盾的激化，合作社、政府组织等监督部门顺势加入产业分工体系。此分工，实现了监督的规模经济，创造出监督环节的剩余。

总之，随着产业的发展和内部矛盾的不断出现，分工现象就会不断涌现。最后，使得每个行为主体都能专注于一项工作，从而有更多的时间和精力用于生产技能的提升：种植户专注于生产管理，经纪人专注于市场的开拓，加工类企业专注于产品的深加工及产品附加值的提升，服务监督机构逐渐建立健全市场监管体系。最终，形成了初级产品的生产、加工、运输、销售等产业的诸多分工环节，并在产业分工网络、技术创新网络、产品销售网络、服务监管网络等多项网络作用下，将产业不同环节的从事者——农户、企业、经纪人、技术研发部门、政府监督部门紧密联系在一起，形成了空间上专业化特征显著且具有范围经济和持续竞争优势、地理边界明显的农业生产地域空间系统(见图4-8)。

### (三)专业村地域经济效应形成过程中的农户参与

农户是农区经济活动最基础的经济组织单元，也是初级农产品生产的主体。农户参与规模的扩大是农业区域专业化生产的前提，更是产业链延伸的基础。因此，农户应该也必须是专业村地域经济效应形成的关键参与主体。鉴于此，本书在界定农户概念的基础上，对其生产决策模式及相关机理进行专门而深入的剖析。

#### 1. 农户的概念

国外有关农户的划分有三种：一是按照农户的职业划分，农户是以从事农业为主的户，它的对立面是工业、运输业、商业等非农业户，称为 farming household；二是对农户区位的划分，农户是居住在农区的家庭，它的对立面是城市或城镇，称为 rural household；三是对农户政治地位和身价的划分，农户是一些政治地位低下，不享受国家任何福利待遇的农户，称为 political household。我国学者也从不同的角度对农户的概念进行了定义。尤小文(1995)与费孝通的观点一致，认为农户是共居一室、参加共同经济活动、有共同预算的社会组织，农户可能包括非家庭成员。但是，韩明漠(2001)认为农户指的就是农民家庭。韩喜平同样赞同这一观点，认为除了偶然因素和特定历史时期出现的特殊情况外，户与家庭特别是与核心家庭的内涵往往是相统一的；当强调作为独立的经济主体或统计单位时使用“农户”，当强调生活和

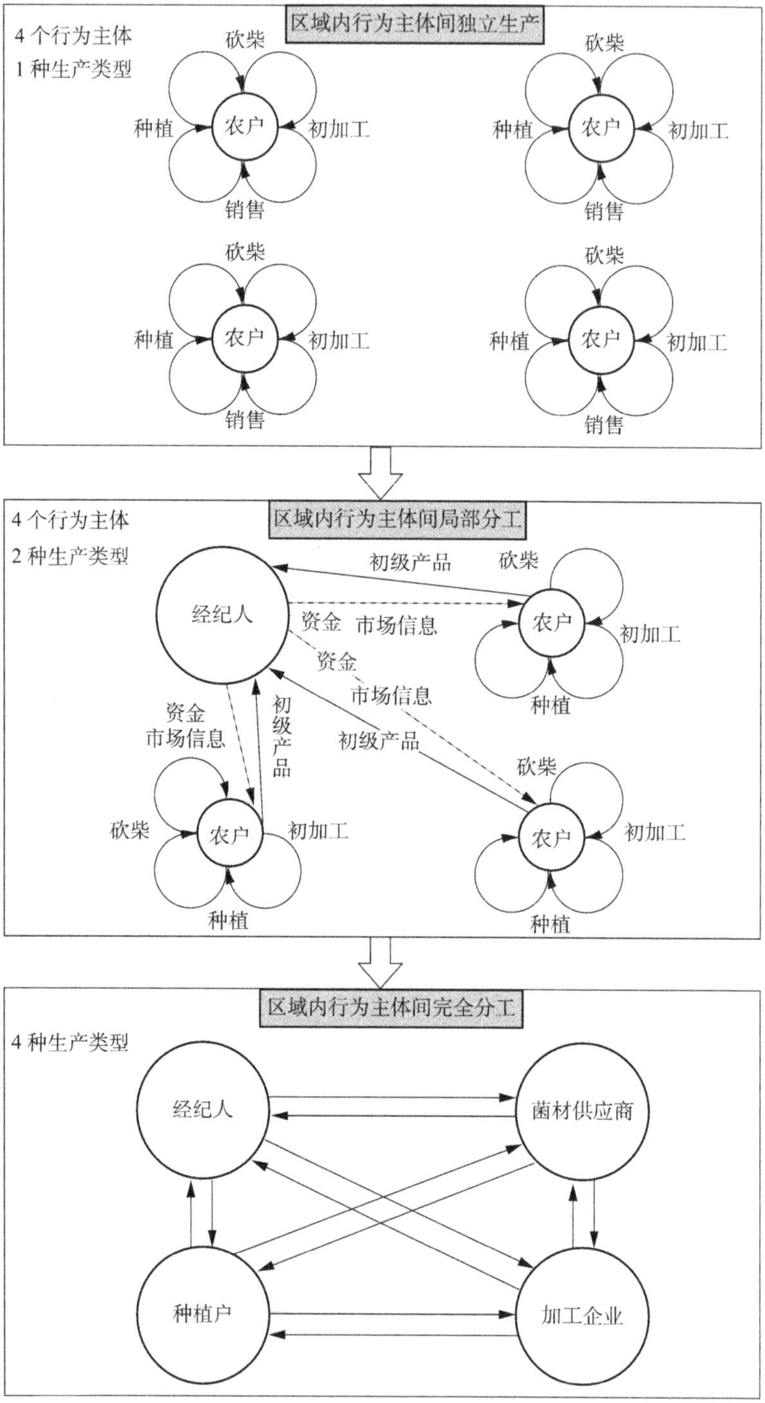


图 4-8　农业产业区内产业分工网络的形成

社会的实体时使用“家庭”（韩喜平，2003）。撇开户与家庭的辨析，农户是指生活在农村的、主要依靠家庭劳动力从事农业生产，并且拥有剩余控制权的、经济生活和家庭关系紧密结合的多功能的社会经济组织单位（范达、韩喜平，2003）；农户是生产与消费的统一体，它既是一种生活组织，又是一种生产组织；农户是个体与群体的统一，它既有个体行为特征，又有一定的群体行为特征（颜廷武，2005）；农户至少包含以下六个方面的内涵：以从事农业为主、居住在农村、自给性很好、具有生产和消费的双重性质、农村最基本的微观基础、政治经济地位相对低下（翁贞林，2008）。

在现实的中国农村社会经济背景下，当前中国农户具有更大的职业及居住地自主选择权，而不再局限于纯粹地从事农业生产或居住在农村。同样，生活在农村的人也不一定是农民。在我国农村，传统的“三代同堂”“四世同堂”的“大家庭”已极为罕见，夫妻加未婚子女的“三口之家”“四口之家”等小家庭是目前农村地区的基本家庭模式。因此，研究农户的经济行为时，并不能拘泥于传统农村中农民“住在一起”和“参加共同经济活动”，而是把握农户家庭中具有较强经济联系的成员之间的劳动分工和协作的关系，并以此为基点对农户家庭的经济行为展开系统分析（王春超，2010）。本书抽掉与“农户经济行为”主题无关的家庭功能和行为，将“农户”视为参与专业项目的主体，且具有以下特征：①经济利益一致性，基于婚姻、血缘或其他法律关系（合伙人、共同法人等）组成的收入共有、资源共享的利益共同体，不限于行政管理部门登记的“户”；②组织行动一致性，以户主为核心，为促使集体福利最大化，其他成员（雇出或雇入劳动力）服从户主的安排；③居住稳定性，长期居住在农村，与当地农户、其他经济主体之间拥有丰富且稳定的社会关系网络。总之，本书中的“农户”是指稳定居住在农村，以户主为核心，以家庭成员为主体，以家庭生计资本为基础，收入共有、资源共享的经济利益共同体。



2. 农户生产决策模型

（1）农户的生产决策行为。苏联经济学家 Chayanov 在假设劳动力市场不完全的基础上，提出农户消费—劳动力投入的经典模型（彭文平，2002）。该模型的主要内容如图 4-9 所示。在图 4-9 中，Y 轴表示农户的总产出或总收入，X 轴表示农户的时间禀赋，分为劳动时间 $L_e$（从左到右的衡量）和闲暇 $L-L_e$（从右到左的衡量）。由于受生理因素的限制，$L_e$ 有一个最大值 $L_{max}$。*TVP* 曲线表示生产函数：$Y=PY\cdot f(L_e)$。无差异曲线 $I$ 表示一定量的收入和闲暇给农民带来的效用：$U=f(Y, L-L_e)$。无差异曲线的斜率 $dy/d(L-L_e)$ 表示主观工资率，即为了使总效用不变多放弃一单位的闲暇主观上所需补偿的收入。$Y_{min}$ 表示农户可接受的最低收入水平，在这个收入水平上无差异曲线变为水平，这是因为若收入低于可接受的收入水平，农户可能面临生产问题，因而更多的闲暇也不能使效用增加。$Y_{min}$ 取决于家庭的人口构成：消费者—劳动者比率，当家庭中纯消费者相对增加时，家庭的消费支出增加，因而家庭可接受的最低收入水平上升。这时，农户的生产决策可用最大化原理来解释：

$$\mathrm{Max}U=f(Y, L-L_e) \qquad 式(4-14)$$

$$\mathrm{s.t.}\ Y=PY\cdot f(L_e),\ Y\geqslant Y_{min},\ L_e\leqslant L_{max} \qquad 式(4-15)$$

将式(4-14)和式(4-15)联立，解得均衡条件：$MUH/MUY=D_y/d(L-L_e)=MVPL$，此式表示边际劳动产品价值等于主观工资率等于无差异曲线的斜率。在图 4-9 中均衡点是 $A$，这时农户投入 $L_e$ 的劳动获得 $L-L_e$ 的闲暇和 $Y$ 的收入。



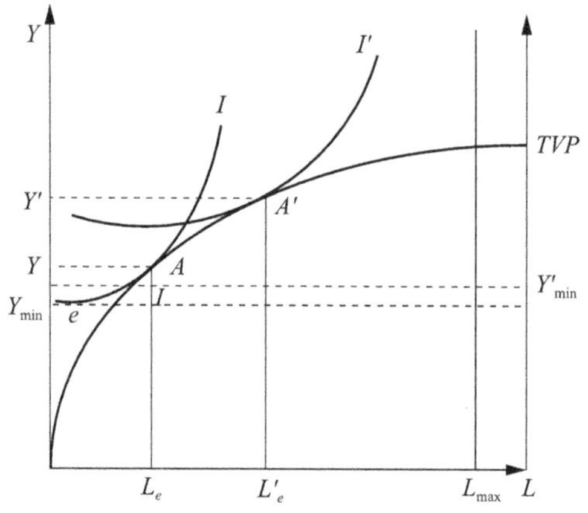


**图 4-9　农户生产决策行为**

Chayanov 模型的特点是农户消费—生产决策受农户家庭人口结构的影响。首先，家庭人口结构决定了最大可能的劳动投入 $L_{max}$ 和最小可接受的收入水平 $Y_{min}$。其次，它们还通过决定主观工资率决定了均衡条件，这与单纯的资本主义厂商决策不同。如图 4-9 所示，在原有均衡点 $A$ 的基础上，现在假设农户家庭消费者—劳动者比率增加。由于消费人口的相对增加，可接受的最低收入水平 $Y_{min}$ 上升到 $Y'_{min}$。同时，农民相较于闲暇更偏好收入，从而无差异曲线上升到 $I'$ 位置，斜率 $dy/d(L-L_e)$ 变小，即主观工资率下降。这样，均衡点为

无差异曲线 $I'$ 与 $TVP$ 曲线的交点 $A'$，家庭投入更多的劳动 $L'_e$ 以获得更多的收入 $Y'$。所以，在 Chayanov 模型中，当消费者—劳动者比率变化时，农民的劳动投入和闲暇消费以及收入都会发生变化，从而内在地驱动农户对产业的结构进行调整(胡豹，2004)。

Chayanov 建立的用于分析苏联小农行为的模型是农户行为理论模型的最早先例。虽然其假设条件，如没有劳动力市场、农民可以自由获得土地等，与现实不符，不能用来研究当前农户的许多问题，但其认为农民对某项活动的劳动时间投入直到农户评价的边际效应等于所获得商品的边际效用时才会停止，这一论断在当时的经济条件下仍然具有开创性意义。

(2)农户效用行为模型。农户效用模型的基本假说：农户是一个效用最大化追求者，农户效用受农户收入、生产效益和农户休闲等因素的影响，农户的决策行为受到农户现金、劳动力和技术等资源的限制。多年来，学者们从不同的侧面建立了可反映农户生产、消费和劳动力供给的微观经济模型。其中，最具影响力的是斯恩(Singh)、斯奎尔(Squire)和斯特拉斯(Strauss)的农户效用模型(Eills，1988)。该模型的主要特征：①把农户作为一个整体，而不强调个人；②把农户作为一个生产、消费、工作、闲暇决策的统一体。实际上，这三种决策能够结合为一个如何分配时间、消费多少和生产多少产品的同时决策(李强、张林秀，2007)。



效用函数：

$$\underset{C_a,C_m,C_l,Q_a,Q_c,Q_x,Q_l}{\mathrm{Max}U} = U(C_a, C_m, C_l; Z^h) \qquad 式(4-16)$$

技术约束：

$$\mathrm{s.t.}\ G(Q_a, Q_c, Q_x, Q_l, K; Z^q) = 0 \qquad 式(4-17)$$

现金约束：

$$P_m C_m = P_a(Q_a - C_a) + P_c Q_c - P_x Q_x - P_l(Q_l - L^s) + S \qquad 式(4-18)$$

时间约束：

$$C_l + L^s = T \qquad 式(4-19)$$

其中，$C_a$ 为农户消费的自己生产的农产品；$C_m$ 为农户消费的从市场购买的产品；$C_l$ 为闲暇；$Z^h$ 为消费特征；$Q_a$ 为农户自己生产的，但部分供自己消费的农产品产量；$Q_c$ 为农户自己生产的只供出售，不供自己消费的农产品的产量；$Q_x$ 为农户生产中除了劳动力以外的其他的可变要素投入；$Q_l$ 为农户生产中投入的总劳动力数量，包括雇用劳动力；$K$ 为生产中的固定投入，如资本的投入，假定在一个生产周期中不变；$Z^q$ 为农户的生产特征；$P_a$ 和 $P_c$ 为农户所生产的农产品价格；$P_m$ 为市场上购买的产品价格；$P_x$ 为生产中可变要素投入的价格；$P_l$ 为农户面临的劳动力市场工资率；$L^s$ 为农户家庭除闲暇消费外，所能提供的劳动力数量；$S$ 为非农户生产的收入；$T$ 表示农户所拥有的总的时间禀赋；$G(*)$ 为生产可能性集。

这三个约束可以合并成一个约束条件，即把技术约束方程代入现金约束方程，把 $Q_a$ 替换掉；把时间约束方程代入现金约束方程，替换掉 $L^s$，整理合并就得到完全收入约束方程：

$$P_m C_m+P_a C_a+P_l C_l=P_l T+\pi+S=Y^* \qquad 式(4-20)$$

式中，$Y^*$ 为完全收入，$\pi$ 表示生产利润，且 $\pi=P_a C_a+P_c Q_c-P_x Q_x-P_l C_l$，完全收入不但包括农户的市场利润，而且包括劳动力的禀赋投入。

式(4-16)和式(4-19)是研究农户行为的核心。根据拉格朗日定理，上述的约束条件的最大化问题可以表示为求以下函数的解：

$$\zeta=U(*)+\lambda(P_a C_a+P_c C_c-P_x Q_x-P_l C_l+P_l T-P_m C_m-P_a C_a-P_l C_l)+\mu G(*) \qquad 式(4-21)$$



通过求解可以得到农户在约束条件下生产的农产品产量、要素需求以及对各种消费品的需求量。

农产品供给和要素需求函数：

$$Q_i=Q_i(P_a,\ P_c,\ P_x,\ P_l;\ Z^q),\ i=a,\ c,\ x,\ l \qquad 式(4-22)$$

最大化利润：

$$\pi^*=\pi^*(P_a,\ P_c,\ P_x,\ P_l;\ Z^q) \qquad 式(4-23)$$

农户对消费品的需求函数：

$$C_i=C_i(P_a,\ P_m,\ P_l,\ Y^*;\ Z^h),\ i=a,\ m,\ l \qquad 式(4-24)$$

因此，农户决策的本质是一个规划求解的问题。一旦约束条件和外生变量发生改变，农户会相应地调整自己的行为，从而做出不同的决策。

(3)农户农业专业项目的参与及其风险偏好。前文从农户模型的理论视角分析了农户参与农业专业项目的生产决策行为。但是，农户是否采用专业项目，还受专业项目的市场风险性和户主自身风险偏好的影响。风险喜好者在成功概率较低的情况下也会投入较多数量的资金；而风险厌恶者却只在成功概率很高时才会投入较多数量的资金；风险折中者的风险选择曲线介于两者之间(俞文钊，2004)。同样，对于农业专业项目而言，风险喜好者在成功概率较低的情况下也会选择参与；而风险厌恶者却只在成功概率很高时才会选择参与；风险折中者的风险选择曲线介于两者之间(见图 4-10)。

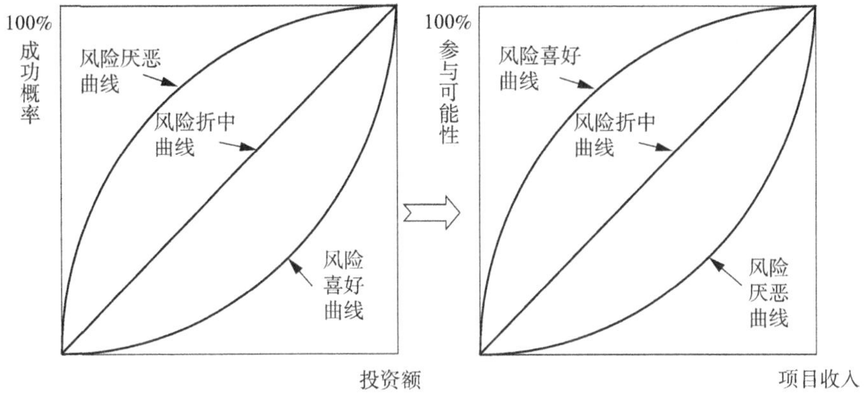


**图 4-10 农户风险偏好与专业项目的参与**

假设农户仅在传统农业与新的农业专业项目之间做决策，借鉴相关研究(傅晨，2000)，农户原始资本积累为 $c$，利用该资源进行农业生产投资。

①传统作物非风险概率为 $PH_1$，投入 $c$，未来可收益 $a_1$，自身投入 $b_1$。

②传统作物风险概率为 $PL_1$，投入 $c$，未来无收益且损失 $d_1(d_1=\theta_1 b_1)$，并且假定 $0<PL_1<PH_1<1$，$PL_1+PH_1=1$，$a_1>b_1$。

③农业专业项目非风险概率为 $PH_2$，投入 $c$，未来可收益 $a_2$，自身投入 $b_2$。

④农业专业项目风险概率为 $PL_2$，投入 $c$，未来无收益且损失 $d_2(d_2=\theta_2 b_2)$，并且假定 $0<PH_2<PL_2<1$，$PL_2+PH_2=1$，$a_2>b_2$，$a_2>a_1$，农户的风险偏好为 $\lambda(0<\lambda<1)$，则规避风险偏好为 $1-\lambda$，那么，该农户的收入 $U(a, b)$ 为：

$$U(a,\ b)=\lambda\{[PH_1\cdot(a_1-b_1+c)+PL_1\cdot(c-d_1)]\}+(1-\lambda)\{[PH_2\cdot(a_2-b_2+c)+PL_2(c-d_2)]\} \quad \text{式(4-25)}$$

代入 $d_1=\theta_1 b_1$，$d_2=\theta_2 b_2$，$PL_1+PH_1=1$，$PL_2+PH_2=1$ 等假定条件，整理得：

$$U(a,\ b)=\lambda PH_1(a_1-b_1)+(1-\lambda)PH_2(a_2-b_2)+\lambda(PH_1-1)b_1\theta_1+(1-\lambda)(PH_2-1)b_2\theta_2+c \quad \text{式(4-26)}$$

当 $PH_1=1$，$PH_2=1$ 时，即传统作物非风险概率为 1，农业专业项目非风险概率也为 1 时，有：

$$U(a,\ b)=\lambda(a_1-b_1)+(1-\lambda)(a_2-b_2)+c \qquad \text{式}(4\text{-}27)$$

当 $PH_1=1$，$PH_2=0$ 时，即传统作物非风险概率为 1，农业专业项目非风险概率为 0 时，有：

$$U(a,\ b)=\lambda(a_1-b_1)-(1-\lambda)b_2\theta_2+c \qquad \text{式}(4\text{-}28)$$

当 $PH_1=0$，$PH_2=1$ 时，即传统作物非风险概率为 0，农业专业项目非风险概率为 1 时，有：

$$U(a,\ b)=(1-\lambda)(a_2-b_2)-\lambda b_1\theta_1+c \qquad \text{式}(4\text{-}29)$$

当 $PH_1=0$，$PH_2=0$ 时，即传统作物非风险概率为 0，农业专业项目非风险概率为 0 时，有：

$$U(a,\ b)=-\lambda b_1\theta-(1-\lambda)b_2\theta_2+c \qquad \text{式}(4\text{-}30)$$

即传统农业和农业专业项目的风险组合有以下四种情况。一是两者风险均较小。当农户确定传统作物和农业专业项目风险概率都较小时，农户可根据家庭资源状况自由配置，因此，此时农户的家庭总收入最大。二是传统作物的风险性小于专业项目的风险性。当农业专业项目的风险性较大时，农户若选择参与农业专业项目，有可能遭受一定的风险损失，而最终是否选择参与专业项目，则需根据农户的风险偏好和专业项目的风险收入状况来决定。三是当农业专业项目风险小于传统作物风险时，农户需根据专业项目的收入情况而定，虽然其风险较小，但若收入水平低于传统作物，农户亦未必选择从事。四是两者风险均较大。此时，农户无论从事哪种农业生产类型，都有一定的风险。若农户有其他生产项目选择时，其可能同时放弃或同时采纳这两种生产活动类型。



3. 农户参与农业专业项目的决策

农业专业项目是农户众多可选择的生产项目之一，在经济人假设前提下，农户参与专业项目的决策行为是其根据自身所掌握的信息，将专业项目与其他行业的生产项目做比较、权衡、取舍的过程。农户最终是否参与专业项目，取决于专业项目在农户已有可实施生产项目中的比较优势。假设农户甲的土地资源禀赋为 $G$，家庭内除去休息、闲暇等之外的全部劳动力资源禀赋为 $L$（$L$ 包含可外出务工的劳动力资源禀赋 $L'$ 和妇女、儿童及老人等没有能力外出的劳动力资源禀赋 $L''$，即 $L=L'+L''$），其中，家庭资本拥有量为 $E$，农户农业生产技能、专业项目生产技能分别为 $T_1$、$T_2$，即农户家庭资源禀赋总和为 $L_{max}$。假如当前农户可选择的生产项目有三种：传统农业生产活动、农业专业项目、外出务工，按照从事类型的多少可将农户生产活动类型进行以下划分(见图 4-11)。

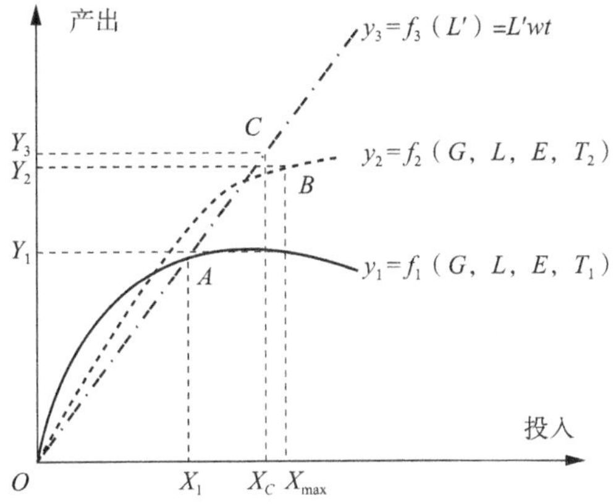


**图 4-11　农户不同类型的生产活动**

(1)仅从事一种类型的生产活动。$Y_1$ 为当农户用于传统农业生产活动的资源为 $X_1$ 时的收入情况，其生产函数为 $y_1=f_1(G, L, E, T_1)$，$A$ 为收入最高点；$Y_2$ 为当农户用于农业专业项目的资源为 $X_{max}$ 时的收入情况，其生产函数为 $y_2=f_2(G, L, E, T_2)$，$B$ 为收入最高点；$Y_3$ 为农户用于外出务工的资源为 $X_3$ 时的收入情况，其生产函数为：

$$y_3=f_3(L')=L'wt \qquad 式(4-31)$$

式中，$w$ 为工资率；$t$ 为外出务工时间；$C$ 为收入最高点。

情况一：当农户只从事传统农业生产活动时，由于机械化和农业生产现代化技术的运用，农户运用家庭资源禀赋的 $X_1$ 就可以使农业收入量达到最大值 $Y_1$，家庭资源禀赋闲置为 $L_{max}-X_1$。

情况二：当农户只从事农业专业项目生产时，农户全部的家庭资源禀赋 $X_{max}$(包括妇女、儿童及老人的劳动力投入)得到充分利用。

情况三：当农户选择外出务工时，农户家庭中的妇女、儿童及老人往往只能留守，即该部分劳动力 $X_3$ 只能闲置。

农户的家庭总收入可能情况分别为：传统农业收入为圆弧 $OAX_A$ 的面积，设为 $S_{OAX_A}$；专业项目的收入为圆弧 $OBX_{max}$，设为 $S_{OBX_{max}}$；外出务工的收入则为三角形 $OCX_C$ 的面积，设为 $S_{\Delta OCX_C}$。农户最终选择哪种生产类型，取决于 $S_{OAX_A}$、$S_{OBX_{max}}$、$S_{\Delta OCX_C}$面积的大小，即三种类型生产活动分别能给农户带来的收入额。当 $S_{OBX_{max}}>S_{OAX_A}$和 $S_{OBX_{max}}>S_{\Delta OCX_C}$同时存在时，农户选择从事农业专业项目的可能性较大。

（2）从事多种类型的生产活动。根据数据的排列组合，此种情况又可分为四种情况：传统农业+农业专业项目、传统农业+外出务工、外出务工+农业专业项目、传统农业+农业专业项目+外出务工。由于农户资源有限，当同时从事多种类型的生产活动时，就存在资源分配问题，即投入传统农业生产活动中的资源无法同时再次投入其他两种类型的生产活动。假设农户投入传统农业、农业专业项目、外出务工的家庭资源禀赋分别为 $aL_{max}$、$bL_{max}$、$cL_{max}$，$a$、$b$、$c$ 为农户将资源禀赋分别分配到三种生产活动类型中的比例，且 $a+b+c=1$。当 $a$、$b$、$c$ 中有两个系数的值为 0 时，即回到了情况一。

当 $a$、$b$、$c$ 中有且仅有一个系数为 0 时，则农户生产活动类型又有三种情况：传统农业+农业专业项目、传统农业+外出务工、外出务工+农业专业项目。

情况一：农户同时从事传统农业和农业专业项目时，其收入为 $S_{OHX_H}+S_{OFX_F}$，显然比单独从事传统农业生产增加了 $S_{OHX_H}+S_{OFX_F}-S_{OBX_{max}}$ 的收入［见图 4-12-（$a$）］。

情况二：当农户同时从事传统农业和外出务工时，农户所有可外出务工的劳动禀赋可全部外出务工，而妇女、儿童、老人等闲置劳动力可以充分利用起来，此时，农户的收入为 $S_{\Delta OCX_C}+S_{OIX_I}$，即相较于仅从事外出务工而言，农户的收入增加了 $S_{OIX_I}$［见图 4-12-（$b$）］。



情况三：当农户同时从事外出务工和农业专业项目时，外出务工收入为三角形 $OX_KK_2$ 的面积 $S_{\Delta OX_KK_2}$，专业项目的收入为 $S_{OX_KK_1}$，则其家庭总收入为 $S_{OX_KK_1}+S_{\Delta OX_KK_2}$［见图 4-12-（$c$）］。农户同时从事农业专业项目和外出务工是否增加农户的收入，取决于有能力外出务工的劳动者分别从事两种类型生产活动的生产率，这又分为两种情况，一是若农户家庭内有能力外出务工的劳动力从事农业专业项目的生产率（收入）大于外出务工的生产率（收入），则农户应该选择从事农业专业项目；二是若家庭内有能力外出务工的劳动力资源从事农业专业项目的生产率（收入）小于外出务工的生产率（收入），则农户会选择利用无法外出务工而闲置的劳动力资源从事农业专业项目，而有能力外出务工的劳动力仍然外出务工［见图 4-12-（$d$）］。

当 $a$、$b$、$c$ 全不为 0 时，则意味着农户同时从事传统农业、农业专业项目和外出务工三种生产活动类型。此种情况，农户一般根据家庭内部资源结构及不同资源的生产率水平进行分工，以取得家庭收入的最大化。例如，无法外出务工的闲置劳动力从事传统农业和专业项目的生产活动。部分有能力外出务工的劳动资源，若从事农业专业项目较外出务工可获得更高收益，则会选择放弃外出务工，转而从事农业专业项目的生产。反之，有能力外出务工的劳动力资源，从事农业专业项目的收益小于外出务工的收益，会选择继续外出务工。总之，多样化的生产活动为农户提供了更多的资源配置方式，使得农户可以因人而异、因物而异地调整生产结构和劳动分工，实现家庭收入的最大化。

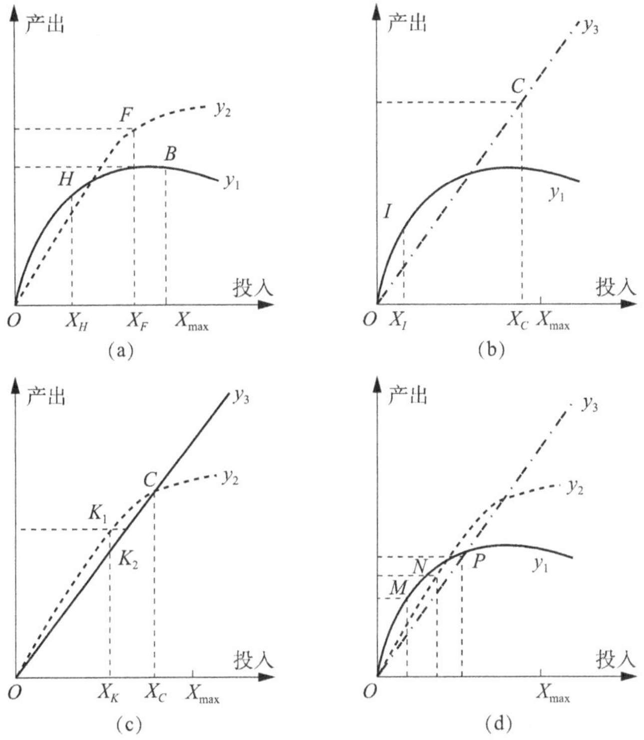


**图 4-12　农户各种生产类型组合**

4. 农户视角下的专业化生产区形成机理

参阅相关研究（王栋，2009），假设以下条件。①存在两个区域：一是农村地区，该地区是农产品的唯一生产区，同时消费部分农产品；二是城市地区，该地区不生产任何农产品，只是农产品的消费区。②农村地区只生产两种农产品：A 和 B，分别供农村地区和城市地区的居民消费。假设每个居民对这两种农产品的消费效应函数为 $u(x_1, x_2)=x_1^{\mu}x_2^{1-\mu}$。③城市和农村地区的居民数分别有 N 家、M 家，两地区居民用于购买农产品的固定消费额分别为 $I_1$、$I_2$。根据农产品的生产情况，农户类型可划分为三种：第一类是只生产农产品

$A$ 的农户，第二类是只生产农产品 $B$ 的农户，第三类是同时生产农产品 $A$ 和农产品 $B$ 的农户，三类农户数量所占的比例分别为 $\alpha$、$\beta$、$\gamma$。④农业生产规模经济的存在。由于农业机械的“假不可分性”和农业经营者的“真不可分性”，假定在我国当前一家一户的分散化小农经营状况下，农户耕地数量不变，由于生产某农产品的农户数量增加，使得单个农户的生产成本下降。

分析目标：如果第一类或者第二类农户的数量不断增加，而第三类农户的数量不断减少，表明专业化分工在不断深化。若在一个地区最后只剩下生产某种特定产品的农户，则说明这个地区就形成了农产品专业化生产基地。

首先，居民对产品的需求可从以下式中推导：

$$\text{Max}u(x_1, x_2)=x_1^{\mu}x_2^{1-\mu} \quad 式(4-32)$$

$$s.t.\ p_1x_1+p_2x_2=I \quad 式(4-33)$$

式中，$p_1$ 为农产品 $A$ 的价格；$x_1$ 为农产品消费量；$p_2$ 为农产品 $B$ 的价格；$x_2$ 为农产品消费量；$I$ 为居民用于购买农产品的固定消费额。则每个居民对农产品 $A$ 和农产品 $B$ 的需求函数分别为：

$$x_1=\mu I/p_1 \quad 式(4-34)$$

$$x_2=(1-\mu)I/p_2 \quad 式(4-35)$$



由于城乡居民收入不同，且农产品由农村地区运往城市地区，需要一定的运输成本，因此假设，农产品 $A$ 和农产品 $B$ 在城市地区的价格分别为 $tp_1$、$tp_2$。此外，根据文定理①，农户对自身生产的产品是不存在市场需求的。因此，对农产品 $A$ 构成市场需求的是农区内只生产农产品 $B$ 的农户和城市居民，对农产品 $B$ 构成市场需求的是农区内只生产农产品 $A$ 的农户和城市居民。最终，每种农产品的需求函数为：

$$X_1=\frac{M\mu I_2}{tp_1}+\frac{\beta N\mu I_1}{p_1} \quad 式(4-36)$$

$$X_2=\frac{M(1-\mu)I_2}{tp_2}+\frac{\alpha N(1-\mu)I_1}{p_2} \quad 式(4-37)$$

为了简便分析，进一步假定每个农户只能生产任一农产品的产量为 1，则第一类农户的产量为 $\alpha N$、第二类农户的产量为 $\beta N$。对于第三类农户而言，假

① 文定理是杨小凯的新兴古典经济学模型的前提，其大意是说，任何一个生产—消费者都只生产一种产品，不会生产和购买同种产品，也不会买和卖同一种产品。虽然此理论与现实条件不完全相符，但是对于农户而言，具有一定的可解释性。例如，种植小麦的农户不会再购买小麦来食用，因为自家也生产小麦。

设其生产农产品 $A$、农产品 $B$ 的产量各占一半，即$\frac{1}{2}\gamma N$。则，农产品 $A$、农产品 $B$ 的供给量分别为：

$$X_1=\alpha N+\frac{1}{2}\gamma N \qquad 式(4-38)$$

$$X_2=\beta N+\frac{1}{2}\gamma N \qquad 式(4-39)$$

联立式(4-38)、式(4-39)的两个方程，得：

$$P_1=\frac{2\mu(\frac{MI_2}{tN}+\beta I_1)}{2\alpha+\gamma} \qquad 式(4-40)$$

$$P_2=\frac{2(1-\mu)(\frac{MI_2}{tN}+\alpha I_1)}{2\beta+\gamma} \qquad 式(4-41)$$

假设农产品贸易成本，如运输成本、信息成本、市场开拓成本等，为 $F$（$F\geqslant0$），由参与贸易的各个农户来分摊，贸易量越大，农户分摊的成本越小，则农户分摊的贸易成本为：

$$C_i(X_i)=F/X_i(i=1,\ 2)$$



假设农产品的其他生产成本为 $W$，则三类农户的收入分别为：

$$R_1=p_1-W-\frac{2F}{N(2\alpha+\gamma)} \qquad 式(4-42)$$

$$R_2=p_2-W-\frac{2F}{N(2\beta+\gamma)} \qquad 式(4-43)$$

$$R_3=\frac{p_1+p_2}{2}-W-\frac{F}{N(2\alpha+\gamma)}-\frac{F}{N(2\beta+\gamma)} \qquad 式(4-44)$$

由于存在广泛的社会网络，农户很容易获取不同农产品的价格信息，并进行对比。当具有一定同质性的农户发现彼此之间存在收入差距，即扩散势能存在时，农户便会选择放弃原有的生产活动，转而从事经济效益更高的生产活动。扩散势能越高，农户转变生产活动类型的速度越快，数量越多，假设农户转变生产方式的速度与收入的关系为：

$$V_{ij}=\kappa_{ij}(R_i-R_j)/R_j,\ i,\ j=1,\ 2,\ 3 \qquad 式(4-45)$$

则三类农户相互之间转变生产方式的速度为：

$$V_{12}=\kappa_{12}\frac{R_1-R_2}{R_2}=\kappa_{12}\frac{(p_1-p_2)+2F/N(2\beta+\gamma)-2F/N(2\alpha+\gamma)}{p_2-W-2F/N(2\alpha+\gamma)} \qquad 式(4-46)$$

$$V_{13}=\kappa_{13}\frac{R_1-R_3}{R_3}=\kappa_{13}\frac{(p_1-p_2)/2+F/N(2\beta+\gamma)-F/N(2\alpha+\gamma)}{(p_1+p_2)/2-W-F/N(2\alpha+\gamma)-F/N(2\beta+\gamma)}$$

式(4-47)

$$V_{23}=\kappa_{23}\frac{R_2-R_3}{R_3}=\kappa_{23}\frac{(p_2-p_1)/2+F/N(2\alpha+\gamma)-F/N(2\beta+\gamma)}{(p_1+p_2)/2-W-F/N(2\alpha+\gamma)-F/N(2\beta+\gamma)}$$

式(4-48)

若 $V_{ij}>0$，表示 $i$ 类农户的收益高于 $j$ 类农户，则 $j$ 类农户在不断向 $i$ 类农户转移。随着转移数量的增加，$i$ 类农户生产的产品数量不断增加，由于消费市场有限，其价格便随之降低，$i$ 类农户收益逐渐减少，当 $i$ 类农户的收益等于 $j$ 类农户的收益时，停止转移。若 $V_{ij}<0$，表示 $i$ 类农户的收益低于 $j$ 类农户，则 $i$ 类农户在不断向 $j$ 类农户转移。同理，当 $j$ 类农户的收益降至 $i$ 类农户的收益时，停止转移，区域生产格局趋于稳定。

## 四、专业村地域经济效应的阶段划分

### （一）划分依据



由前文分析可知，专业村的地域经济效应实则是从村域视角出发，以专业村为载体，探讨产业如何从一村向多个村、多个乡镇甚至更广区域范围拓展的区域化、规模化、产业化、集群化发展过程。若分开来看，专业村的发展过程实则是产业项目在村域内的扩散与发展过程，专业村地域经济效应的展现过程是产业项目冲破村域界线向更广区域拓展的过程。但是，很多专业项目在落地某村后，在该村达到该产业专业村标准之前就已经开始向村外围区域扩散，甚至会出现其他村超过该村率先成为专业村的现象。因此，专业村地域经济效应的研究与其说是对专业村的研究，不如说是对产业在乡村地区的区域化、集群化发展过程的解析。基于产业区是专业村地域经济终极效应的假定，本书按照专业村地域经济效应与产业区不同发展阶段的相似程度，对专业村地域经济效应的阶段进行划分。

目前，直接对农业产业区形成阶段进行划分的文献极少，但从生命周期视角对产业集群演进过程进行阶段划分的文献较为丰富。例如，荷兰经济学家范迪克(1997)基于进化理论提出了集群成长的五阶段理论：地理区位型集群、贸易集散地型集群、劳动分工型集群、创新型集群、功能齐全的工业区。Tichy(1998)从时间维度，将集群生命周期划分为形成阶段、成长阶段、成熟阶段和衰退阶段。Potter(1998)把集群的生命周期分为孕育(Birth)、进化(Evolution)、衰退(Decline)等阶段；Bergman E M(1999)从空间特征角度将集群的发展分为潜在阶段、显现阶段、已存阶段和衰退阶段四个阶段。我国学者王缉慈(1998)依据集群网络成长发育程度，将集群划分为网络形式阶段、网络成长与巩固阶段、网络逐渐根植的高级阶段。秦夏明(2004)立足产业集群要素角度，将产业集群的形成过程划分为基本要素集聚阶段、价值链集聚阶段、社会网络集聚阶段、创新体系集聚阶段等。总之，目前，产业集群发展阶段的划分标准尚未统一，学者们从不同视角提出了多样化的划分指标(见表4-1)，且各有利弊(张明龙，2008)。相对而言，产业集群发展过程中最直观和明显的现象体现在集群内经济主体(如企业、配套机构、服务组织等)数量的变化方面，集群的形成过程同时也是各类经济主体由少到多的集聚过程，按照经济主体的多寡对产业集群的形成阶段进行划分最为直观。就本书研究主体来看，专业村地域经济效应的可视化表现即为农户数量、村域数量在空间上不断扩展，空间分布范围持续扩大。

**表4-1　产业集群生命周期的划分**

| 视角 | 阶段一 | 阶段二 | 阶段三 | 阶段四 |
|---|---|---|---|---|
| 时间维度视角(Tichy，1998) | 形成阶段 | 成长阶段 | 成熟阶段 | 衰退阶段 |
| | 产品的产生和开发 | 产品生产规模日益扩大，区域内的资源日益集中 | 标准化、规模化生产，企业竞争加剧 | 企业大量退出 |
| 发展视角(Bergman E M，1999) | 潜在阶段 | 显现阶段 | 已存阶段 | 衰退阶段 |
| | 集群也许会按照一定的趋势或在偶然的政策刺激下出现 | 集群已有显著表现，但还未达到相当的数量 | 集群具有相当充分的表现和相当多的独特联系 | 已有的集群衰退而不再扩张 |
| 价值链视角(秦夏明，2004) | 基本要素集聚阶段 | 价值链集聚阶段 | 社会网络集聚阶段 | 创新体系集聚阶段 |
| | 生产类似产品的企业或提供类似服务的一群机构等基本要素在特定位置的集聚 | 企业群或服务机构群按照价值链分化出不同的上下游生产企业和服务机构 | 专业化分工和社会服务体系均较完善 | 基于知识生产和创造的创新服务体系等集群要素开始形成 |
| 定量化视角(隋广军，2004) | 生成期 | 集聚期 | 稳定期 | 衰退期 |
| | 极少企业参与，没有形成完整的产业链条 | 区域内企业数量快速增加，生产规模进一步扩大，价值链条逐步完善 | 受当地资源要素及公共产品供给的制约，企业数量保持在固定的区间范围，不再增减 | 企业竞争加剧，企业数量和生产规模逐渐下降 |

## （二）阶段划分

基于以上考虑，本书将专业村地域经济效应划分为以下四个阶段（见图4-13）。

阶段一：初显阶段。这一时期，以专业项目的出现为标志。此阶段的关键行为主体是具有特质资源（如独特的眼光、信息获取渠道、资金、技术以及市场营销渠道等）的企业家或政府领导，他们在经济利益、政绩或个人抱负的激励下，通过特殊的信息渠道（听取专家意见、实地考察、用心钻研等途径）获取或在当地选取具有一定经济优势和市场潜力的农业生产项目。之后，引进或聚焦该项目，结合当地区域比较优势，进行反复试验或不懈调整。最后，使得该农业项目成为可在当地大面积推广、可操作性强、经济效益可观、市场前景好的区域优势项目之一。之后，通过地缘廊道、亲缘廊道、业缘廊道等区域原有社会关系网络向周围同质性区域自发扩散（吴娜琳，2013）；亦可由政府借助其行政手段，通过电视、报纸、网络等媒体进行广泛宣传与动员；或通过下达行政命令强制要求部分行为主体参与；或通过免费提供种子、肥料、技术、免息贷款等制度手段，刺激农户参与；或通过统一管理、统一销售等生产组织体系，保证农户无风险、无后顾之忧，激励农户参与等。这一时期，相关信息只有引进或发现该项目的极少数人掌握并实施，普通农户大多处于观望状态，尚未大规模参与，产业规模整体而言极其有限，更没有加工类企业和配套的服务机构。专业村尚处于形成过程中，地域经济效应空间分布呈点状且极不稳定，空间连续性不强，更没有产业区的任何特征。



阶段二：扩大阶段。这一时期，以区域内大量农户的参与为标志。专业项目的生产信息、市场效益信息等通过农户之间、村域之间的复杂关系网络迅速向外扩散，或农业企业家、技术人员、政府等通过特定的渠道进行广域宣传。这种情况下，易于从农业企业家、技术人员或政府那里获取专业项目生产信息、技术，且具有一定冒险性精神的农户、经济主体，在生产条件（如人力资源、金融资源、技术水平）允许的情况下，通过模仿或改进（创新）后跟进，或参与该产业的上下游生产活动。这样，农产品生产基地范围、产品规模、参与村数等迅速扩大，经济主体规模、产业分工类型迅速增加，农产品生产原料门市、交易市场和经纪人以及简单的加工类企业（如小作坊）等开始出现；空间格局由最初的点状分布、不规则零星分布、不连续的空间分布转向空间集聚分布。专业项目生产区域的扩大，提升了区域产业对外的影响力，促进相关配套设施的建设，农产品生产基地趋向稳定发展，并具备农业产业区的部分特征。但该时期，产业链条较短，且技术水平不高，农产品附加值低，参与产业的行为主体之间的分工与协作强度不大。

阶段三：强盛阶段。这一时期，以众多经济主体之间高密度网络的形成为标志。农产品生产规模极度膨胀，专业化分工进一步深化，大量生产同一产品的加工类企业、服务机构、民间组织开始出现，经济主体规模及类型快速增加。农产品生产者——农户和农场、农产品深加工类企业、金融机构、科研机构、民间组织等，集聚在农产品生产基地周围，共享各种资源，并形成了根植于当地社会文化背景的、稳定的网络系统。例如，多个农户自发外出贩卖农产品或建立私人销售点，外部销售类企业逐渐加入，从而形成销售网络；加工企业因产品互补形成上下游联动的企业网络。通过该网络，分工得以进一步深化，规模经济、范围经济进一步提高，产业链进一步延伸；不同经济主体之间，产业分工更加明细，联系更加紧密，相关经济主体之间既竞争又合作。在空间分布方面，形成了多个专业村，且未参与的边缘村域逐渐加入，参与主体由原来的空间范围扩张转向空间密度的增长；区域外部企业、服务型机构、科研单位等向区域内集聚。最终形成了竞争优势明显、经济效率高的农业专业化生产区域。



阶段四：消失阶段。这一时期，以参与主体大规模退出为标志。在参与主体数量上，农户、企业、服务机构等原本参与专业项目生产的各类行为主体在一定时期内大规模退出该产业或离开该区域；在产业结构方面，产业链条逐渐或快速缩短，产业分工逐渐或快速简化；在网络方面，不同行为主体之间的联系频度降低，甚至不再合作，区域网络密度降低；从空间上看，部分专业村开始削减，生产基地范围由高集聚的面状生产区域逐步向零星点状布局转化。当这种现象持续一段时间后，全部企业、服务机构等转型或撤离，区域内全部村域的农户停止生产，专业村全部消失，地域经济效应终结。

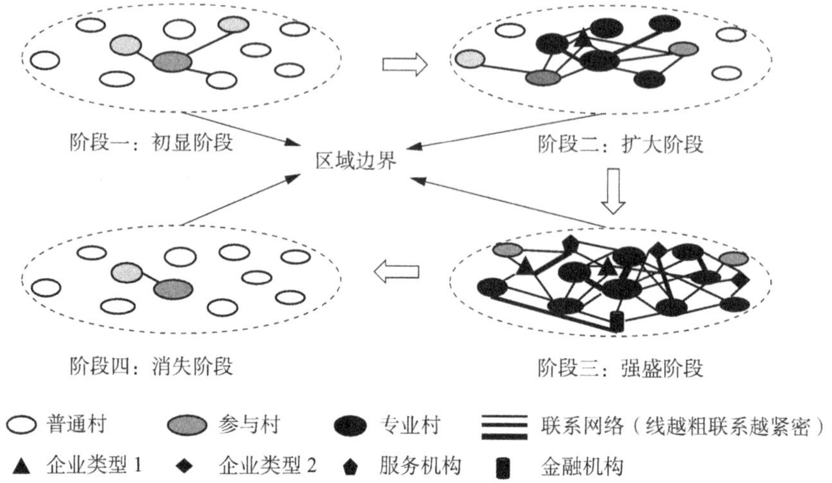


**图 4-13 专业村地域经济效应的阶段划分**

需要说明的是，不同发展水平的专业村产生或形成的地域经济效应所处的阶段是不同的。早期，专业项目的生产技术和信息尚未被熟知，还处于推广阶段，参与户数、村数不稳定，该时期专业村所产生的地域经济效应一般不稳定，区域专业化生产现象不明显；形成之后的专业村，专业项目在区域内迅速扩散开来，大批农户、村跟进，生产规模持续扩大，产业分工出现，不同主体之间业务合作网络出现，区域生产专业化、规模化、产业化特征开始显现；发展较为成熟的专业村，区域内农户、村域参与率较高，产业分工精细且明确，区域规模化、产业化特征明显，不同主体之间的网络联系加强，具备了产业集群的基本特征；而衰落期的专业村，伴随着大批农户的退出，生产规模锐减，企业、服务机构相继退出，分工链条缩短，区域化生产现象逐步消失，专业村地域经济效应消退。但是，受发展模式的影响，专业村地域经济效应与专业村本身的发展阶段可能不完全对应。也就是说，专业村在形成初期可能也具备部分产业集群的特征。比如，企业主导型专业村是以企业为引领，率先具备了产业化特征，但初级产品的区域化生产格局可能不明显。



## 五、本章小结

### （一）内容总结

不是所有的专业村都会产生地域经济效应。专业村地域经济效应的发挥需要同时具备“天时、地利、人和”等多项条件。

首先，满足一定的条件。存在具有比较优势的农业专业项目，具备发现优势项目并能掌握优势项目生产技术的能人，并且区域拥有丰富的社会网络能够将项目的生产技术和信息扩散出去，成功的扩散还需要拥有外生比较优势的承载区能够承接扩散而来的项目，使其落地。在此过程中，专业项目、传播者、传播网络、传播地的属性特征、接收者是专业村地域经济效应能否成功形成的关键。不具有竞争优势的专业项目不会引起注意，具有竞争优势但不适宜当地自然地理、社会经济发展条件的专业项目同样无法被采纳。在满足以上条件的情况下，若首先掌握生产技术和信息的潜在传播者封闭消息或没有一定的传播网络，则专业项目同样无法扩散开来，专业村的地域经济效应也就无法展现。

其次，具有持续动力。生产范围的扩大、产量规模的提升虽然预示着专业村地域经济效应的出现，但其未必具有可持续性。简单而重复的生产活动，随着生产规模的扩大、市场需求的饱和，就可能出现过度竞争，导致产品价格下降，利润空间被压缩，继而引发生产区域和产品规模的收缩，出现“昙花一现”的“泡沫专业村”假象，不能称为“专业村地域经济效应”。也就是说，地理集聚带来规模效应，但简单的集聚也会引发恶性竞争，不利于专业村地域经济效应的发挥。专业化分工是破解此难题、引发专业村地域经济效应持续发挥的关键动力。专业化分工不仅可以带来分工经济，同时也意味着专业项目产业链的延伸，地域合作网络、创新网络的形成，使专业村以点带面转向产业集群式发展。



最后，以农户为基础。就我国而言，农户是初级农产品的生产主体，更是构成专业村的主体成员。在专业村地域经济效应形成过程中，农户始终发挥着无可替代的基础作用。在专业村形成初期，发现具有比较优势的专业项目并将其本地化者一般是村内具有企业家精神的先导农户；专业项目扩散开来的途径同样是借助农户之间的社会网络；专业项目生产规模扩大又是村内外大批农户跟进的结果。即便是产业链延伸、专业化分工的出现，农户之间、农户和企业之间的相互交流与合作同样发挥着重要作用。依托农户、依靠农户，让农户成为参与主体，不仅是专业村建设与发展的基础，更是专业村地域经济效应发挥的保障。

### （二）实证分析思路

根据上述理论框架，专业村地域经济效应的过程分析，应按照其形成与发展阶段进行。

第一，以专业项目出现为标志的初显阶段。剖析案例区的地理环境、资源条件，根据其比较优势，确定适宜各区域发展的、具有比较优势的农业专业项目。通过比对农业专业项目的生产条件、比较优势等属性特征与区域自然地理条件、社会经济发展水平等特征，验证专业项目能否充分利用区域的比较优势，以确定专业项目选取的合理性。

第二，以区域内大量农户参与为标志的扩大阶段。选择地域经济效应处于扩张阶段的案例，分别以农户、村为分析对象，以其参与专业项目的速度（参与时间）、强度（参与规模）、持续时长为分析主题，探讨影响各村、农户参与专业项目的因素和作用机制。

第三，以众多经济主体之间高密度网络形成为标志的强盛阶段。对比分析专业项目属性特征及区域生产条件，剖析专业项目的产业链可延伸性及其在当地的发展水平，解读其形成机制。

第四，以参与主体大规模退出现象为标志的消失阶段。以曾经发展较为红火后来消失的专业村为例，以农户为调查对象，运用计量分析的同时，结合农户自身感知，剖析农户退出专业项目并导致专业村消失的原因，进而解读专业村衰落的过程与影响机制。



本书依托专业村地域经济效应的形成理论，通过分析不同农业专业项目在不同县域内的发展历程以及现状，就以上四个方面的内容展开论述，进而探讨专业村地域经济效应的形成过程与机制。

# 第五章 封丘县树莓专业村的地域经济效应

## 一、树莓产业特征及封丘县基本概况

### （一）树莓产业特性

树莓是蔷薇科悬钩子属果树，多年生落叶小灌木，又名“木梅”“托盘”“马林”“覆盆子”等，其果实是一种聚合性浆果，柔嫩多汁，口感独特，富含多种氨基酸、水杨酸，是目前风靡世界的“第三代水果”，在国际市场上被誉为“黄金水果”“水果之王”。特别是红树莓，由于色美味香，口感独特，且对多种现代病具有良好的预防和治疗效果，欧美人称其为“贵族水果”。国外对树莓的经济栽培利用较早。目前，俄罗斯、南斯拉夫、波兰、德国、美国、加拿大、英国、匈牙利的年产量均在万吨以上。我国的树莓栽培史有 70 年左右，由俄罗斯远东沿海地区引入我国，黑龙江尚志县石头河子、一面坡一带的农户自发种植。2003 年，树莓种植在我国发展趋向区域化、规模化态势。截至 2008 年，我国树莓栽培面积达 8900 公顷，产量 5.5 万吨，在辽宁、黑龙江、江苏、江西等近 20 个省市和地区种植，发展迅猛（张海军，2010）。

1. 树莓产业优势特征

首先，树莓具有较高的经济价值，市场潜力巨大。树莓果实除鲜食外，还可广泛用于制药、保健品、化妆品等行业，国际市场价格较高，且一直处于供不应求的局面。根据美国农业部小浆果研究中心和美国华盛顿州红树莓委员会的市场分析，树莓世界市场的供求平衡量为 200 万吨/年，而目前交易量多在 40 万吨/年左右，存在 160 万吨的缺口，树莓市场严重的供需不平衡为我国树莓业的发展创造了巨大机会（张薇，2021）。在我国，五星级宾馆从国外引进的速冻果，零售价高达 132 元/千克。随着我国经济的发展，人们收入的不断提高，树莓鲜果、速冻鲜果及果汁、果酒、果酱的需求量也在不断增加。2022 年 6 月，树莓市场均价达 60 元/千克以上，农田直接收购价格也在 20 元/千克左右，按亩产 1500 斤来算，亩均收入高达 3 万元。总之，从国际、国内市场来看，树莓产品经济效应高，市场供不应求。

其次，国内树莓产业发展兴盛。国外树莓种植较早，而我国树莓种植起步略晚。我国于 1998 年对树莓产业立项，并纳入“948”计划。自 2003 年开始，东北已将树莓列入重点扶持项目。吉林、辽宁、黑龙江、江苏、浙江、新疆等省份已开始规模种植。自 2008 年起，我国树莓行业发展迅速，生产栽培管理技术日益成熟。截至 2008 年，全国树莓、黑莓总产量已达 5.5 万吨，其中，黑莓约 3.5 万吨，红树莓约 2.0 万吨，但绝大多数用于出口（潍坊市农业科学院，2017）。据 FAO 数据库统计，2017 年，我国树莓栽培面积为 5421 公顷，年产量约 6000 吨，每公顷树莓经济收益能够达到 6 万元，市场收益远高于传统粮食作物的收益（孟建利，2020）。

最后，树莓适应能力强，生产成本低。树莓是多年生小灌木，主要在海拔 300～1500 米的向阳山坡、溪边、山谷、荒地和灌木丛中生长。树莓适应性强，耐旱耐瘠，不择土壤，植株抗病虫害能力强，不施化肥，对环境无污染，在-40℃～40℃的气温下均可正常生长（卞贵建，2005）。树莓栽培较为粗放，省工节水、生产管理成本低，可与沙棘、枸杞并列为水土保持三大先锋灌木类树种，在平地、庭院、丘陵山地、荒坡荒沟均可种植，既可集约种植，又可在庭院种植或作植物绿篱。树莓株丛寿命长，管理得当可以活 20 年左右。

2. 树莓产业参与门槛

首先，存储门槛——树莓果实不便储存和运输。由于树莓果实汁多，组织状态过于松软，若不经过冷冻，采摘之后最多保持半天时间，之后便会变色、流汁，很快失去水分，失去市场价值。因此，采摘之后需要尽快置入冷藏车内，并进行及时快速冷冻，方能保证水果品质。这就需要树莓生产地具备方便的交通运输条件和距离不宜过远的树莓水果加工厂。此外，若种植规模过大，冷藏、冷冻不及时，势必造成巨大损失。因此，种植规模亦需与加工能力和运输条件相协调。

其次，技术门槛——需要一定的管理技术。野生树莓适应性强，但是果实小，产量低。为了追求经济效益，人工种植的树莓追求大果实、高产量，这就需要一定的管理技巧。但其又不同于传统水果蔬菜的生产管理方式。因此，对生产及管理技术有一定的要求。例如，不同施肥水平对树莓的可溶性糖、有机酸、维生素C的含量影响不同，若农民根据传统观念，认为氮肥的施用对果树的生长效果是最好的，进而大量施用氮肥而忽略了磷钾肥的效果，这在一定程度上不利于果树产量和品质的提高，且可能造成成本增加、环境污染(吴正超，2010)。

再次，人力门槛——劳动强度大。树莓生产是劳动密集型产业，劳动强度较大。一是除草问题，树莓田地不能喷洒除草剂，否则会导致死株现象。限于我国当前机械化水平，需要人工清理杂草。二是浇水问题，树莓不宜过旱、过涝，因此，浇水频繁。在我国喷灌设施尚未普及的情况下，小规模种植需要不断进行人工灌溉。三是采收果实问题。树莓果实成熟期持续时间较长，浆果容易破碎，机械采收操作困难。我国尚未研发出符合树莓特点的机械化工具，基本靠人工采摘，国外研制的树莓采收机200万元一台(王亚楠，2015)，成本过高，且与国内种植模式匹配度不高，无法大面积推广应用。根据封丘县青堆村树莓种植户介绍，树莓采摘持续时间长达1个月，此外，采摘时还要克服树莓枝条上的小刺。

最后，分工门槛——生产和加工技术水平、产业化水平不高。树莓栽培技术与农机应用不协调，树莓采摘技术、保鲜技术发展速度与消费者对树莓果品品质要求提升速度的矛盾也越发明显。目前，国内树莓产业又多以农户零星、分散种植为主，产业发展粗放，集约化、规模化经营程度低，现有相关企业缺乏技术支撑(张岩，2016)，果品标准不清晰，销售半径受物流和保鲜技术的双重限制，国内未形成集种植、加工、销售为一体的产业链，极大限制了树莓产业化的进程，各类资源利用不充分。 

### (二)封丘县基本概况

1. 典型的黄河滩地势与自然环境

封丘县位于河南省的东北部，东经114°14′~114°46′，北纬34°53′~34°14′，古为封父国地，西汉置封丘县。县境南北长38.2千米，东西宽48.7千米。面积1225.51平方千米，耕地面积6.2万公顷。全县辖19个乡镇，609个行政村。有汉族、回族、满族、朝鲜族、蒙古族、苗族等多个民族，2021年共有人口89.43万人。其中，农业人口为54.19万人，占全县总人口的60.6%。在气候方面，封丘县属暖温带大陆性季风气候。1月平均气温-1.0℃，7月平均气温27.2℃，年平均气温13.9℃，年平均降水量

615.1毫米，无霜期214天。该县地处黄河故道，地貌复杂，沙岗、平原、洼地兼有，黄河大堤以南滩地较高，其余地势低洼，整体地势由西南向东北倾斜，海拔61~89米(见图5-1左图)。黄河从该县南和县东流过，境内流长56km。最枯水位与堤背地面高低达3米左右，引黄灌溉非常便利。有两个过境渠，其资源平均每年为1.13亿立方米。根据封丘县地面高程图可知，该县南部各乡镇之间的地理情况更为接近，沙地、洼地较多，土壤沙质性更强。同样，在地质方面，该县城以北各乡镇距离黄河稍远，彼此之间较为相似，从而形成“南北有别”的地理格局。由此可知，当新的农业项目出现时，若能在北部各乡镇推广开来，则在南部各乡镇未必可以。

2. 县域交通道路呈网状分布

封丘县位于新乡市东南60千米处，东临长垣市，南隔黄河与开封市相望，西靠延津县，北接安阳市滑县。直达山东省石臼港的新荷铁路、新开公路和106国道贯穿全境，南至陇海铁路50千米，西至京广铁路60千米，距107国道仅有30千米，且有大广高速公路经过该县。开封黄河大桥在该县境内，是南北公路交通动脉咽喉。120千米的高速公路可直达郑州国际机场。300多千米的省市一、二级公路和地方柏油路纵横交错，95%以上的村通柏油路，形成全县与全国各地的交通网络。青堆村位于封丘县域东北方向，两条升级道路穿村而过，且距离高速公路入口处仅有3.2千米(见图5-1右图)。优越的交通区位条件，为该村发展提供了便利。



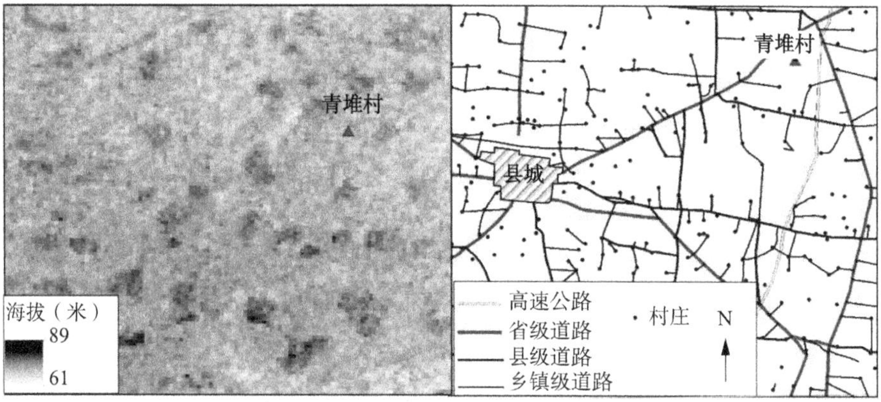


**图5-1 树莓扩散区域地势及交通示意**

注：该图是树莓扩散点青堆村周围区域的地势和交通概况草绘图，图中界线、点要素不代表实际行政边界和村庄位置。

3. 经济发展水平不高且空间分布不均衡

在2019年之前，封丘县一直是国家级贫困县。2012年，封丘县人均国内生产总值为13121元，是河南省平均水平（31499元）的41.7%；农民人均纯收入为5873.00元，是河南省平均水平（7524.94元）的78.0%；地区生产总值为2373041万元，其中，第一产业为559617万元（占总产值的23.6%），第二产业为1456943万元（占总产值的61.4%），第三产业为356481万元（占总产值的15.0%）。2021年，封丘县人均国内生产总值为33984元，是河南省平均水平（55435元）的61.3%，较2012年上升了近20个百分点；但农民人均纯收入为18190元，是河南省平均水平（24810元）的73.3%，较2012年下降了近5个百分点。

4. 劳动力资源丰富

河南省是我国人口大省，而封丘县又是河南省人口密度较高的县域之一，乡村劳动力资源丰富。第七次全国人口普查数据显示，河南省人口为9937万，人口密度为595人/平方千米，比全国平均水平高出448人/平方千米。2020年，封丘县人口为90.63万，占河南省总人口的0.91%；常住人口密度为742人/平方千米，居河南省109个县域的第39位，比河南省平均水平高出147人/平方千米，比全国平均水平高出595人/平方千米；县城区人口密度更是高达4251人/平方千米。树莓引入之年——2002年，仅乡村从业人员就高达333105人，2008年、2012年乡村人口从业人数分别增至364660人、395111人。较高的人口密度为树莓种植提供了丰富的人力资源。封丘县濒临黄河，虽然地势平坦，但黄河滩区范围较大，乡镇人口密度较低；县域西北方向的应举镇、陈固乡、黄德镇、居厢乡人口密度同样不大；县城周边及东部各个乡镇的人口密度较大。差异化的人口密度分布可能会对树莓种植的空间扩散产生一定的影响。



### （三）区域特征与专业项目特征对比

地方经济发展的关键在于找准产业及其发展方向。专业项目本身一般没有严格的“好”和“坏”之分。很多专业项目在地方未能发展起来，根本原因并不完全在于专业项目本身，而更在于专业项目与当地资源条件、交通区位及社会经济结构、发展水平等之间的适配、协调问题，即专业项目与地方特征之间的结构相似度问题。根据比较优势理论，能够充分发挥区域比较优势且极具发展潜力的产业应是地方首选。综合以上分析来看，封丘县地势平坦，路网通达，人力资源丰富，但地处豫北黄河故道，土壤偏沙质，资源匮乏，产业结构单一，乡村人均收入不足；而树莓属于浆果，运输条件要求高，采摘费用贵，但耐沙质、贫瘠土壤，市场缺口大，价位高，极具发展潜力。也就是说，封丘县平坦的地势条件和通达的路网，便利了树莓的及时运输；丰富的人力资源及廉价的劳动力成本，刚好能够满足人工采摘树莓的需要；拥有良好的水质条件及温带大陆性季风气候，是我国树莓种植的最佳适生区；巨大的市场缺口及高昂的价格，加之其“与生俱来”的绿色生产模式，使得树莓拥有了广阔且长远的发展前景，更适合于作为朝阳产业。因此，选取树莓产业作为封丘县特色主导产业，能够充分发挥封丘县资源禀赋优势。

## 二、项目的引进与推广

### （一）树莓项目的引进

封丘县树莓产业的发展，最早源于该县留光镇的青堆村。2002 年，时任留光镇党委副书记的景胜海在该镇青堆村当包村干部，如何让该村的发展能够由“输血式”扶贫变为“造血式”自主发展，成为他时常思考的问题。当时，河南省发展改革委驻村工作队正在青堆村调研，在他们的详细介绍和专业分析下得知，国家“948 星火项目”正在实施树莓生产项目。景胜海便和村支书王书勤商议，决定由河南省发展改革委驻村工作队牵线搭桥，从中国林业科学研究院经济林研发中心引进树莓进行试种。2003 年春节刚过，景胜海和王书勤一起奔赴郑州，用编织袋带回了 2000 棵树莓苗在村里试种。青堆村位于北纬 35°，与世界顶级树莓产区美国俄勒冈州同一纬度，属温带气候，四季分明，地处黄河故道，有大面积的沙壤土，非常适宜树莓的生长。经反复尝试，2004 年树莓试种成功，青堆村从此逐渐发展为河南省首家成功引种国外新型品种的树莓基地。受气候条件的影响，与中国林业科学研究院进行的区化种植相比，青堆村种植的树莓果实大、口感好、产量高、无污染，比北京早熟半个月，比东北早熟一个月，市场销售前景可观。



### （二）树莓项目的推广

1. 生产技术前期传播

封丘县树莓生产技术的扩散方式为通道式扩散。所谓通道式扩散，是指经济或社会现象是沿着通道延伸的，而并不完全遵循地理邻近性（李小建，2002）。对于进入或退出门槛高、风险大的农业专业项目而言，此类扩散模式较常发生。这是因为，对于进入或退出门槛低的专业项目而言，生产技术简单易学，通过模仿即可掌握，农户可以随时进入或退出，不用过于担心沉没成本。但是，对于进入或退出门槛高、风险大的农业专业项目，生产技术需要通过特殊的学习途径方能掌握，进入或退出门槛高意味着沉没成本高、风险大，在没有充分获取一定信息、具备一定把握的情况下，农户不敢贸然尝试。而此时，若有农户比较熟悉且信任的人已经参与其中，他更易于快速进入（陈玉萍，2010）。

封丘县树莓产业的村际扩散多为通道式扩散。青堆村支书王书勤，在其最初向全村农户推广树莓种植的过程中，由于操作不慎，以失败告终，并严重挫伤了农户的积极性。这对其后来的推广工作产生了极为不利的影响。在此情况下，王书勤利用其丰富的人际关系网络，转向通过人际通道推广树莓种植。2005 年，青堆村成立了“封丘县青堆村树莓专业合作社”，这是封丘县第一家农民专业合作经济组织，也是河南省重点支持的农民合作示范组织。该合作社的具体做法：由合作社提供技术服务、肥料供应、收储销售和深加工，入社农户只需按合作社技术员的要求进行田间管理与采收即可。产前，合作社还向社员承诺以市场一半的价格向他们提供树莓苗，统一技术服务，并且每亩（666.7 平方米）的种植面积给予 500 元树莓种植启动资金。在生产管理方面，合作社通过向社员免费发放技术书籍，施行统一标准化生产服务等方式进行生产技术的传输。而农户之间、农户与合作社技术员之间，也常就树莓的生产管理技术相互交流。对于由村干部带头种植的村庄，其他农户在生产管理过程中，常就田间管理过程中出现的问题向村干部、村技术员等进行咨询，寻求帮助。部分农户，尤其是合作社技术员、村技术员，还通过网络、书籍等媒体自主学习树莓种植与管理技术。果实采摘之后，合作社的冷藏车从田间地头把树莓果运往合作社，由合作社工作人员按照一定的标准将树莓果进行等级分类，按合同价格收购，并视市场售价进行二次分配（见图 5-2）。

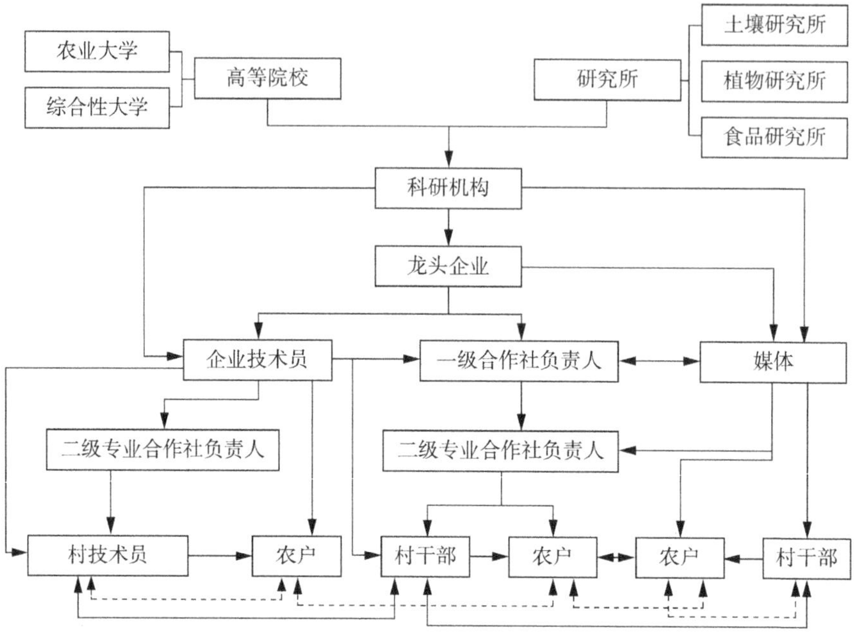


图 5-2　封丘县青堆村树莓技术推广路线



为搞好树莓标准化种植，封丘县青堆村树莓专业合作社多次邀请中国林业科学研究院树莓课题组、中国农业科学院郑州果树研究所、河南农业大学等科研院所的专家对社员进行培训和技术指导，多次聘请技术人员深入田间地头现场指导树莓生产与管理。此外，合作社还创造性地推出了“大合作社套小合作社”的发展模式，即青堆村树莓专业合作社下辖多个二级合作社，总社通过与二级合作社负责人沟通协调，按照总社要求，为入户社员提供秧苗、技术指导和果品回收、财务结算，分社负责发展入户社员，统一社员田间管理等。最初担任二级合作社负责人的农户多为王书勤的亲友，如潘固村树莓合作社的负责人是王书勤的战友，鲁岗乡赵留横村树莓合作社的带头人是王书勤的朋友等。此外，王书勤依托封丘县青堆村树莓专业合作社和河南津思味农业食品发展有限公司，通过媒体网络、政策支持以及业务合作、商业洽谈等，在周边县镇(如长垣县、延津县)和省内外多个地区(如河南省的信阳市、洛阳市，外省如安徽、湖北等)建设基地。由于运作模式对农户非常有利，多家农户纷纷参与树莓种植。当年，全村树莓种植户为 120 家，树莓种植面积增至 33.3 公顷。

2. 生产技术区域扩散

单就青堆村而言，封丘县树莓产业的引进与推广是以合作社为主导进行的，具体过程可归结为：村领导（能人企业家）引入专业项目→建立合作社→争取政府支持→农户跟进。首先，村领导（能人企业家）其实也是农户，只是较一般农户拥有更多的信息来源渠道，能够获得新的专业项目信息，较一般农户更具有冒险精神，敢于尝试新事物，较一般农户拥有更多的生产条件和能力，如资金和技术学习能力，即具有企业家精神的农户。其次，建立合作社和企业，构建入社协议，以等级合作社（等级合作社是指合作社总部位于公司内，直接管理二级合作社，二级合作社负责管理三级合作社事宜，三级合作社负责管理四级合作社……依次类推）的方式建设树莓基地，通过此方式吸引农户参与，以扩大初级产品的生产规模。再次，争取政府支持，专业项目的推广需要一定的资金，主要是发放技术人员工资、购买生产设备、补贴入社会员以降低其生产风险成本，需要政府在资金及政策方面的支持；最后，农户跟进，在统一发苗、统一技术指导、统一田间管理、统一产品收购与销售等降低生产各个环节风险的情况下，以及按种植面积进行补助等降低进入门槛的前提下，农户陆续加入树莓产业项目。



随着其他树莓企业的成立，封丘县树莓种植技术的扩散网络越发复杂。其中，河南美日康绿色食品有限公司是一家致力于树莓产业技术转化、种植推广和树莓产业化综合开发、加工贸易一体化经营的新型企业，其生产技术的传输模式与河南津思味农业食品发展有限公司略有不同。该公司依托中国农业大学、上海食品研究所、河南大学、中国科学院南京土壤研究所、南京中科院植物研究所、郑州植物研究所等多家国内知名大学和科研院所为技术支撑，建立了中国树莓工程技术中心科研基地、树莓科技成果转化和产业化深加工基地、树莓博物园及种苗培育基地、有机树莓标准化种植示范基地。该公司主要通过政府资金补贴、产销合同（市场保护价）等途径鼓励种植大户，通过土地流转自建种植基地，但也有分散农户加入。同时，也出现了村对村的扩散、示范带动效应。在企业带动下形成较大规模种植或发展形势较好的村，进一步通过亲缘、地缘等廊道对其他村进行接触扩散，但此类形式在空间上呈现小规模簇群状分布格局，数量极其有限，农户多认为“不可靠”，初始参与规模在 1 公顷以下的村数较多。最终，生命果企业通过“公司+基地+农户”的模式，逐步实现生产技术在不同行为主体之间的传输与扩散，而封丘县则形成了“企业+合作社+基地+农户”的复杂扩散模式(见图 5-3)。

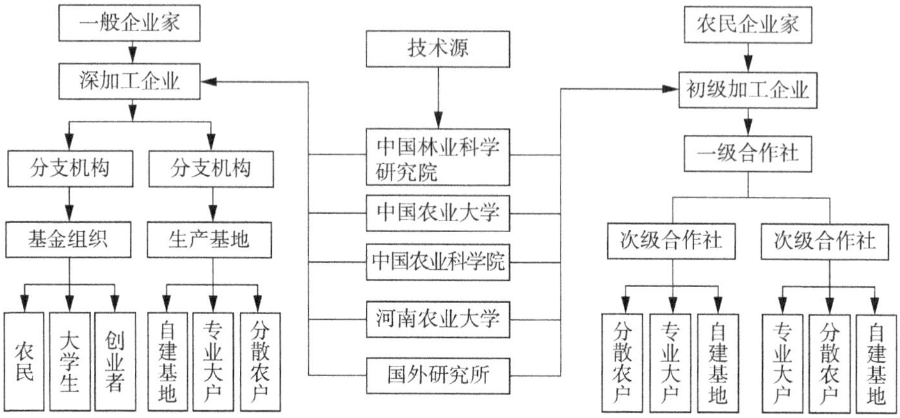


**图 5-3　封丘县树莓产业的区域扩散**

## 三、生产主体的跟进

### (一)农户的跟进



1. 农户生产条件获取途径

虽然，封丘县已经设立了自上而下的技术传播途径，但封丘县农户获取专业项目信息的途径还是丰富多样。调查结果显示，主要途径有 9 条：“自己寻找”“媒体”“村干部”“致富能人”“同村人”“亲戚”“外地朋友”“外地客商”“专业协会”。其中，“自己出去找”被多数(61.1%)农户纳入自己获取专业项目信息的重要途径范畴，“同村人”亦是封丘县相当一部分(34.4%)农户获取树莓专业项目的一项重要渠道，“村干部”被封丘县 23.3%的农户认为是其获取树莓专业项目生产信息的又一途径。此外，认为“专业协会”“亲戚”“媒体”“外地朋友”“外地客商”是其获取专业项目信息的农户数量较少，分别占样本总量的 10.8%、10.4%、8.3%、3.8%、2.4%。

封丘县农户获取树莓种植技术的途径有 7 条：“自己钻研”“同村农户”“亲戚”“朋友”“合作社”“政府组织”“外来专家”。其中，“自己钻研”被大多数(70.6%)农户认为是其获取专业项目生产技术的途径之一，这就意味着 29.4%的农户的生产技术完全依靠社会网络。“同村农户”“合作社”亦是农户获取生产技术的重要方式，分别得到 27.7%、26.0%的农户的肯定。而将其他技术获取途径，如“亲戚传授”“外来专家指导”“政府组织”“朋友传授”等作为生产技术来源方式的农户较少，分别占样本总量的 8.3%、6.6%、5.5%、2.8%。

封丘县农户参与树莓种植项目的启动资金来源方式有 7 个："自己存储""亲戚借贷""邻居借贷""同村农户(非邻居)间借贷""朋友""银行或信用社贷款""政府资助"。"自己存储+借贷"是绝大多数(94.8%)农户获取专业项目启动资金的方式，仅有极少数(5.2%)农户的项目启动资金完全依靠借贷方式。在借贷方式中，"向亲戚借钱"是封丘县农户获取启动资金的重要方式之一，选此途径的农户占 14.2%。其次，"政府资助"、"朋友"间借贷亦是农户启动资金来源方式，选此途径的农户分别占样本量的 9.3%、8.0%。在其他方面，如采纳"同村人""邻居""银行或信用社"等途径的农户较少，分别占样本量的 7.6%、3.5%、2.8%。

2. 参与速度

处于生产基地扩张阶段的封丘县树莓产业，农户参与专业项目的速度集中分布在"10 年"(占样本总量的 45.1%)，即大多数农户是在树莓产业被引进封丘县 10 年之后，纷纷参与进来的。而在树莓被引进的初期，参与的农户数量极少。在参与速度为"9 年"之前，各个年份参与数量所占的比例均不足 10%。而在参与速度为"9 年"之后，参与数量大幅攀升，但是在第 11 年时，参与户数骤降(仅占样本总量的 5.6%)。整体而言，封丘县农户参与树莓种植的时间较为集中，呈缓慢波动增长状态，且波动幅度较大，不稳定(见图 5-4)。



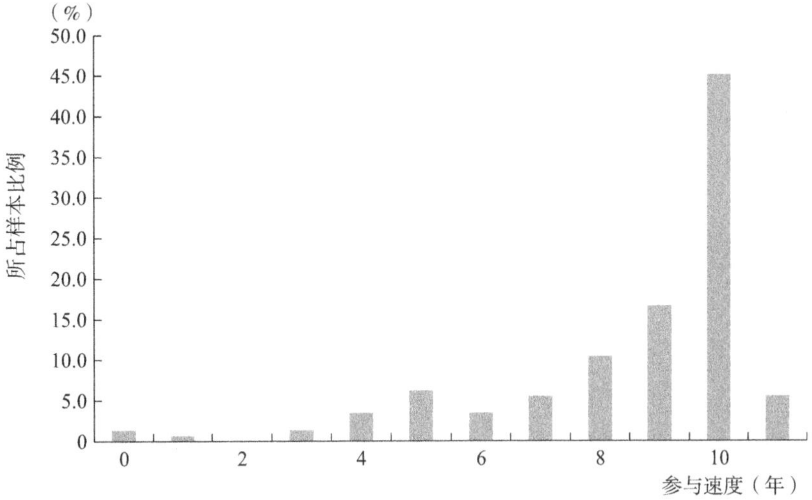


**图 5-4　封丘县农户参与树莓产业速度特征**

3. 初始参与强度

以第一年参与种植时的种植面积作为农户初始参与强度。分析发现，封丘县多数农户的初始生产规模较小，如 22.22%的农户初始生产规模小于 0.1 公顷，33.33%的农户初始生产规模在 0.1～0.2 公顷，即 55.55%的农户的初始生产规模小于 0.2 公顷。但也有相当一部分农户的初始生产规模较大，如初始生产规模在 0.5 公顷以上的农户占样本量的 20.14%。从而整体呈现或大或小的“两极分化”现象(见图 5-5)。



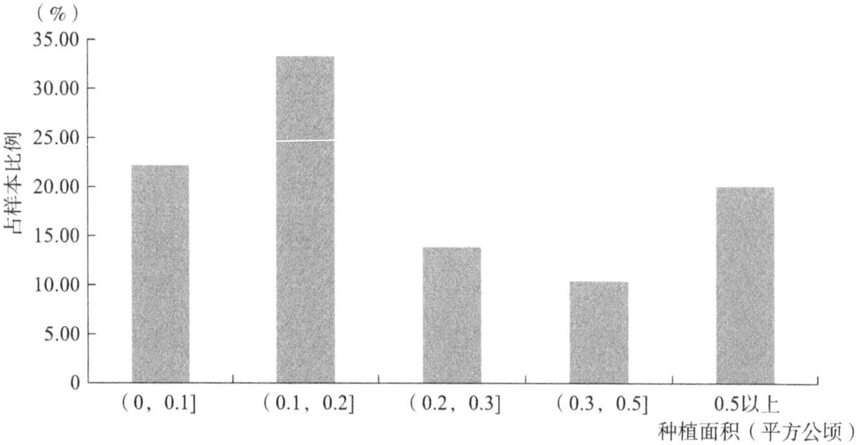


**图 5-5　封丘县农户树莓种植初始参与规模**

## (二)种植村的跟进

1. 种植村数量的变化

自 2002 年青堆村引进树莓生产项目以来，经过 20 多年的发展和推广，全县树莓种植户数、树莓水果产量、树莓加工规模均持续增长。就封丘县域内参与种植的村庄数而言，2002 年仅青堆村 1 个村，2006 年增至 5 个村，2010 年增至 22 个村，2012 年增至 58 个村，截至 2013 年，全县共有 64 个村庄里的 1569 家农户参与其中，树莓种植面积达 763.65 公顷，户均生产面积 0.49 公顷。2016 年，种植村数增至 79 个，种植户数、种植面积分别降至 764 家、501 公顷，但户均生产面积增至 0.66 公顷。可见，在 2010 年之前，树莓产业的发展速度一直较慢；2010 年之后，树莓种植村数快速增加，空间分布范围迅速拓展。例如，2011 年、2012 年、2013 年树莓种植村数分别增加了 13 个、21 个、14 个。但 2015 年之后，树莓种植村数增加速度逐步放缓，树莓种植逐步向专业大户、生产基地方向发展。因此，区域内的树莓种植村数整体呈现“S”形变化(见图 5-6)。

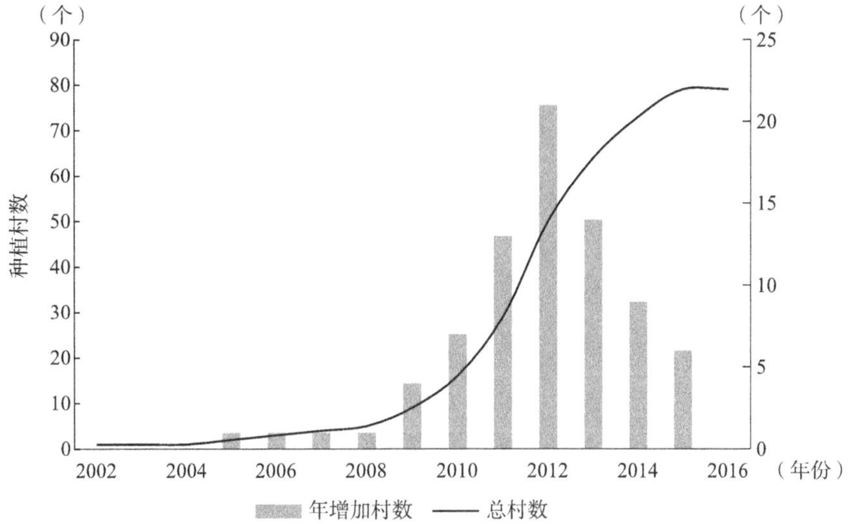


**图 5-6　2002—2016 年树莓种植参与村数变化**



2. 种植村空间分布的变化

2005 年及以前，整个区域内仅有两个村参与树莓种植，其中包括最早引进树莓种苗及生产技术且位于区域东北方向的青堆村。2010 年，全域参与树莓种植的 16 个村，绝大多数位于青堆村附近；并且呈现以青堆村为核心向外进一步扩散的态势。2015 年，曾经参与或正在参与树莓种植的 79 个村，同样集中分布于区域的东北方向。直至 2020 年，空间分布情况似乎并没有太大变化。将时间轴线与空间距离结合起来发现，各村参与种植时间的早晚与其距离青堆村的远近关系似乎不大。例如，紧邻青堆村的某村树莓种植开始时间为 2012 年，另一个村为 2011 年，而距离较远的另外两个村，2006 年便已经出现了树莓种植现象。另外，距离青堆村较远(20 千米之外)的两个乡镇的两个村庄，其树莓种植开始时间也早于青堆村周围部分村庄开始种植的时间(见图 5-7)。奇怪的是，距离青堆村较近的部分村庄从未出现过树莓种植现象，很多农户甚至不知树莓为何物，这可能与其通道式扩散廊道有关。

就不同年份的树莓种植村空间集聚度来看，2013 年，树莓种植村间的最邻近距离为 0. 898 千米，$z$ 值(-1. 709)的绝对值大于 1. 65，$p$ 值接近 0. 05，说明当年区域内树莓种植村具有低水平的空间集聚特征；相较于 2013 年，2016 年树莓种植村间的最邻近距离增至 0.947 千米，$z$ 值的绝对值降至 0.652，$p$ 值显著性降低，说明随着时间的变化，区域内的树莓种植村趋于分散化分布。但就整个区域所有(现在和曾经)参与过树莓种植的 79 个村而言，村间最邻近距离为 0.88 千米，$z$ 值为-2.040，且通过了 $p$(p 值小于 0.05)检验。这说明，树莓种植村空间分布虽然越发分散，但均在一定范围内进行。

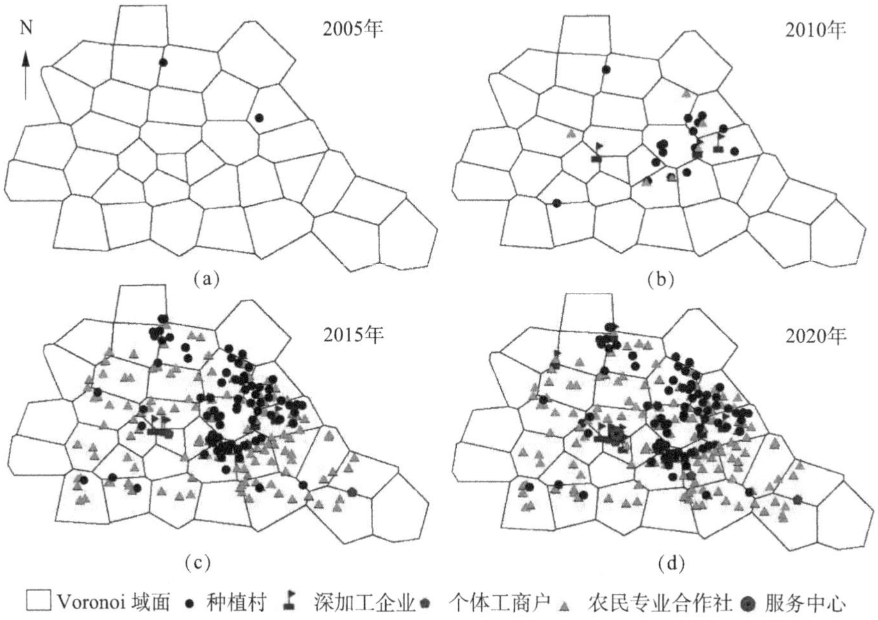


**图 5-7 封丘县树莓产业上下游主体空间分布演变示意**

注：2022 年树莓种植村数据缺失，图中树莓种植村统计时间截至 2016 年，而其他经济主体统计时间截至 2022 年；此处仅供读者参考其大致的空间演变格局；该类图是以树莓扩散区域(不局限于封丘县内)为范围，以区域内乡镇政府所在地为点要素做的 Voronoi 图，因此，图中界线要素不是行政边界(全文其他区域图均同此)。

另外一个值得注意的现象是，不同年份的树莓种植村空间分布不稳定。区域内各村树莓种植持续时间长短不等，且出现了“开始→停止→开始→停止”种植的循环往复现象。就截至 2016 年曾经参与或正在参与的所有村来看，多数村庄持续种植的时间在 3 年以下(占总种植村的 69.6%)。其中，种植 1 年和 3 年后便退出的村均有 18 个，二者占总数的 45.6%；种植时长为 2 年的村共 19 个，占总数的 24.1%；极少数(15.2%)村的种植时长不低于 5 年。就 2013 年种植而 2016 年停止种植的村来看，该类村共计 15 个，占参与村数的 19.0%。其中，种植时长较短(3 年以下)的村占 53.3%，种植时长较长(7 年以上)的村仅占 6.7%，40.0%的村种植时长在 3~4 年。从其空间分布来看，种植时间较长(7 年以上)

的村空间集聚度显著，而种植时间较短(3 年以下)的村空间分布相对分散。此外，统计分析发现，2016 年，停止树莓种植的全部村在空间上的最邻近距离为 1.01 千米，$z$ 值较小(0.131)，且未能通过 $p$ 检验，证明其空间分布不具有集聚特征，即停止树莓种植的村空间分布呈分散状态(见图 5-8)。

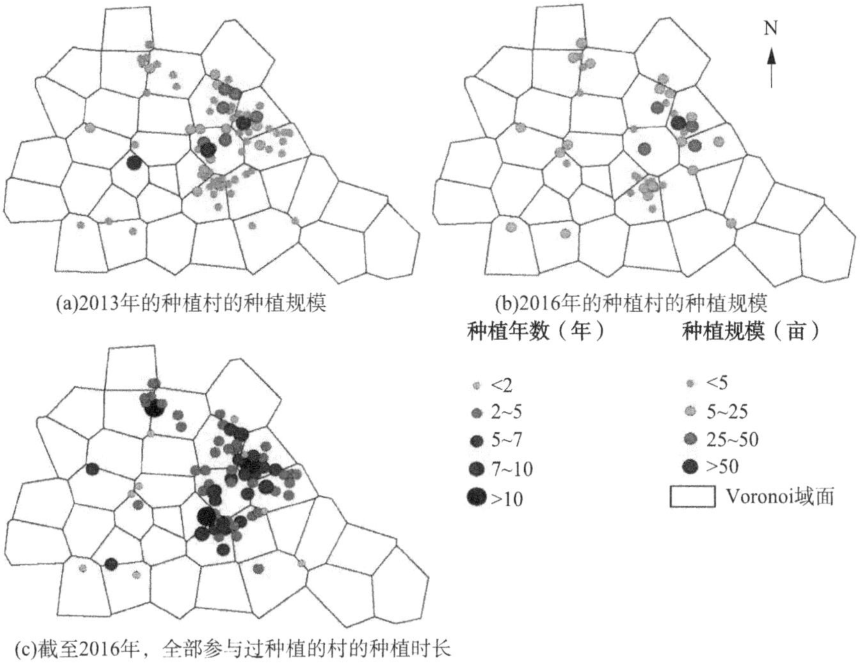


**图 5-8 不同年份的种植村及其种植规模空间分布示意**

## (三)其他经济主体的跟进

1. 加工类企业的跟进

2008 年，区域内注册成立了兼营树莓种苗培育、种植、销售的第一家服务类企业。最初引进树莓项目的青堆村树莓专业合作社，于 2009 年注册成立区域内第一家树莓加工企业——河南津思味农业食品发展有限公司。其实在此之前，青堆村树莓专业合作社除了从事树莓种植与推广工作外，已经开展了树莓果实的初步加工、市场拓展与销售等活动，产品以出口海外为主，且以树莓为主营业务。2010 年，区域内成立第二家树莓加工企业——生命果有机食品有限股份公司，该企业与中国农业大学、中国科学院南京土壤研究所、中国科学院植物研究所等 10 多家国内外知名大学和科研院所合作，成立了中国树莓技术研究中心和中国树莓专业学术委员会，建立了 3 个有机树莓标准化种植基地和树莓博物院及种苗基地、9个树莓种植合作社，以树莓酒、树莓果汁、树莓真空速冻干果、果片、果酱等系列产品为主。可见，相对于其他服务类、初步加工类企业而言，生命果公司更注重产业链条的高端延伸。2015年，出现了网络销售树莓产品的电子商务公司；2020年，出现了以私募基金从事股权投资、投资管理、资产管理等活动的树莓产业引导基金合伙企业。就其空间分布来看，企业主要集中分布在两大区域，一是县城区，二是青堆村附近区域。

2. 农民专业合作社的跟进

封丘县树莓产业的技术推广、种植基地的拓展均得益于农民专业合作社。2004年，青堆村注册了区域内第一家农民专业合作社，且创新性地构建了二级、三级合作社架构体系，之后迅速发展成一个“公司+农户”的大型股份制有限公司。目前，其已经成为该区域新特优水果园林绿化等经济林研究开发利用单位，拥有中国林业科学研究院的试验示范合作基地、河南林业新特优果树育苗基地等。2008年以后，组织采购、供应成员所需的生产资料和组织销售成员的树莓，开展技术培训、技术交流和咨询服务的农民专业合作社陆续成立。尤其是2013—2016年，年均农民专业合作社数为53.7个；其中，仅2014年就成立了97家。就其空间分布来看，各级合作社分散分布于整个区域内，相对而言，青堆村集聚现象明显。



3. 个体工商户的跟进

就数量来看，区域内从事和树莓有关业务的个体工商户不是很多，且出现的时间相对较晚。2012年，在同一个乡镇域内出现了2家，2014年新增1家，2015年新增3家，2016年新增1家。截至2022年6月，再无新增的和树莓经营、销售等业务有关的个体工商户。就其经营活动内容来看，主要包括销售树莓生产资料、树莓种苗及土地承包，树莓鲜果收购与销售，销售树莓系列加工产品，并建立了电商网络销售平台。就其空间分布来看，相对集中于距离黄河较近、土地沙化严重的南部区域。

就各类经济行为主体的注册资金来看，1000万元及以上的有8家，均为树莓加工类企业，且5个分布于区域几何中心(封丘县城)，3个分布于距离青堆村较近的东部区域；注册资金在500万元以上1000万元以下的有2家，一个是农民专业合作社，另一个是企业；注册资金在100万元以上500万元以下的有11家，其中2家是生产类企业；注册资金在100万元以内的有234家，占总数的89.7%，该类经济主体有98.3%为农民专业合作社；个体工商户不是公司法人，由个人承担无限责任，不需注册资金，将其视为小于100万元的企业(见图5-9)。

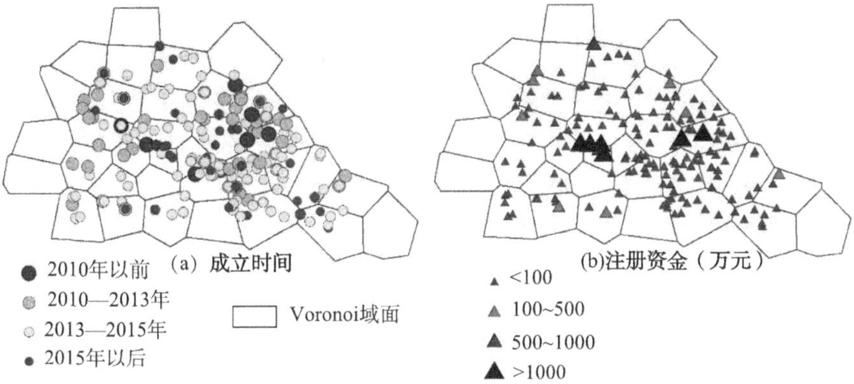


图5-9　法人类经济主体的成立时间及规模

## 四、销售网络及产业链特征

1. 产业化历程及空间分布特征

2006年，青堆村拥有了自己的产品商标——津思味。2007年，青堆村树莓种植基地通过了原农业部无公害基地认证。2008年，树莓干果上市，鲜果成为奥运会指定水果。当年，成立了2家服务于组织采购、供应成员所需的生产资料、组织销售成员种植的树莓、为成员提供土地经营权流转服务并开展技术培训、技术交流和咨询服务的农民合作社，1家树莓种苗培育企业。2009年，树莓果汁成功上市，鲜果速冻生产线上马，全县种植面积突破100公顷。2011年，投资170多万元的树莓速冻生产线和冷库投入使用，合作社会员达1800多户，种植面积达166.7公顷。2012年，合作社达11家，企业达3家，以经营树莓为主的个体工商户有2家。当年，合作社入社农户达3800户，种植面积达800公顷，种植区域扩大到山东、山西、四川等全国6个省区，入社农户每亩收入达1万多元。2013年，青堆村树莓专业合作社的树莓种植面积从最初的1.3公顷发展到了1066.0公顷左右，带动农户6000多家，技术推广服务、果实回收合作辐射省内7个地市及8个省区，实现苗木培育、基地种植、生态旅游、产品研发、加工销售的产业化发展格局，成为全国规模最大的树莓产业整合单位，被誉为“中原树莓第一县”。2014年11月，中国经济林学会正式授予封丘县“中国树莓之乡”的称号。2015年，全县合作社数量达209个，树莓加工类企业达7家，个体工商户达6家。

采用企查查、百度 POI 等途径，以“树莓”为关键词，以存续、在业为状态，以 2022 年 6 月 1 日为截止日期，区域内开展树莓加工、销售、服务等方面活动的企业、合作社、个体工商户、服务中心等共有 261 家。其中，企业有 14 家，农民专业合作社有 240 家，个体工商户有 7 家，服务中心有 1 家(见图 5-10)。但就青堆村本身而言，一直未发展成严格意义上的专业村。也就是说，青堆村在达到专业村标准之前，封丘县树莓就已经形成了产业化、区域化的发展格局，且逐渐朝着集群化方向演进。

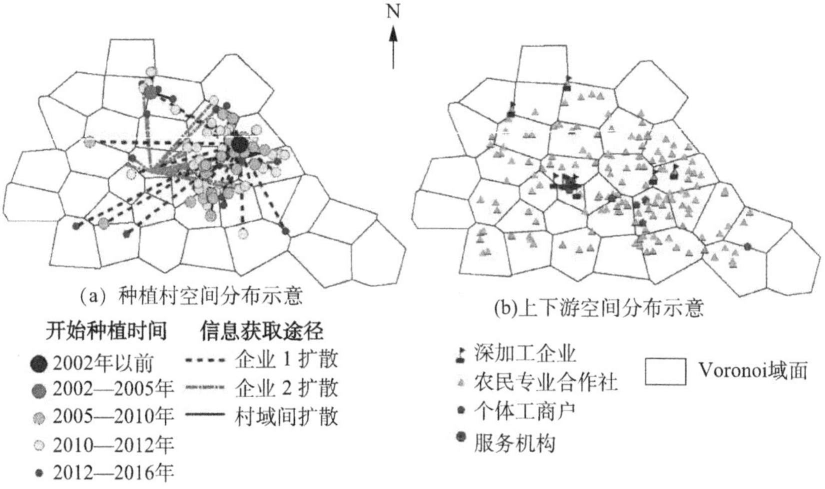


**图 5-10　封丘县树莓区域化、产业化空间分布示意**



2. 销售网络特征

树莓销售网络受树莓果实特征的严重影响，由于树莓果实柔嫩多汁，采摘后 2 小时之内就需冷藏，否则容易变质。基于此特征，从事普通农产品销售的中介组织，如经纪人、合作社等，在不具备“冷库”等基础设施的情况下，无法轻易参与其中。尤其是农民经纪人，一般情况下，其原始积累有限，建立初期投资大、日常费用高的“冷库”更非易事。因此，在产业发展初期，进入门槛极高的树莓销售网络相对简单。封丘县树莓的销售网络就是如此：由于树莓种植地块分散且规模有限，在资金有限的情况下，全县树莓冷库仅限于树莓加工企业内的大型冷库，目前尚无分散分布的小型冷库。在树莓采摘季节，树莓加工厂的冷藏车在合作社的组织与安排下，会在规定时间到达田间地头，采摘后的树莓果实直接运往加工厂。在此背景下，为节省运输时间，降低运输成本，各村种植树莓的地块就不能过于分散，种植规模更不能过小。这就回答了部分村庄在只有极少数农户愿意参与种植的情况下，不能顺利参与其中的原因。显然，树莓的果实特性严重影响了树莓产业的快速发展。冷冻后的树莓果实可放置 3 年以上而不变质，这保证了树莓加工企业原材料的常年供应。经加工后的树莓产品，通过国内直销、代销等多种方式销往商场、超市、酒店，最后到达消费者手中。但不可否认，随着封丘县树莓种植规模的不断扩大，各乡镇、村出现小型冷库的可能性不是没有。届时，树莓种植户的产品销售渠道大大增加，产品销售价格亦不再受一家或多家企业的控制，产业发展也将更健康(见图 5-11)。

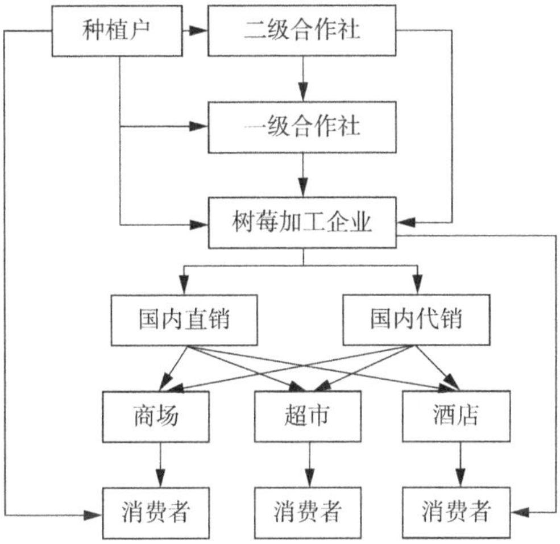


**图 5-11　封丘县树莓销售网络**



3. 树莓产业链特征

树莓产业链条，主要包括上游环节——种苗的培育和生产设备的生产、树莓生产相关材料、生产技术。目前，区域内已经拥有提供树莓种苗、生产材料的个体工商户，提供种苗、技术服务的高校、研究所等各大科研机构。中上游环节——树莓的种植与管理，区域内拥有树莓生产的农户、村庄、生产基地。中游环节——树莓的加工，区域内有从事树莓初步加工、深加工的企业。下游环节——树莓的销售，区域内有从事鲜果销售、系列加工产品销售的企业、个体工商户、网络电商。辅助产业——服务类机构，区域内拥有提供树莓产业发展规划、资金服务的中心、合伙企业等。不同行为主体，集聚分布于以封丘县城为中心的周边区域，并以全国各大科学院校、研究所为技术支撑，相互联系、功能互补，竞争又合作，同时带动了食品加工业、化妆品制造业、制药业、商业、物流运输业、建材、仓储等 10 多个行业，不同行业之间相互协同，共同推动区域经济的产业化、集群化发展(见图 5-12)。

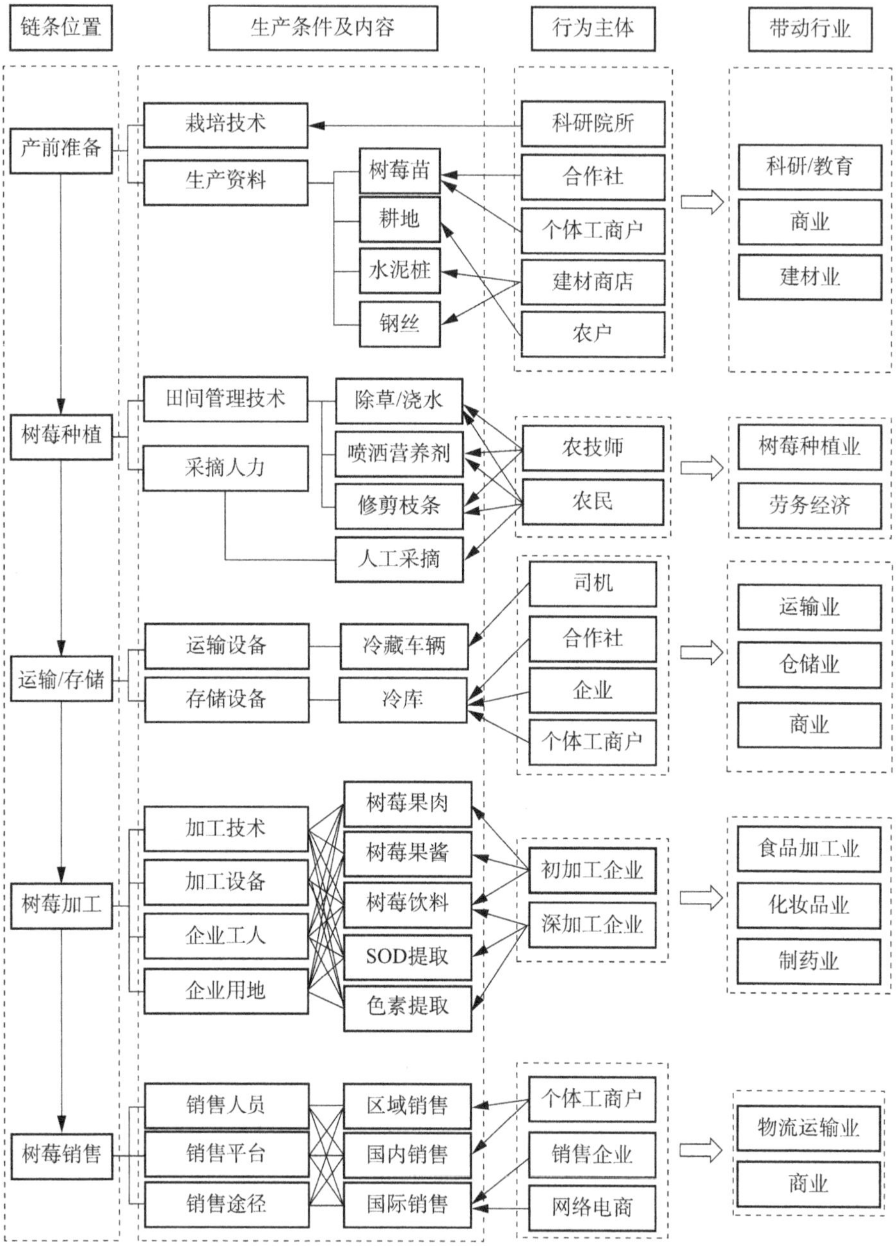


**图 5-12　封丘县树莓产业链**

## 五、树莓专业村地域经济效应的形成机制

### （一）不同行为主体的作用机制

在产业初期，青堆村树莓专业合作社在区域原有的地缘、业缘、亲缘、政缘等多种社会网络的基础上，将种植技术、田间管理技术、采摘技术等“一揽子”打包，并创新性采用分级合作社进行逐级推广模式，即一级合作社传输至二级合作社，二级合作社传输至三级合作社等。最后，末端合作社将技术授予生产者——农户，从而扩展了树莓初级产品的生产范围与规模。经过数十年的缓慢发展，其他企业家、政府部门在了解树莓的价值与巨大的市场发展潜力后，模仿跟进。随后，迅速衍生出更多的合作社，并出现了个体工商户、服务中心等。最终，在区域内，形成了以青堆村、封丘县城为双中心的集群化发展态势。目前，封丘县已经成为我国北方最大的树莓生产基地，封丘树莓已被国家授予地理标志产品。在此过程中，不同行为主体相互联系、分工合作又相互竞争，发挥着各自不同的作用。

1. 能人的带头作用



封丘县树莓产业的发展源于青堆村村支书王书勤的大胆引进并成功试种。王书勤之所以能够成功，是因为其具备了企业家的基本素质和资源条件。首先，思想素质较高。王书勤是一名退伍军人，相较于普通村民而言，他不仅见多识广，而且有着坚忍不拔的品质和雷厉风行的做事魄力，有着改变家乡的崇高理想，还有着前瞻性的眼光。“我们村选择种啥，能 30 年不过时?”是其选择引进树莓的关键原因。其次，拥有一定的资源条件。军人的身份使其拥有除了亲戚、邻居外的战友，且分布于全国各地；青堆村书记的身份使其能够近距离深入接触河南省发展改革委驻村工作队的人员；青堆村村民的身份，使其自出生起就是当地复杂社会关系网络中的一员，使其拥有坚实的区域社会网络基础。最后，勤劳肯干的品质。王书勤退伍后从事养殖生产活动，使其积攒了一定的启动资金。据媒体报道：“当年他掏钱反租村民的土地种植了 15 亩，并说挣钱了大家分成，赔钱了他个人承担。在乡亲们疑惑的目光中，第二年，他又将种植面积拓展到 100 亩，并取得了亩产上万元的好效益。村民们坐不住了，纷纷要求跟着他种树莓。”这正是对其带头作用的真实写照（王志恒，2014）。

2. 农户的基础作用

在整个树莓产业发展过程中，农户是树莓种植与田间管理的主要行为主体。最初，青堆村村支书王书勤利用战友、亲戚、朋友等个人网络关系，并通过分级合作社的方式，与极少数农户签订种植协议。在订单生产过程中，农户提供土地与劳动力，但只负责按照合作社的要求和规范进行种植、管理与采摘，并按照订单价格销售给合作社，无须关心产品加工、销售问题。率先参与种植的农户获得了可观的经济效益后，成为示范户，并通过个人社会关系网络将树莓种植信息进一步向外扩散，从而吸引更多的农户参与合作社，成为订单农户。当更多企业进入，订单农户的生产规模无法达到企业生产的规模门槛时，企业通过“反租倒包”的方式自建生产基地。在这种情况下，农户将土地承包出去，自身被返聘为树莓生产的田间管理者。农户选择订单种植，还是选择将土地承包给企业，取决于二者的经济收入和投入成本间的比例关系。农民选择外出务工，还是选择在企业的树莓基地里从事田间生产与管理工作，同样取决于二者的比较收益。

3. 企业的主体作用



树莓加工企业是推动封丘县树莓产业集群化发展的核心和主体，是青堆树莓专业村产生地域经济效应的根源。根据经济学理论，当树莓初级产品的生产规模达到企业生产规模门槛时，企业才得以正常运转和盈利，企业才会成立。但在封丘县树莓产业发展过程中，企业家们在看到树莓丰厚的利润、可观的市场前景后，在初级产品规模不足的情况下，通过在区域内外(甚至在省外)自建树莓种植基地的方式获取初级产品，并成立深加工企业，从而加速了树莓产业化、集群化的进程。企业是否自建基地，在哪里建立基地，同样取决于成本(租金、劳动力费用、运输费用等)和收益之间的关系。各种加工企业的出现，一方面，保障了初级产品的市场销售和价格，进一步激发了农户参与树莓种植的信心和热情，为树莓种植范围的扩展、更多种植基地的形成奠定了基础；另一方面，进一步挖掘了树莓的价值，丰富了树莓加工产品类型和数量，提升了树莓产品的附加价值，将更多的经济利益留在区域内。此外，企业生产的树莓系列产品，还催生了销售企业、个体工商户，延伸了产业链条，带动了当地就业和经济发展。

4. 合作社的组织引领作用

农民合作社作为将小农户与大市场对接的先锋队，是把小农户引入现代农业发展轨道的理想载体（刘竞宇，2022）。在现代农业发展的大背景下，小农户要顺利实现与现代农业发展的有机衔接，作为小农组织化核心载体的农民合作社扮演着重要角色（徐旭初，2018）。党的十九大报告明确指出，要“实现小农户和现代农业发展有机衔接”。在国家政策及法律的支持下，原有的农业产业化经营中的“公司+农户”的形式或是内部化于合作社之中，或是公司越来越多地利用合作社作为中介来与农民交易（张晓山，2009）。合作社将分散的小农组织起来，通过采用统一生产资料、统一生产技术、统一田间管理、统一销售农产品等方式，解决了不懂技术、信息不畅等小农户的各种生产难题。尤其是企业下辖合作社或成为合作社中的一员，相较于仅由普通农户组建的合作社更能发挥引领和带动作用。尤其是多级合作社模式的创建，将高级成员分离出来，不仅使管理更加规范，更产生了规模效应、分工经济。封丘县树莓产业的发展，合作社对创新知识的溢出、行为主体的衍生均发挥着极其重要的作用。一级合作社和企业直接挂钩，负责技术指导与树莓的购销；二级合作社承接一级合作社的技术推广、信息传达等职能，并负责发展种植户；低级合作社直接与农户建立组织联动关系，负责指导农户树莓栽种、田间管理与产品购销。系统的等级式扩散网络，使得扩散工作更加有序、可控。



5. 政府的推动作用

政府对经济建设与发展的作用不仅表现在完善基础设施、保护环境、维护市场秩序等方面，还表现在引导产业发展、组织规划、辅助产业发展等方面。尤其是我国，政府对地方经济发展甚至起着主导性的作用（王乐夫，1997）。封丘县树莓产业的发展，自始至终从未离开过地方政府的引导与帮助。若按照行动者的身份来说，树莓项目的推荐者为省发展改革委，推广者为村委。之后，合作社的创建、招商引资、市场管理等，均离不开封丘县政府的积极参与。尤其是 2017 年成立的“封丘县特色产业发展服务中心”，2021 年成立的“封丘县树莓产业引导基金合伙企业”，为促进区域树莓产业的健康发展提供服务保障、财政支撑。即便是农民专业合作社，也是处在市场与政府两种配置资源的制度安排之间的经济组织，其健康运转同样离不开政府的引导（徐旭初，2014）。据报道，当前，封丘县委、县政府确立了发展树莓产业实现富民富县的目标，成立了封丘县树莓产业发展领导小组，设立了树莓产业发展办公室，负责指导全县树莓产业化发展；欲通过科技支撑、资金扶持、标准化生产基地建设、实施名牌战略、健全质量检测体系和壮大龙头企业等措施，规划建设封丘县树莓产业工业园，把封丘县建成中国最大的有机树莓种植、生产和加工基地（大河网，2015）。

### （二）农户的参与机制

1. 基本原理

专业村地域经济效应的形成关键在于让其周边的普通农户参与专业项目的生产，成为专业户。普通农户是否参与、何时参与、以什么方式参与专业项目所属的行业（不限于初级产品的种植），就直接决定了专业村地域经济效应的范围、强度及发展趋势。农户是否从事专业项目，从普通农户转变为专业户，其实属于农户的生计决策范畴。根据相关研究，农户的生计决策取决于其生计资本（刘炫廷，2021），生计资本是农户生计策略选择的基础，生计资本禀赋不同，其选择的生计策略也存在较大差异（赵文娟，2016）。生计资本是个人或家庭拥有和获得的，能用于谋生和改善长远生活状况（包括资产、资源、能力）等的集合。根据被广泛参考的 2000 年英国国际发展部（DFID）提出的可持续生计框架，生计资本中包含以下五个方面：一是包括技能、知识、劳动能力和健康等方面的人力资本，二是人们生计所依靠的自然资源的存储和流动的自然资本，三是包括基础设施和生产用具等的物质资本，四是收入和支出以及获取资金能力的金融资本，五是包含社会关系网和社会组织等的社会资本（周丽，2020）。当村内出现具有比较优势的生产项目时，根据理性人假设，在家庭收益最大化目标和市场经济原则下，他们会基于自身的资本条件构建收益最大化的生产决策组合（屈小博，2007）。但其最终是否选择参与，在于农户自身的生产条件能否达到树莓的生产门槛，这是第一条；在满足第一条的情况下，农户也未必参与，还要考虑参与树莓生产活动获取的收益是否大于农户利用当前的生产条件从事其他生产项目或活动产生的收益，这是第二条；即使在满足以上两条的情况下，农户仍然未必参与，该决策还受户主的冒险精神或风险偏好的制约，农户风险偏好较高，乐于率先尝试新兴作物的话，农户参与树莓生产活动的可能性才会较大。



2. 指标体系的构建

按照 2000 年 DFID 提出的可持续生计框架，结合封丘县树莓产业特征，构建农户生计资本指标体系。这里需要说明的是，$N_3$ 为耕地距离指数，$N_4$ 为耕地水利条件指数：

$$N_3 = \frac{\sum_{i}^{n} s_i \times Dis_i}{\sum_{i}^{n} s_i} \qquad 式(5-1)$$

式中，$n$ 为地块总数；$s_i$ 为第 $i$ 块地的面积；$Dis_i$ 为第 $i$ 块地到农户家的距离。

$$N_4 = \frac{\sum_{i}^{n} s_i \times Con_i}{\sum_{i}^{n} s_i} \qquad 式(5-2)$$

式中，$Con_i$ 为第 $i$ 块地的便利性水平，非常便利赋值为 4，便利赋值为 3，不太便利赋值为 2，不便利赋值为 1。

农户生计资本指标体系见表 5-1。

**表 5-1　农户生计资本指标体系**

| 一级指标 | 二级指标 | 释义 | 预计影响方向 |
|---|---|---|---|
| 自然资本 *Naca* | 耕地面积 $N_1$ | 地势平坦且具有一定肥力的用于农业生产的土地面积 | + |
| | 耕地细碎化水平 $N_2$ | 耕地面积与地块数的比值 | + |
| | 耕地距离指数 $N_3$ | 见式(5-1) | - |
| | 耕地水利条件指数 $N_4$ | 见式(5-2) | + |
| 人力资本 *Huca* | 户主年龄 $H_1$ | 对于树莓种植户而言，按照其树莓种植前一年的年龄赋值；对于非树莓种植户而言，按调研时的年龄赋值；其他指标赋值方法亦如是 | |
| | 户主学历 $H_2$ | 文盲=0；小学=6；初中=9；高中=12；大学=16；研究生=19 | + |
| | 户主技能 $H_3$ | 具备农业生产技能赋值为 1，否则赋值为 0 | + |
| | 家庭劳动力人数 $H_4$ | 家庭中满 16 周岁以上且具有劳动能力的人口数 | + |
| | 创新意识 $H_5$ | 当新技术到来时敢于第一个采纳者赋值为 4；全村 1/2 的农户采纳后方敢采纳者赋值为 3；全村 3/4 的农户采纳后方敢采纳赋值为 2；最后采纳赋值为 1 | + |
| | 家庭负担指数 $H_6$ | 不具有劳动能力的人数占家庭总人口数的比重 | - |
| | 就医费用 $H_7$ | 家庭成员看病就医花费的钱数 | - |

续表

| 一级指标 | 二级指标 | 释义 | 预计影响方向 |
|---|---|---|---|
| 物质资本 *Phca* | 住房条件 $P_1$ | 一年房屋的市场价值 | + |
| | 农业机械总动力 $P_2$ | 大、小拖拉机 30、18，三轮、电三轮 18、10，大、小四轮车 25、20，大、小奔马 16、10，灌溉机、水泵 15，摩托、三轮摩托 10、25，大、小电车 7，大、小汽车 160、100，大小面包车 100、80，收割机 90，播种机 18 | + |
| | 交通工具总动力 $P_3$ | | + |
| 金融资本 *Fica* | 家庭收入 $F_1$ | 家庭全体成员的收入之和 | + |
| | 信息费用 $F_2$ | 家庭成员用于通信的费用 | + |
| | 技术学习费用 $F_3$ | 家庭成员用于学习农业生产技术的费用 | |
| | 交通费用 $F_4$ | 乘坐班车、开私家车等产生的各种费用之和 | |
| 社会资本 *Soca* | 参与村集体活动次数 $S_1$ | 每年参与村集体活动如娱乐、种植、打扫卫生等的次数累加 | + |
| | 参与村干部竞选活动的次数 $S_2$ | 每年参与村干部竞选的次数累加 | + |
| | 资金来源途径丰富度 $S_3$ | 获取资金的途径之和 | + |
| | 技术来源途径丰富度 $S_4$ | 获取技术的途径之和 | + |
| | 信息来源途径丰富度 $S_5$ | 获取信息的途径之和 | + |



3. 样本说明与模型处理

本书以青堆村为中心，分别选择该村周围的村庄、距离较远的村庄和封丘县树莓种植规模较大的村庄为调研村域，在各个村域中，分别选取等样本量的树莓种植户、非种植户，深入访谈了 25 个村庄里的 300 户农户，有效问卷 289 份，其中，树莓种植户 144 份，非种植户 145 份。将农户是否参与、参与速度(参与时间)、参与强度(初始参与规模)作为评价农户参与农业专业项目状况的指标，作为因变量 $Y_1$、$Y_2$、$Y_3$；将构成农户人力资本、自然资本等的 23 个指标作为自由变量，分别进行 Logistic 回归和 OLS 回归。为保证数据间的独立性，在回归分析前，首先采用最大方差法，对自由变量进行主成分提取，用旋转后的因子变量作为因变量。结果显示，KMO = 0.688>0.6，近似卡方值 3976.568，Bartlett 球形度检验的 $p$ 值为 0.000(<0.05)，旋转平方和载入累计贡献度为 66.65%，表明适合做因子分析，且包含了原数据的绝大部分信息。主成分凝练结果见表 5-2。

表 5-2　主成分凝练结果

| 主成分序号 | 贡献率(%) | 包含因子 | 主要反映信息 |
|---|---|---|---|
| 第一主成分 | 19.48 | $N_1$、$N_2$、$P_1$、$F_2$、$P_2$ | 农户的农业生产条件 |
| 第二主成分 | 8.30 | $S_3$、$S_4$、$S_5$、$F_3$ | 农户生计资本的社会网络丰富度 |
| 第三主成分 | 7.80 | $H_1$、$H_5$、$H_3$、$H_2$ | 农户的创新学习能力 |
| 第四主成分 | 7.11 | $H_4$、$H_6$ | 农户家庭负担情况 |
| 第五主成分 | 6.60 | $P_3$、$F_4$ | 农户的对外联系度 |
| 第六主成分 | 6.22 | $S_1$、$H_7$、$F_1$ | 农户的社会参与度 |
| 第七主成分 | 6.13 | $N_3$、$N_4$ | 农户农田耕作的便利性 |
| 第八主成分 | 5.02 | $S_2$ | 农户的政务能力 |

4. 结果分析

一是生计资本对农户是否参与专业项目的影响。运用 Stata 计量分析软件，将 $Y_1$ 与 $X_1$、$X_2$、…、$X_8$ 分别使用普通标准误和稳健标准误进行 Logit 估计。结果显示，准 $R^2$ 均为 0.243，LR 统计量分别为 97.32 和 44.77，对应的 $p$ 值均为 0.000，表示整个方程系数的联合显著性很高，稳健标准误与普通标准误非常接近，说明模型设定合理。为便于解释回归结果，此处仅显示概率比的分析结果而非系数。结果显示，农业生产条件越好、社会网络越丰富、创新学习能力越强及家庭负担越重的农户，参与树莓种植的概率越大。其中，在给定其他变量的情况下，农户农业生产条件指数每增加 1，其参与树莓种植的概率就会提高 13.1 倍；农户的创新学习能力指数每增加 1，则其参与树莓种植的概率就会提高 1.85 倍；但是，农田耕作便利性越高的农户，参与树莓种植的概率越低，便利性指数每增加 1，则其参与的概率下降 70.5%；政务能力、对外联系度对农户参与树莓种植积极性的影响不显著(见表 5-3)。此发现让人难以理解，耕地便利性较高的农户，往往不太乐意参与树莓种植。



表 5-3　农户参与概率的影响因素

| $Y_1$ | 概率比 | 标准误 | $z$ | $p>\|z\|$ | 95%置信区间 | |
|---|---|---|---|---|---|---|
| $X_1$ | 13.1103 | 12.7335 | 2.6500 | 0.0080 | 1.9538 | 87.9738 |
| $X_2$ | 1.5450 | 0.2409 | 2.7900 | 0.0050 | 1.1382 | 2.0971 |
| $X_3$ | 1.8522 | 0.2816 | 4.0500 | 0.0000 | 1.3749 | 2.4953 |

续表

| $Y_1$ | 概率比 | 标准误 | $z$ | $p>\|z\|$ | 95%置信区间 | |
|---|---|---|---|---|---|---|
| $X_4$ | 1.2993 | 0.2063 | 1.6500 | 0.0990 | 0.9519 | 1.7735 |
| $X_5$ | 1.0480 | 0.1766 | 0.2800 | 0.7810 | 0.7532 | 1.4583 |
| $X_6$ | 1.5086 | 0.2867 | 2.1600 | 0.0300 | 1.0395 | 2.1893 |
| $X_7$ | 0.2950 | 0.0632 | -5.7000 | 0.0000 | 0.1939 | 0.4491 |
| $X_8$ | 1.0195 | 0.1823 | 0.1100 | 0.9140 | 0.7181 | 1.4475 |
| 常数 | 1.0991 | 0.1719 | 0.6000 | 0.5460 | 0.8090 | 1.4933 |

二是社会资本对农户参与专业项目速度的影响。从模型分析结果来看，$R^2$ 为 0.3024，调整后的 $R^2$ 为 0.2824，F 统计量为 15.17，$p<0.000$，说明模型回归结果整体非常显著。就各个系数而言，除对外联系度及政务能力对农户参与树莓种植的速度影响不明显外，其他因素的影响均较显著。首先，创新学习能力对农户参与速度的影响最大且最为显著，即农户创新学习能力指数每提高 1 个单位，则农户参与树莓种植的时长就增加 0.252 年，即种植速度就提升 0.252 年；其次，耕地规模、细碎化水平、农业机械总动力等农户农业生产条件指数每提高 1 个单位，则农户参与的速度就会提前 0.144 年；再次，其他能够促使农户尽早参与专业项目的因素分别为社会网络、家庭负担指数、社会参与度等，社会网络越丰富、家庭负担指数越重、社会参与度越高，则农户参与专业项目的时间越早；最后，耕地的交通距离、水利条件等越便利，农户参与树莓种植的时间越晚，种植时长越短（见表 5-4）。总之，农户较高的创新学习能力、丰富的农业生产条件和社会网络能够促使农户较早参与专业项目。



**表 5-4　农户参与速度的影响因素**

| 变量 | 系数 | 标准差 | t 值 | 显著性 |
|---|---|---|---|---|
| $X_1$ | 0.1444*** | 0.0381 | 3.7920 | 0.0002 |
| $X_2$ | 0.1285*** | 0.0381 | 3.3740 | 0.0008 |
| $X_3$ | 0.2516** | 0.0381 | 6.6070 | 0.0000 |
| $X_4$ | 0.0798 | 0.0381 | 2.0950 | 0.0371 |
| $X_5$ | 0.0021* | 0.0381 | 0.0550 | 0.9561 |
| $X_6$ | 0.0920*** | 0.0381 | 2.4160 | 0.0163 |

续表

| 变量 | 系数 | 标准差 | t 值 | 显著性 |
|---|---|---|---|---|
| $X_7$ | -0. 2137 | 0. 0381 | -6. 4000 | 0. 0000 |
| $X_8$ | 0. 0326*** | 0. 0381 | 0. 8560 | 0. 3926 |
| *Intercept* | 0. 6952*** | 0. 0380 | 18. 2860 | 0. 0000 |

注：***表示在 0. 001 置信水平上显著，**表示在 0. 01 置信水平上显著，*表示在 0. 05 置信水平上显著。

三是生计资本对其参与专业项目强度的影响。模型整体标准差为 0. 7989，$R^2$ 为 0. 2576，调整后 $R^2$ 为 0. 2364，F 统计量为 12. 14，$p<0.000$，说明模型回归结果整体非常显著，拟合较好。与参与速度相似，农户第一次参与种植的规模受农户的政务能力及对外联系度影响不大，但受其他因素的影响十分显著。在正向影响因素中，农业生产条件和农户的创新学习能力指数分别每提高 1 个单位，则农户第一年参与树莓种植的耕地面积将分别提高 0. 00032 公顷、0. 00030 公顷，而农户的社会网络丰富度每提高 1 个单位，则其参与强度将提高 0. 00027 公顷；同样，社会参与度和家庭负担指数均能够促进农户提高参与强度。耕地便利性对农户种植强度的影响同样十分显著，但与是否参与及参与强度相似，也是负向且影响强度较农业生产条件更大，即耕地生产便利性指数每提高 1 个单位，则农户参与强度将减少 0. 00038 公顷。即耕地交通及水利条件越便捷，农户初始参与规模越小。见表 5-5。



**表 5-5　农户参与强度的影响因素**

| 变量 | 系数 | 标准差 | t 值 | 显著性 |
|---|---|---|---|---|
| $X_1$ | 0. 2120*** | 0. 0471 | 4. 5030 | 0. 0000 |
| $X_2$ | 0. 1775*** | 0. 0471 | 3. 7690 | 0. 0002 |
| $X_3$ | 0. 2022*** | 0. 0471 | 4. 2950 | 0. 0000 |
| $X_4$ | 0. 1003** | 0. 0471 | 2. 1300 | 0. 0340 |
| $X_5$ | 0. 0755 | 0. 0471 | 1. 6040 | 0. 1098 |
| $X_6$ | 0. 1395** | 0. 0471 | 2. 9640 | 0. 0033 |
| $X_7$ | -0. 2500*** | 0. 0471 | -5. 3060 | 0. 0000 |
| $X_8$ | -0. 0183 | 0. 0471 | -0. 3890 | 0. 6979 |
| *intercept* | 0. 7486*** | 0. 0470 | 15. 9290 | 0. 0000 |

注：***表示在 0. 001 置信水平上显著，**表示在 0. 01 置信水平上显著。

5. 农户的主观感受

以上是通过计量模型，以利用统计数据寻找规律的方式挖掘影响农户参与树莓种植的因素，属于较为客观的分析。但是，农户自身的感受是什么呢？即他们认为是什么原因导致自己不愿意种植树莓呢？据此，在调查问卷中设计了这样的问题："您为何没有种植树莓呢？"根据145份非树莓种植户的回答，其原因可归结为以下十个方面。

一是耕地资源不足。在145个非树莓种植户中，共有35家选择了此项，占样本量的24.1%。此类农户人均耕地面积极少，如1家4口人，耕地面积不足0.01公顷，为保障口粮，他们表示，无论怎样，都会种植粮食作物。否则，就没有了食物来源。可见，农户耕地首先用于保障粮食自给。

二是资金不足。选择此项的农户有9家，占样本总量的6.2%。他们认为树莓种植需要大量的资金购买树莓种苗，0.1公顷的种植面积需4500棵树莓种苗，按照每棵种苗3元，就需投资近13500元。此外，还有水泥桩、铁丝等，前期投入远超过传统作物。在政府没有资金支持和补助的情况下，他们认为进入门槛过高。



三是技术不足。认为技术资源不足的农户占样本总量的8.3%。这是因为树莓与传统作物不同，即便农户具备金银花等灌木类经济林的生产经验，在未掌握技术的情况下，也不敢贸然尝试。此外，青堆村下辖的二级合作社并未大力宣传、号召农户参与种植，对于愿意参与种植的农户，需要参加合作社，并缴纳一定的技术管理费用。此推广模式，严重阻碍了树莓种植技术的快速扩散。

四是信息不足。调研时发现，很多农户，即便是所在村域距离青堆村不足2.5千米的农户，当问及"您为何不种树莓"时，有31家回答是因为信息不足，表示从未听说过树莓这一作物，此类农户占非树莓种植户样本总量的21.4%。在地势平坦、交通便利的封丘县，一个扎根地方10多年的作物，竟然仍不被广大农户所知，不免让人心存疑惑。

五是树莓管理烦琐。首先，树莓采摘困难（带刺），且持续时间长（1个月）。其次，树莓属于无公害作物，不能打药，否则影响市场销量；更不能打除草剂，否则将会发生死株现象，这就使得治虫、除草均需要人工完成。于是，日常管理、果实采摘事宜非常烦琐。认为树莓种植过于烦琐、辛苦而不愿意尝试的农户，占样本量的17.2%。

六是耕地区位不好。由于树莓果实不便存储，采摘之后，需要及时运往加工厂。因此，拥有交通条件便利的耕地十分重要。此外，树莓对土壤含水量有一定的要求，需要定期、定量浇水，对于周边水利条件不甚完善的耕地而言，不适宜种植。因此，10.3%的农户认为自家尚未种植树莓的原因在于耕地的区位条件较差。

七是周边农户尚未种植。由于未见周围农户种植，自己不敢率先贸然尝试的农户占样本量的23.4%。此类农户认为，自己对树莓产业目前仅停留在听说、知晓的阶段，对其生产技术、市场销售等尚未掌握，在没有政府组织或身边没有示范户的情况下，不愿意第一个种植。一种情况是，封丘县农户在树莓种植方面，冒险精神不强，从众心理普遍；另一种情况是，某农户虽然熟悉树莓种植技术和市场销售，但是周边农户不愿意参与，故而形单影只，无法形成一定的规模，树莓加工企业不便技术指导和收购，因此也无法种植。

八是劳动力资源不足。鉴于树莓种植烦琐的管理、采摘工作，40%的农户认为，至今未种植树莓的原因是家中劳动力不足。对此可分为两种情况，一是农户家庭成员确实不足，或年龄过高，或孩子、老人等需要照顾的人过多，无暇顾及；二是农户家庭成员大多外出务工，不愿意务农，更不愿意从事烦琐的树莓种植，即家中有成员愿意尝试，但力不从心而无法种植。



九是树莓效益不好。这是农户不愿意种植树莓的真正原因。对于由于资金、技术、信息不足、耕地区位条件较差等原因而未能参与树莓种植的农户而言，无可厚非。但是，对于认为树莓种植技术烦琐、劳动力资源不足等原因而未参与种植的农户而言，理由稍显牵强。尤其是劳动力全部外出务工的农户，不参与树莓种植的根本原因在于树莓的经济效益或效用小于外出务工的收益或效用。如0.1公顷的树莓，需要1个健康的劳动力工作3个月，一年收入最高达1.5万元。若其外出务工，一年可工作10个月，在月薪3000元的情况下，一年可收入3万元。此类农户，占样本量的7.6%。

十是自家有更好的生产项目。此原因和第九条相同，不愿意种植树莓，是因为相较于树莓而言，家中成员有更好的生产项目和经济收入途径。正如本书第四章理论部分的分析，农户是理性的，他们对生产项目的选择是衡量劳动投入与经济收益之后做出的。其不但追求经济利润，更追求效用。若农户目前从事的行业收入比种植树莓的收益高，且劳动强度更小的话，毫无疑问，他们不会选择改行。此外，虽然树莓的经济效益确实远大于传统农作物，但是前者的劳动投入量也数十倍于后者，必须面朝黄土背朝天地“守在”地里，无法见识“外面的花花世界”。也就是说，虽然经济利润满足了农户的要求，但效用却无法满足。此类农户占样本总量的20%。

6. 归纳与总结

第一，户主的风险偏好越趋于冒险性、家庭耕地面积越多，农户参与树莓种植的可能性就越大；家庭负担越重，户主参与种植树莓的意愿越大。户主的年龄、学历、耕地细碎化程度等对其参与树莓种植的影响不显著。

第二，农户的礼金消费额越多、信息费用额越多，其参与树莓种植的可能性就越大。其他消费内容，对其参与树莓种植活动影响微弱。

第三，农户社会活动网络显著影响其是否参与树莓种植，较为关心村集体活动的农户，生产条件依赖于合作社、政府组织等社会机构的农户，其参与树莓种植的可能性就越大。其他社会网络结构对其是否参与树莓种植的影响微弱。



但是，让农户自己来回答此问题时，发现影响树莓种植的原因更为复杂多样，可归结为以下三类：一是农户自身原因——家庭生产条件（耕地、资金、技术、信息、劳动力）不足或家中成员有更好的生产项目，二是树莓产业原因——采摘烦琐、经济效益低等，三是环境因素——耕地区位条件不适宜、周边农户尚未参与、政府未号召等。

结合以上分析，本书认为影响农户参与专业项目的关键因素在于专业项目的属性特征与农户自身的生产条件。当面对同一专业项目时，农户个体间的差异起着决定性的作用，主要是农户的礼金消费水平、信息消费水平和农户的社会活动网络。根据已有研究，礼金消费水平在某种程度上反映了农户的社会网络大小（吴娜琳，2017），户主的信息消费水平、礼金消费水平、社会活动网络等均反映的是户主的潜在关系网。决策者的潜在关系网决定了其在风险决策时的风险认知水平，进而影响其风险偏好。由此可知，当面对同一专业项目，农户是否参与专业项目关键受农户的风险偏好和社会资本的影响。

### （三）存在的问题

专业村地域经济效应的形成始于初级农产品生产规模的扩大，即农户的积极参与是促使专业村地域经济效应出现的始发器。虽然封丘县树莓产业化、集群化发展趋势一片向好，但对封丘县树莓产业发展历程梳理时可以发现诸多问题。首先，市场前景广阔、利润丰厚的树莓产业，在地势平坦、交通便利、人口众多、村庄密集的封丘县及周边区域，为何在最初的 12 年时间里只有 64 个村庄参与种植？其次，为何空间相邻、交通距离很短（相距仅有 0.5 千米）的两个村庄，树莓种植规模相差悬殊？最后，参与树莓种植的村庄，在空间上为何呈现局部集聚的现象而非明显的距离衰减式空间扩散特征？此外，树莓种植村空间分布呈非持续扩张亦非持续缩减的点状无序变化格局，不同村持续种植的时长不等，每年都有新村参加或停止种植，种植户数和种植面积处于非持续增加亦非持续减少的难以估测状态，即树莓种植持续性不强。产业的发展需要持续稳定的原料供给做支撑，区域内树莓种植业发展的不稳定，势必影响树莓产业的区域化、集群化发展速度。事实也正是如此。据封丘县树莓企业领导反映，其原料不仅来源于区域内，还有相当一部分来自封丘县以外的地区，这大大增加了运输和保鲜费用。因此，需要探明影响不同村域和不同农户树莓种植持续性的相关因素，寻找相应的对策，以促进特色种植产业的区域化发展。

## 六、本章小结



封丘县树莓产业始于 2002 年，至今已经有 20 多年的历史。但区内企业数量较少且相互之间合作空间不大，农产品生产基地数量有限且空间分布亦不稳定。总之，从其产业构成、网络化水平来看，距离标准的产业集群特征还相去甚远，仍处于项目引入后的推广阶段。以最先引进树莓专业项目的青堆村为起始点，在分析区域特征与专业项目特征适配度的基础上，将专业村特征尚不明显但由其引发的树莓产业区域化、集群化态势逐步显现的历程，从专业项目的引进与推广、树莓产业发展时空演变、不同行为主体的作用机制、农户的参与机制等方面进行了细致剖析。

（1）专业项目能否成功“引进”“落地”“生根”，不仅在于专业项目本身的内在价值与市场潜力，更在于其能否充分发挥区域比较优势，甚至将区域劣势转变成优势。本书将其称为“专业项目特征与区域特征的适配度”，适配度越高，则专业项目在当地持续发展的概率越大。

（2）专业村地域经济效应未必出现在专业村形成之后。新的生产项目在某地出现后，不会受地域限制而停留于最先将其引进的村域内，而可能会在“落地”的那一刻就通过地缘、业缘、亲缘、政缘等区域原有的各种社会关系网络向外围区扩散。因此，在项目发展初期，区域原有的社会关系网络对创新知识的空间溢出发挥着更重要作用。

(3)专业项目发展初期的空间稳定性不强。在产业化水平有限、市场风险不可控的早期，对于思想状态较为保守的中国乡村，其空间分布可能处于持续变化之中。封丘县树莓产业生产基地的空间持续性不强。树莓种植村空间分布呈非持续扩张亦非持续缩减的点状无序变化格局，不同村持续种植的时长不等，每年都有新村参加或停止种植，种植户数和种植面积数处于非持续增加亦非持续减少的难以估测状态。

(4)在专业项目的引进与推广过程中，不同行为主体发挥着各自的功能。在专业项目的引进过程中，具有企业家精神的能人发挥着带头作用；在专业项目的推广中，农民专业合作社发挥着主体作用；在初级农产品的生产过程中，农户发挥着基础性的作用；在产业化过程中，企业发挥着核心与主体的作用；在集群化发展过程中，各类行为主体相互联系、密切分工发挥着主导作用；在产业的整个发展过程中，仍然离不开政府的引导与规划。

(5)农户参与专业项目的行为是其在生计资本约束下的理性决策。封丘县及其周边区域内，不同农户间的生计资本量差异不大，但参与树莓种植的农户的生计资本整体高于非参与农户。丰富的农业生产条件、社会网络，较强的创新学习能力和较重的家庭负担都能够促进农户积极参与、尽早参与、尽量参与树莓种植；耕地交通及水利条件越便捷，农户参与树莓种植的积极性反而越低，参与速度及强度反而越弱。

# 第六章 宁陵县葡萄种植专业村的地域经济效应

## 一、葡萄产业特征及宁陵县基本概况

### (一)葡萄产业特征

葡萄是世界最古老的果树树种之一，也是全世界种植面积最大的水果，为葡萄科葡萄属植物，别名“草龙珠”“菩提子”“山葫芦”“蒲桃”等。早在四五千年前，地中海沿岸地区的居民就开始利用和栽培葡萄。我国张骞于公元前138年出使西域时将其带回，目前已有2000多年的种植历史(赵玉山，2014)。葡萄的营养价值很高，葡萄中含有矿物质钙、钾、磷、铁以及维生素B、维生素C和维生素P等，还含有多种人体所需的氨基酸(王初田，2012)，果品可用于鲜食、干食，也可以制作果酱、饮料、酒品等。多年来，我国葡萄的种植面积和产量保持持续增长。2013年，我国葡萄种植总面积达72.0万公顷，占全球葡萄种植面积的10%，总产量达1138.0万吨，占全球葡萄产量的16%，是世界第一大鲜食葡萄生产国。2016年底，我国葡萄种植总面积为80.96万公顷，居世界第二位，仅次于西班牙；产量达1374.5万吨，自2010年以后一直居世界第一位(穆维松，2019)。



1. 葡萄产业特征

首先，葡萄种植历史悠久，种植技术成熟且产业化水平较高。国外葡萄产区主要集中于法国、意大利、西班牙、希腊、澳大利亚、德国及美国等。国外的葡萄栽培技术先进，生产管理规范，已实现了标准化、专业化、精细化和全程机械化。例如，早在20世纪70年代，法国葡萄生产就已经采用了拖拉机、栽植机、剪枝机、整形机、施肥机、施药机、采收机、包装机、运输机等，形成了“种植—酿造—销售”一条龙的产业化(徐丽明，2014)。我国从20世纪80年代末以来，研发制定了不同栽培区域的葡萄标准化生产技术规程。核心技术包括葡萄良种苗木繁殖技术、栽培模式、架式改造、简化修剪、花果管理、土肥水管理、限根栽培和配套机械设备等，使葡萄栽培管理技术标准化水平显著提高。尤其是设施栽培技术，大大增加了葡萄适种区域范围(刘凤之，2017)。

其次，葡萄品种繁多，可选择性强。据不完全统计，世界葡萄品种达8000个以上，中国约有800个。欧美葡萄品种以巨峰、夏黑、藤稔、京亚等为主，约占栽培总面积的49%；欧亚种群品种主要有红地球、无核白、玫瑰香、维多利亚、无核白鸡心、美人指、泽香、火焰无核和克瑞森无核等，约占栽培总面积的42%；近年大面积发展的品种是夏黑、87-1、瑞都香玉、瑞都翠霞、巨玫瑰、魏可(温克)、火焰无核(弗雷无核)、阳光玫瑰、金手指、克瑞森无核等。目前，我国葡萄栽培品种70%为国外引进，30%为国内选育及传统栽培的地方品种，且以鲜食葡萄为主(刘凤之，2017)。不同的葡萄品种适宜的生产环境不同，丰富多样的品种迎合了我国复杂多样的地理条件、气候环境，有利于种植范围的扩大。

再次，葡萄种植区域范围广。我国亚热带和温带气候区占全国总面积的3/4以上，有长江、黄河等遍布各地的水利资源，有千余年种植葡萄的历史和丰富的种植资源。因此，具有发展葡萄产业极为有利的条件(赵玉山，2014)。葡萄栽培遍布全国各省(区、市)，直至黑龙江的寒地以及青藏高寒山区也有设施栽培葡萄。目前，葡萄生产基本形成西北干旱新疆产区、黄土高原干旱半干旱产区、环渤海湾产区、黄河中下游产区、南方产区、西南产区及以吉林长白山为核心的山葡萄产区7个集中栽培区，已经成为中国分布最广泛的果树树种之一(刘凤之，2017)。



最后，葡萄市场消费潜力大，经济效益高。我国葡萄生产以鲜食葡萄为主，占我国葡萄总产量的80%左右，但出口量较少，鲜食葡萄出口量仅占葡萄总产量的2%左右(穆维松，2019)，以国内消费市场为主。即便如此，我国人均葡萄消费量远低于发达国家，葡萄加工品种少，部分品种进口多。根据中国海关数据，我国鲜食葡萄进口主要来自智利和美国，其中，从智利进口的量最大，并且呈现逐年增加的趋势。2016年，从智利进口的鲜食葡萄量达到历史最高值，为11937万千克(穆维松，2019)。中国香港市场每年从美国进口鲜食葡萄3万~6万吨(赵玉山，2014)。可见，国内鲜食葡萄市场空间仍然较大。在经济收益方面，2022年，宁陵县葡萄亩产2000~2500千克，价位在10~14元/千克(宁陵县农业农村局郭超峰)，即亩产经济收益为2万~3.5万元，是小麦(按照亩产1200斤，价格1.61元/斤计算)收益的10倍有余。

2. 葡萄产业门槛

首先，技术门槛——相对于传统粮食作物，葡萄生产技术复杂。葡萄品种繁多，但不同的品种对光热、水肥的要求不同，且差异微弱。温度决定了果树能否正常发芽分化、开花和结实；光照、土壤直接影响果实的品质、产量；水分对葡萄产量和品质同样起着决定性作用（谢兆森，2011）。因此，是否套袋、如何选择栽培架式结构、如何确定土壤耕作深浅及频次，以及对于如何应对天气变化等技术的掌握程度，将直接影响葡萄的品质、产量，进而影响其市场价位、经济收益。对于长期以小麦、玉米等传统粮食作物生产为主的我国北方乡村农户而言，初次从事葡萄种植时，往往会有一定的畏惧心理。

其次，人力门槛——葡萄生产是人工密集型产业，劳动需求量大。葡萄种植工序繁多。在葡萄栽种前，需要挖沟、搭棚；在葡萄生长期，需要支架、除草、翻土、剪枝、通风等，后期采摘也需要大量的人工，天寒过冬还需将葡萄藤蔓埋土以防冻伤。因此，葡萄种植不仅需要农户具有一定的技能水平，还要求其付出更多的时间和精力。虽然国外的机械化水平较高，但由于我国葡萄的种植区域广泛，地形地貌多样，品种杂，种植模式也各不相同，因此限制了葡萄生产机械化的发展。随着农村劳动力的快速转移和结构的变化，农业生产活动从业人员多是60岁以上的老人，其体力不支，作业效率低，质量难以保证，对葡萄生产造成了很大的冲击（徐丽明，2014）。



再次，仓储门槛——存储费用高，市场风险大。葡萄成熟期较短，且其皮薄多汁，极易变质腐烂，采摘后，需要尽快销售。但葡萄属于非刚性需求农产品，且同季节的可替代性水果丰富，市场行情不稳定，若销售不及时，很容易造成大量损失。若将其存储起来，或许可以避免此种损失。但根据目前的保鲜措施，无论是喷洒含钙化学保鲜剂、生物防腐保鲜剂，还是采取低温存储、气调存储、辐照保鲜、纳米保鲜等，均需花费一定的存储费用。因此，相对于传统粮食作物而言，葡萄收益的不确定性强，风险更大。

最后，销售门槛——同质化现象严重，市场竞争压力大，产业化水平低。由前文分析可知，世界葡萄品种丰富，生产区域广泛。但在我国，各地葡萄产业的发展仍具有一定的盲目性，存在葡萄种植品种单一、结构不合理、产业化水平低等诸多问题。例如，鲜食葡萄生产中以巨峰和红地球为主，优良早中熟品种及无核品种比例小，由于成熟期和销售期集中，销售难的问题凸显，果农间相互压价，效益低下（刘凤之，2017）。如何走产品品种差异化、销售时节差异化之路，采取多样化的销售途径，提升葡萄产品加工层次，拓展国内外市场，将是摆在我国葡萄种植业面前的难题。

## (二)宁陵县基本概况

### 1. 自然地理环境

宁陵县位于河南省东部，隶属商丘市。宁陵县地理坐标为东经 115°15′~115°30′，北纬 34°14′~34°34′；属于暖温带半湿润季风气候，气候温和、四季分明，年平均气温 14.2℃，年均降水量为 674.7 毫米；无霜期 216 天，夏季最热月份为 7 月上中旬至 8 月上中旬，冬季最冷月份为 1 月初至 2 月上中旬。县境地势平坦，自西北向东南略有倾斜(见图 6-1 左)。陇海铁路以南地势平坦，海拔 50 米。黄河故堤横穿东北部，地势稍高，南部地势低洼。西部大沙河、洮河两岸有沙丘分布。属黄河冲积平原，土壤肥沃，以沙土和两合土为主。全县内有多条河流均属于淮河水系，主要河流有大沙河、洮河、上清水河、古宋河等，其中大沙河流经逻岗镇、阳驿乡等 6 个乡镇。

### 2. 交通条件



宁陵东距商丘 37 千米、徐州 200 千米、连云港 400 千米，西至开封 100 千米、郑州 180 千米，陇海铁路、郑徐高铁、连霍高速、商登高速、310 国道、343 国道、327 省道横贯东西，220 国道纵穿南北，是沿海地区西进和西部地区东引的桥梁。袁庄村是该县首个从事棚栽的葡萄专业村，该村位于宁陵县城西部，距离乡镇政府所在地不足 1 千米，交通区位优越(见图 6-1 右)。

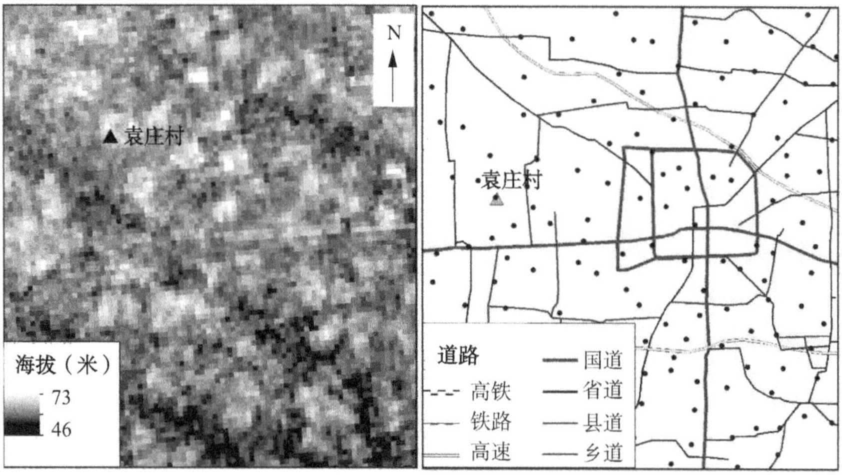


**图 6-1　葡萄种植区域地势及交通示意**

注：该图是宁陵县部分区域地势和交通概况草绘图，图中界线、点要素不严格代表当前实际情况。

3. 人口密度大，人力资源丰富

截至2020年，宁陵县下辖14个乡镇、1个产业集聚区、1个特色商业区、364个行政村(社区)，总人口有73.12万，占河南省总人口的7.8%。其中，城镇居住人口有23.09万，乡村居住人口有33.17万，城镇化率41.04%。根据第七次全国人口普查数据，截至2020年11月1日零时，宁陵县常住人口有562657人，常住人口密度为917人/平方千米，居河南省109个县域的第30位，比河南省平均水平高出192人/平方千米，比全国平均水平高出783人/平方千米；县城区人口密度更是高达4305人/平方千米。虽然宁陵县总人口低于封丘县，但人口密度相对而言更高，人均资源相对稀缺。

4. 土地资源不足、质量分布不均

首先，耕地资源不足。宁陵县南北长37.5千米，东西宽19.5千米，县行政管辖总面积为798.12平方千米，其中，耕地总面积为73.9万亩①(49266.69公顷)，占全县总面积的61.73%，但人均只有1.01亩，远低于全国人均1.4亩的水平。其次，土壤质量有待改善。宁陵县地处黄河故道，土壤贫瘠、风沙弥漫。1982年土壤普查显示，其土壤养分属较低含量水平，土壤贫瘠，有机质、氮素严重不足，速效钾含量较高，但有效磷含量低。第二次土壤普查时，全县盐碱地面积为9200公顷，含盐量较高，酸碱度较大，一般作物缺苗率在30%以上。于是，针对宁陵县盐碱地进行了土壤改良治理。通过20年的改良培肥，盐碱的危害基本消除，作物产量逐年提高。但是，由于近年来群众堆肥、沤肥数量极少，作物秸秆焚烧、丢弃现象严重，加之市场钾肥质量低劣，造成耕地钾素投入量急剧下降。此外，土壤的分布与河流流向平行，由东南向西北呈宽窄不同的条带状分布。因此，农作物空间分布也呈条带状(李伟，2012)。

5. 经济发展水平不高

宁陵县工业基础薄弱，长期以来以农业生产为主。2020年，全县生产总值为187.9亿元，一般公共预算收入为6.5亿元，一般公共预算支出为37.1亿元，税收为4.6亿元(《商丘统计年鉴》，2020)。宁陵县城镇居民人均可支



① 亩是中国市制土地面积单位，一亩大约666.667平方米。全文出现的“亩”均为同样的含义，不再逐一说明。

配收入达26088元，仅是河南省城镇居民人均可支配收入的76.3%；农村居民人均可支配收入为12043元，同样低于河南省农村居民人均可支配收入（15164元）。2021年，全县生产总值在河南省157个县区中排名第125，远落后于河南省其他县区。在农业方面，以优质小麦、花生、玉米为主产农作物，是全国商品粮基地。2021年，夏粮有3.593亿千克。但为促进县域经济发展，实现乡村振兴，宁陵县政府根据当地发展条件，按照“高产、优质、高效、生态、安全”的要求，结合规模化、区域化、标准化、专业化生产方式，以市场为导向，着力推进特色农业建设。目前，全县非粮作物种类有21个，其中花生、大蒜、葡萄、梨树等参与种植的村数最多。

### （三）区域特征与专业项目特征对比

根据前文有关农户参与机制的分析，农户选择参与新作物的种植、生产与销售等活动，必须满足三个条件：生产条件足够，机会成本较低，风险意识允许。

首先，自然条件满足。黄河故道区年平均温度为14℃～15℃，绝对低温为-13℃～18℃，年降水量为600～850毫米，年日照时数为2000小时左右，无霜期达200天以上，土壤多为壤土、沙壤土，pH值为7.5～8，含盐量小于0.2%，适宜欧亚种、欧美种、欧美杂交种葡萄生长，但7月、8月、9月的雨水集中，对葡萄的成熟和浆果品质造成不利影响。因而，黄河故道区是葡萄的较好适宜区，是温棚葡萄种植的最佳适宜区（贺普超，1999）。



其次，人力资源满足。葡萄生产属于劳动密集型产业，而宁陵县丰富的人力资源、高密度的人口分布为葡萄种植提供了人力保障。

再次，机会成本满足。宁陵县产业以农业为主，工业发展水平低，除外出务工和从事简单的商业活动外，其他收入机会有限。因此，其人均收入水平偏低。收益10倍于粮食作物的葡萄产业，对于普通农户，尤其是无法外出务工的农户而言，无疑极具吸引力。

最后，风险意识满足。根据行为心理学理论，在自然环境不是非常优越，并且资源匮乏的区域，为求生存，人们往往愿意尝试各种生产活动，“搏一搏”的心理，使他们愿意承担一定的风险成本。

总之，葡萄产业特征不仅能够充分发挥宁陵县的资源禀赋优势，而且能够克服土壤沙化等不足。因此，具有一定的推广可行性。

## 二、项目的引进

宁陵县葡萄产业始于中国农业科学院郑州果树研究所的积极探索。“自1960年建所以来，中国农科院郑州果树研究所长期致力于果树基础理论和应用技术研究，积极培育优良品种，努力推广科技成果……”第一代几十名果树科技人员来到风沙弥漫的黄河故道——宁陵县及其他县域“发展果树，改造沙荒”（乔地，2010）。中国农业科学院郑州果树研究所的研究员余旦华就是其中一员。1980年，他主持的葡萄绿植嫁接快速繁殖项目在宁陵县阳驿乡青年场试验成功并获得商丘市科技成果二等奖。1992年，余旦华将从美国引进的鲜食葡萄品种“绯红”带到了宁陵县，并准备进行试验种植。时任宁陵县阳驿乡乡长的常炳春老先生，得知这一消息后，便在距离阳驿乡政府所在地不足500米的袁庄村开辟出一块地作为试验田，并于1993年开始种植。就这样，在各种机缘巧合下，袁庄村成为宁陵县第一个从事鲜食葡萄种植的村庄。“绯红”葡萄颜色好，口味佳，果穗大，但其属于早熟品种，在温度合适的情况下，每年的3月中旬发芽。3月的宁陵县天气还比较寒冷，出芽率很低。袁庄村村民刘其美经过3年的试验摸索，发现搭冬暖棚可以御寒，提高出芽率，且保护了果穗，可以使“绯红”葡萄较其他品种更早上市，通过销售时间差，获得更高的市场效益。于是，刘其美成为豫东第一个建造冬暖式葡萄大棚的人，而宁陵县袁庄村成为我国北方较早采用棚栽模式种植葡萄的村。



## 三、生产主体的跟进

### （一）种植村的跟进

1. 种植村数的变化

1990年之前，袁庄村及其县域南部某村曾经尝试过种植葡萄，但仅限于零散种植，且以自给为主，没有推广开来。1995年，县域葡萄种植村数增加至7个，但同样仅限于农户的自发种植，产品品质较差，产量不高，且多以自给为主。1996年，袁庄村试验种植成功之后，大多数农户还是处于观望状态，受历史因素的影响，对葡萄种植的经济效益感触不多。2000年，全县仅有10个村正在或曾经种植过葡萄。2000年之后，在袁庄村的示范带动下，土壤沙化较为严重的部分村落逐步参与葡萄种植。但是，由于葡萄属于劳动密集型产业，且需要一定的技术条件和设施，相对于传统农作物而言，投入成本和承担的风险较大。因此，随着2000年之后“务工潮”的到来，土壤条件较好且粮食产量较高的县城南部农户，纷纷外出务工。但当见到袁庄村及其他村农户因种植葡萄而得到较高的经济效益后，部分无法外出务工的农户开始迅速参与种植。2010年，全县正在或曾经参与过葡萄种植的村庄达到44个。2010年前后，随着国家对“三农”问题的重视，宁陵县政府因地制宜，提出特色农业发展战略，并将葡萄种植业作为重要优势产业之一。在政府的大力支持和帮扶下，2010年之后，全县葡萄种植村数增加迅猛。2011年，增加了4个；2012年、2013年、2014年、2015年，葡萄种植村数年均增长多达13个；2017年，全县葡萄种植村数达到了111个，占全县总村数的30.5%（见图6-2）。至此，葡萄种植区域化、规模化显现。



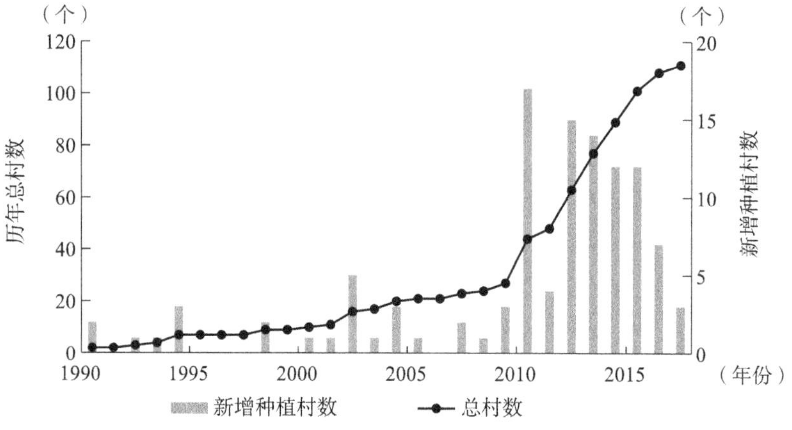


**图6-2　宁陵县葡萄种植村数的变化**

2. 种植村空间分布的变化

2000年及以前，葡萄种植村数有限，空间分布随机性较强，没有明显的空间集聚现象。2010年，种植村数迅速增加，出现了三大相对集中的区域——中部地区以袁庄村为中心、北部地区“一”字形排开、南部地区小规模集聚。运用ArcGIS空间最近邻指数测量发现，平均观测距离为6983米，最近邻比率为1.733，$z$值得分为3.44（大于-2.58），$p$值为0.001，集聚度不高。2018年，全县葡萄种植村呈曲线分布，北部主要沿县域西边界分布，之后向中部延伸，并顺势南下。整体来看，宁陵县域中部地区是葡萄种植村集中分布地，北部、南部葡萄种植村也基本呈带状分布。通过空间最近邻指数分析发现，葡萄种植村平均观测距离降低为 1416.87 米，最近邻比率下降为 0.765，$z$ 值得分为-3.42(小于-2.58)，$p$ 值同样为 0.001，说明集聚特征显著。总之，宁陵县葡萄种植村由最初的分散式、零星式空间分布逐步向集聚式、区域化空间分布转变。

### (二)葡萄项目的进一步推广

宁陵县葡萄产业的发展与种植规模、范围的拓展，主要有 3 条途径，一是袁庄村的直接带动效应；二是袁庄村的示范效应，区域内各地村民受袁庄村葡萄种植发展历程的启发，积极自主寻求新的品种，尝试新的生产模式；三是扩散网络与扩散速度。

#### 1. 袁庄村的直接带动效应

在刘其美试验种植成功前，村民普遍抱有粮食作物才是最稳定的保守心理，均处于观望状态，并未紧跟其后。1996 年，刘其美棚栽“绯红”葡萄获得成功，当年销售价格为 2.5 元/斤，亩产收入是粮食作物的近 20 倍。见到切实经济效益的袁庄村民，方纷纷效仿加入。袁庄村耕地面积 1880 亩，葡萄生产规模由 1996 年的五六亩，逐步发展到 2000 年的 20 多亩，2005 年、2006 年的 50 多亩，2009 年达到 800 亩。2009 年，袁庄村成立了全县第一家葡萄种植专业合作社，在河南省农科院园艺研究所的支持下，推广了“多膜促早+水肥一体+配方施肥+套袋+除草布(上银下黑)”综合配套技术。2015—2022 年，袁庄村每年约 80%的耕地用于葡萄种植；葡萄品种也由最初的“绯红”，拓展为夏黑、8611、井川 108、阳光玫瑰等多个品种。当前，袁庄村已经成为远近闻名的葡萄专业村，并通过地缘廊道、亲缘廊道、业缘廊道等多种途径，带动县域内的陈营、罗楼、皮堂等近 30 个村参与种植，还吸引了滑县、三门峡、亳州等周边市县大批农户前来参观学习。扩散网络也由最初的以地缘关系为主，逐渐向以业缘关系为主转变。目前，在全县 111 个葡萄种植村中，直接受袁庄村影响而参与葡萄种植的村有 46 个，占全县葡萄种植总村数的 41.4%(见图 6-3)。

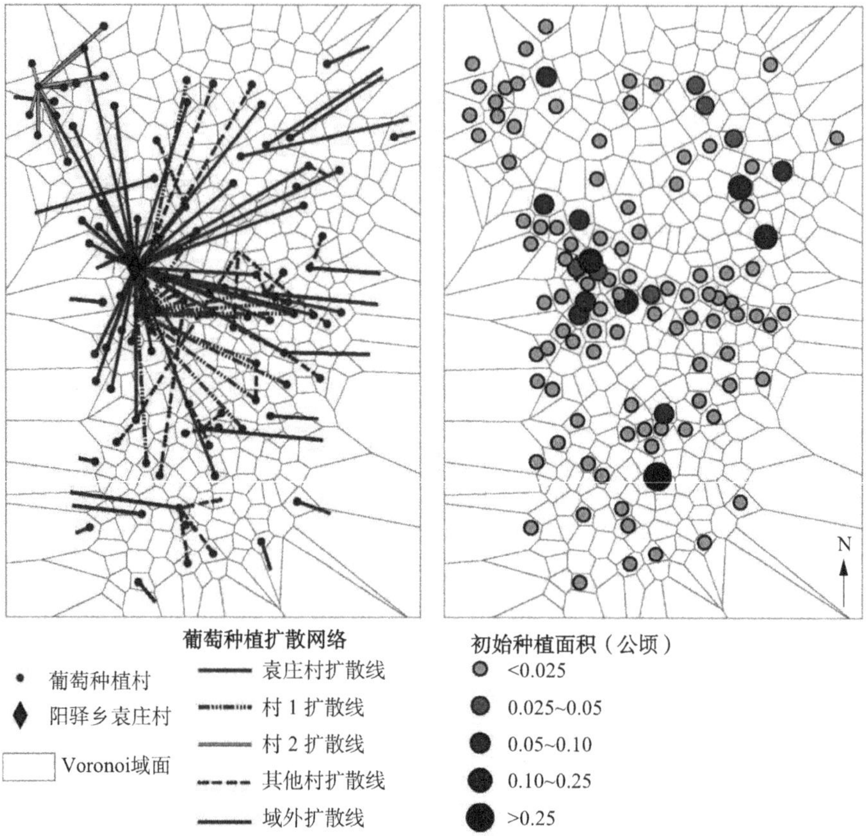




**图 6-3　宁陵县葡萄产业空间扩散网络示意**

注：鉴于地图的保密性，该图是宁陵县行政村几何中心点生成的 Voronoi 域面图，图中界线、点要素不代表实际行政边界和村庄位置（书中其他图亦如是），但通过扩散网络的空间分布示意，读者大致应该能猜出文中所指的村。

2. 袁庄村的示范带动效应

袁庄村葡萄种植业的成功激发了更多农户的创新、冒险动力。在调查中发现，很多农户借鉴袁庄村的发展模式，但并未直接选择加入袁庄村的葡萄种植合作社，而是在县农业农村局、科技专家等的协助下，另辟蹊径，选择新的葡萄品种、新的生产技术，以规避同类产品的恶性竞争。例如，2015 年春，经葡萄专家介绍，村民黄西征根据当地土壤气候条件，以每株果苗 10 元的价格，从山东购回“金手指”葡萄种苗 300 株，栽植了 1 亩地“金手指”葡萄（农村致富网，2017）。此外，为了错开成熟时间，更合理利用劳动力和控制上市时间，以取得更好的经济效益，村民仍在不断探索、试验更多的种植模式，引进更多的种植品种，并由最初的温室棚栽模式逐步拓展至温室大棚、简易大棚、露天场地等多种栽种模式（戚丹青，2015）。例如，2002 年，宁陵县农业局园艺站从山东苍山县引进 8611 无核葡萄品种，在陈营村直插建园，进而带动了周边 15 个村的参与（林常艳，2013）。目前，宁陵县葡萄主要有早熟、中熟、晚熟等多个品种，销售时长达 8 个月，葡萄年产达 8000 万千克，产值达 3 亿多元，带动农户 1 万多家（河南大小事，2021）。

3. 扩散网络与扩散速度

就扩散途径而言，全县主要通过业缘廊道、地缘廊道、亲缘廊道、政缘廊道获取种植技术及市场信息的村数占种植村总数的比例分别为 47.7%、24.3%、22.4%和 5.6%，即业缘廊道所占比重超过了地缘廊道和亲缘廊道比重之和，成为该县葡萄种植区域扩散的主要途径。但就扩散效果而言，通过亲缘廊道获取种植技术的村参与时间最早，参与时间均值为 2009.38 年，而通过业缘廊道、地缘廊道、政缘廊道参与的时间分别为 2010.18 年、2009.88 年和 2010.33 年，即通过政缘廊道获取生产技术的村参与时间最晚。此外，就不同参与途径的葡萄种植村空间分布特征而言，以亲缘廊道为主要参与途径的村距离阳驿乡最近（7.19 千米），而通过政缘廊道参与的村距离阳驿乡最远（13.14 千米）。此外，亦有 18 个村的生产技术是通过业缘廊道直接从县域外的科研机构和经济组织获得，时间先后差别较大。总之，宁陵县葡萄种植在空间扩散过程中，业缘廊道辐射带动的范围最广、村数最多，亲缘廊道扩散速度最快，政缘廊道对周边村域的影响最大，推动了业缘、地缘、亲缘难以辐射村域的参与。最终，不同廊道共同作用，使得宁陵县葡萄种植从最初的极个别村，逐渐扩散至整个县域，进而引发合作社、个体工商户及深加工企业的组建，形成了“种植—加工—销售”的完整链条，构筑了区域化生产格局（见表 6-1）。



**表 6-1　宁陵县葡萄种植村域扩散方式**

| 扩散途径 | 所占比重（%） | 开始种植的时间（年） | 当前种植规模（公顷） | 到阳驿乡的距离（千米） |
|---|---|---|---|---|
| 业缘廊道 | 47.7 | 2010.18 | 0.14 | 10.97 |
| 地缘廊道 | 24.3 | 2009.88 | 0.38 | 10.51 |
| 亲缘廊道 | 22.4 | 2009.38 | 0.48 | 7.19 |
| 政缘廊道 | 5.6 | 2010.33 | 0.81 | 13.14 |

4. 葡萄种植村的扩散中心性

创新的扩散具有一定的时序性，最先掌握信息或技术的行为主体或空间单元往往很快成为向下一级扩散的高地（罗杰斯，1962），从而拉开区域化的序幕。在宁陵县葡萄种植村中，对扩散做出贡献的村数为 16 个。就其影响力而言，阳驿乡袁庄村、陈营村的扩散中心性较强，分别为 49、17，即二者通过各种廊道分别带动 49 个村、17 个村参与葡萄种植。2018 年，阳驿乡葡萄种植村为 28 个，占全乡总村数的 87.5%，所占比重最高，且集聚度略显著（$z$ 值为 3.419，$p$ 值为 0.001）。其次为逻岗镇的刘赵村、张弓镇的芦堂村，二者的中心性分别为 10、5；当前，逻岗镇葡萄种植村为 16 个，占全县总村数的 51.6%，空间集聚度同样不强（$z$ 值为 3.807，$p$ 值为 0.000）。其他乡镇种植村数较少且中心性基本为 0，但种植村一般相邻分布。如赵村乡葡萄种植村仅有 4 个，且集聚水平更为有限（$z$ 值为 6.491，$p$ 值为 0.000）；张弓镇葡萄种植村有 9 个，集聚度 $z$ 值为 3.871，$p$ 值为 0.000。从而形成中心性强村被中心性弱村包围的“中心—外围”结构。例如，阳驿乡袁庄村周边村的中心性最高者为 1，陈营村周边村的中心性则均为 0；张弓镇芦堂村周边的种植村、逻岗镇刘赵村周边的种植村等中心性均为 0。



5. 政府的积极推动

鉴于宁陵县黄河故道、土壤沙化、资源稀缺、人口密度较大且无其他产业基础的现实，依托传统农业和劳务输出并不能真正带动县域经济的发展，实现乡村振兴。因此，宁陵县委、县政府瞄准农业特色优势产业，以农业农村局为依托，在各种农技师、果树专家的帮助下，引进新品种，推广新技术，积极发展梨树、葡萄、花生等非粮产业，支持专业大户，鼓励农民成立合作社，为葡萄种植业的发展提供了良好的政策制度环境，直接推动了葡萄种植技术的传播与扩散。例如，县、乡两级政府，为解决袁庄村村民葡萄种植的资金和技术问题，因地施策，出台了一系列行之有效的举措，引进美人指、阳光玫瑰等受市场青睐的葡萄新品种，进行高标准规划、高质量运作、大规模发展，打造高效葡萄种植示范基地（中国日报网，2022）。

总之，宁陵县葡萄种植业的区域扩散，是“科研机构+地方政府+农户”多方联动、集体行动的结果。科研机构主动“下沉”基层，将科技带入急需的地区；地方政府，尤其是县农业农村局、乡镇政府，切实为地方产业发展着想，积极搭建平台，将技术转交地方农户；地方农户积极发挥主观能动性，能够抓住机会，不断尝试、改进，并努力跟进，积极承接技术、拓展生产范围。一言以蔽之，科研机构下放技术，地方平台转交技术，普通农户运用技术，最终促成了宁陵县当前的葡萄种植区域化格局（见图 6-4）。

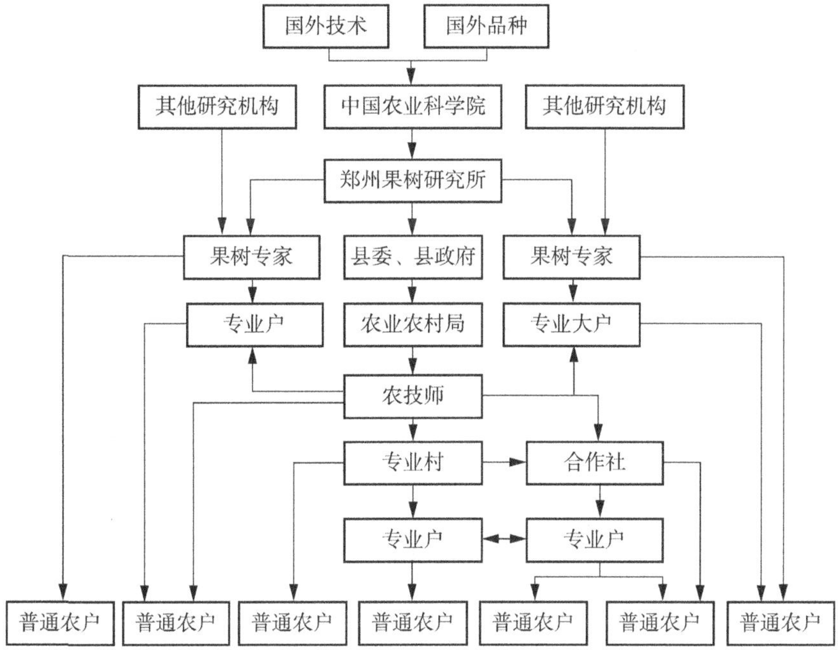


**图 6-4　宁陵县葡萄种植的引进与扩散**

### （三）其他经济主体的跟进

运用企查查企业信息搜集软件，以“葡萄”为关键词，以宁陵县辖区为范围，以“在业/存续”为登记状态（注销、迁移的法人单位不在统计范畴内），以 2022 年 6 月 30 日为时间节点，获取宁陵县葡萄种植合作社、加工企业、个体工商户相关数据。

1. 种植合作社的时空变化

2000 年之前，宁陵县并没有合作社。2000—2010 年，也仅有 3 家，空间分布极其分散，分别位于宁陵县的北部、中部和南部地区。2010—2018 年，合作社数量逐年增加。其中，2013 年新增数量最多，为 6 家；其次为 2014

年，当年新增葡萄种植合作社5家；2017年增加4家；其他年份增加的数量均不多，为1~2家。也就是说，多年来，宁陵县葡萄种植合作社发展平稳，没有出现大幅度集中增加的年份。就其空间分布特征来看，葡萄种植合作社多分布于葡萄种植村附近，葡萄种植村越集中的区域，葡萄种植合作社的数量就越多。从其空间最近邻指数来看，2010年葡萄种植合作社的平均观测距离为1791.36米，最近邻比率为0.90，$z$值得分为-1.15（大于-2.58），且$p$值为0.252，表明空间集聚特征不显著；2022年，平均观测距离降低至1097.02米，最近邻比率上升至1.32，$z$值得分更是高达11.69（远大于-2.58），且$p$值为0.000，说明空间上呈显著的均匀分布格局。

2. 个体工商户和加工企业的时空变化

个体工商户是以葡萄果实、葡萄系列产品为主要销售品的代销点、超市，服务于全县葡萄种植户。就数量而言，2004年，全县仅在县城附近的城关回族镇南环路有1家葡萄销售类个体工商户；之后的8年时间为空档期；直到2012年，出现了2家。2013年、2014年，同样为空档期，没有新的个体工商户在工商局注册备案。但2015年之后，从事葡萄种苗销售、鲜果销售的个体工商户陆续出现；其中，2017年、2020年均新增4家。截至2022年，葡萄营销类个体工商户达21家。就空间分布来看，个体工商户的分布和普通种植合作社相似，均依托葡萄种植村，即葡萄种植村多的地方，个体工商户一般也多。因此，个体工商户的空间分布同样呈曲线特征：县域北部地区沿县域边界呈弧线形，县域中部从西北到东南呈斜条状分布，县域南部集中分布于区域中心，县域北部和南部的个体工商户数均较中间少。



宁陵县葡萄加工类企业数量非常有限，全县只有5家，县域北部2家，南部3家，空间分布较为分散，但均不在县城内。受历史因素的影响，张弓酒厂位于张弓镇；受铁路交通的影响，部分加工企业选址于县域北部。总之，以2010年为拐点，各类加工企业、合作社、个体工商户陆续出现，产业化发展速度平缓（见图6-5）。

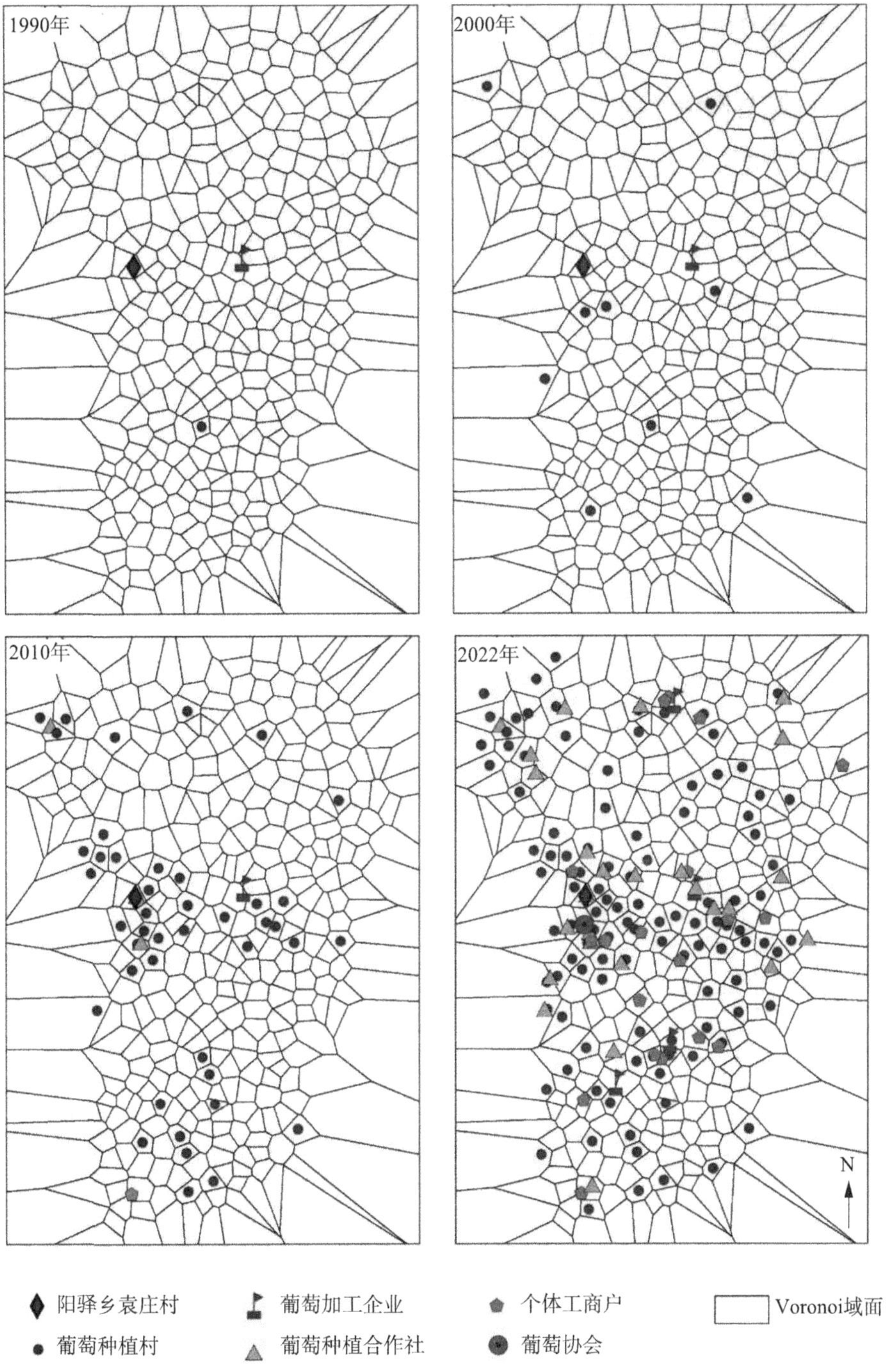


**图 6-5　宁陵县葡萄产业行为主体空间演化**

## 四、销售网络及产业链特征

### （一）销售网络特征

根据种植规模的不同，可以将宁陵县葡萄种植者分为三种类型，包括企业基地种植户、专业种植大户、零散小户。受多方面因素的影响，不同类型的种植户采用的销售模式和途径不同。对企业基地种植户而言，葡萄种植是企业获取初级原材料的重要保障，葡萄采摘之后，或直接进入企业内部，经加工后，以葡萄酒、罐头等终端产品的形式通过代理商转向市场；或者直接进入大型商超后直达消费者，中间环节一般较少。对专业种植大户而言，由于其种植规模较大，需要稳定的客商客源以保证销售市场的稳定性。因此，专业大户可能直接对接经纪人、大型农贸市场或农产品批发基地，或与葡萄加工类企业签订单合同，较少直接面向消费者。对种植规模较小的零散小户而言，由于其生产规模有限，无法直接对接企业、农贸批发市场，其产品销售一般通过销售合作社实施“团销”，或采摘之后放到路边直接对接消费者，或和其他种植户一起卖给地头商贩。随着智能手机的普及，越来越多的农户依托“微商”“抖音”等途径，实施线上销售。实施网络销售的农户的生产规模一般较大，且农户信息技术手段运用能力较强；但对宁陵县多数普通种植户而言，仍然以线下销售为主，且多数农户的销售市场稳定性不足（见图 6-6）。



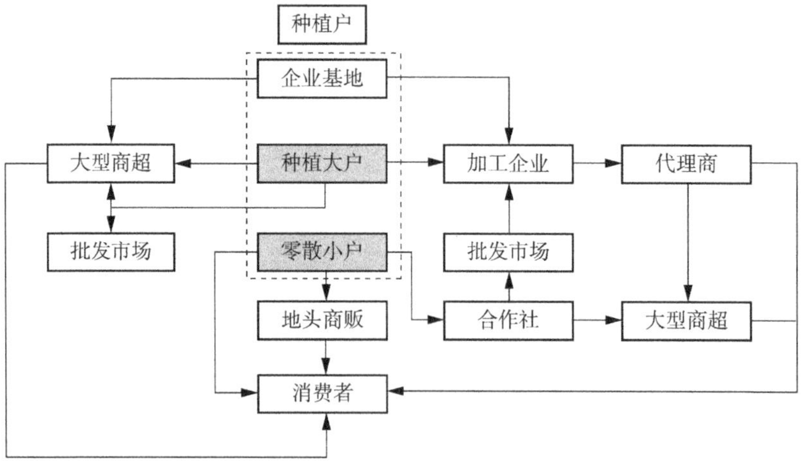


**图 6-6　宁陵县葡萄销售网络**

### （二）产业链特征

产业化、深加工是将农产品更多的附加价值留在当地的关键。葡萄是加工比例最高、产业链最长、产品最多的水果（侯廷帅，2015），除了鲜食以外，还可以酿酒，制作葡萄干、葡萄果汁，甚至提炼制作葡萄糖注射液、葡萄籽提取物等。当前，国外80%的葡萄用于酿酒，10%用于制干、制汁、罐头等，仅有10%用于鲜食。而我国刚好相反，葡萄产量的80%用于鲜食，13%用于酿酒，7%用于制汁、制干、罐头及酿醋等。因此，多数地区的葡萄产业化水平较低，产业链条较短。宁陵县域内拥有历史悠久的张弓酒业有限公司，并于2013年、2014年、2020年陆续成立了生产与销售葡萄酒及果酒（加工灌装）的企业。但和全国多数地区一样，整体用于酿酒、制干、果酱的葡萄所占比重极低。可是，葡萄种植合作社较多，主要组织采购、供应成员种植葡萄所需的生产资料，组织收购、销售社员种植的葡萄，引进新技术、新品种，推广新技术交流和信息咨询服务等。但葡萄种植合作社发展极不稳定。截至2022年6月1日，工商注册数据显示，31家葡萄种植合作社中的12家已注销。此外，从事葡萄架棚销售、葡萄酒销售、果木苗培育与销售的个体工商户有21家，其中4家为注销状态。2015年，成立了宁陵县葡萄协会，用于葡萄种植与生产、种苗培育与技术交流等，但目前的状态也为“注销”。总之，截至2022年，宁陵县葡萄种植历史长达26年，葡萄生产区域化、规模化明显，但停留于鲜食葡萄的种植与销售方面，对葡萄进行深加工的水平与技术有限，产业化水平不高，集群化态势不明显。宁陵葡萄产业链见图6-7。

## 五、葡萄专业村地域经济效应的形成机制

### （一）形成机理

总结以上分析不难看出，宁陵县葡萄产业的区域化得益于不同行为主体间复杂的社会关系网络，从而引发技术、信息的空间扩散；同时，也得益于村域之间、村域与科研人员、政府等之间的相互信任，使得技术、信息传播更为顺畅；但也受制于地方风俗习惯，尤其是生产习惯，使得葡萄种植未能进一步扩散开来。社会网络、社会信任、社会规范是中国乡村农户在长期的共同生产与生活过程中逐渐形成的，村民们遵守着共同的社会规范，珍惜村

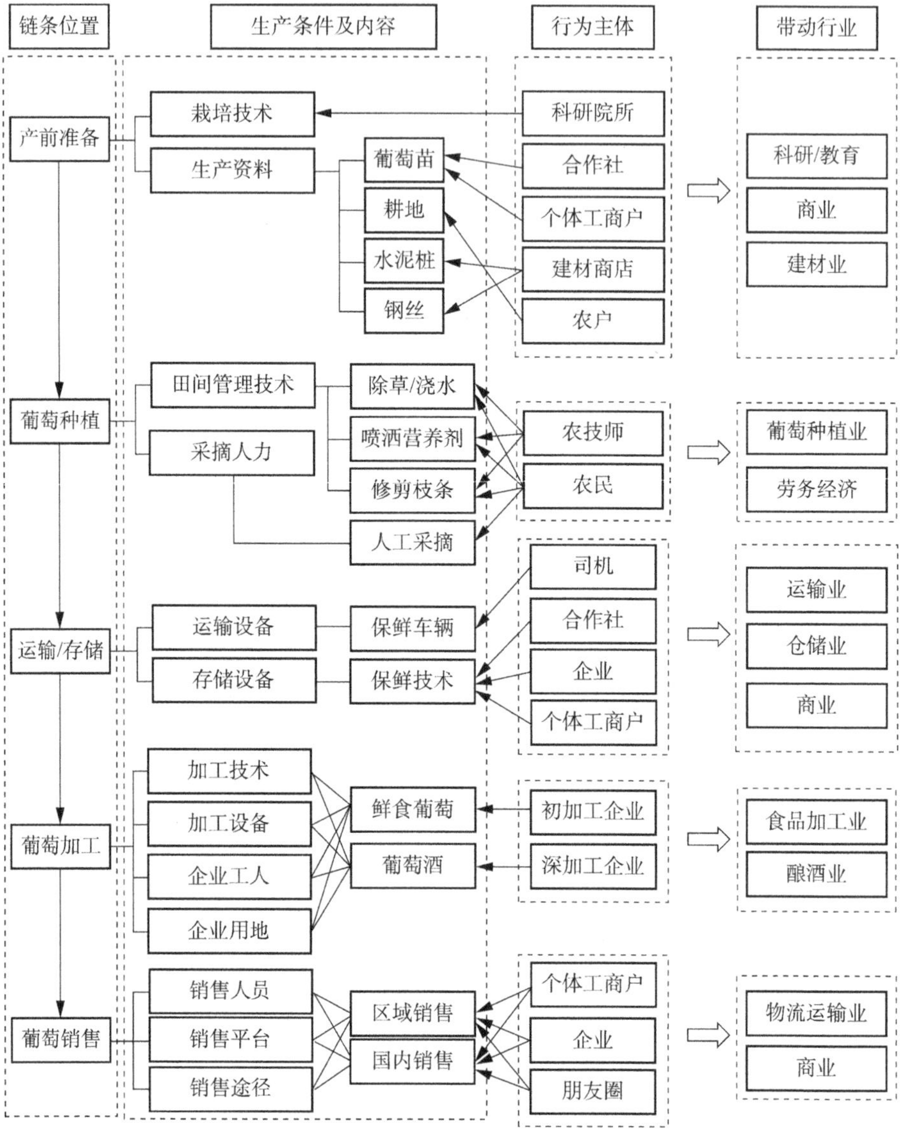


**图 6-7　宁陵葡萄产业链**



集体声望，且不同村域之间通过复杂的社会关系网络相互影响。某种农作物一旦被某一个村的村民接受，出现在农田里，其生产技术、市场效益等信息便通过社会网络向村内其他农户、周边其他村域扩散。当首次尝试生产的农户成功后，其他农户会基于对该农户试验结果的信任水平和受当地社会规范的约束而选择加入生产活动的时间、规模。随着参与行动的户数和村数的增加，试验结果得到反复证实后，跟进户数和村数进一步增加。如此反复，该产品的生产规模和区域范围不断扩大。规模化生产激励社会分工，于是，与其相关的上下游产业开始在同一区域内出现，从而形成产业化发展态势。但是，社会资本具有地理根植性、空间分布非均衡性特征。中国俗语“十里不同风，百里不同俗”就说明不同区域的社会网络结构、社会规范的内容、信任水平等存在差异。因此，随着与初始生产地距离的增加，信息衰减，社会信任降低，社会规范发生变化，从事生产村数与生产规模开始减少和降低，直至为零。据此，在社会资本的作用下，就形成了具有一定边界的区域专业化、产业化生产现象。因此，本书将探讨社会资本在葡萄专业村地域经济效应形成中的作用机制问题。

### （二）理论假设

社会资本的研究最早应用于社会学领域中，关注以“信任”“合作”为前提的个人之间的关系和以组织整体行动为核心的群体的重要性（Jacobs，1965）。20 世纪 70 年代后期，“社会资本”作为明确概念被提出后，开始广泛应用于学术研究。但社会资本的多维度性使其测量方法多样。例如，世界银行（2001）提出粘结型社会资本、桥接型社会资本和连接型社会资本；Collier（1998）将社会资本分为以规则为主的政府社会资本和以信念及组织为主的公民社会资本；Krishna（1999）认为社会资本应包括正式性的制度资本和非正式性的关系资本；Nahapiet（1998）用外部社会关系、内部成员之间的信任以及成员对组织集体目标的理解度来归类社会资本；Uphoff（2000）则从性能角度将社会资本分为结构型社会资本和认知型社会资本，前者如社会组织中的规范、规则等具体要素，后者则表现为信任、价值观等抽象认知；Onyx（2000）主要将其分为社区参与、社区机构和信任三个维度；Narayan（2001）的测量分类在 Onyx 的基础上添加了和睦相处、日常交往、一般性规则等。中国学者刘国亮（2006）将社会资本分为社会资本网络、网络差异、社会参与和信任；裴志军（2010）在研究中将社会资本更加细化为普遍信任、规范信任、正式网络、非正式网络、共同愿景与社会支持六个方面；陆慧玲（2014）则从信任、规范和社会网络三个方面研究乡村社会资本对农户收入的影响；王天琪和黄应绘（2015）则又加入了互惠、参与及社会资本培育；还有部分学者根据关系性质将社会资本分为同质性社会资本、异质性社会资本两类。

总之，在测量社会资本的过程中，受研究目的与内容的限制，测量指标体系往往不固定，但不同测量维度的指标在本质上具有相似性和模糊性，且主要从社会网络、社会规范、社会信任三个方面进行(Putnam，1993)。在中国，村是构成中国乡村的最小行政单元，村集体拥有村域土地所有权(Choy，2013)，即中国乡村生产性土地利用决策取决于村集体(全体农户)的行动方向。但是，土地承包责任制的实施使每个农户具有土地利用的决策权，也就是说，各村葡萄种植整体规模、时长、专业化水平等最终还是由村内一个个农户决定。毫无疑问，村域间、村域与不同行为主体间的网络，当地的文化氛围、信任氛围均对宁陵县葡萄种植产生着一定的影响。

第一个维度是社会网络，主要指群体中行动者之间的关系(费孝通，2011)。在本书中，它是指农民在参与葡萄种植之前与村里不同行动者之间的接触程度。它主要包含两个要素：不同节点之间的“连接关系”，如连接主体、连接频率等；以及沿着连接关系流动的“感染性物质”，如信息、思想、情感、文化等(Christakis，2017)。社会网络通过连接机制将信息、技术和知识传递给不同的节点，为农民提供就业机会、融资渠道，并帮助其获取信息。例如，一个非正式系统为家庭提供安全保障，降低家庭对风险的敏感性，使小农户可以通过社会网络共享风险，以消除风险对家庭种植的抑制作用(Kang X，2019)，最终影响该地区的整体行为和选择(戴维·诺克，2017)。中国农村大多是由几代家庭组成的“熟人社会”，农民之间通过地理、亲属关系和产业关系建立了复杂而稳定的关系网络。当一个村庄改变其土地利用模式，选择某种作物并获得可观的经济效益时，它就能起到节点的中心作用，将该土地利用模式传播到其他村庄(Wang，2016)，然后影响该地区其他农民的土地利用行为，影响作物专业化程度的变化(Kong，2010)。研究证实，联系更多的家庭更有可能采用一系列新技术，如犁、品种、投入、果园、造林、牧场恢复等(Prayitno，2014)。因此，社会网络在一定程度上是作物种植信息的空间扩散网络，为作物种植结构调整提供了信号。在此基础上，提出假设1(社会网络越密集，村域葡萄种植专业化程度越高)。



第二个维度是社会规范，指组成特定社会的成员应共同遵守的行为标准。在这些标准的限制下，人们形成了各种各样的特定行为模式(Mcadams，1997)，包括习俗、宗教信仰、道德规范、商业氛围、社会信任、法律法规等

(Zeng，2020)。一些学者将社会规范分为描述性社会规范、强制性社会规范和个人规范(侯林岐，2019；郭清卉，2020)。它们描述了个人行为如何受到同一社会群体中其他人的行为或意见的影响。在我国农村社会关系结构下，农民的生产活动大多是在地理关系的基础上进行的，他们的行为不可避免地受到村庄社会规范的影响。实证研究表明，农民的决定受到其他农民对该计划的看法的影响，当农民得知大量农民在其社会群体中表现得像智者一样时，他们更有可能参与种植。例如，社会规范直接影响农民的有机肥施用行为和作物品种采用(Zeng，2020)，社会规范可以通过影响农民的相关价值认知、风险信心和技能来刺激农民采取耕地保护行为(Wen，2021)。当新的作物种植技术传播到一个村庄时，村民的共同价值取向将成为该村庄是否"顺应潮流"的决策依据。特别是在知识有限的情况下，农民种植结构调整更容易受到当地文化和生产习惯的影响。在此基础上，提出假设2(社会规范对村民葡萄种植的决定有重要影响)。

第三个维度是社会信任，它是社会文化和社会制度的产物，通过增加沟通和促进社会交流(Yang，2018)，可以帮助人们避免低效的非合作陷阱，减少"搭便车"的问题，然后有效降低交易成本和促进人与人之间的合作(史宇鹏，2016)。学者们试图将其分为两个维度：一个维度是人际信任，它指的是人与人之间的信任；另一个维度是制度信任，如政府和法律体系(Duan，2022)。此处，它是指村民对各种政策和不同行为者的信任。农民的社会信任决定了他们愿意给予信贷或按照他人建议行事的程度(Cai，2015)。同一地区的农民坚持同样的土地生产模式，可能会对接受者自身及其周围环境产生很大影响(King，2019)。因此，村民之间的高度社会信任有助于在村里建立相互信任和更频繁沟通的合作环境，反过来也可以通过信息和技术经验共享等社会交流促进作物专业化。在此基础上，提出假设3：社会信任水平越高，越有利于葡萄种植水平的提高。

### (三)指标选取、模型设定与处理

1. 指标选取

根据前文分析，从以下三个方面选取社会资本测量指标(见表6-2)。

(1)社会网络测量指标选取。社会网络具有亲缘关系、地缘关系、业缘关系等多维性特征。不同学者研究使用的指标差异较大，如外出频次(边燕杰，2004)、来往亲友数量(张聪颖，2017)、礼金消费额(吴娜琳，2017)等。参考以往研究，结合调查数据，村里所有农民之间以及普通农民、亲友、商人、科研机构之间的沟通频率，选择种植作物前的合作社、龙头企业和政府组织来衡量该村的社会网络指数水平。

（2）受文化习俗、种植习惯、社会结构等因素的影响，不同村庄的农民在选择作物类型时主要考虑的因素不同，从而形成了独特的社会规范。农户在决定种植不同作物时受到不同因素影响，以商业氛围（风险文化、勤劳传统、成本意识、效率意识、创新意识和市场意识）、社会习俗（如节俭习惯、农业生产习惯和农业生产禁忌）和社会组织服务规范（如技术协会服务规范、农民合作社服务能力、龙头企业与农户合作规范）作为社会规范的衡量指标。根据受访者的感知，可以参考之前的研究，使用李克特5级量表进行评分和分配。

（3）社会信任的测量指标。社会信任通常分为两大类：广义信任和特殊信任（Glanville，2020）。然而，根据信任对象的划分，社会信任包括人际信任和制度信任（Luhmann N，2018）。鉴于中国政府在农村经济发展中的重要作用，本章采用了农村经济发展的分类标准。本章中的人际信任测量指标主要包括邻居、技术能人、企业家、高学历人员、亲属等的信任，而制度信任主要是指村里所有农民对产业政策、农业技术推广政策等的信任。



**表 6-2 村域社会资本指标体系**

<table>
<tr><th>一级指标</th><th>二级指标</th><th>三级指标</th><th>释义</th></tr>
<tr><td rowspan="9">社会网络</td><td rowspan="3">同质性社会网络</td><td>与外县农户的来往频率</td><td rowspan="9">基于李克特量表法评价村里农民和不同行为主体在参与作物种植前的接触亲密度，1代表接触频率很低，5代表接触频率很高。<br>对于葡萄种植村，该值是他们参与作物种植前一年的社会网络得分；对于非种植村，该值是其当前的社会网络得分</td></tr>
<tr><td>与县内非本村农户来往的频率</td></tr>
<tr><td>村内农户间来往的频率</td></tr>
<tr><td rowspan="6">异质性社会网络</td><td>与供应商来往的频率</td></tr>
<tr><td>与客户来往的频率</td></tr>
<tr><td>与科研机构来往的频率</td></tr>
<tr><td>与合作社来往的频率</td></tr>
<tr><td>与龙头企业来往的频率</td></tr>
<tr><td>与县政府来往的频率</td></tr>
</table>

续表

| 一级指标 | 二级指标 | 三级指标 | 释义 |
|---|---|---|---|
| 社会规范 | 商业氛围 | 风险文化 | 在考虑是否种植、种植规模和种植期限时，受当地商业氛围、社会习俗和社会组织服务规范影响的程度。根据李克特量表，1 表示影响力很低，5 表示影响力很高 |
| | | 勤劳传统 | |
| | | 成本意识 | |
| | | 效率意识 | |
| | | 创新意识 | |
| | | 市场意识 | |
| | 社会习俗 | 节俭习惯 | |
| | | 农业生产习惯 | |
| | | 农业生产禁忌 | |
| | 社会组织服务规范 | 技术协会服务规范 | |
| | | 农民合作社服务能力 | |
| | | 龙头企业与农户合作规范 | |
| 社会信任 | 制度信任 | 产业政策 | 村民对各项政策的信任程度，0 表示完全不信任，10 表示完全信任 |
| | | 农业技术推广政策 | |
| | | 信息共享政策 | |
| | | 农村金融政策 | |
| | | 政府基础设施建设能力 | |
| | | 政府对外宣传能力 | |
| | 人际信任 | 邻居 | 农民对不同行为主体的感知和信任度，0 表示最低，10 表示最高 |
| | | 技术能人 | |
| | | 企业家 | |
| | | 高学历人员 | |
| | | 亲属 | |
| | | 管理者 | |
| | | 邻村农户 | |

除社会网络的社会资本、社会规范和社会信任外，作物种植还受到村庄资源（如人力资源和土地资源）和交通区位影响，如村庄的耕地面积、行政区域和交通用地面积等。在人力资源中，具有一定技能和学习能力的劳动者能力更强，社会威望一般更高，带动能力突出（周霞，2018）。因此，在变量选择过程中，还需要考虑将该村葡萄种植前一年受过高等教育的劳动者和企业家人数作为人力资源。交通区位及基础设施条件对区域发展的影响毋庸置疑。

因此，本章将每个村庄到葡萄种植扩散源（阳驿乡袁庄村）和技术指导中心——县城的欧几里得距离（也称“欧氏距离”）作为交通区位。最后，将土地资源、人力资源和交通区位统称为“村庄区域的基本发展条件”，并作为控制变量纳入模型，社会资本变量作为解释变量（见图 6-8）。

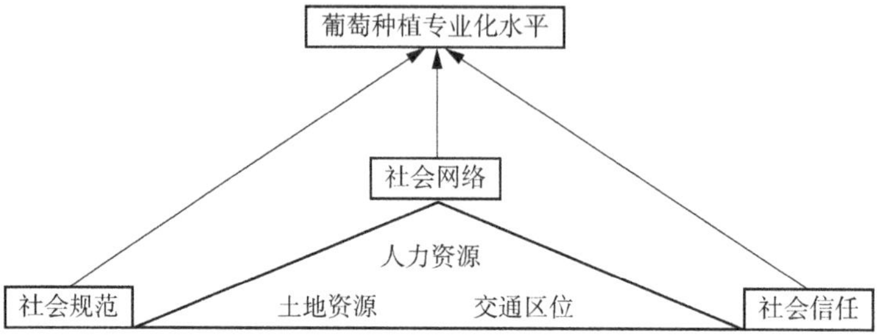


**图 6-8　村域葡萄种植影响因素**

2. 模型设定

葡萄种植的区域化过程首先表现为村域参与过程，即是否种植；其次为种植规模及种植时长；而各种植村向外扩散的能力即中心性，是推动葡萄种植区域化的关键。据此，在村域层面，将各村是否种植以及种植村当前的种植规模、种植时长、中心性作为因变量，将社会资本各维度指标作为自变量分别进行回归分析。



模型一：村域是否种植，选取 Logit 二元回归模型，公式如下：

$$p=\frac{\exp(\alpha+\beta_1x_1+\beta_2x_2+\cdots+\beta_nx_n)}{1+\exp(\alpha+\beta_1x_1+\beta_2x_2+\cdots+\beta_nx_n)} \qquad 式(6-1)$$

式中，因变量 $p$ 为村域种植葡萄的概率；$x_1$，$x_2$，…，$x_n$ 是自变量；$\beta_1$，$\beta_2$，…，$\beta_n$ 是 Logistic 回归待定系数。对上式进行变换，由于：

$$p=\frac{\exp(x'\beta)}{1+\exp(x'\beta)},\ 1-p=\frac{1}{1+\exp(x'\beta)} \qquad 式(6-2)$$

故而：

$$\ln(p_i/1-p_i)=\alpha+\sum_{k=1}^{k}\beta_kx_{ki} \qquad 式(6-3)$$

式(6-3)中，$p_i=p[y_i=(1\mid x_{1i},x_{2i},\cdots,x_{ki}\mid)]$是在自变量 $x_{1i}$，$x_{2i}$，…，$x_{ki}$取给定值时村域种植概率的变化概率，$\alpha$ 是截距项，$\beta$ 为斜率。

模型二：社会资本各维度指标对村域及农户种植规模、时长及中心性的影响，首先运用 SPSS20. 0 分别就各维度指标进行降维处理，将提取因子标准化处理后作为自变量，采用 Stata15.0，分别将其与各因变量进行 OLS 和 OLS+稳健标准误回归，并对回归结果进行 White 异方差检验，对于存在异方差的模型，采用加权最小二乘法进行反复修正，直至达到较好拟合效果。

普通最小二乘法公式：

$$y_i = \beta_{i1} x_{i1} + \beta_{i2} x_{i2} + \cdots + \beta_{in} x_{in} + \varepsilon \qquad 式(6-4)$$

式中，$y_i$ 为第 $i$ 个因变量；$x_{i1}$，$x_{i2}$，…，$x_{in}$ 为影响第 $i$ 个因变量的各独立自变量；$\beta_{i1}$，$\beta_{i2}$，…，$\beta_{in}$ 分别为 $x_{i1}$，$x_{i2}$，…，$x_{in}$ 的待定系数；$\varepsilon$ 为残差。

加权最小二乘法的权重取值 $1/\sqrt{v_i}$（标准差的倒数），对于第 $i$ 个观测值（种植村的特色种植时长、规模等），其回归方程变为：

$$\frac{y_i}{\sqrt{v_i}} = \beta_{i1} \frac{x_{i1}}{\sqrt{v_i}} + \beta_{i2} \frac{x_{i2}}{\sqrt{v_i}} + \cdots + \beta_{in} \frac{x_{in}}{\sqrt{v_i}} + \frac{\varepsilon}{\sqrt{v_i}} \qquad 式(6-5)$$

3. 数据处理

将社会网络、社会规范、社会信任指标分别和土地资源、交通区位、人力资源组合为三组完整的指标体系，即社会网络和土地资源、交通区位、人力资源的所有指标体系为一组，社会规范和土地资源、交通区位、人力资源的所有指标体系为一组，社会信任和土地资源、交通区位、人力资源的所有指标体系为一组，并采用主成分分析法分别对它们进行降维处理发现，KMO 值均大于 0.80（分别为 0.834、0.853、0.856），Sig. 均为 0.000，累计贡献率均大于 60%（分别为 66.67%、64.79%、62.97%），说明适合做因子分析，且效果较好。有趣的是，在三组指标体系中，凝练后的土地资源、交通区位、人力资源所包含的指标相同，土地资源均包括村庄道路面积、耕地面积、交通面积、运河面积和村庄行政区域；人力资源都包括受过良好教育的人的比例和企业家的数量；交通区位均包括村庄到葡萄种植扩散源和县城的距离。故而，将每组变量的最大方差旋转后的得分作为变量值。

**（四）数据分析**

1. 社会网络对葡萄种植区域化的影响

模型显示，同质性社会网络对村域是否参与葡萄种植、种植规模、种植时长、中心性水平等均具有显著的影响；异质性社会网络对村域是否参与葡萄种植、种植时长及中心性水平的影响均不显著，但深刻影响村域葡萄种植规模。此结果说明，亲友、当地农户等构建起来的社会网络对农户农业生产的影响具有全面性，它左右着葡萄种植区域化的速度、规模和未来发展趋势。同质性网络越发达的村域，村域农户整体参与葡萄种植的可能性越大、种植规模越大、种植时间越长，且对其他村域带动性越强；而与合作社、科研单位、龙头企业等构建起来的社会网络越发达的村域，葡萄种植规模越大，但对其是否参与葡萄种植、参与葡萄种植时长及中心性影响不显著。此结论与前文业缘廊道辐射带动的范围最广、村数最多的结论并不矛盾，因为宁陵县农户在葡萄种植方面的交往对象主要是本地农户、商贩等。总之，和以往研究的发现相似(戴维·诺克，2017)，社会网络通过促使村域整体积极参与葡萄种植、扩大生产规模从而促进葡萄种植区域化，但存在结构性差异(见表6-3、表6-4)。



**表6-3 社会资本对村域是否参与葡萄种植的影响**

| 变量类型 | 独立变量 | 优势比 | 估计标准误 | $z$ 统计量 | $p>\|z\|$ | 大于卡方分布临界值的概率 | 伪决定系数($R^2$) |
|---|---|---|---|---|---|---|---|
| 社会网络 | 同质性社会网络 | 1.383 | 0.169 | 2.66 | 0.008 | 0.000 | 0.094 |
| | 异质性社会网络 | 1.205 | 0.142 | 1.58 | 0.113 | | |
| | 人力资源 | 1.380 | 0.163 | 2.73 | 0.006 | | |
| | 土地资源 | 1.300 | 0.155 | 2.20 | 0.028 | | |
| | 交通区位 | 0.566 | 0.075 | -4.32 | 0.000 | | |
| | 常数 | 0.365 | 0.046 | -7.94 | 0.000 | | |
| 社会规范 | 商业氛围 | 1.202 | 0.147 | 1.50 | 0.132 | 0.000 | 0.082 |
| | 社会习俗 | 1.279 | 0.152 | 2.06 | 0.039 | | |
| | 社会组织服务规范 | 1.040 | 0.123 | 0.33 | 0.742 | | |
| | 人力资源 | 1.277 | 0.150 | 2.08 | 0.037 | | |
| | 土地资源 | 1.313 | 0.155 | 2.30 | 0.021 | | |
| | 交通区位 | 0.568 | 0.074 | -4.35 | 0.000 | | |
| | 常数 | 0.371 | 0.046 | -7.92 | 0.000 | | |
| 社会信任 | 制度信任 | 1.384 | 0.175 | 2.56 | 0.010 | 0.000 | 0.085 |
| | 人际信任 | 0.994 | 0.123 | -0.05 | 0.960 | | |
| | 人力资源 | 1.476 | 0.177 | 3.25 | 0.001 | | |
| | 土地资源 | 1.305 | 0.155 | 2.25 | 0.025 | | |
| | 交通区位 | 0.608 | 0.08 | -3.79 | 0.000 | | |
| | 常数 | 0.369 | 0.046 | -7.92 | 0.000 | | |

**表 6-4　社会网络对村域葡萄种植区域化的影响**

| 因变量 | 社会网络指标体系 | 系数 | 估计标准误 | t 统计量 | $p>\|t\|$ | 显著性 | 决定系数($R^2$) |
|---|---|---|---|---|---|---|---|
| 种植规模 | 同质性社会网络 | 0.589** | 0.241 | 2.45 | 0.015 | 0.0002 | 0.051 |
| | 异质性社会网络 | 0.729*** | 0.240 | 3.05 | 0.002 | | |
| | 土地资源 | 0.293 | 0.212 | 1.38 | 0.168 | | |
| | 人力资源 | 0.296 | 0.214 | 1.38 | 0.168 | | |
| | 交通区位 | -0.500** | 0.194 | -2.56 | 0.011 | | |
| | 常数 | 1.325 | 0.283 | 4.69 | 0.000 | | |
| 种植时长 | 同质性社会网络 | 0.722*** | 0.211 | 3.42 | 0.001 | 0.0000 | 0.101 |
| | 异质性社会网络 | 0.404* | 0.211 | 1.92 | 0.056 | | |
| | 土地资源 | 0.246 | 0.186 | 1.32 | 0.188 | | |
| | 人力资源 | 0.707*** | 0.189 | 3.75 | 0.000 | | |
| | 交通区位 | -0.583*** | 0.170 | -3.42 | 0.001 | | |
| | 常数 | 1.975 | 0.249 | 7.95 | 0.000 | | |
| 中心性 | 同质性社会网络 | 0.159** | 0.076 | 2.08 | 0.039 | 0.2760 | 0.017 |
| | 异质性社会网络 | 0.064 | 0.077 | 0.84 | 0.403 | | |
| | 人力资源 | 0.041 | 0.069 | 0.59 | 0.552 | | |
| | 土地资源 | -0.001 | 0.685 | -0.02 | 0.983 | | |
| | 交通区位 | -0.080 | 0.063 | -1.27 | 0.207 | | |
| | 常数 | 0.213 | 0.088 | 2.43 | 0.016 | | |

注：*、**、***分别代表 10%、5%和 1%的显著性水平。



2. 社会规范对葡萄种植区域化的影响

在社会规范各独立变量中：①不同村域在选择特色农作物时的商业氛围对其是否参与葡萄种植以及种植规模、种植时长、中心性等的影响均不显著，这可能是因为不同村域的农户对葡萄种植的市场风险、劳动强度、投入成本以及经济效益、种植技术难易度、可存储性等市场经济属性的看法较为一致(各变量标准差值均在 2.90 左右)；②不同村域的社会习俗，对其是否参与葡萄种植、种植时长等影响显著，即节俭风气越弱，农业生产受以往习惯影响越轻，农业生产禁忌越少的村域参与葡萄种植的概率越大、持续种植时间越长；③不同村域农户对合作社、龙头企业、政府等组织服务的看法深刻影响村域葡萄种植的规模和其中心性，对合作社、龙头企业、政府等社会组织的服务越满意的村域，葡萄种植的规模越大，对外扩散的水平越高。总之，商业氛围对各村参与葡萄种植状况的影响并不显著，但社会习俗显著影响村域是否参与葡萄种植的决策和种植时长，社会组织服务规范影响葡萄种植规模和中心性(见表6-5)。

表6-5　社会规范对村域葡萄种植区域化的影响

| 因变量 | 社会规范指标体系 | 系数 | 估计标准误 | t统计量 | $p>\|t\|$ | 显著性 | 决定系数($R^2$) |
|---|---|---|---|---|---|---|---|
| 种植规模 | 商业氛围 | 0.185 | 0.325 | 0.57 | 0.570 | 0.0003 | 0.068 |
| | 社会习俗 | 0.586* | 0.332 | 1.77 | 0.078 | | |
| | 社会组织服务规范 | 1.141*** | 0.344 | 3.32 | 0.001 | | |
| | 交通区位 | -0.96*** | 0.321 | -2.99 | 0.003 | | |
| | 人力资源 | 0.522 | 0.342 | 1.53 | 0.128 | | |
| | 土地资源 | 0.363 | 0.327 | 1.11 | 0.269 | | |
| | 常数 | 1.375 | 0.345 | 3.98 | 0.000 | | |
| 种植时长 | 商业氛围 | 0.400* | 0.210 | 1.90 | 0.058 | 0.0000 | 0.078 |
| | 社会习俗 | 0.515** | 0.214 | 2.41 | 0.016 | | |
| | 社会组织服务规范 | 0.344 | 0.221 | 1.55 | 0.121 | | |
| | 交通区位 | -0.737*** | 0.206 | -3.57 | 0.000 | | |
| | 人力资源 | 0.504* | 0.220 | 2.29 | 0.022 | | |
| | 土地资源 | 0.292 | 0.211 | 1.39 | 0.166 | | |
| | 常数 | 1.837 | 0.222 | 8.28 | 0.000 | | |
| 中心性 | 商业氛围 | 0.146 | 0.116 | 1.26 | 0.207 | 0.0206 | 0.040 |
| | 社会习俗 | 0.035 | 0.118 | 0.30 | 0.767 | | |
| | 社会组织服务规范 | 0.370*** | 0.122 | 2.99 | 0.003 | | |
| | 交通区位 | -0.217* | 0.114 | -1.90 | 0.058 | | |
| | 人力资源 | 0.113 | 0.122 | 0.93 | 0.352 | | |
| | 土地资源 | -0.024 | 0.117 | -0.20 | 0.839 | | |
| | 常数 | 0.255 | 0.123 | 2.07 | 0.039 | | |

注：*、**、***分别代表10%、5%和1%的显著性水平。

3. 社会信任对葡萄种植区域化的影响

制度信任对村域是否参与种植、种植规模、种植时长均具有显著的影响，即农户对政府在技术提供、信息共享、资金支持等方面的能力越信任，则参与葡萄种植的积极性越高、种植规模越大、持续种植时间越长。农户对技术人员、创业者、高学历者及关系户等的信任水平对其参与积极性、种植规模、种植时长的影响有限，但人际信任水平对村域葡萄种植空间扩散影响显著，人际信任水平越高的村域对外扩散能力越强(见表6-6)。

表 6-6　社会信任对葡萄种植区域化的影响

| 因变量 | 社会信任指标体系 | 系数 | 估计标准误 | t统计量 | $p>\|t\|$ | 显著性 | 决定系数($R^2$) |
|---|---|---|---|---|---|---|---|
| 种植规模 | 制度信任 | 0.636** | 0.275 | 2.31 | 0.021 | 0.002 | 0.051 |
| | 人际信任 | 0.512* | 0.281 | 1.82 | 0.069 | | |
| | 人力资源 | 0.613** | 0.289 | 2.12 | 0.035 | | |
| | 土地资源 | 0.127 | 0.286 | 0.44 | 0.657 | | |
| | 交通区位 | -0.777*** | 0.261 | -2.98 | 0.003 | | |
| | 常数 | 1.413 | 0.330 | 4.28 | 0.000 | | |
| 种植时长 | 制度信任 | 0.604*** | 0.192 | 3.14 | 0.002 | 0.000 | 0.097 |
| | 人际信任 | 0.341* | 0.196 | 1.74 | 0.083 | | |
| | 人力资源 | 0.821*** | 0.202 | 4.07 | 0.000 | | |
| | 土地资源 | 0.144 | 0.199 | 0.72 | 0.471 | | |
| | 交通区位 | -0.616*** | 0.182 | -3.38 | 0.001 | | |
| | 常数 | 1.907 | 0.230 | 8.28 | 0.000 | | |
| 中心性 | 制度信任 | 0.128 | 0.118 | 1.08 | 0.279 | 0.0181 | 0.037 |
| | 人际信任 | 0.347*** | 0.120 | 2.89 | 0.004 | | |
| | 人力资源 | 0.162 | 0.124 | 1.31 | 0.192 | | |
| | 土地资源 | -0.051 | 0.122 | -0.41 | 0.679 | | |
| | 交通区位 | -0.255** | 0.112 | -2.28 | 0.023 | | |
| | 常数 | 0.288 | 0.141 | 2.03 | 0.043 | | |

注：*、**、***分别代表10%、5%和1%的显著性水平。



此外，村域发展基础条件对村域是否参与葡萄种植、种植规模、种植时长及中心性均具有显著影响。①人力资源对村域是否参与葡萄种植及种植时长影响显著，即人力资源越丰富的村，参与葡萄种植的可能性越大，种植时间越长，但其对种植规模的影响不确定。但社会信任框架下显示，人力资源对种植规模的影响较显著。②土地资源仅对村域是否参与葡萄种植影响显著，而对种植规模、种植时长及中心性的影响均不显著。③交通区位对村域是否参与葡萄种植、种植规模、种植时长影响均显著，且在社会信任模型框架下，交通区位对村域中心性的影响同样显著，区位条件越差(距离阳驿乡、县城越远)的村参与葡萄种植的可能性越小、种植规模越小、种植时长越短。

## 六、种植村数变化的人地关系解释

葡萄是宁陵县众多非粮作物之一，非粮种植是乡村农业用地利用方式之一，在某种程度上，其空间演化正是对人地关系演绎的折射（Zhou Yang，2020）。而在复杂开放的人地关系地域系统中，人地关系不仅取决于“人”和“地”本身的属性特征，同时也受外部环境——社会环境和市场环境的扰动（王鹏飞，2015），且后者相对于前者的变化速度更快，影响程度越来越大。与此同时，随着时间的变化，人类活动与地理环境的融合程度在不断加深，相互作用的方式和机理也在不断改变（樊杰，2018）。

首先，“以粮为纲”时期的无奈行为，土壤养分决定的带状分布区。农业是人类根据土地、气候等自然条件，利用动植物的生长发育规律获取农产品的产业，深受光、热、水、土等自然地理条件的影响。在技术水平一定的情况下，农户若想获取最佳的效益，就需要根据耕作条件进行生产决策。例如，研究发现，农户的土地利用决策深受地块所有权、地块坡度、地块质量（Burnett，2018）、地形（李小建，2004）等因素影响。但是在“以粮为纲”的年代，农业生产以粮食为中心。该时期，但凡能用于粮食生产的耕地，除非在万不得已的情况下，农户不会轻易选择种植非粮作物（邹华斌，2010）。在地势平坦的宁陵县，县域“西北—东南”条带形区域（尤其是县域北部）内耕地土壤沙化严重，水肥含蓄能力差、养分不足，受土壤改良技术及水利设施水平的限制，粮食产量低，但适宜种植花生、马铃薯、酥梨等非粮作物，且种植历史悠久；县域其他区域，以两合土、淤土为主，且土壤养分含量较高，小麦、玉米等粮食作物产量较高。因此，在该时期，位于“西北—东南”条带形（尤其是县域北部）区域的农户迫于耕作条件，无奈选择非粮作物，而葡萄只是其中的一种。



其次，社会主义市场经济时期的理性选择，比较优势影响下的带状分布区。市场是商品经济存在与发展的基础，它对人们的改革和创新性（杨扬，2018）行为具有激励或抑制作用。例如，交易市场的稳定性水平、农产品标准完善程度等通过影响农户参与市场经济的收益水平，调节着农户的生产行为和市场参与程度（杨扬，2018），并左右其采纳新技术、新作物的积极性（Qiu，2016），最终以土地利用结构的形式表现出来。20 世纪 80 年代，家庭联产承包责任制实施后，农户成为农业生产的直接决策主体。在此前提下，随着我国社会主义市场经济的不断推进，农户的商品化意识逐渐增强，种地不再停留于自给自足，而是为追求利润最大化或成本最小化，农户开始像企业家一样进行决策（Theodore，1983）。20 世纪 90 年代后，随着我国居民直接粮食消费下降，肉禽及蛋制品、水产品、奶制品、干鲜瓜果等副食品消费大幅攀升

（吴林海，2010），非粮生产的比较优势开始显现。该现象，不仅坚定了之前无奈选择非粮种植的农户继续从事非粮种植的决心，更带动了周边农户的积极参与。该时期，分布于“西北—东南”条带形区域的花生、酥梨、葡萄等非粮作物的种植面积率均迅速提升，并出现了葡萄、梨树下套种大蒜的现象。但“务工潮”的出现及其相对于非粮作物的高额收益，阻碍了具有一定学历和技能（尤其是县域南部早期未能进行非粮种植的各村）的农户的积极参与，从而使带状非粮生产区得以维持。

最后，乡村振兴时期的集体行动，政府推动下的带状分布区。社会环境因素影响非粮种植的发展演化模式，并对农业经济的可持续发展具有重要意义（Winsberg，1980）。因为农户决策不仅受农户个体属性、土地基本属性及市场环境的影响，同时也受当地基础设施、区位优势及政策制度等社会环境的影响。政府是农业土地利用的主要规划者和关键决策者（Min Xia，2020），其行为通过影响经济主体生产决策的成本和经济效益改变其从业选择；政府与农户的决策及其之间的相互作用、对环境的影响引致各种经济现象的空间扩散和演化（Lalitha，2015），改变着农业土地利用格局。在乡村振兴时期，特色农业通过因地制宜、走市场差异化道路，成为县域经济发展的重要支撑，如金乡大蒜、邹城食用菌、兖州农机、嘉祥大豆等（农业农村部新闻办公室，2019）。近年来，在宁陵县委、县政府的大力支持下，经过全县多部门联合发力，阳驿乡充分利用惠民惠农政策，捆绑使用有关支农资金，先后投资9000多万元，建成温室大棚8000多座及各种农业设施，按照“谁使用、谁受益”的原则，租给农民使用，鼓励农民发展葡萄产业。在此期间，阳驿乡纪委工作人员主动下沉一线、深入现场，从大棚建造到投入使用、从技术服务到市场销售，对基层党员干部在政策执行、资金使用、项目实施、农业补贴等环节进行全程监督、跟进监督，确保资金使用到位、技术服务到位、质量保障到位、市场销售到位，坚决杜绝基层微腐败和各种不正之风现象发生，以坚持不懈的监督压紧压实各部门的主体责任。如今，阳驿乡的葡萄产业蓬勃发展，形成了“公司+合作社+农户+互联网”的营销种植模式，涌现出10多个规模庞大的葡萄种植专业村，直接带动全乡3万多人脱贫致富奔小康，成为该县一个富民强县的农业特色产业（张雨帆，2022）。通过河南省“四优四化”葡萄专题项目的实施，在宁陵县推广阳光玫瑰葡萄品种及温棚促早栽培技术，从2020年3月定植建园，到2021年7月实现亩产750千克，每千克阳光玫瑰葡萄收购价在30~40元，果农的经济效益得到显著提升。

## 七、本章小结

本章以宁陵县葡萄产业为例，以豫北第一个从事棚栽葡萄种植的村——阳驿乡袁庄村为线索，按照棚栽葡萄种植项目“拿来→试验→落地→扩散”的演变思路，在分析区域特征与专业项目特征适配度的基础上，对宁陵县葡萄产业从一个村向多个村、从简单的种植向复杂的深加工的演变历程、形成机制，进行了定性分析和数理统计分析、空间特征分析、回归分析，得出如下结论。

（1）当地农户的自主参与意识对专业项目的推广具有重要作用。与封丘县由企业和合作社主导的树莓项目推广情况不同，宁陵县葡萄种植业的推广过程实际上是专业村示范、群众自觉主动跟随或创新性模仿参与的过程。尤其是创新性模仿，农户借鉴袁庄村葡萄种植业的历史发展经验，但并未种植和袁庄村同样的品种，也并未和袁庄村建立合作关系，而是选择新的葡萄品种，从“零”做起，从而使得宁陵县葡萄品种呈现多样化、时差化生产格局。这可能与葡萄品种多样、种植技术相通有关。但本书认为关键还是在于农户自身的行为意识。



（2）专业项目的进入门槛直接影响其推广速度。适宜当地自然资源环境且能发挥区域比较优势的项目未必能够被快速推广，关键还要看生产项目的进入门槛。20 世纪 90 年代，撇去农户自身劳动成本外，种植葡萄所需棚架设备的成本对当时的农户而言是难以承受的，但随着社会经济的发展，棚架设备的费用占其家庭总收入的比重大大降低。这意味着，虽然葡萄种植成本没有降低，但农户收入水平的上升，导致葡萄种植成本相对下降，农户跨越门槛的能力增强可能是导致宁陵县葡萄种植业后期扩散加快的原因。

（3）社会资本对农作物的推广具有重要作用。一是社会网络越丰富的村，获取信息和技术的途径越多、速度也越快，在其他条件相似的背景下，参与葡萄种植的速度越快、规模越大，尤其是直接反映与周边农户和村庄联系频度的同质性社会资本，对各村参与葡萄种植的速度具有明显正向影响，对各村葡萄种植扩散中心性的影响也十分显著。二是冒险精神（风险意识）越强、社会管理越规范的村参与葡萄种植的速度越快；相反，太过保守（不敢冒险）、对成本控制越敏感、越拘泥于现有生产条件的社会风气越不利于葡萄种植范围的扩展。三是农户对政府在信息共享、技术指导、基础设施建设等方面的能力越信任，其参与葡萄种植的速度越快，种植规模越大，但制度信任对其成为葡萄种植技术扩散中心地的帮助不大。

（4）村域资源禀赋对葡萄种植情况影响显著。土地资源、人力资源、交通区位条件等村域自身基础条件对村内农户是否参与葡萄种植的生产决策影响显著，土地资源、人力资源越丰富，交通区位越靠近扩散源和市场地的村，参与葡萄种植的可能性越大。无论和社会网络、社会规范组合，还是和社会信任组合时，交通区位对各村葡萄种植规模、种植时长影响均较显著，但对各村的扩散中心性影响均不明显。也就是说，距离扩散源和市场地越近的村，葡萄种植规模越大，坚持的时间越长，但由于优越的交通条件是其他村无法模仿获取的优势资源，导致其扩散中心性不强。人力资源在和社会网络、社会规范组合时，对各村葡萄种植时长影响显著，但对种植规模和扩散中心性影响不显著；当和社会信任组合时，人力资源对各村种植规模、种植时长影响均显著，对扩散中心性影响仍然不显著。这说明人力资源对葡萄种植的影响稳健性不足，其作用大小也是“可以商量”的。无论和哪种社会资本组合，土地资源对各村葡萄种植时长、种植规模、扩散中心性的影响均不显著。这说明，耕地面积、土地利用结构并不是制约所有农业生产活动的关键性因素。



（5）宏观的市场经济环境影响微观区域农业生产决策。市场环境对微观区域内所有主体的影响具有一致性，如农产品市场价格、劳动力成本等，当以该区域内的行为主体为分析对象时，市场环境的影响即为 1。因此，市场环境造成的影响难以通过微观主体的行为差异来体现。但是，将时间要素纳入其中，纵向剖析这一问题时不难发现，市场环境在宁陵县葡萄产业发展历程中的作用十分明显。由此可知，专业村地域经济效应能否形成，时代背景环境的影响不容小觑。

# 第七章 西峡县香菇专业村的地域经济效应

## 一、香菇产业特征及西峡县基本概况

### (一)香菇产业特征

香菇是继植物性、动物性食品之后的第三类食品——菌物性食品，其味道鲜美，含有丰富的蛋白质、多种微量元素和维生素，是世界公认的“健康食品”。目前，中国是世界上香菇生产、消费和出口最多的国家(宋明智，2021)，在种植业中是继粮食、油料、水果、蔬菜之后的第五大农作物。2019年，全国香菇产量超过1000万吨，占全国食用菌总产量的27%，占世界香菇产量的90%。2019年，我国香菇栽培省份多达27个，其中，河南、河北、福建、湖北、陕西是中国香菇生产排名前五的省份，其香菇产量分别占全国香菇总产量的27.73%、16.51%、11.19%、10.15%和5.81%，合计占全国香菇总产量的71.39%，集聚度高(徐玉妹，2021)。香菇的栽培方法有段木栽培和袋料栽培两种，前者是选取直径适宜的栲树、栗树等树干，干燥后将菌种接种在树干上，段木栽培的香菇商品质量高，投入产出比高达1∶7~10，但需大量木材，环境破坏严重，不具有可持续性。后者是利用各种农作物秸秆、林木废料、各类粉碎后的阔叶木枝条与麸皮、石膏、糖等作为原料，装入特制的塑料袋中发酵后进行接种，栽培投入产出比仅为1∶2，袋料香菇一次性投入量大，成本较高，但生产周期短，有利于保护生态环境。



1. 香菇产业优势特征

首先，市场潜力大。香菇具有高蛋白、低脂肪的特点，并含人体所需多种氨基酸和微量元素，是兼有荤素两者之长的高档食品，在调节机体免疫功能、抗癌、心血管系统保护、治疗肝炎、缓解亚健康状态等多方面具有重要作用。加之香菇的特殊风味，备受消费者青睐，其消费市场正由东南亚向欧美、俄罗斯等地延伸，消费量呈快速增长趋势(徐玉妹，2021)。2020年，占世界人口59.9%的亚洲是香菇的主要消费市场，其中，我国人均消费香菇1.06千克/年，日本人均消费达到2.3千克/年；而受非洲等地对香菇消费量极少的影响，世界人均香菇消费量仅约0.90千克/年(新华社，2020)。因此，市场潜力巨大。

其次，经济效益、生态效益显著。与粮食及蔬菜单位面积净产值相比，香菇拥有更高的经济效益，加上其短、平、快的生产特性，根据市场价格简单计算，香菇产值是大棚西红柿的3.8倍、棉花的29.4倍、玉米的53.8倍、优质小麦的67.1倍。以河南省西峡县为例，2010年，每18厘米×58厘米的菌袋可产鲜菇1.5千克，按每千克市场价8元计算，可获得产值12元，除去成本3元，每袋香菇的纯收入为9元。若一个劳动力一年生产、管理食用菌3000袋，则人均纯收入可达2.7万元。当前，若采用智能温室大棚，其亩产净利润更是传统农作物的数十倍。在香菇生产过程中，不产生废水、废气等，避免了环境污染。因此，在脱贫攻坚和乡村振兴战略中，香菇被作为重要产业获得了全方位支持。

再次，无须浪费耕地。香菇生产是非耕地的立体、高效生产，它可利用沙石地、坡地、荒地、盐碱地、林地、房前屋后等各类细碎化的非耕地，还可以利用矿山废弃巷道、废山洞、废弃厂房等作为栽培场地。它既不需要大量修建厂房，也不需要增加器材、设备，生产资料成本低廉，占用资金少。鉴于其“不与人争粮，不与粮争地，不与地争肥，不与农争时，不与其他行业争资源”的独特优势(李玉，2011)，在耕地紧缺、林木资源丰富的地区，发展香菇产业更为适宜。也就是说，香菇产业的发展在增加地方(尤其是农户)收入的同时，对我国粮食安全基本没有影响。



最后，适宜种植的地区普遍。香菇对外界环境条件的要求主要有水分、养料、温度、空气、光线和酸碱度(肖玉军，2022)。由于不借助土壤，且在温度可调节的大棚内生产，人们完全可以根据香菇品种的要求，对其生长条件进行调节、控制，而无须考虑外部环境。此外，不同地区还可进一步结合当地生产环境，有针对性地对香菇品种进行选育，以培养出本地化品种。例如，2021年，卢氏县试验培育出“豫香2号”。另外，还有香菇9608、香菇K5、香菇939等多个品种供菇农选择。因此，香菇生产地区遍布世界各地。

2. 香菇生产参与门槛特征

首先，技术门槛——生产技术门槛高，不易快速掌握。香菇产业本身生产设备简单，操作方便，周期短，可用废弃木料作为栽培原料，集体和个人都可以栽培。但是，相对于传统粮食作物而言，其技术较为复杂。就生产过程而言，生产者不仅需要掌握栽培时间的选择、菌袋的制作和培养、灭菌、养菌、出菇管理，也需要精通采摘、烘干等技术，尤其是对温度和水分的控制，直接影响出菇率。若不能正确掌握栽培技术，不仅菌菇产量和质量无法保证，更会对资源与环境造成浪费和破坏。若采用智能温控大棚，对生产技术的要求则会更高。虽然当前生产服务性组织越来越多，部分生产环节可以外包，但仍需农户掌握关键性生产技术。

其次，人力门槛——香菇属于劳动密集型产业，人工成本占生产成本的比重较高，劳动力价格直接影响香菇的生产成本。比如菌棒制作，“最初需要先搜集木料、粉碎木屑后，再把木屑和麸皮、石膏、石灰按比例混合拌匀，然后一个个装袋；装完袋之后还要灭菌，需要在大笼屉里蒸三天三夜……”（李丽静，2022），非常消耗人力。虽然食用菌生产已经从段木栽培和手工作坊式的初级生产方式开始向设施化、机械化和标准化袋料栽培方式转变，许多食用菌品种逐步进入工厂化、设施化栽培阶段，但是目前，我国食用菌生产基本上还是分散在千家万户，规模小、条件差、效益低，企业化、集团化生产模式仅在部分地方集中。



再次，资金门槛——投入成本高。相较于传统粮食作物，香菇生产不仅需要投入大量人力，还需要更多的生产资料。按照 2020 年生产情况，香菇种植前，需要用到塑料布、棚架等建造大棚和菇床，每亩费用大概为 20000 元；养菇前，需要粉碎机、水、电等制造基质，费用约为 2000 元/亩；生产过程中还需要玉米芯、棉籽壳等原材料，费用为 300 元左右；种植过程中，每亩需要菌种大概 10000 个，按照 2. 5 元/个来算，大约需投入资金 25000 元；此外，还需菌棒 10000 个，按照 3. 5~4 元/个来算，大约需要投入 35000~40000 元。综合来算，仅香菇生产材料投入就需 47000 ~ 67000 元/亩（农村网，2022），若将人力成本计算在内，每亩成本投入将会更高。对普通农户而言，进入门槛较高。

最后，环保门槛——部分菌菇品种需要消耗大量林木资源。椴木香菇的生产是把段木成分转变成香菇的过程，无疑，在此过程中将需要大量的整木（将树干分段）材料。适宜于栽培香菇的木材，如栎树、枫香树等，均为木质坚硬、木质素含量较高的珍贵树种，椴木香菇的生产势必造成林业资源的减少。而袋料香菇虽然较椴木香菇而言，产量高，对木材条件要求略低，但是其生产材料仍以木材碎屑为主。在满足人们消费需求，创造经济产出的同时，超大规模的发展也给有限的林业资源带来了不利影响。

## （二）西峡县基本概况

### 1. 典型的山地自然环境

西峡县位于河南省西南部，东经 111°01′~111°46′，北纬 33°05′~33°48′。2022 年，全县辖 1 个乡、15 个镇、3 个街道办事处、300 个行政村（居委会），有汉族、回族、蒙古族等 12 个民族，2022 年总人口达 46 万。该县地处秦岭东支脉伏牛山南麓，北有伏牛山主脉老界岭，主峰犄角尖海拔 2212.5 米；西部青铜山海拔 1354 米，南部霄山海拔 960 米，东南部地势低缓，自然坡度陡降 33%，最低海拔 181 米。全县地势呈西北高、东南低的倾斜状，纵长 78.3 千米，横宽 79 千米，总面积为 3453.9 平方千米，其中耕地面积为 1870.0 平方千米，素有“八山一水零点七分田”之称。由西峡县地面高程图（见图 7-1 左）可知，该县海拔起伏较大，为典型的山地地形。

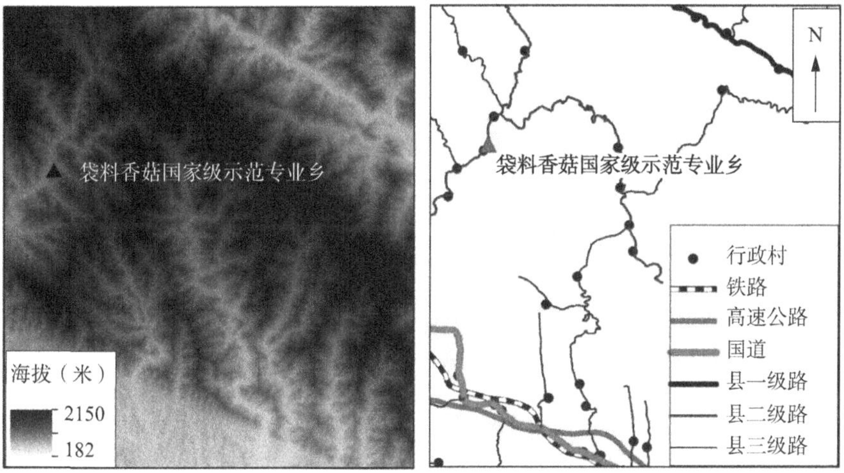


**图 7-1　西峡县部分区域地形及交通**

注：该图是西峡县部分区域地势和交通概况草绘图，图中界线、点要素不代表实际行政边界和村庄位置。

### 2. 特有的山区交通道路格局

西峡县东邻内乡县，南邻淅川县，西与陕西省商南县交界，北与卢氏县、栾川县、嵩县接壤。2022 年，境内有 312、311、208、209、345 五条国道和 S328、S335、S249 三条省道，尧栾西高速（鲁山—栾川—西峡）、三淅高速

(三门峡—淅川)贯穿全境，武西(武陟—西峡)高速通车。宁西铁路(南京—西安)穿越西峡县，蒙西至华中地区铁路煤运通道全面开工。由此可见，西峡县虽为深山县域，但当前各个乡镇通往县城与外界的交通道路较为方便。但深山地区的村庄较多，辖区面积大(有的村庄辖区面积达 2000 公顷)，村内农户居住分散，各个规模较小的自然村的通行条件未必全部相同。一般而言，海拔较低村庄的交通条件一般优越于海拔较高的村落(见图 7-1 右)。需要说明的是，20 世纪 90 年代，西峡县尤其是位于深山地区的乡镇，对外交通不便。

3. 温带大陆性季风气候及丰富的水资源

西峡县处于亚热带向暖湿带过渡地带，气候温和，雨量适中，光照充足，年均气温达 15.1℃，年均降水量达 830 毫米左右，年均无霜期为 236.2 天，年均日照时长有 2019 小时，素有“春前有雨花开早，秋后无霜叶落迟”之称。西峡县境内河流众多，属长江流域的丹江水系，鹳河纵贯全县南北，并与 526 条大小河流呈羽状分布于崇山峻岭之中，流域总面积为 3368 平方千米，地表水年平均径流量为 8.889 亿立方米，水能总蕴藏量近 20 万千瓦。其主要河流有鹳河、淇河、峡河、双龙河、丹水河等(见图 7-2)。



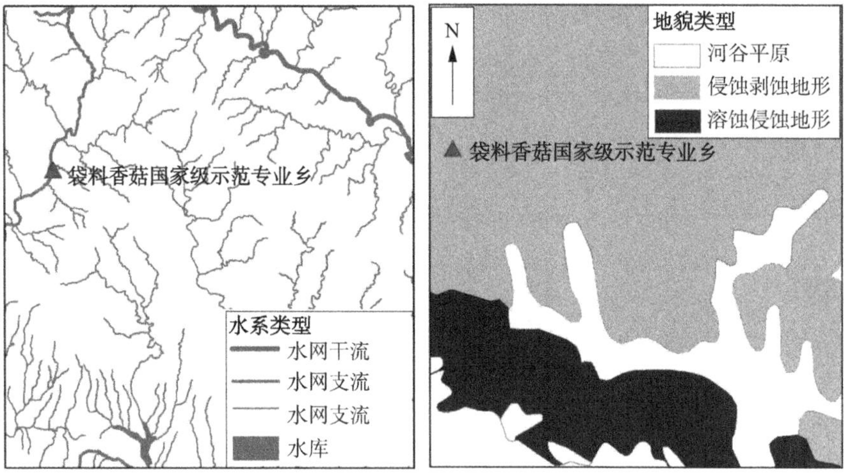


**图 7-2　西峡县部分区域水网及地貌类型**

4. 丰富的山林及矿产资源

2020 年，西峡全县森林覆盖率为 76.8%，被国家林业和草原局命名为

“中国名优特经济林——猕猴桃之乡”，拥有银杏树、七叶树（娑罗树）等植物活化石。西峡县盛产天然中药材1328种279科，其中纳入药典目录的名贵中药材有150多种，山茱萸产量占全国的70%，获中国地理标志产品认证，是国家林业和草原局命名的“中国名优特经济林——山茱萸之乡”。此外，西峡县矿产资源丰富，已探明有开采价值的矿藏5类38种，开发前景广阔。金属矿有磁铁、铬铁、铜、铅、金、银等；非金属及耐火材料有石墨、红柱石、海泡石等；建筑材料有大理石、花岗岩、石灰石、石英等；化工原料有萤石、重晶石等；还有特种非金属工艺材料水晶、冰洲石、玉石、云母等。最具代表性的是“四石”：航天工业必不可少的原材料金红石储量达上亿吨，极具开发潜力；红柱石储量位居全国之首；镁橄榄石储量达10亿吨，居亚洲前列；拥有国内罕见的大型石墨露天富矿（西峡县人民政府，2022）。需要说明的是，很多矿产并未直接给当地农户带来太多的经济收入。

5. 快速发展的工业经济

在工业经济发展方面，西峡县近代工业奠基起步于20世纪30年代别廷芳等人主导的宛西自治时期。自改革开放以来，以“宛药、西保、龙成”三大集团为龙头，西峡县工业经济已形成了四大优势产业群体：以河南宛西制药股份有限公司为核心的中药制药产业集群、以西保集团等为主的炼钢及炼钢辅助材料产业集群、以河南西峡汽车水泵股份有限公司等为龙头的汽车配件铸造产业群、以哪吒食品饮料公司等为主的农副产品加工产业群。4家企业稳居全省民企百强，5家企业进入全省制造业百强。其中，冶金保护材料国内市场占有率保持在95%以上，仲景牌六味地黄丸和汽车水泵、排气歧管国内市场占有率保持在30%以上。



6. 特色鲜明的农业经济

在农业经济发展方面，西峡是以林为主的深山县，在农村经济发展上，形成了“菌、果、药”三大主导产业。一是香菇产业。2020年，全县有2万多农户近20万人从事香菇生产、加工和销售，农民人均纯收入的60%来自香菇产业。二是以西峡猕猴桃为主导的林果产业。截至2020年，西峡县拥有野生猕猴桃资源2.66万公顷，人工栽培面积达0.8万公顷，位居全国第二，以分布集中、品质优良、种类多驰名中外，是国家林业和草原局命名的“中国猕猴桃之乡”。三是以西峡山茱萸、天麻为主导的中药材产业。西峡连翘产量居全国首位，西峡山茱萸获得国家“原产地域保护产品”认证，是“中国山茱萸之乡”，产量占全国总产量的2/3；此外，西峡县还是全国最大的天麻基地。当前，西峡县已经形成了以香菇、猕猴桃、山茱萸为主的“菌、果、药”三大产业，年综合产值达200亿元以上，农民人均纯收入的80%来自三大特色产业（西峡县人民政府，2022）。

### （三）区域特征与专业项目特征对比

首先，气候环境适合。农作物推广开来的前提是自然环境的适宜。蘑菇是真菌，它们一般喜欢生长在温热湿润的环境中，喜欢生长在所含物质丰富的木材、秸秆等上面。西峡县湿润的气候环境，丰富的山林资源和发达的水网，为香菇生长提供了大量的腐殖质和水分，只要气温适合，便完全具备了香菇生长的条件。

其次，市场收益高，机会成本低。香菇发展初期，西峡县产业结构单一，耕地少且交通不便，尤其是西北方向的深山乡镇，农户收入来源不多，劳动力价格低。稀缺的就业选择和低廉的劳动力成本，刚好适应了香菇的劳动密集型特征。加之香菇市场价格一直较高，人们愿意为改善生活而付出更多的劳动。



再次，有一定的技术基础。靠山吃山，靠水吃水。在耕地资源有限的情况下，西峡县人民很早就有采摘野生香菇或人工养殖椴木香菇、贩卖香菇等一系列活动，并在双龙镇形成了香菇交易市场。因此，对部分农户而言，他们已经具备了香菇生产的部分经验，掌握了椴木香菇生产的些许技术，发展香菇产业只是原有产业的持续和提升。

最后，市场风险意识满足。西峡县农户在发展香菇产业方面的信心同样来自香菇生产与销售经验。根据西峡县农户介绍，早在20世纪80年代，椴木香菇价格就高达160元/千克，是小麦、玉米等粮食作物的上百倍，山区农户多有种植，对香菇市场较为了解。“市场价格高，不愁销路”的发展经验坚定了农户的发展信心，对市场风险的担心远小于农户对高收入的渴望。

此外，多样化的产业结构有助于推动香菇产业集群式发展。截至2021年9月底，西峡县“四上”企业在库数量达4622家，总量仅次于郑州、洛阳，稳居河南省第三；分行业来看，在库数量最多的行业是工业和贸易业，在库总量分别为1548家和1395家，分别占“四上”企业在库总量的33.5%和30.2%（西峡县统计局，2022）。其中，深加工类企业，如仲景宛西制药股份有限公司，为香菇精深加工提供了技术支持；大量的贸易型企业为西峡县香菇拓展海外市场打下了坚实的基础；个体工商类企业、网络电商等为香菇系列产品销售提供了丰富的渠道。各类企业集聚于西峡县，使得西峡县香菇产业发展韧性更强。

总之，西峡县几乎具备了香菇产业发展所需的天时、地利、人和等各方面条件。

## 二、项目的引进与推广

### （一）袋料香菇项目的引进

1. 外部力量渗透

20 世纪 70 年代末，浙江省庆元县等地菇农通过西峡县农民工了解到西峡县具有丰富的可种植香菇的林木资源，如青刚栎树、栗树、枫香树，便来到该县部分深山乡镇，通过承包林地的方式进行尝试性种植，但多以失败告终。1982 年左右，中国香菇之乡——湖北省随州市的菇农，再次来到西峡县，利用当地资源从事椴木香菇的生产，并取得可观的经济效益。随后，湖北省京山县、郧县、三里岗镇和浙江省庆元县等地的菇农纷至沓来，在西峡县林木资源丰富的深山乡镇建设椴木香菇种植基地。椴木香菇的种植不仅对树木的种类（必须含较高木质素）和树木直径的大小有严苛的规定，而且产量较低，但其市场价格高（1990 年前后，小麦的价格仅为 0.6 元/千克左右，而椴木香菇价格高达 80～200 元/千克），经济收益可观。见此情况，耕地资源紧缺、非农生产方式少、经济收入极低的农户，开始模仿加入椴木香菇的种植中来。但是，由于林树资源分布不均，并且需要消耗大量劳动力上山选材、砍伐树木、搬运等，椴木香菇的种植并未大面积推广开来，仅有部分村庄的少数农户种植，在双龙镇、丁河镇、石界河乡等乡镇形成了小规模的香菇交易市场，成为当时农民收入的一项重要来源。1995 年，全县香菇产量为 1182 吨，其中，产量最高的丁河镇为 332 吨，其次为双龙镇 255 吨、米坪镇 200 吨。

2. 政府因势利导

政府见此情形，欲因势利导，大力发展香菇产业。但椴木香菇过于耗费珍贵木材，对保护生态环境、涵养水源不利，作为丹江水系重要的水源地，此举并非可持续发展之路。由于当时种植规模小，政府部门并未立刻禁止椴木香菇的生产。所以，在1995年之前，西峡县香菇仍然以农户自由分散种植椴木香菇为主（该模式在袋料香菇种植全面推广后的1998年被全面禁止）。1994年，西峡县仍为国家级贫困县，县领导在千方百计寻找经济发展道路时，了解到南方香菇种植经济效益不错，受当时椴木香菇生产的启发，西峡县委书记丁世显对生产率更高、更节省林木资源的袋料香菇产生了极大兴趣，于是，带领各乡镇领导前往福建省古田县、浙江省庆元县考察学习。经严密论证后，西峡县领导一致认为香菇具有巨大的市场前景和发展潜力，便决定由各个乡长、镇长直接领导，干部、党员带头进行示范性试验种植。由于西峡县气候异于南方，适宜于福建、湖北的"大袋、夏栽"种植模式并不适合该县。1995年的第一次试验种植以失败告终，全县各级领导的积极性受到重创。

3. 能人技术攻关

就在全县领导发展香菇的劲头处于低谷时，重阳镇水峡河村支部书记王文成在一次偶然的接待中，通过与一位前来考察的农业专家交流了解到，驻马店泌阳县香菇产业起步较早，该县从福建古田县引进香菇袋栽技术，1992年启动香菇种植计划，1996年便形成了一定规模，技术已较为成熟。受其启发，王文成便带领人员前往驻马店泌阳县香菇种植基地，从配料到点种，从催菇到采摘进行了全面考察。他还发现，西峡县海拔高，昼夜温差大，光照充足，雨量充沛，境内生长的栎树等阔叶树种的木质素含量高，较泌阳县有更为优越的气候条件和区位优势，是各种菌类的最佳适生区。经过2个月的考察与学习，王文成认为香菇市场前景可观，县领导决策方向正确，关键在于技术问题。于是，他认真研读香菇种植技术的相关书籍，努力寻找1995年试种失败的原因——西峡县夏天气温高，袋料香菇"烧袋"致使无法出菌，解决办法即为"中袋、春栽"模式，并向县政府报告，愿意再试验种植一次，并承诺风险由自己全部承担。在此情况下，经过政府批准，已任重阳镇领导的王文成选择仍在其群众基础好的水峡河村做试点，通过挨家挨户做思想动员，鼓励群众学习袋料香菇种植技术，倡议全村党员、干部发展香菇产业。为解除群众思想顾虑，王文成决定自己带头种植5000袋，还聘请泌阳县食用菌研究所技术人员在全村范围内巡回指导。同时，他想方设法对香菇种植户进行适当补贴，并承诺农户，万一失败，投入的成本费用全部由自己承担，以此调动群众参与的积极性。1996年，全村试验种植97万袋，出菌率达90%以上，直接经济产值达87万余元。

### （二）政府的大力推广

最初，西峡县政府把以袋料香菇为主的食用菌生产确定为农村经济的主导产业和农业产业化的“一号工程”，并提出“倾全县之力、聚众之长、誓夺全国香菇第一县”的奋斗目标，全县动员、上下动手，采取干部带头、基地示范等措施，全力发展香菇产业。其发展思路是以合理开发利用资源为原则，以富县富民为目的，推行“干鲜菇并重，以干菇为主，春秋菇并举，以春菇为主”的中袋栽培模式，实行“规模拉动、科技推动、龙头带动、营销带动、政策驱动”的“五环联动”战略（丁世显，1998），并坚持走可持续发展道路。

在技术推广方面，依据资源分布特点，全县实行最低基地规模控制和集中连片发展战略，建立示范场和示范户，采取股份合作制经营形式，几户联合办场（可以资金、资源入股，也可以技术、劳力、设备或场地入股），一场带百户，一户带一组，现场观摩，免费学习，传授技术。在村内，采用“机关+村组，干部+农户”的帮联形式和村组之间互助组的互帮形式，并由村组统一备料、统一购买菌种点种、统一菌筒转色、统一技术指导、统一销售，农户分散管理。全面、强力的技术推广措施，使得西峡县具备袋料香菇生产优势乡镇的多数农户在短短两三年内便掌握了种植技术（丁世显，1998）。



### （三）扩散网络的形成

结合前文分析，在袋料香菇技术推广过程中，西峡县实施了“机关+村组，干部+农户”的帮联形式、“五统一分”的双层经营形式、互助组的互帮形式、示范场和示范户的辐射带动形式，建立健全了县、乡镇、村、组四级技术推广网络。一是西峡县委、县政府邀请省内外食用菌专家、学者前来讲授技术。二是利用党校培训班、“四大家”（县、乡镇、村、组）中心组学习等多种渠道、多种形式，对各级干部加强技术培训。三是西峡县职业教育培训中心开设食用菌专业班，培育专业人才。四是县级技术人员培训乡镇级技术人员，乡镇级技术人员培训村组技术人员，村组技术人员培训农户；并推广技术明白卡，将技术指导内容和农户生产管理情况记录在卡，出现问题将追究负责人的相应责任。五是各乡镇建立技术监督服务队，种菇季节每两天巡回检查一次，发现问题立即解决（丁世显，1998）。通过以上技术推广模式，西峡县袋料香菇种植技术实现了“自上而下”的全方位扩散与传输。总之，西峡县菌菇产业的引进与推广是在政府推动下进行的，具体过程可以归结为相关产业渗透→政府主导决策→能人技术攻关→党员干部带头→农户跟进参与，最终形成了复杂的技术扩散网络，保证了香菇生产区域化的实现(见图 7-3)。

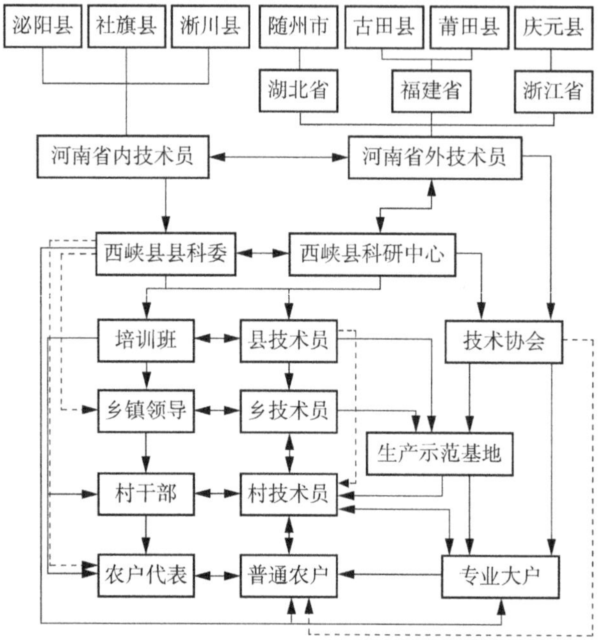


图 7-3　西峡县袋料香菇产业的引进与推广模式



## 三、生产主体的跟进

### (一)农户的大量跟进

1. 农户生产条件的获取途径

在信息获取方面，西峡县农户获取香菇生产信息的途径有 8 条：“自己找”“媒体”“村干部”“村里能人”“亲戚朋友”“合作社”“本地市场或企业”“外地客商”。与封丘县农户相比，西峡县农户更倾向于采用多样化的信息途径来获取专业项目生产信息。除 80.9%的农户将“自己找”作为生产信息来源途径之一外，21.1%的农户将“村干部”、18.1%的农户将“亲戚朋友”、17.7%的农户将“本地市场或企业”、15.1%的农户将“外地客商”作为其获取专业项目生产信息来源方式之一。选择“村里能人”“媒体”“合作社”作为信息来源方式的农户所占比例较少，分别为 9. 4%、4. 7%、1. 7%。

在技术获取方面，西峡县农户获取袋料香菇种植技术的途径同样有 8 条："自己钻研""专业大户指导""村干部指导""亲戚朋友传授""村办培训班""技术员""外来专家""本村农户传授"。和封丘县不同，"自己钻研"被 88. 3%的农户认为是其获取袋料香菇种植技术的途径之一；15. 4%的西峡县农户将"村办培训班"作为其获取生产技术的重要途径之一。此外，"技术员""村干部指导"分别成为 12. 4%、11. 7%的农户获取生产技术的方式之一。通过"专业大户指导""亲戚朋友传授""本村农户传授""外来专家"等途径获取生产技术的农户较少，分别占样本的 10. 7%、9. 4%、5. 4%、1. 3%。

在资金获取方面，西峡县农户参与袋料香菇种植项目的启动资金来源方式有 6 个："自己存储""亲戚朋友""同村农户""大企业""银行或信用社""政府资助"。"自己存储+借贷"是绝大多数(98. 7%)西峡县农户获取袋料香菇生产启动资金的方式，仅有 1. 3%的农户完全依靠借贷获取启动资金。在借贷方式中，与前两者不同，"亲戚朋友""银行或信用社"发挥着关键性的作用，分别成为 22. 4%、11. 7%的农户获取项目启动资金的方式之一。选择"同村农户""政府资助""大企业"作为获取专业项目启动资金的农户所占比例极低，分别为 1. 7%、1. 3%、0. 7%。



2. 农户参与速度特征

重阳镇水峡河村袋料香菇试种成功之后，当地群众的参与积极性空前高涨，一时间千袋专业户、万袋专业组在水峡河村迅速出现。紧接着，重阳镇其他村以及邻乡丁河镇、寨根乡、双龙镇等 10 多个具有椴木香菇种植基础的乡镇，由于亲眼所见香菇丰厚的经济利润，大批农户在第二年便迅速加入。因此，若以 1996 年为元年，当年就决定参与的村数占总体样本的比例较高(13. 71%)。在此后的 4 年中，新增种植户数，除 1997 年略低外，一直保持在较高水平。参与速度分别为 1 年、2 年、3 年、4 年的农户占总样本的比例分别为 7. 02%、14. 38%、11. 04%、14. 38%。但 2001 年之后，参与种植的农户数量开始降低，在参与速度为 5~12 年的农户中，参与速度为 9 年的农户占总样本比例最高，为 7. 36%；参与速度为 15 年的农户占总样本比例最低，为 0. 67%。整体而言，在此推广模式下，农户参与时间集中分布在 4 年之前，参与时间较晚的农户较少(见图 7-4)。

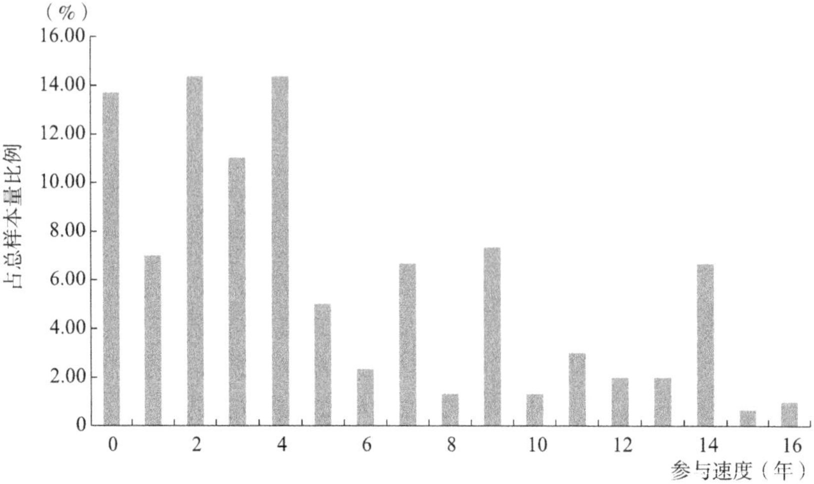


**图 7-4　西峡县农户参与香菇产业速度特征**

截至 1998 年底，全县已形成香菇生产规模 6000 多万袋，产值突破 1.8 亿元，3 万多农户由此实现了脱贫致富。在西峡县香菇种植技术的推广过程中，政府工作起了极其重要的作用。但是，农户之间自主交流与学习的重要性亦不可忽视。农户之间的技术扩散，主要通过地缘、亲缘、业缘等途径实现。在地缘方面，如同组、同村、距离较近村庄里的农户间相互学习。在亲缘方面，如居住在不同村庄的亲戚朋友之间的交流与传授。在业缘方面，如部分农户对香菇生产技术的掌握是在双龙镇、丁河镇等香菇生产基地打工的过程中实现的。



3. 农户参与强度特征

以调研样本农户为例，西峡县农户第一年种植袋料香菇时，多数农户的种植规模较小，其中，小于 1000 袋的农户占总样本量的 26.09%，初始种植规模在 1000~2000 袋的农户占总样本量的 49.16%。即 75.25%的农户初始种植规模小于 2000 袋。种植规模分别为 2000~3000 袋、3000~5000 袋、5000 袋以上的农户占总样本量的比例依次降低，分别为 13.38%、7.36%和 4.01%。也就是说，虽然有水峡河村的示范，政府领导的技术保证，但西峡县农户首次参与香菇种植的规模普遍不大。可能是因为受首次试验种植失败的影响，以及多数农户参与时间较早的影响，保守心理使得农户不能贸然大规模尝试（见图 7-5）。

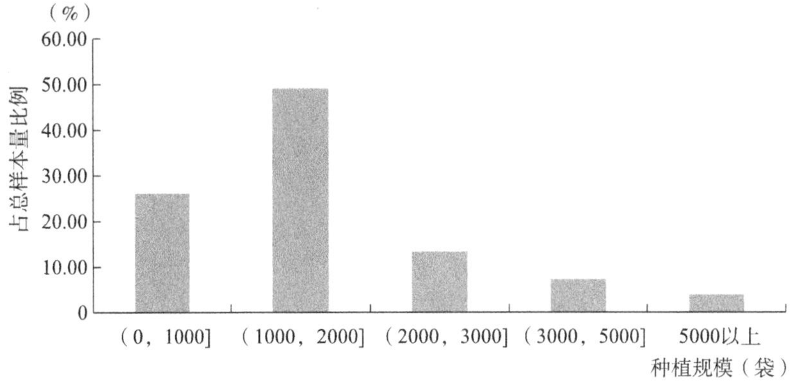


**图 7-5　西峡县农户初始参与强度**

## (二)种植村的跟进

### 1. 初始参与情况

从各行政村开始种植袋料香菇年份的空间分布及其第一年种植户数占总户数比重的空间分布(见图 7-6)，亦可以看出西峡县香菇产业的空间推广模式。首先，1996 年之前就开始种植袋料香菇的村庄——示范点，占全部香菇种植村的 26.4%，空间分布非常均匀，在全县各个乡镇均有设立，这充分显示了带有政府决策烙印的产业空间扩散特征——整齐划一性。其次，从空间对比分析两幅图，亦可以看出，开始袋料香菇种植越早的村庄，第一年种植的户数占全村总户数的比重越低，这是由于在技术尚未掌握的情况下，多数村内仅有村干部、党员等少数带头种植的“示范户”。最后，1996 年之前，试验种植袋料香菇的村庄空间分布显得略微密集的乡镇，主要是在椴木香菇种植技术较为成熟的米坪镇、双龙镇和距离县行政中心较近的五里桥等，也就是说，椴木香菇的种植经验为袋料香菇产业的推广起到了基础作用。

### 2. 各村香菇种植户数率变化

以香菇专业户占全村总户数的比重作为测量各村香菇生产专业化率的指标。全县多数村庄的专业化率一直在持续上升。自 2000 年以来，未参与香菇种植和参与香菇种植但专业化率较低(40%以下)的村数占全县总村数的比重均一直在下降；专业化率在 40%~80%的村数占全县总村数的比重在逐渐上升后迅速下降；而专业化率在 80%以上的村数占比一直在增加。具体见图 7-7。

2000 年，全县大多数村庄参与香菇生产的户数比重(专业化率)较低。没有香菇种植户(专业化率为 0)的村数占样本村总数的 20.38%，专业化率在

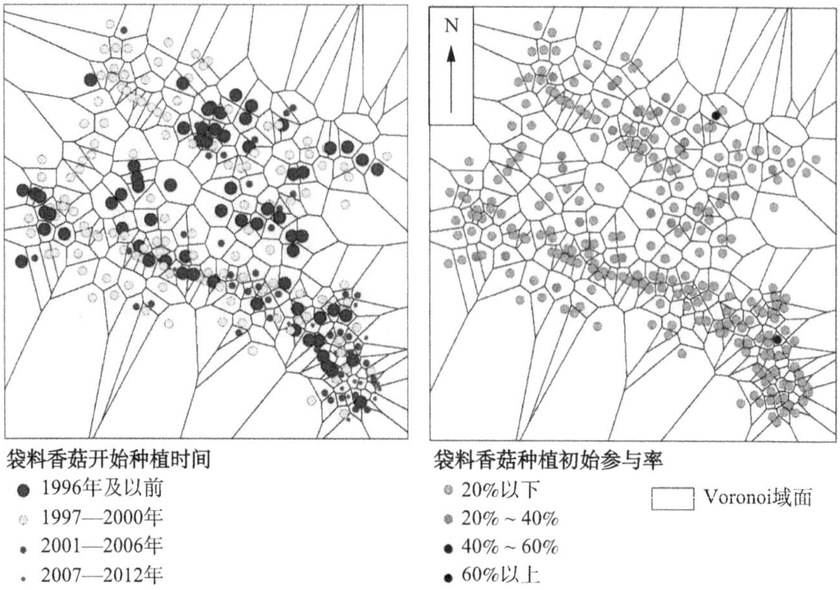


**图 7-6　西峡县各村开始种植袋料香菇的时间与规模**

注：Voronoi 域面由行政村管辖区域几何中心点生成，不代表任何行政边界(本章其他图均是如此)。



0～20%的村数占样本村总数的 41.54%，专业化率在 20%～40%的村数占样本村总数的 21.54%、专业化率在 40%～60%的村数占样本村总数的 9.62%，而全村 60%以上的农户参与香菇种植的村数仅占样本村总数的 6.92%。就其空间分布而言，专业化率极高(80%以上)的村庄集中分布在县域东部的双龙镇，专业化率较高(60%～80%)的村庄集中分布在县域北部的中间地区，专业化率较低(60%以下)的村庄集中分布在县域的东南部及县域北部边界地区(见表 7-1)。

**表 7-1　2000—2012 年全县各村香菇种植户数率情况**　　(%)

| 专业户数占全村总户数的比重 | 2000 年 | 2005 年 | 2010 年 | 2012 年 |
|---|---|---|---|---|
| 0 | 20.38* | 8.46 | 3.46 | 3.85 |
| (0，20] | 41.54 | 26.15 | 23.85 | 21.54 |
| (20，40] | 21.54 | 16.92 | 13.08 | 11.92 |
| (40，60] | 9.62 | 22.69 | 13.08 | 10.38 |
| (60，80] | 5.77 | 19.62 | 29.23 | 22.69 |
| (80，100] | 1.15 | 6.15 | 17.31 | 29.62 |

注：20.38%* 是指 2000 年，专业化率(香菇专业户占全村总户数的比重)为 0 的村庄占全县总村数的比重为 20.38%，其他类同。

2005 年，相较于 2000 年发生了巨大变化。就生产规模而言，全县各村香菇生产专业化率普遍提高，没有香菇种植户的村数仅占样本村总数的 8.46%，较 5 年前减少了 11.9 个百分点。专业化率在 40%以下的村数所占比例从 2000 年的 83.46%降至 2005 年的 51.53%，专业化率在 40%～60%的村数较 5 年前提高了 13.1 个百分点，增至 22.69%。专业化率在 60%以上的村数约占到了全县的 1/4，为 25.77%。就其空间分布而言，专业化率在 80%以上的村庄集中分布在县域东部和西部边界；专业化率在 60%～80%的村庄集中分布在县域中部；专业化率在 40%～60%的村庄集中分布在县域最北端；专业化率小于 40%的村庄集中分布在县域东南部各乡镇。整体而言，专业化率较高的村庄集中分布在县域北部深山地区，专业化率较低的村庄集中分布在县域的东南部丘陵地区。

2010 年，全县多数村庄的香菇生产专业化程度进一步提高。专业化率为 0 的村数所占比例进一步降低至 3.46%，专业化率在 0～20%、20%～40%的村数所占比例继续降低。与以往变化趋势不同的是，专业化率在 40%～60%的村数所占比例亦开始下降。专业化率在 60%～80%、80%～100%的村庄迅速增加。就其空间分布而言，专业化率在 80%以上的村庄空间分布范围继续扩大，基本覆盖县域 2/3 的区域；专业化率在 60%～80%的村庄与专业化率在 80%以上的村庄毗邻，但空间分布更为分散；专业化率在 40%～60%的村庄，分散分布于全县各个乡镇。西峡县域东南部仍是专业化率较低（40%以下）村庄的主要分布区域。整体而言，西峡县域北部区域各村的香菇生产专业化率日益提升，且空间分布日益均衡，除部分村庄外，东南部各村庄的专业化率变化不大，从而形成了“南北分异”的空间分布格局。



2013 年，除专业化率为 0 的村数所占比例略有上升外（3.85%），专业化率在 60%以下的村庄，如 0～20%、20%～40%、40%～60%的村数所占比例均再次减少，分别为 21.54%、11.92%、10.38%。专业化率在 60%～80%的村数所占比例较 2010 年略有降低，达到 22.69%。专业化率在 80%以上的村数所占比例再次抬升，几乎占样本村总数的 1/3，为 29.62%。就空间方面而言，除极少部分村庄外，北部大多数村庄的香菇生产专业化率相当，且均处于 60%以上。东南部地区，除极少数村庄的专业化率在 60%以上外，绝大多数村庄的专业化率均低于 40%。

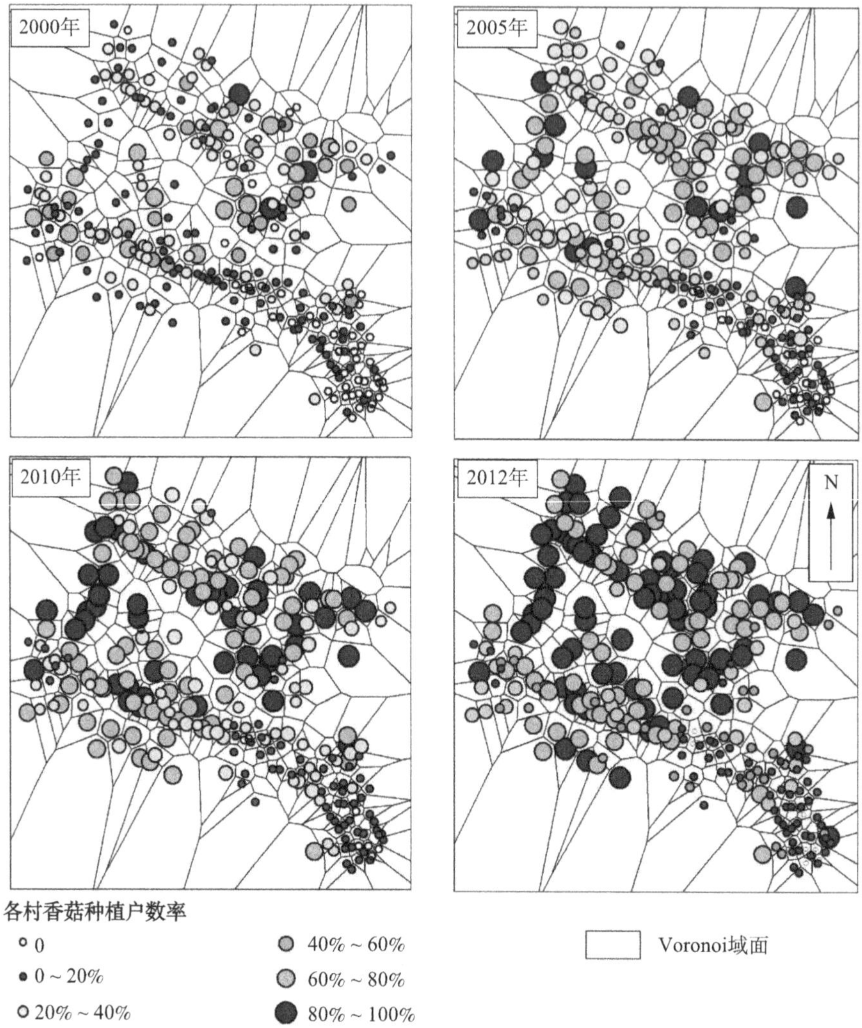


**图 7-7　西峡县历年各村香菇种植户数率**



3. 县域各村香菇产值率空间变化

通过衡量各村的香菇生产规模、从业户数等来反映各村香菇生产的专业化水平，但是，并不能以此判断各村对香菇产业的依赖性，或香菇产业在各村经济发展中的重要性。将村域内依靠香菇产业(如本村农户从事香菇种植、加工、销售等)获得的生产总值占全村经济总产值的比重作为衡量各村香菇专业化生产水平的指标，或许更能说明这一点。分析发现：与前文发现相似，10 多年来，专业化率较高的村数持续增加，专业化率较低的村数持续降低(见表 7-2)。

表 7-2　2000—2012 年西峡县各村香菇产值率情况　(%)

| 香菇产业经济收入占全村经济总量的比重 | 2000 年 | 2005 年 | 2010 年 | 2012 年 |
|---|---|---|---|---|
| 0 | 20.38* | 8.46 | 4.23 | 5.00 |
| (0，20] | 36.54 | 24.23 | 20.77 | 22.69 |
| (20，40] | 23.08 | 17.31 | 13.46 | 10.00 |
| (40，60] | 12.69 | 26.92 | 20.38 | 15.00 |
| (60，80] | 6.15 | 16.54 | 27.69 | 25.38 |
| (80，100] | 1.15 | 6.54 | 13.46 | 21.92 |

注：*20.38%是指在 2000 年，香菇产业经济收入占全村经济总量的比重为 0%的村庄数量占全县总村数的比重为 20.38%，其他类同。

2000 年，香菇在多数村庄经济发展中的地位尚不突出。香菇产值比重低于 20%的村庄处于主导地位，占样本村总数的 56.92%，集中分布在西峡县域东南部地区。香菇产值比重在 20%～40%、40%～60%的村庄数量次之，分别占样本村总数的 23.08%、12.69%，集中分布于西峡县域中部地区。香菇产值比重较高(60%～80%)的村庄数量较少，占样本村总数的 6.15%，香菇产值比重在 80%以上的村庄仅占 1.15%，该类村集中分布在县域东部，其他乡镇仅有零星分布。整体而言，香菇产值比重相似的村庄，在空间分布上呈局部集聚状态(见图 7-8)。

2005 年与 2000 年相比，香菇产值比重较高的村庄数量显著增加。其中，增加量最多(14.23 个百分点)者为香菇产值比重在 40%～60%的村庄，占样本村总数的 26.92%。其次为香菇产值比重在 60%～80%的村庄，增加了 10.39 个百分点，占样本村总数的比重由 2000 年的 6.15%上升为 16.54%。香菇产值比重在 80%以上的村庄，亦有所增加。就空间分布特征而言，香菇产值比重较高的村庄以东部地区为中心，向周边区域扩散至县域中部地区，香菇产值比重在 20%以下(包括 0%)的村庄仍集中分布在县域东南部，分散分布于距离县城区较近的区域。

2010 年，专业化率较高的村庄数量占样本村总数的比重持续增加，分布范围持续扩大，香菇产值比重在 60%～80%和 80%～100%的村庄，分别达到了 27.69%、13.46%，较 2005 年分别再次增加了 11.15 个百分点、6.92 个百分点，但空间分布仍以东部为中心。专业化率较低的村庄数量所占比重继续减少，香菇产值比重在 0、0～20%、20%～40%、40%～60%的村庄数量分别降至 4.23%、20.77%、13.46%和 20.38%，与以往相同，香菇产值比重较低的乡镇仍位于县域东南部。

2012 年，虽然距离 2010 年仅有 2 年，但香菇产业在各村经济发展中的重要性变化仍旧相当明显。专业化率较低的村庄数量所占比重基本稳定，如专业化率在 0、0~20%、20%~40%、60%~80% 的村庄数量所占比重分别为 5.00%、22.69%、10.00%、25.38%，分别较 2 年前增加了 0.77 个百分点、1.92 个百分点，降低了 3.46 个百分点、2.31 个百分点，空间分布范围仍以东南部各乡镇为主。专业化率在 40%~60% 的村数所占比重再次降低至 15.00%。专业化率在 80% 以上的村数所占比重仍持续上升，达到 21.92%，较 2 年前增加了 8.46 个百分点，分布范围再次扩大。

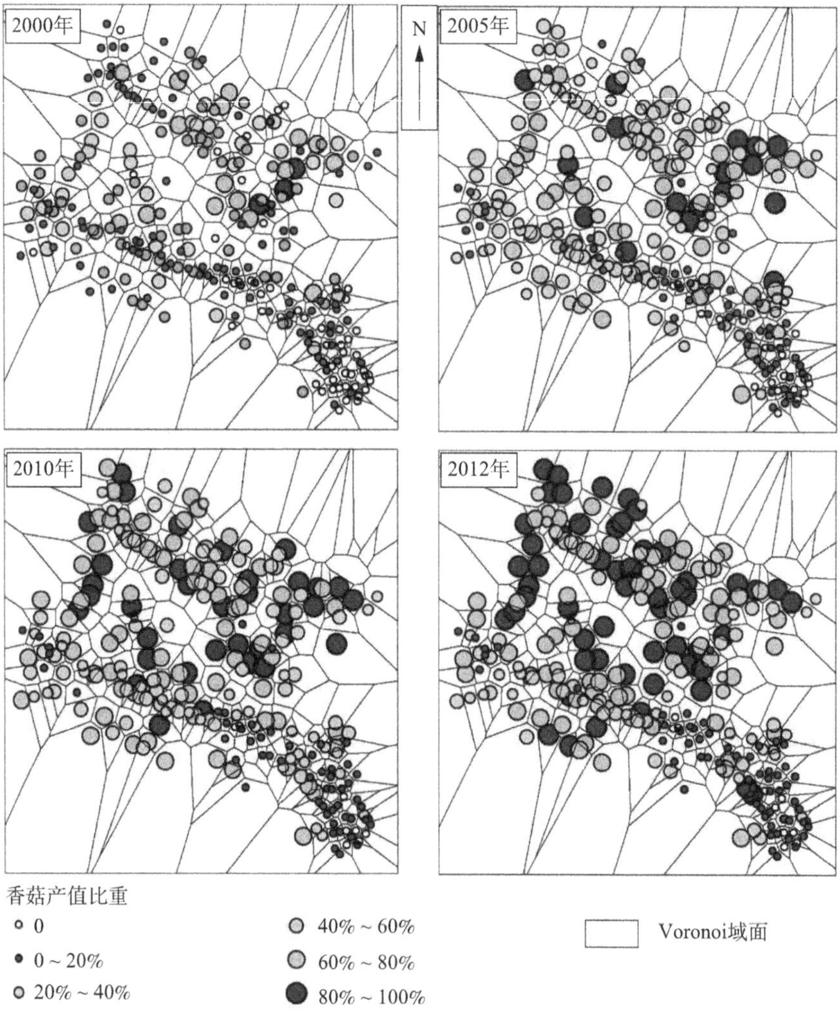


**图 7-8　西峡县历年各村香菇产值占全村总产值的比重**

总结以上分析，西峡县食用菌产业整体发展迅速，规模处于持续膨胀之中，各乡镇户均生产规模、村庄香菇生产户数及香菇产业收入占全村经济总收入的比重均在持续上升之中，空间分布由点到面向整个北部区域扩散。但整体呈现泾渭分明的“南北分异”格局，即北部香菇生产规模较大，专业化程度高，而东南部香菇生产规模一直较小，除极少数村庄外，专业化程度极低。此外，南部边缘区域村庄的香菇生产规模及专业化水平均较低。这不禁使人疑惑，为何在初始参与率空间分布较为均衡的同一县域内，在后来的发展中，出现如此鲜明的空间分异格局？是何种因素影响了不同区域的香菇生产规模及村域专业化水平？

### (三)种植村的空间演变特征

一是参与时间相近的村庄空间分布由分散到集聚。将参与时间分别在1996年及以前、1997—2000年、2005年之后的村进行空间集聚度测量发现，前两者的 $z$ 值较小，且未通过 $p$ 值检验，说明参与时间较早的村空间分布分散；而第三类，$z$ 值较大，且 $p$ 值小于0.05，通过了检验，说明其空间集聚特征显著(见表7-3)。由此可得，西峡县袋料香菇种植现象的空间扩散呈面状稀疏分散式→点状局部集聚式，这显然不同于以往研究中“点→线→面”的空间扩散特征(吴娜琳，2013)。



二是初始参与强度相似的村庄空间分布分散。将参与强度相似的村庄进行空间集聚度测量，结果显示，初始参与户数比重低于1%的村庄，$z$ 值较大，$p$ 值通过了检验，说明其具有明显的空间集聚特征；但参与强度在1%~5%、5%~10%、10%以上的村庄，$z$ 值较小，且均未通过 $p$ 值检验，说明其不具有空间集聚特征。由此可得，西峡县各村初始参与香菇种植的户数比重较低，且呈分散分布状态。

三是当前生产规模较大和较小的村空间分布集聚特征明显。对不同生产规模的村进行空间集聚度测量发现，产量小于50万袋/年和500万袋/年以上的村，$z$ 值较大，且均通过了 $p$ 值检验，说明其空间集聚特征明显；年产香菇300万~500万袋的村，$z$ 值亦通过了 $p$ 值检验，说明其空间分布同样具有集聚性。由此可得，当前生产规模较大和较小的村庄空间分布集聚特征明显，前者主要分布在西北部山区，后者主要分布在东南部丘陵地带。

四是专业化水平相近的村空间集聚特征显著。“南北分异”的空间分布格局显示，种植户数占全村总户数的比重高于60%的村绝大多数分散分布在西北部山区，比重低于60%的村庄主要分布在东南部丘陵区。这说明专业化水平相似的村空间分布集聚特征明显。将全县各村按照参与户数比重分别为0%~30%、30%~60%、60%~90%、90%以上进行划组，并对每组村庄的空间分布进行集聚度测量发现，$z$ 值均较大，且全部通过了 $p$ 值检验，说明专业化水平相近的村空间分布集聚特征显著。

**表 7-3　空间集聚度测量结果**

| 项目 | | 平均距离(米) | | 最邻近比 | $z$ | $p$ |
|---|---|---|---|---|---|---|
| | | 观察值 | 期望值 | | | |
| 各村开始参与时间 | 1996 年及以前 | 3253.5 | 3424.1 | 0.950 | −0.780 | 0.440 |
| | 1997—2000 年 | 2958.2 | 2726.7 | 1.080 | 1.756 | 0.080 |
| | 2005 年以后 | 2307.6 | 1812.1 | 1.270 | 2.670 | 0.007 |
| 各村初始参与户数比重 | 1%及以下 | 3040.7 | 3811.1 | 0.800 | −2.760 | 0.005 |
| | 1%~5% | 2837.5 | 2776.4 | 1.022 | 0.455 | 0.649 |
| | 5%~10% | 4002.7 | 4375.0 | 0.915 | −1.067 | 0.286 |
| | 10%以上 | 4224.3 | 4183.3 | 1.100 | 0.123 | 0.902 |
| 各村当前生产规模（万袋/年） | 50 以下 | 2512.6 | 2914.9 | 0.860 | −2.710 | 0.007 |
| | 150~300 | 2812.6 | 2908.0 | 1.000 | −0.500 | 0.615 |
| | 300~500 | 6726.4 | 5207.6 | 1.300 | 2.230 | 0.026 |
| | 500 以上 | 11505.0 | 6919.4 | 1.660 | 3.590 | 0.000 |
| 各村当前参与户数比重 | 0%~30% | 2408.5 | 3228.8 | 0.746 | −4.370 | 0.000 |
| | 30%~60% | 3314.5 | 3903.7 | 0.849 | −2.140 | 0.032 |
| | 60%~90% | 2864.8 | 2599.7 | 1.102 | 2.020 | 0.043 |
| | 90%以上 | 6832.3 | 5091.9 | 1.342 | 2.610 | 0.009 |

### (四)其他经济主体的跟进

西峡县已形成集生产、加工、销售为一体的完整香菇产业链，成为全国最大的香菇标准化生产基地、全国食用菌生产大县和食用菌重要的集散地。

(1)在机械制造方面，全县先后成立西峡县神威设备有限公司、西峡县神龙食用菌机械厂、西峡县永丰食用菌有限责任公司、西峡县食用菌科研中心机械厂等规模较大的食用菌生产机械类加工企业，产品有木屑粉碎机、装袋机、灭菌蒸汽炉、拌料机、烘干机、温湿调控机、菌棒刺孔及装袋扎口机等，这些产品均为厂家根据生产实践，自主研发生产的，实用性强，深受广大菇农的喜爱，产品已经辐射到全国各地。在食用菌原材料供应方面，西峡县已经形成了以回车镇彩印厂、西峡县食用菌科研中心为主体的西峡香菇原辅材料供应两大生产主体，并形成了以城关、丁河、双龙、米坪、西坪等乡镇为辅的香菇原辅材料供应地。

(2)在香菇生产与销售方面，2021年已在全县建成香菇专业乡镇15个、专业村140个、标准化基地198处，标准化生产率达到98%以上。香菇年产量达30万吨(鲜品)，第一产业效益达30亿元左右，综合效益达150亿元以上，全县2万多农户近20万人从事香菇生产、加工和销售，年交易额近200亿元。目前，双龙镇香菇交易市场已经成为内接豫、鄂、川、晋、陕等省的生产渠道，外连粤、桂、沪、闽、港、台等省、市地区以及韩、日、东南亚等国家和地区销售渠道的重要香菇集散地，是全国香菇的货源集散中心、价格形成中心和信息来源中心，被授予“全国最大市场、全国唯一的先进香菇交易市场、省级文明市场和农业产业化省、市重点龙头企业”。

(3)在香菇的加工与出口方面，西峡县香菇加工企业分为两种，一种是深加工，以“香菇酱”“香菇丁”为主，西峡县香菇系列产品有原菇、罐头、休闲、发酵酱类、食品配料调味料、功能保健类六大类近200种产品。另一种以加工出口为主。目前，西峡县拥有香菇出口企业142家，其中，国家级龙头企业1家(仲景食品)、省级企业2家、市级企业14家、规模以上企业56家。西峡香菇通过中欧班列等国际运输方式，发往德国、法国、比利时、荷兰、丹麦、克罗地亚、英国、俄罗斯、白俄罗斯、日本、韩国、澳大利亚及东南亚等30多个国家和地区。2021年，西峡香菇及其制品出口额约6.37亿美元。2005年至今，西峡香菇累计出口额约78亿美元。



以“河南省南阳市西峡县”为区域，以“香菇”为关键词，以“存续”和“在业”为状态，以2022年7月17日为时间节点，在不限定注册资金额度等其他约束的条件下，利用实时更新数据的企查查界面搜集发现，在西峡县工商局注册数据中，和香菇有关的企业、个体工商户、农民专业合作社合计885家。就其时空演变特征来看，2005年，整个县域拥有香菇初级加工类企业2家，从事干鲜香菇销售的个体工商户8家，组织成员种植、销售香菇且为成员提供香菇种植技术服务的农民专业合作社尚未成立；且该时期，个体工商户集中分布于西南地区的重阳镇及其附近。2010年，从事香菇加工类的企业增加了5家，组织成员种植、销售香菇并为成员提供种植技术信息咨询服务的农民专业合作社增加了 21 家，个体工商户增加了 22 家，个体工商户主要分布于地势平坦、交通便捷的西南地区，而企业多布局于基础条件较好的县城内。2015 年，企业、合作社、个体工商户分别再增加 27 家、61 家、114 家，分别达到 34 家、82 家和 144 家，空间分布均沿着低平的交通要道呈带状分布。2022 年，企业猛增至 175 家，农民专业合作社达到 138 家，个体工商户（包括集体分支机构）达到 608 家；空间分布也由最初的“条带状”向“面状”格局演变（见图 7-9）。

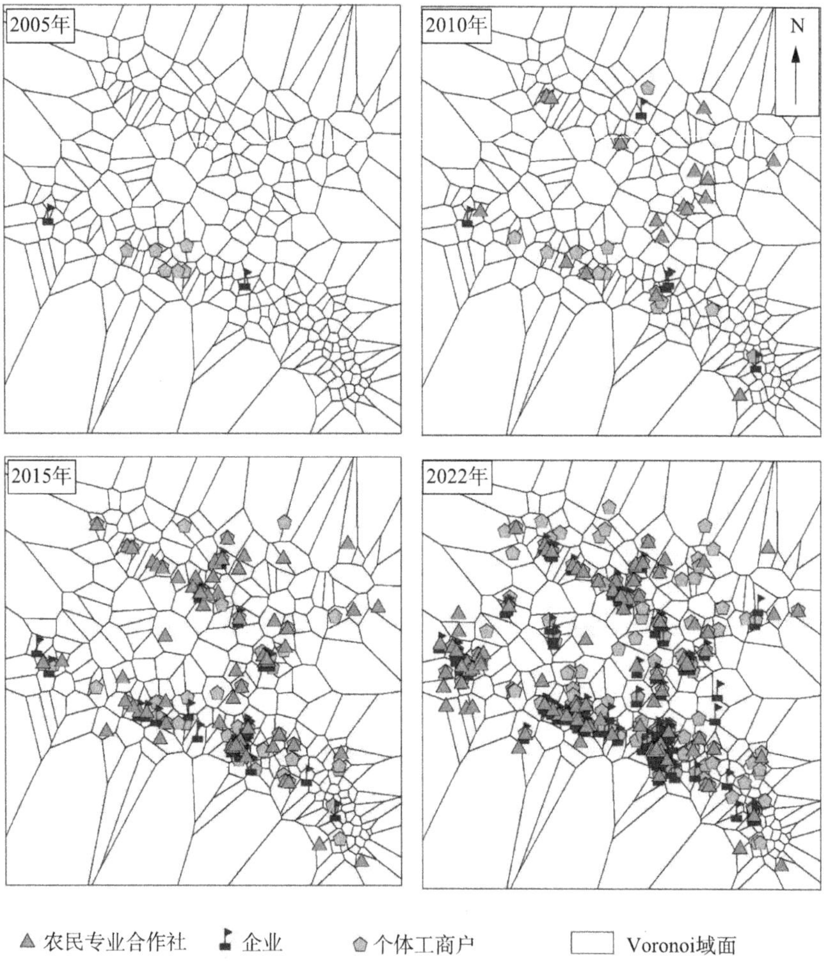


**图 7-9　西峡县香菇产业法人单位空间演变**

## 四、香菇销售网络及产业链特征

### （一）销售网络特征

香菇的产品特性不同于葡萄和树莓。首先，香菇销售基本不受时间的限制。香菇可直接销售鲜品，亦可烘干后销售，而且烘干后的香菇，只要贮存方法得当，长期贮存对产品品质的影响较小，这就使得香菇产品的销售不严格受时间的限制。其次，香菇销售基本不受地点限制。由于香菇与其他农产品相似，短时间的露天放置不会对产品品质造成任何影响，且携带过程中无须任何特殊装置，凡是可以进行农产品交易的地方，均可进行香菇销售，如乡村集市、农贸市场、超市、商场等。最后，香菇销售基本不受交易对象的限制。香菇作为一种蔬菜，既可直接作为家庭食材，亦可作为深加工的原料，具有多样性的消费特征。因而，香菇的交易对象可以是农户、市民等居民消费者，亦可以是经纪人、企业、合作社等经济组织。可以说，香菇的销售特征为其大规模生产带来可能。西峡县香菇销售网络较为复杂，就农户而言，其可选择直接销售给香菇经纪人、香菇深（初级）加工类企业，亦可通过香菇交易市场、香菇生产基地、香菇冷藏库等交易点进行销售。对于加工类企业而言，其可直接向香菇种植户收购，与香菇经纪人、香菇种植基地签订合同进行订单式收购，亦可前往香菇交易市场与店铺、农户、其他企业进行市场交易等。总之，每个行为主体的生产原料来源均是多样化的，不会因为某一个，甚至是某一类行为主体的缺失而影响自身的正常生产活动。从此方面来看，西峡县香菇产业的稳定性较封丘县更强。香菇最终的销售市场同样是多样化的，一是国外市场，目前，西峡县香菇的出口对象以日本为主，同时兼顾泰国、马来西亚等东南亚国家，近年来，通过泰国出口到欧美的销量开始增加；二是国内市场，主要是全国各大农产品市场、商场、超市；三是网络销售市场，通过网络销售平台，直接对各类消费者出售香菇产品。多样化的市场交易平台，为西峡县香菇产业的迅速发展提供了保障（见图 7-10）。



### （二）西峡县香菇产业链特征

西峡县香菇生产上游环节主要包括香菇种子的研发、香菇种植与加工设备的生产、香菇种植原材料的供应等；中游环节主要包括香菇的种植、管理、收获与市场交易等；下游环节主要是香菇的初加工、深加工及市场营销等。

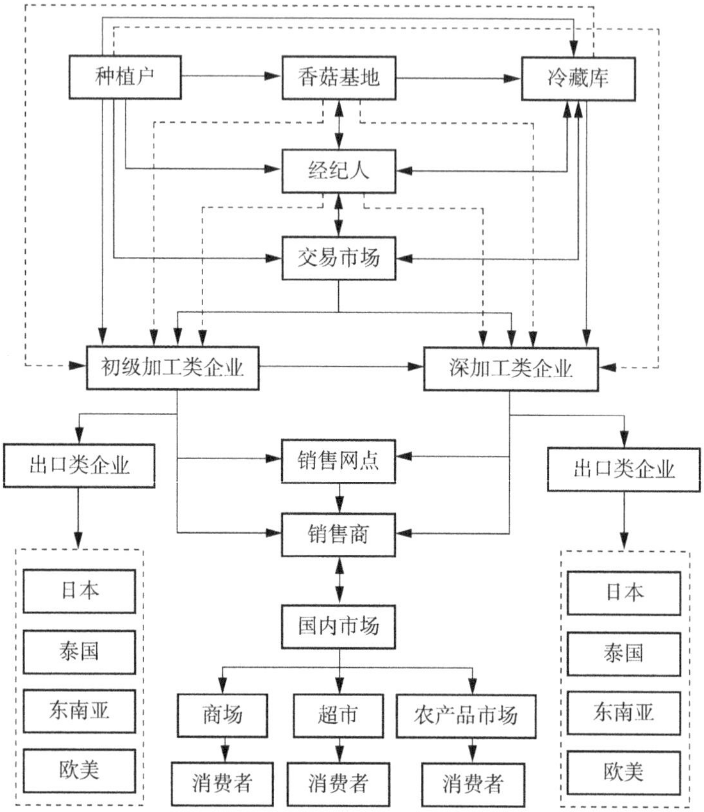


**图 7-10　西峡县香菇销售网络**



产前，香菇种子的培育由专门的科研机构、种子研发中心等进行，加工设备的生产由机械厂完成；产中，在香菇原材料的供应中，麸皮由面粉厂提供、木屑由林场提供、石膏粉由建材生产厂提供，目前已在全县实施工厂化制棒；产后，香菇产品加工主要由食品加工厂完成；最后，香菇产品的销售还需要交易市场的参与。目前，全县已经形成了种子研发中心、生产设备加工企业、香菇辅料供应企业、香菇交易市场、各类香菇加工企业等上下游联动的产业分工网络(见图 7-11)。2013 年，西峡县“仲景大厨房食用菌产业化集群”被河南省政府评为“2013 年河南省农业产业化集群”。2020 年，西峡香菇出口额占全国香菇出口额的 30% 左右，连续 8 年领跑河南出口农产品(孟向东，2022)。当前，西峡县已成为中国最大的香菇生产基地和出口基地，业界公认的中国北方地区香菇集散中心、信息交流中心、价格形成中心地，中国“南菇北移”的“桥头堡”。

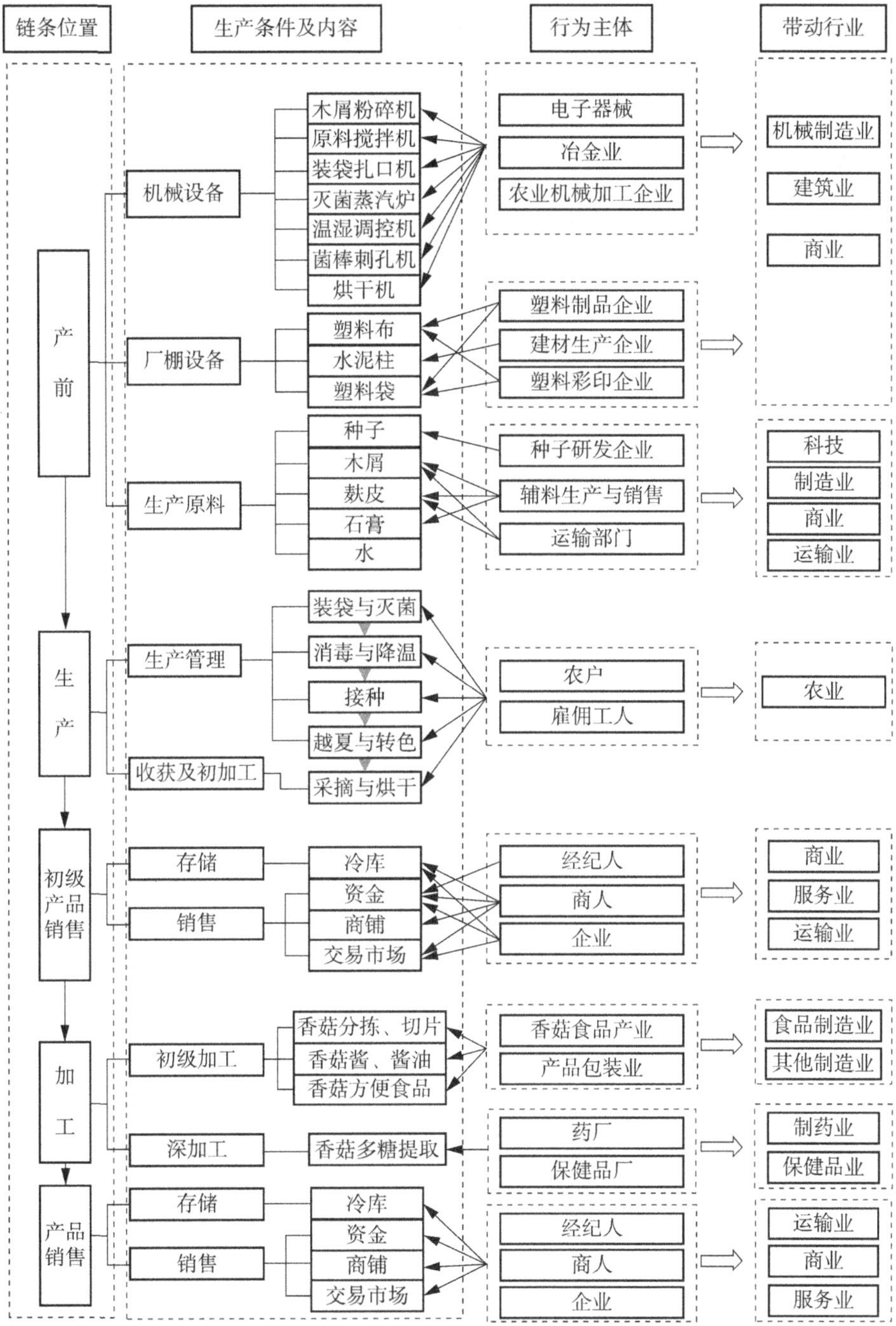


**图 7-11　西峡县香菇产业分工体系**

## 五、西峡县香菇产业区域化格局的形成机制

### （一）形成机理

在影响农业专业项目空间扩散的因素中，政府，尤其是作为区域发展重要行为主体的地方政府，直接影响着农业专业项目空间扩散的外部环境（Beer，2018），左右着农业规模化的进展及其空间分布（吴娜琳，2014）。目前，有关政府对经济活动空间扩散的研究较为丰富，如研究发现，日本政府在营建产学合作网络以及区域创新环境方面，实施了一系列的优惠措施，极大地激励了研发产业的集聚和发展（王承云，2010）；葡萄牙政府有针对性的政策对技术的转让和扩散具有明显的促进作用（Bento，2015）；地方政府的参与提升了社会信任，有利于新项目的执行（Sabet，2020）。中国地方政府的产业和区域政策促进了产业联系较强的产业集聚，从而拉动了利税率高的、国有企业主导的、属于国家重点计划的产业分散布局（贺灿飞，2010）。总之，政府的行为影响了经济主体选择特定地价圈层区位的成本和经济效益，改变了市场机制作用下区位选择的成本—效益权衡，从而影响区位决策，引致各种经济现象的空间演化（杨瑾，2015）。有关政府对农业经济活动空间扩散影响的研究，亦不鲜见。其中，政府对农业技术扩散影响的研究十分丰富。如研究发现，政府补贴可有效降低生态农业技术实现创新扩散的条件（陈莫凡，2018）；在市场经济条件下，政府在适度范围内可有效控制农业技术的空间扩散（Battisti，2008）；政府推动可促进农业技术的空间扩散（常向阳，2014）；等等。在政府对农业专业项目空间扩散的影响方面，国外学者发现，作物种植现象在多个国家间或国内的扩散与各国、各地区政府的相关政策有很大的关系（Lalitha，2015）。我国金乡大蒜产业集群的发展证明，政府的构建性超过了市场的生成性（郑风田，2006）。在欠发达农区，部分地区的地方政府通过促进农业专业项目的空间扩散，成功实现了农业区域化集聚发展态势（刘玉振，2012）；也有部分地区的地方政府不顾区域种植习惯、资源环境等因素，盲目推广特色农业专业项目，虽然使其快速扩散开来，但在部分地区持续时间不长，从而出现了大面积扩散后逐步向扩散源缩小的空间现象（吴娜琳，2013）。近年来，诸多学者发现，政府的过度干预可能并不利于产业集群的发展（纪玉俊，2020），地方政府间的竞争抑制了绿色发展效率的提升（刘儒，2022）。总而言之，政府在地方经济发展中起着或正或负的作用。

在西峡县香菇产业区域化发展过程中，政府同样发挥着极其重要的作用，且该作用是积极的正向推动。首先，西峡县政府通过考察现有发展条件和产业，确定了袋料香菇的发展地位，并取代了不可持续的椴木香菇；其次，政府通过有组织的考察与技术学习、试验，掌握了袋料香菇的种植技术，并采用“与政务相挂钩”的形式带领党员干部进行示范性种植与推广；再次，在香菇产业的整个发展过程中，生产管理技术、市场规范、行业标准均由县政府牵头制定；最后，西峡县香菇产业链的延伸，产业集群的形成均是在政府有序、科学、合理的统筹与规划下进行的。虽然从地理空间来看，西峡县香菇产业是专业村示范性带动的结果；但从其发展历程来看，西峡县政府从始至终均发挥了引导性的作用。因此，对西峡县香菇产业的区域化形成机制的分析，本章重点关注政府的作用。

### （二）指标的选取与模型的处理

1. 指标选取

经济现象的空间扩散廊道是多样的，如业缘廊道、地缘廊道、亲缘廊道等，但本章的研究目的在于探讨政府对专业项目空间扩散的影响，故而采用“0～1”虚拟变量，即项目是通过政府途径扩散而来的样本村，赋值为1，通过其他途径扩散而来的样本村赋值为0。此外，由于西峡县70%的香菇用于出口，国内市场缺口大，致使香菇市场价格高而稳定。故而，西峡县政府主要通过为农户提供技术、启动资金以及市场销售信息等推动产业发展。基于此，指标选取亦主要从以上各方面进行。此外，扩散受扩散主体、接受者、距离或空间、信息网络、时间、反馈过程及决策的确定性程度等多重因素的影响，任何一个关键因素发生改变，都将影响扩散途径（Richard，1975）。随着信息科技的发展及时间距离的缩短，接受地环境对扩散模式的影响越来越大（Ormrod，1990）。农业不同于其他产业，农业专业项目的扩散，不仅受项目本身特性的影响，更受扩散域元自身属性的深刻影响（李树奎，2011）。此外，已有研究发现，经济区位对农业专业项目的空间扩散亦有一定的影响（吴娜琳，2012）。因此，农业专业项目空间扩散初期可能受政府的推动作用较大，但非政府因素，如地理影响、资源约束、经济背景等同样可能影响着农业专业项目后来的空间分布格局。为确保实证分析的稳健性，本书将以上因素纳入了分析框架（见表7-4）。

表 7-4　指标变量

| 潜变量 | | 观察变量 | 说明 |
|---|---|---|---|
| 解释变量 | 政府作用 | 技术支持 | 虚拟变量，香菇生产技术源自政府为 1，其他为 0 |
| | | 资金支持 | 虚拟变量，香菇生产资金源自政府为 1，其他为 0 |
| | | 构建扩散网络 | 虚拟变量，香菇生产信息源自政府为 1，其他为 0 |
| | 地理影响 | 村域海拔 | 各村所在地几何中心的海拔高度(千米) |
| | | 与县城的交通距离 | 从该村村委会出发到县政府的交通距离(千米) |
| | | 与县城的空间距离 | 从该村村委会出发到县政府的欧氏距离(千米) |
| | 资源约束 | 粮食种植面积 | 全村种植农作物的土地面积(0.666 公顷) |
| | | 全村总户数 | 以民政部门登记在册的户数为准(户) |
| | | 劳动力人数 | 18 周岁以上的具有劳动能力的人数(人) |
| | | 高中以上学历人数 | 高中以上文化学历的人数(人) |
| | | 科技能人 | 具有一定科学技术专长的能人(人) |
| | | 致富能人 | 开办工厂或当地认可的具有发家致富本领的能人(人) |
| | 经济背景 | 椴木香菇种植时长 | 第一次种植椴木香菇的时间到 2013 年的时间差(年) |
| | | 种植香菇之前户均收入 | 本村开始种植袋料香菇前一年，全村户均收入水平(元) |
| 被解释变量 | 扩散速度 | 袋料香菇种植时长 | 第一次种植袋料香菇的时间到 2013 年的时间差(年) |
| | 扩散强度 | 初始户数比重 | 刚开始种植时的户数占全村总户数的比重(%) |
| | 当前规模 | 当前参与户数 | 2013 年全村从事香菇种植的户数(家) |
| | | 香菇大棚数 | 2013 年全村香菇大棚数量(每个 1000 袋) |
| | | 合作社数 | 截至 2013 年本村香菇合作社数量(家) |
| | 当前专业化水平 | 当前户数比重 | 2013 年全村从事香菇种植的户数占总户数的比重(%) |



2. 结构方程模型设定

首先假设所有潜变量之间均相互影响，运用 SPSS20.0 对各要素进行相关分析，初步筛选出具有一定相关性的因子，作为构建结构方程模型的基础变量。之后删除不符合理论及实际意义的变量组合，初步设定以下四个模型(见图 7-12)。

模型一：扩散速度与政府作用、经济背景的多数因子；

模型二：扩散强度与政府作用、地理影响、经济背景的多数因子；

模型三：当前规模与政府作用、地理影响、资源约束的多数因子；

模型四：当前专业化水平与政府作用、地理影响、资源约束的多数因子。

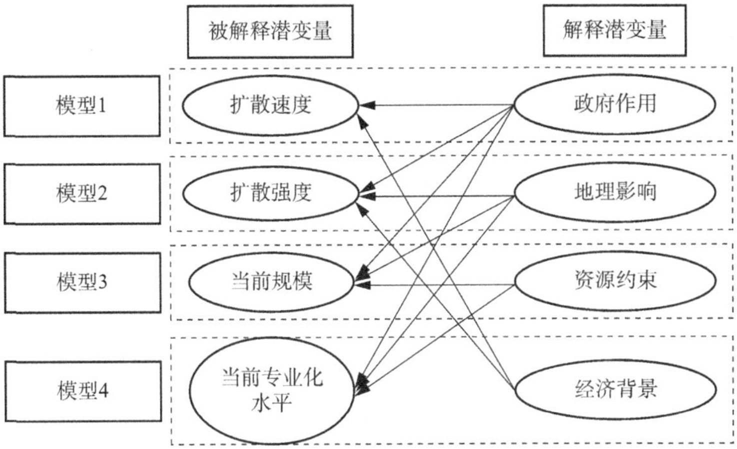


图 7-12 模型设定

3. 信度与效度检验

信度检验，即问卷项目之间的内部一致性，常以 Cronbach's α 系数来衡量，本调查数据整体 Cronbach's α 均大于临界值 0.5(见表 7-5)，说明问卷整体可行度较高。效度检验，聚敛效度要求因子负荷量为 0.5，逐步删除因子负荷量在多项测量变量中小于 0.5 的因子。在扩散强度影响因素中，删除了地理要素中的村与县城的空间距离；而在当前规模影响分析中，删除了村与县城的交通距离；在当前专业化水平影响因素中，删除了资源要素中的粮食种植面积要素等，删除后，模型聚敛效度有所提高。因子分析检验，根据聚敛效度，对删除后的指标进行 KMO 检验，经计算，四个模型的 KMO 值均大于 0.5，Bartlett 球形度检验卡方统计量均显著，抽取的因子累计贡献率均大于 50%。由此可知，调整后的方程信度与效度检验结果说明数据具有较高的可靠性和内部一致性。



表 7-5 模型信度与效度检验结果

| 模型 | KMO 检验统计量 | Barlett 球形度检验值 | Cronbach's α | 累计贡献率(%) |
|---|---|---|---|---|
| 标准 | >0.5 | Sig. =0.000 | >0.5 | >40 |
| 模型 1 | 0.650 | 531.560(Sig. =0.000) | 0.597 | 52.10 |
| 模型 2 | 0.716 | 749.366(Sig. =0.000) | 0.598 | 58.42 |
| 模型 3 | 0.623 | 612.920(Sig. =0.000) | 0.629 | 63.37 |
| 模型 4 | 0.669 | 987.080(Sig. =0.000) | 0.602 | 80.85 |

4. 验证性因子分析

模型拟合最初显著性不强，基于解释上的合理性对原始模型进行微调，如删除显著性较弱的指标，关联相关性较强的并符合理论解释的误差系数等。修正后，四个模型的卡方自由度比值($\frac{\chi^2}{df}$)均在 1~3，绝对拟合指数 GFI、AGFI、NFI 以及相对拟合指数 CFI、IFI、RFI 基本大于 0.90，最重要的适配度指标 RMSEA 均小于0.08(见表7-6)，由此可知，理论模型对调查数据具有较好的拟合能力。

**表 7-6　各模型整体拟合指数**

| 综合指数 | 绝对拟合指数 | | | | | 相对拟合指数 | | |
|---|---|---|---|---|---|---|---|---|
| | $\frac{\chi^2}{df}$ | GFI | AGFI | RMSEA | NFI | CFI | IFI | RFI |
| 标准 | (1~3) | >0.90 | >0.90 | <0.08 | >0.90 | >0.90 | >0.90 | >0.90 |
| 模型 1 | 2.290 | 0.991 | 0.940 | 0.071 | 0.985 | 0.991 | 0.991 | 0.924 |
| 模型 2 | 2.183 | 0.984 | 0.927 | 0.068 | 0.968 | 0.982 | 0.982 | 0.887 |
| 模型 3 | 1.742 | 0.961 | 0.919 | 0.054 | 0.933 | 0.969 | 0.97 | 0.884 |
| 模型 4 | 2.545 | 0.95 | 0.897 | 0.079 | 0.941 | 0.963 | 0.963 | 0.902 |



## (三)结果分析

1. 政府的作用

第一，政府对扩散速度的影响。从模型结果来看(见表7-7)，政府作用对扩散速度的影响系数为显著正向(0.483)，政府通过资金支持、技术支持及构建扩散网络等措施对各村参与香菇种植速度的影响系数分别为 0.438、0.851、0.370。即越是通过政府途径获取技术支持、资金支持和市场信息的村庄，参与香菇种植的时间越早。由于最初西峡县政府采取干部带头、基地示范等措施构建自上而下的空间扩散网络，进行袋料香菇种植的全面推广，因而最初参与种植的村庄较多，且空间分布较为分散。

**表 7-7　模型 1 路径估计结果**

| 模型路径 | | | 因子标准载荷 | S. E. | C. R. | $p$ |
|---|---|---|---|---|---|---|
| 扩散速度 | ← | 政府作用 | 0.483 | 1.662 | 5.514 | *** |
| 扩散速度 | ← | 经济因素 | -0.839 | 0.000 | -8.489 | *** |
| 资金支持 | ← | 政府作用 | 0.438 | | | |
| 技术支持 | ← | 政府作用 | 0.851 | 0.318 | 4.673 | *** |
| 构建扩散网络 | ← | 政府作用 | 0.370 | 0.184 | 4.406 | *** |
| 种植香菇之前户均收入 | ← | 经济因素 | 0.517 | | | |
| 椴木香菇种植时长 | ← | 经济因素 | -0.896 | 0.000 | -7.872 | *** |
| 袋料香菇种植时长 | ← | 扩散速度 | 0.970 | | | |

注：S. E. 表示参数的标准误差；C. R. 表示检验统计量；$p$ 值为显著性；*** 表示显著性值小于 0.001（下同）。

第二，政府对扩散强度的影响。整体而言，政府对扩散强度的影响程度（0.213）弱于扩散速度，但均为正向影响。政府通过资金支持、技术支持和构建扩散网络对扩散强度的影响系数分别为 0.474、0.735、0.441，即受政府影响越大的村庄，初始参与强度越高。由于最初各村香菇种植户仅为政府号召下的党员干部家庭，他们参与的目的在于先验性、示范性种植，因此生产规模一般不大，均匀分布在各个乡镇，具有明显的规划色彩（见表 7-8）。



**表 7-8　模型 2 路径估计结果**

| 模型路径 | | | 因子标准载荷 | S. E. | C. R. | $p$ |
|---|---|---|---|---|---|---|
| 扩散强度 | ← | 政府作用 | 0.213 | 3.145 | 2.693 | 0.007 |
| 扩散强度 | ← | 地理要素 | 0.172 | 0.003 | 2.893 | 0.004 |
| 扩散强度 | ← | 经济因素 | 0.955 | 2.372 | 2.985 | 0.003 |
| 初始户数比重 | ← | 扩散强度 | 0.994 | | | |
| 村域海拔 | ← | 地理要素 | 1.000 | | | |
| 与县城的交通距离 | ← | 地理要素 | 0.771 | 0.005 | 20.289 | *** |
| 资金支持 | ← | 政府作用 | 0.474 | | | |
| 技术支持 | ← | 政府作用 | 0.735 | 0.305 | 3.843 | *** |
| 构建扩散网络 | ← | 政府作用 | 0.441 | 0.213 | 4.276 | *** |
| 椴木香菇种植时长 | ← | 经济因素 | 0.193 | | | |
| 种植香菇之前户均收入 | ← | 经济因素 | -0.203 | 323.151 | -2.920 | 0.004 |

第三，政府对各村当前规模的影响。政府的资金支持、技术支持和构建扩散网络对当前生产规模的影响系数分别为0.510、0.599、0.206，其中，技术支持对各村当前生产规模的影响最为显著。这是由于经过近20年的发展，西峡县各村香菇生产规模已从快速增长、缓慢增长过渡为平稳状态。政府由最初支持启动资金、生产技术转为资助专业大户、购置标准化生产设备、提升原料检验检疫技术等，尤其对缺乏其他发展条件的西北部深山区各村支持力度更大(见表7-9)。

**表7-9　模型3路径估计结果**

| 模型路径 | | | 因子标准载荷 | S. E. | C. R. | *p* |
|---|---|---|---|---|---|---|
| 当前规模 | ← | 政府作用 | 0.459 | 206.352 | 3.674 | *** |
| 当前规模 | ← | 地理要素 | 0.265 | 0.230 | 4.093 | *** |
| 当前规模 | ← | 资源要素 | 0.848 | 30.964 | 10.882 | *** |
| 高中以上学历人数 | ← | 人力资源 | 0.534 | | | |
| 人力资源 | ← | 资源要素 | 0.451 | 13.251 | 4.537 | *** |
| 致富能人数量 | ← | 人力资源 | 0.856 | 0.076 | 8.195 | *** |
| 当前参与户数 | ← | 当前规模 | 1.000 | 0.045 | 7.846 | *** |
| 合作社数量 | ← | 当前规模 | 0.280 | 0.000 | 4.915 | *** |
| 村域海拔 | ← | 地理要素 | 0.626 | | | |
| 与县城的空间距离 | ← | 地理要素 | 0.996 | 0.008 | 13.512 | *** |
| 资金支持 | ← | 政府作用 | 0.510 | | | |
| 技术支持 | ← | 政府作用 | 0.599 | 0.215 | 4.043 | *** |
| 科技能人数量 | ← | 人力资源 | 0.817 | 0.105 | 8.349 | *** |
| 香菇大棚数量 | ← | 当前规模 | 0.684 | | | |
| 粮食种植面积 | ← | 资源要素 | 0.058 | 38.141 | 0.882 | 0.378 |
| 构建扩散网络 | ← | 政府作用 | 0.206 | 0.288 | 2.348 | 0.019 |



第四，政府对各村当前专业化生产水平的影响。模型分析显示，政府对当前专业化生产水平的影响系数较大(0.815)，其中，资金支持、技术支持的影响系数分别为0.285、0.514，构建扩散网络对其影响不显著(见表7-10)。这是由于近年来，为跟随国家大力支持农村专业生产大户、发展家庭农场的步伐，西峡县政府通过提供低息贷款、降低租金等方式，鼓励符合一定条件

（如非香菇产业发展条件有限）的村庄进行大规模专业化生产，致使政府扶持力度越大的村庄，专业化生产水平越高。

**表 7-10　模型 4 路径估计结果**

| 模型路径 | | | 因子标准载荷 | S. E. | C. R. | $p$ |
|---|---|---|---|---|---|---|
| 当前专业化水平 | ← | 政府作用 | 0.815 | 46.338 | 4.132 | *** |
| 当前专业化水平 | ← | 地理要素 | 0.571 | 0.009 | 10.997 | *** |
| 当前专业化水平 | ← | 人力资源 | -0.091 | 0.010 | -1.688 | 0.091 |
| 村域海拔 | ← | 地理要素 | 1.000 | | | |
| 与县城的空间距离 | ← | 地理要素 | 0.643 | 0.003 | 13.303 | *** |
| 全村总户数 | ← | 人力资源 | 0.911 | | | |
| 劳动力人数 | ← | 人力资源 | 0.921 | 0.128 | 18.041 | *** |
| 高中以上学历人数 | ← | 人力资源 | 0.710 | 0.077 | 13.272 | *** |
| 科技能人数量 | ← | 人力资源 | 0.303 | 0.053 | 4.701 | *** |
| 致富能人数量 | ← | 人力资源 | 0.291 | 0.036 | 4.493 | *** |
| 资金支持 | ← | 政府作用 | 0.285 | | | |
| 技术支持 | ← | 政府作用 | 0.514 | 0.314 | 4.203 | *** |
| 当前户数比重 | ← | 当前专业化水平 | 1.000 | | | |



2. 非政府因素的作用

第一，地理要素。西峡县地形复杂，各村海拔高度不同，致使香菇生产条件各异。但将其纳入整体分析框架时，地理要素对扩散速度的影响不显著。这是因为，政府推动下专业项目的空间扩散受行政规划的影响大，受空间距离的影响小。但海拔、交通距离对香菇种植扩散强度、当前规模和当前专业化水平有一定的影响，系数分别为 0.17、0.27、0.57，即海拔越高，距离县城越远，香菇扩散强度越大，当前规模越大，专业化水平越高。这是因为，距离县城越近，西峡县地势越平坦，海拔越低，气候环境更适于非农产业和粮食作物、猕猴桃、烟叶等，政府无法强制农户参与。距离县城越远，海拔越高，交通不便，非农产业及传统农业发展条件不足，加之适宜的气候条件和政府推动，致使香菇产业发展势头强劲。

第二，资源要素。香菇种植不与农争地，受粮食种植面积的影响不大，但各村高学历者、技术能人、致富能人等的带动作用对村域香菇生产规模影响显著，其影响系数分别为0.182、0.697、0.731，其中，致富能人的带动作用最强。劳动力人数和高学历者、技术能人、致富能人数量对村域香菇专业化生产水平的影响同样显著，影响系数分别为-0.081、-0.040、-0.003。二者不同的是，人力资源越丰富的村，香菇生产规模虽然越大，但香菇专业化生产水平越低。这是因为该县采取了鼓励专业大户生产的政策，生产规模较大的村，参与的农户数量不一定就多，因而，以参与户数占总户数的比重来衡量的专业化水平就不一定高。

第三，经济要素。经济要素对扩散速度和扩散强度的影响系数分别为-0.84、0.96，其中，种植香菇之前户均收入的影响系数分别为-0.440、-0.192，即种植香菇之前收入越高，农户参与香菇种植的积极性越差，参与速度越慢，参与强度越弱；但椴木香菇种植时长对扩散速度和扩散强度的影响系数分别为0.760、0.182，即椴木香菇种植历史越悠久，农户参与袋料香菇种植的积极性越强，袋料香菇种植的空间扩散速度越快。经济学中的机会成本理论可以解释这一现象，为了参与香菇种植而放弃当前的经济活动，若后者的价值超过了前者，根据理性人假设，农户参与的动力就会很弱；而当农户具有香菇生产的先验经验时，其参与的可能性就会大大增加。此发现与已有相关研究的结论相似。



## 六、西峡县政府的管制措施

### （一）规范生产

1. 统一香菇生产技术标准

以西峡县科委为依托，投资建立西峡县香菇科研中心，在太平镇等重点乡镇建立专门的科研机构，在各村组建立各类香菇专业技术协会。有计划、有组织地实行基地化、标准化种植，以《西峡县香菇标准化生产标准》来规范香菇生产，建立了国内首创、国际认可的《西峡县基地建设控制体系》《质量安全追溯监督管控体系》《农业化学品投入控制体系》《监控预警纠偏评估控制体系》《农业质量安全诚信控制体系》《应对重大突发事件控制体系》等“质量安全”体系，对香菇生产进行全方位的质量安全监督。从而使得菇农生产、经纪人的香菇收购以及其他形式的市场交易均有章可循、有法可依。

2. 延伸产业链条

培育生产龙头、服务龙头、加工龙头。扶持资源相对集中、起步较早、生产经验丰富、效益较好、具有较强辐射带动能力的专业示范场和农户作为全县的生产龙头。组建集保鲜、加工、分级、包装、购销于一体的香菇购销集团公司，作为香菇购销服务龙头。组建集菌种生产、研制、技术服务、储藏、保鲜、销售于一体的县食用菌集团公司；引导香菇种植大户成立香菇专业合作社，加强小农户与大市场的对接；积极培育香菇加工产业集群，形成“公司+基地+合作社+农户”的产销模式，作为加工龙头。

3. 统筹协调

建立以财政、信贷投资为导向，以集体、个人投资为主体的多元化投资机制，奖励种植大户；建立香菇办公室负责全县香菇生产的规划、指导、协调、服务和督促检查，政法、工商、财政等各个单位联合作业，解决产业发展中的各种问题。2006 年以后，西峡县委、县政府提出建设“生态大县”的工作目标，禁止砍伐本县林木资源，开始有计划地从湖北、东北三省、陕西等地外调木屑，即实施“菌材外调战略”。



## （二）积极筹建香菇交易市场

1. 筹建香菇交易市场

引导各个流通部门、各个乡镇组建各类服务组织，建设香菇专业市场；高标准建设双龙镇、丁河镇、西坪镇三大香菇交易市场，围绕“一带一路”倡议和亚欧班列，逐步开拓国际市场。目前，西峡县拥有双龙镇、丁河镇两大中心交易市场和重阳镇、西坪镇、桑坪镇等 9 个香菇集市。香菇交易市场的发展，历史因素固然重要，但更离不开政府的有效工作。以双龙镇香菇交易市场为例，20 世纪 90 年代初期仅有门店 10 余家，从业人员 30 多名。1993—1994 年，双龙镇党委、政府组织工商、税务、财务等职能部门到浙江庆元、深圳等地考察学习，经严密论证推出了香菇市场的十大优惠政策，要求各职能部门为培育香菇市场“亮绿灯”。同时，他们又在全国 40 多家新闻媒体上做宣传，并鼓励全镇群众利用一切关系招商引资，在吸引外地客商进入香菇市场的同时，又着力引导本镇农民投身市场经营，做市场的主角。1993 年，南方 10 余家大公司纷纷注入巨资进驻双龙镇香菇交易市场。

2. 促进市场供需平衡

在香菇产量无法满足客户需求之时，双龙镇党委、政府推出了两项措施：其一，对外地进入市场的香菇一律免征一切税费；其二，对种植香菇的农户，只缴少量的土特产税，不再负担其他任何费用。在此激励下，全镇农民种植香菇、收购香菇、参与市场大流通的积极性高涨，出现了年轻人在农行、信用社等金融部门的支持下，纷纷购置了摩托走村串镇收购香菇，几户合股购汽车到外县、外省收购香菇的现象。2011 年，双龙镇香菇交易市场以香菇为主的门店达 650 家，入驻市场的有日本、韩国、中国福建、中国广东等 500 多家菇品公司，年购销香菇、木耳等野生干品食用菌达 2. 5 万吨，交易额 8. 5 亿元。自主注册香菇出口企业 6 家，年出口额 9000 多万美元，成为中国第一大香菇生产交易市场、河南香菇出口重镇。

## (三)保证产业发展环境安全有序

成立领导小组，以西峡县县长为组长，西峡县主管副县长、南阳出入境检验检疫局副局长为副组长，以南阳出入境检验检疫局、西峡县各乡镇负责人、西峡县食用菌生产办公室(以下简称“县菌办”)、农业农村局、林业和草原局、工商局、公安局、环保局、质监局、商务局等各部门负责人为小组成员，对示范区的管理、技术支持、化学投入品控制、质量追溯与监管、应对重大突发事件、出口企业信用等级评价、宣传培训控制以及监控、预警、纠偏评估等进行分工。2012 年，西峡县委、县政府成立了“西峡食用菌产业化集群建设领导小组”，在县财政较为困难的情况下，拿出 350 万元支撑产业集群建设；并按照现代农业产业集群的总体要求，积极编制了《西峡食用菌产业化集群建设实施意见》《西峡食用菌产业化集群 2012—2020 年发展规划》《西峡食用菌产业化集群建设项目申报书》(见图 7-13)。

西峡县政府对香菇产业发展所做的工作远非以上内容所能囊括，受篇幅限制，本书无法具体详谈。现附上县菌办拟写的《2012 年食用菌工作总结》和《2020 年工作总结及 2021 年工作谋划》，或许可以帮助读者管窥西峡县政府在香菇产业发展过程中所做的大量工作。

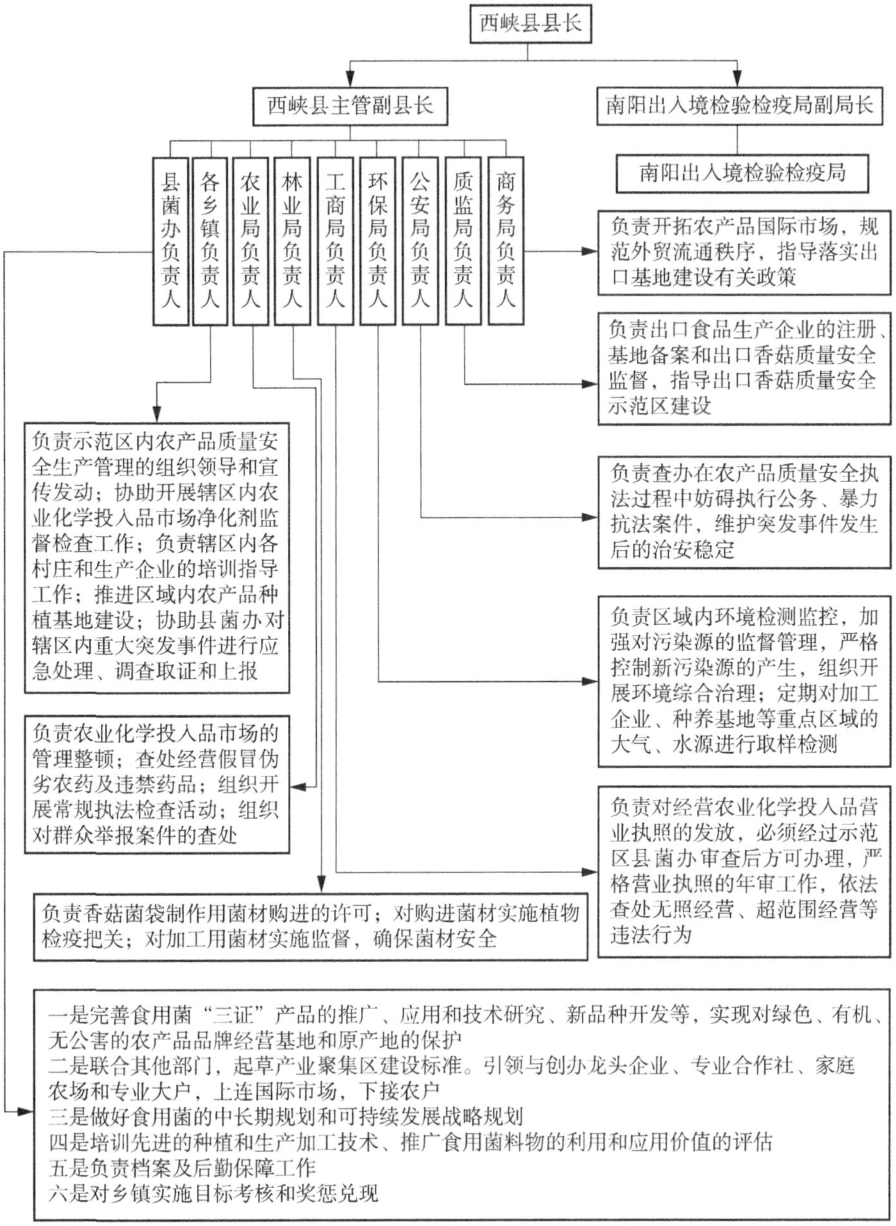


**图 7-13　西峡县香菇示范区监管部门分工体系**

县菌办〔2012〕27号

## 2012年食用菌工作总结

2012年，我县食用菌工作在县委、县政府的正确领导下，在各乡镇相关部门单位的大力支持下，紧紧围绕县委、县政府建设“生态大县、工业强县、旅游名县”的战略目标，较好地完成了食用菌产业建设的各项工作任务。2012年，西峡香菇被国家质检总局认定为首批“生态原产地保护产品”和“国家级出口食品农产品质量安全示范区”；被国家食用菌工程技术研究中心命名为“国家食用菌工程技术研究中心河南食用菌技术培训基地”；被授予首届中原经济区100名片“中原特产”品牌。现将2012年全县食用菌产业工作总结如下。

**一、2012年全县食用菌重点工作完成情况**

1. 西峡香菇生产形势良好。2012年度全县共生产香菇1.3亿袋，比2011年1.88亿袋少5800万袋，减少45%，预计2012年全县香菇产量达19.5万吨，预计产值将达到15亿元以上。主要因素有三个。一是采取的有效控菌措施见到成效。二是受上年香菇市场价格下降，菇农收益减少的影响。三是受出口形势的影响，特别是退税政策的调整，对市场价格造成不利影响。尽管生产规模有所下降，但是总体来看价格有所上涨，鲜菇价在4元以上，干菇价在32元以上，呈上升态势，可谓“发展形势好，发展潜力大”。



2. 西峡香菇出口继续保持全省、全市领先。2012年，我县21家香菇出口企业共出口9450.5吨，出口创汇1.4亿美元，与上年同期相比分别下降45%和48%。对于出口下滑，县委、县政府及省(市)国税、海关、出入境检验检疫部门高度重视，积极向上争取优惠政策，1—2月国税部门已按15%退税于出口企业，其他时段按5%退税，这将对稳定我县香菇出口起到积极推动作用。退税政策调整给出口企业带来困难，激发了全县自我发展的意识，给出口企业带来了发展机遇，使这些企业更加积极地寻求新的发展空间。家家宝食品有限公司积极与许昌企业合作新上腐竹生产加工项目，与广东爱尚菇食品有限公司合作，引资5000万元，共同开发菇类深加工项目。九顺达食品有限公司新上罐头加工生产线解决了西峡只出口干香菇没有深加工香菇的问题，既弥补了因退税政策调整造成的损失，又开拓了新的加工品种。仲景大厨房生产的“仲景牌香菇”，产品好、质量高、市场供不应求，为了扩大生产，2012年新投资1.5亿元，上马二期建设项目。这些项目的开工，为今后食用菌生产、加工、出口奠定了基础。同时，将积极推动我县食用菌向深加工方向发展，进而促进食用菌产业发展。

3. 食用菌产业化集群初步形成。2012年，我县食用菌产业被省政府、市政府列为“现代农业产业集群”，标志着我县食用菌产业进入了又一个发展阶段，并为我县今后食用菌产业发展指明了方向。第一，各级领导进一步重视香菇产业。2012年4月12日，河南省省长助理何东成专程到我县调研食用菌产业集群工作，对西峡香菇产业集群建设提出了新的要求。县委、县政府高度重视，成立了“西峡食用菌产业化集群建设领导小组”。5月9日，县委书记摆向阳专门召开座谈会，研究我县食用菌产业集群。县长李德成对产业集群工作高度重视，经常到工厂和基地进行具体的指导，并在县财政较为困难的情况下，拿出350万元支持产业集群建设。寨根乡党委、政府，2012年一贯重视香菇产业，书记、乡镇长亲自抓，亲自过问，每周例会都亲自安排，到现场指导，投资80多万元，建了3个高标准基地。双龙镇党委书记李涛亲自到基地进行规划，安排资金，支持基地建设，投资100多万元把基地建设成较规范的示范园。回车镇党委、政府把香菇产业列入党委、政府重要议程，2012年投入27万元支持基地建设。各乡镇、各企业按照省、市、县的具体要求在产业集群建设上都投入了大量的资金。第二，做好产业发展规划。按照现代农业产业集群的总体要求，积极编制了《西峡食用菌产业化集群建设实施意见》《西峡食用菌产业化集群2012—2020年发展规划》《西峡食用菌产业化集群建设项目申报书》，上述意见和规划，勾画出西峡香菇产业今后一个时期的宏伟蓝图，受到了省、市有关部门的认可和肯定。第三，认真抓好香菇产业集群的落实。实施“百公里香菇长廊”建设。2012年，我县结合香菇产业集群建设要求，重点开始了以鹳河两岸为主要内容的香菇长廊建设，确定建设以双龙、军马河、米坪、石界河、桑坪、寨根、西坪7个乡镇为重点的“百公里香菇长廊”。承担建设任务的乡镇都进行了认真研究和积极实施，县、乡两级在领导上、在资金投入上、在工作督查上，都投入了较大的精力，呈现了较好的发展势头。为使“百公里香菇长廊”有效地开展工作，今年县、乡两级财政投入500万元，新建香菇标准化基地14处，新建水泥大棚2200个，总规模220万袋，标准化生产率达到80%以上。在“百公里香菇长廊”气氛宣传上，制作宣传标牌13个，基地标志牌13个，为营造建设氛围、规范基地建设起到了积极推动作用。双龙镇结合新型农村社区建设，投资100多万元，高标准规划建设了罐沟和后湖2个标准化基地。罐沟基地占地70亩，新建棚架750余个，硬化道路2千米，配套建设拌料场10个、游园5个，种植花木10

万株，制作宣传标志牌40余个，成为全县较大规模、较为规范的标准化生产基地。石界河乡根据县委、县政府建设“百公里香菇长廊”的要求，投资80万元，完成4万立方米的填方任务，修建宽5米、长500米的基地道路，安装了27个太阳能路灯，并硬化了8条生产道路的高标准基地，不但提高了香菇生产标准，而且提升了社区建设水平。

4. 食用菌专业合作社有新发展。2012年，全县新建食用菌专业合作社18家，总数达到83家。2012年，在县政府认定第二批农民专业合作15家示范社中，食用菌专业合作社有7家(均为丁河镇的食用菌专业合作社)。它们是西峡县安和菌果专业合作社、西峡县东兴菌果专业合作社、西峡县同创菌果专业合作社、西峡县润祥食用菌专业合作社、西峡县峪兴菌果专业合作社、西峡县理想菌果专业合作社、西峡县笃信菌果专业合作社(市示范社)。目前，中菇食用菌专业合作社和豫花食用菌专业合作社运作较好。2012年，中菇食用菌专业合作社出口香菇总额达208万美元。豫花食用菌专业合作社已发展会员15人，带动30名群众常年在合作社工作，成为合作社的农民工人。

5. 项目及招商引资工作有声有色。第一，积极争取省结构调整贴息项目150万元。第二，招商工作。引进5000吨鲜香菇加工出口项目1个，已草签协议。第三，新上鲜香菇加工企业1家。天盛食品有限公司是2012年由国内4家鲜香菇出口企业在我县投资3000万元建设的加工厂。目前，天盛食品有限公司已加工出口鲜香菇1万余吨，既扩大了我县香菇出口量，又解决了过去只外销干菇，不出口鲜菇的历史遗留问题。



6. 食用菌质量安全工作提上议事日程。针对当前我县香菇安全形势，我办对全县15个乡镇32个基地的菌棒、用水和使用消毒液、接种等用品进行了检测，并根据存在的不安全因素，与有关生产厂家一起研制新配方，新的消毒剂待试验成功后，再投放市场。完成了《西峡香菇生产用木屑质量标准》和《西峡香菇生产用麸皮质量标准》的制定与发布，并成为中国迄今为止第一个香菇专用原料质量标准，也为规范西峡香菇生产，提供了种植规范和质量安全保证。完成了省级地方标准《地理标志产品——西峡香菇》的编制，已于12月19日在郑州进行了专家评审，近日可获批准发布。同时，加强了对无毒无害消毒剂的研制和试验，有望在2013年生产季节投入使用。

7. 技术培训工作。针对全年香菇生产形势，全县开展了大规模的教育培训工作，据统计：全县共举办各类培训会407场次，参加人数达51130人次，共发放各类技术资料5万余份，培训的重点为香菇质量安全、香菇生产技术、越夏管理、标准化生产技术等，通过培训，逐步提高广大菇农的标准化生产意识和生产技术。

8. 市场建设情况。巩固改扩建双龙、丁河两个市场。2012 年，双龙香菇市场投入 3 亿元开始改建，形成以北山生产为重点的中心市场。2012 年，丁河香菇市场投入 6000 万元，完成一期改建，建成后可形成以“312 国道”为重点的中心市场，目前，丁河香菇市场已完成了改建任务，并投入使用。西峡县惠多利商贸有限公司把西峡香菇作为销售品牌，在网络上宣传和销售，结束了西峡香菇只在市场销售的历史，从而走上网络经营的道路。

9. 成功举办中国·西峡香菇国际论坛暨产销研见面会。11 月 29—30 日，由中国食用菌协会、河南省农业厅、河南出入境检验检疫局、南阳市人民政府主办，西峡县委、西峡县政府承办，在我县举办了中国·西峡香菇国际论坛暨产销研见面会。来自中外 100 多名领导、食用菌专家及客商为西峡强力打造全国质量安全出口强县和全省食用菌产业化集群建设建言献策。会上，省农业领导小组副组长何东成、市委副书记杨其昌、副市长张生起等领导、专家和香菇企业代表人在论坛上都发表了讲话。河南省促进食品农产品出口工作领导小组表彰河南省西峡县为出口香菇、猕猴桃国家级出口食品农产品安全示范区。国家质检总局向我县授予“国家出口食品农产品质量安全示范区”，国家食用菌工程技术研究中心向我县授予“国家食用菌工程技术培训基地”。县政府分别与省农科院、河南农业大学签订了《战略合作协议》，广州东莞爱尚菇食品科技有限公司与家家宝食品有限公司签订了食用菌深加工合作项目，浙江盛源食品有限公司与北京霞光科技有限公司签订了香菇深加工出口合作项目，尚食品科技有限公司与家家宝食品有限公司签订了食用菌深加工合作项目。这次香菇论坛会主旨是“绿色安全，合作共赢”，通过和中外专家、客商联谊交流，在西峡县实现食用菌商贸订单生产，建立标准化食用菌生产基地，兴办食用菌加工企业，扩大加工能力，实现产品就地包装、就地销售，会议达到了预期目的，取得了可喜的成果。第一，打响了品牌，扩大了宣传范围。这次西峡香菇国际论坛暨产销研见面会，邀请国内外知名专家学者、各级领导及客商 100 余人，大会受到各级领导的关心与支持，并得到了参与人员对西峡香菇产业的高度肯定和赞扬，提高了西峡香菇在全国乃至国外的知名度，打响了西峡香菇的国际品牌。第二，研讨当前食用菌发展的问题，明确了发展方向。各级领导和专家对我县香菇产业建言献策，出谋划策，明确了今后我县食用菌的发展方向。第三，广交了朋友，签订了合同，保障了香菇产销。

**二、存在问题**

1. 认识不到位。部分领导对香菇产业认识不足，特别是对“西峡食用菌产业化集群建设”认识不清，投入的人、财、物不足，整体规划、基地建设规划不到位，标准不高。

2. 工作不到位。工作缺乏主动性、创造性，工作被动应付，主要表现在工作思路不清，谋划不到位，参谋助手发挥作用不够等方面。

**三、下一步工作**

2013 年是贯彻党的十八大的第一年，在此，我们要以党的十八大精神为统领，紧紧围绕建设生态大县的思路，坚持科学发展观，跨越发展总基调，以建设西峡食用菌产业集群为总目标，以“百公里香菇长廊”为重点，团结一致，克服困难，使全县食用菌工作再上新的台阶。

1. 突出抓好“百公里香菇长廊”建设和标准化基地建设。对照县委、县政府建设“百公里香菇长廊”的要求和部署，认真抓好督查督办，在全县全面推广标准化生产，巩固扩大标准化基地建设成果，重点做好 2013 年新基地建设，每乡镇完成 1~2 个香菇标准化基地。



2. 强力抓好香菇质量安全。按照县政府 2011 年《关于严厉打击在农产品生产中使用化学品添加剂的通告》精神，在香菇生产过程中禁止使用有毒有害化学品及添加剂。因此，下一步重点做好香菇质量安全工作。

3. 继续开展食用菌专业合作社创建工作。加大工作力度，在全县开展食用菌专业合作社创建工作，争取完成全年 98 家食用菌专业合作社的目标任务，为实现我县香菇产业化奠定基础。

4. 做好 2013 年香菇生产准备工作。一是做好菌材外调准备工作，严把菌材外调木屑质量关，以确保香菇质量安全。二是继续做好技术指导与技术培训工作，确保香菇质量安全和香菇产业高产高效。

2012 年 12 月 20 日

## 2020 年工作总结及 2021 年工作谋划

**一、2020 年工作完成情况**

1. 保障食用菌生产有序进行。一是疫情期间出台西农组 1 号文件，指挥部 42 号、78 号文件，组织安全生产，搞好流通协调，积极对接省、市、县三级疫情防控及农业等相关部分，申请办理了省、市、县各级通行证 700 余个，很大程度上缓解了我县食用菌中小微企业货物流通难的问题。2020 年，全县食用菌种植规模约2.6亿袋，基本与往年持平。二是适度发展双孢菇、羊肚菌等草腐菌，研究菌草栽培香菇新技术，实现“香菇为主，多菌并举”的产业发展格局。同时加大招商引资力度，扩大销售渠道。

2. 强力推进香菇工厂化制棒。截至目前，累计召开工厂化制棒推进会13次，总结经验并解读政策。2020年全年新发展制棒企业11家。

3. 探索了技术服务的新途径。一是完善了县、乡、村三级技术服务网络，落实了一村一名技术人员，享受政府津贴。二是做好抖音平台和微信群管理，抖音技术服务视频已更新至45期，每个乡镇有一个微信群，群内配备专人解答菇农遇到的问题，实现技术服务现场直播和全域覆盖。

4. 稳步推进科研工作。一是按照省农科院和西峡签订的“共建河南省农业科学院西峡分院”协议要求，积极推动分院建设步伐，目前已完成机构审批工作，省农科院也已派出专业人员入驻西峡开展工作。二是会集全国大中院校及社会各界人士参与西峡食用菌科研，联合北京市农林科学院植物保护环境保护研究所、上海市农业科学院食用菌研究所等签订“关于成立食用菌产业联合研发创新平台的联合声明”，探索食用菌实用技术研究、生产模式研究、科学管理研究、文化传播研究的新方法、新途径。三是按照年度科研工作安排，顺利推进其他科研课题及项目的实施。



5. 积极推进项目进展。一是四优四化项目、对口协作项目、产业集群项目、现代农业产业园项目、河南省农科院院县合作等项目进展顺利。二是积极谋划了6个食用菌产业项目列入“十四五”规划。

6. 2020香菇大会顺利召开。“2020中国(河南·南阳)食用菌产业发展大会暨西峡香菇交易会”于2020年11月3—5日在我县顺利召开。本次大会具有重要意义。一是进一步宣传、提升了西峡香菇的国际知名度，使西峡香菇首次得到国家部委层次关注。二是西峡香菇再次在中央主流媒体出现，充分体现了香菇产业在促进国内国际双循环方面起到的特殊作用并得到了国家的充分肯定。三是香菇价格形成中心地位在西峡的确立，在行业内引起强烈反响。四是铁海快线的成功开行，为西峡香菇走向国际市场开辟了一条低廉、快捷、通畅的大通道。五是云签约是西峡在新时代、新形势、新机遇条件下创造性思维的结晶。在疫情大背景下，西峡通过云签约实现签约订单55亿元以上。六是新的营销模式已经在西峡普遍发展。网红直播、领导代言、云签约、区块链、物联网、大数据平台等现代科技手段的运用成为本次大会的亮点，也为西峡香菇跨越发展增添了希望的翅膀。七是河南省科协助力西峡香菇再上新台阶。河南省科协授予西峡“河南省食用菌产业协同创新基地”称号，可以充分调动高层资源，为西峡香菇产业把脉问诊，引领高位发展。

7. 对外贸出口企业进行集中整顿。自西峡以香菇为主的农产品出口受到海关系统通报、受到税务部门稽查以来，相继出台了《关于促进西峡县食用菌出口企业健康发展的实施意见》(西政〔2020〕12号)和《关于印发西峡县外贸企业集中整顿方案的通知》(西政〔2020〕26号)，成立了集中整顿领导小组，设置了办公地点，明确了“四个打击重点”，目前处理了一批企业，并要求企业全部加入协会，签订协议，交违约押金，遵守行业规范，下一步将加大整顿力度，保证圆满完成此项任务。

8. 指导协会超前开创性工作。一是指导协会每周发布香菇技术信息。根据香菇栽培各个阶段和技术需求，协会利用西峡香菇甲天下公众号、西峡广播电视台、抖音平台、微信平台、各食用菌交流群等推行“西峡香菇生产每周技术问答”，目前已发布信息近百期，得到了菇农的广泛赞誉。二是指导协会提前做好香菇价格调查。协会根据出口需要，会商县发展改革委定期到香菇市场对各类香菇价格进行调查了解，及时汇总发布香菇市场参考价，为税务部门出口退税提供依据。三是指导协会有效做好工厂化制棒工作。要求协会联合相关人员一起到全县各乡镇制棒厂和部分菇农家进行现场调研，摸清工厂化制棒情况和存在的问题，为制棒企业的生产和管理积累经验。四是协会成功协助“2020中国(河南·南阳)食用菌产业发展大会暨西峡香菇交易会”召开，组织企业通过铁海快线联运的方式，发行2个专列，将满载79个集装箱2330吨，货值5370万美元的香菇及香菇制品发往俄罗斯、越南、马来西亚等国家和地区，产生了一定的经济效益。



9. 香菇生产煤改气改电工作有成效。为了保护产业利益不受损，又能如期完成大气污染攻坚计划，积极协调省各相关部门给予政策支持，并先后到泌阳、湖北随州、卢氏等地考察，积极起草双改实施方案，为煤改气改电争取时间和资金筹措做好准备，该方案有望近期出台。

10. 党的建设进一步加强。2020年，我们把管党治党工作与中心工作相结合，推动全面从严治党不断向纵深发展。一是积极配合县委第六巡察组巡察工作，对提出的问题及时整改。二是深入开展扶贫领域和作风问题专项治理、以案促改等各项专项工作。三是按照“一岗双责”的要求，坚持“谁主管、谁负责”的原则，既要对所在岗位的具体业务工作负责，又要对所在岗位应当承担的党风廉政建设责任制负责，做到“两手抓两手硬”。四是认真组织学习中央八项规定和省委、市委、县委等相关文件和精神，引导和教育机关干部自觉遵守纪律，严格依法办事。

11. 完成县安排的其他工作。围绕县域工作大局，在创建全国文明城市、乡村振兴、两轮两翼、扶贫行动、招商引资、服务项目建设中发挥县菌办应有的作用。

## 二、2021 年工作谋划

1. 疫情防控常态化形势下保生产。总结 2020 年初疫情防控经验，提前拟定疫情防控保生产应急预案，确保菇农利益不受损、产业发展不萎缩。

2. 坚决打赢环保攻坚战、完成双改任务。煤炭消费减量是政治任务、民心工程，根据我县食用菌产业实情，2021 年全县计划改造、新建制棒厂 60 个以上。

3. 继续推动食用菌科研工作。一是完成分院建设工作，二是推动北京市农林科学院西峡食用菌科研中心常态化运行，三是继续推进“西峡食用菌科研联合研发创新平台”建设工作，四是保质保量完成相关科研项目。

4. 搞好工厂化制棒及烘干配套服务。一是加快招商引资步伐，建好“西峡县食用菌智能装备产业园”；二是积极争取省环保厅对西峡制棒厂的扶持政策；三是引入深圳英威腾上市公司，解决西峡香菇烘干的“瓶颈”问题。



5. 在整顿外贸企业基础上，促进出口行为规范化。一是根据 2020 年线索，迅速完结案件办理工作；二是继续和青岛海关、郑州海关协调，制定机制，确保出口贸易规范运行；三是促使联合监管队常态化运行；四是加大打击力度，对非法、违规出口行为绝不姑息。

6. 逐步完善西峡香菇市场体系建设。一是完善食用菌价格指数平台；二是继续推进西坪香菇专业市场的建设工作；三是推动海关检验平台建设和 B 型物流保税区建设；四是推动协会和御兆公司合作，协助监管，降低成本，规范企业出口行为，进一步开拓国际市场。

7. 积极推进项目进展。按照时间节点，积极完成各项项目的建设工作。

8. 扩大西峡香菇国际影响力。一是完成“西峡香菇文集”的编纂工作；二是启动“西峡香菇博物馆”的筹划工作；三是加大宣传力度，提高“西峡香菇甲天下”“国家地理标志保护”“中国生态原产地知名品牌”等荣誉的知名度。

## 三、存在问题

1. 西峡分院工作。一是落实协议内容。按照西峡和河南省农科院签订的协议，需尽快研究落实机构设置、人员配备、经费保证等问题，落实分院各项管理制度。二是解决机构设置问题。需和河南省农科院对接，协同省农科院、市委、市政府共同努力到省委组织部解决机构设置和编制问题。三是解决分院架构问题。需整合食用菌研究所和猕猴桃研究所人员，理顺管理关系。

2.“双改”工作。食用菌“双改”工作关系到环保攻坚，省环保厅下达了时间表，需要尽快推动该项工作有效开展，“双改”方案需及早确定、下发。

3. 项目方面。北京市农林科学院西峡食用菌科研中心项目相关问题需指挥部领导召开专题会议协助解决。

4. 其他方面。“十四五”规划编纂工作需领导提出建议。

西峡县食用菌生产办公室

2020 年 1 月 5 日

## 七、本章小结

本章就河南省南阳市西峡县香菇产业发展历程进行了系统的梳理。首先，在比对香菇产业特征与西峡县区域特征的基础上，剖析了香菇产业与西峡县区域特征的相溶度；其次，详细阐述了西峡县“中袋、春栽”香菇生产技术的研发过程，发现西峡县政府在其中的重要作用；再次，解读了西峡县香菇产业从重阳镇水峡河村为起始点向全县迅速扩散开来，并形成区域化、集群化发展格局的空间演变过程，剖析了西峡县香菇产业化格局；最后，采用结构方程模型，就西峡县政府在香菇产业发展过程中的作用进行了计量分析。得出以下结论。



（1）充分结合地方自然地理环境、社会经济发展条件的专业项目更具有推广的价值，且发展为区域化、产业化、集群化格局的潜力也更大。西峡县特殊的地理环境、丰富的林木资源及较低的劳动力成本与香菇生长所需的条件相吻合，致使香菇种植成为西峡县原生产业之一。西峡县政府推动香菇产业的发展并能取得成功，这是前提。政府因势利导，且能够以更长远和可持续的发展眼光，创新生产模式，推广生产技术，规范市场，促进产业向纵、横方向拓展，从而形成了“相关产业渗透→政府主导决策→能人技术攻关→党员干部带头→农户跟进”的区域化推广模式。

（2）政府推动下的香菇产业空间演变格局具有特殊性。一是最早参与的村庄空间分布分散，而较晚参与的村庄空间分布集中，这不同于以往研究中“点→线→面”的空间扩散特征，呈“面状稀疏分散式→点状局部集聚式”的逆向扩散现象；二是全县绝大多数村庄的初始参与强度相似，且在空间上呈分散分布状态；三是当前生产规模较大和较小的村庄空间分布集聚特征明显；四是专业化水平相近的村庄在空间上呈集聚状态。

(3)西峡县政府对该县香菇产业的发展具有积极的正向作用。运用 AMOS 21.0 探讨了西峡县政府在香菇种植空间扩散中的影响发现：政府对香菇种植扩散强度、扩散速度和各村当前规模、当前专业化水平均具有显著正向影响，影响系数分别为 0.438、0.213、0.459、0.815，即受政府推动作用越大的村庄，接受扩散的速度越快、初始参与率越高，当前规模越大，专业化水平越高。

(4)非政府因素(如地理要素、资源要素、经济要素等)最终将决定产业区域布局。政府的积极推广使得西峡县香菇种植业“遍地开花”，呈现均匀的空间分布格局。但不同地方在发展香菇方面的优势不同。在长期的市场竞争中，部分确实不具有竞争力的村逐步放弃香菇种植。因此，非政府因素逐渐改变了政府作用下专业项目空间扩散整齐划一的面状格局，使得较晚参与的村庄、当前生产规模较大和较小的村庄、专业化水平相似的村庄在空间上呈现集聚状态，并出现了“南北分异”的空间格局。

总之，西峡县香菇专业村地域经济效应的形成是在政府推动下实现的，该模式可总结为：首先，地方政府根据当地社会经济发展条件，选择市场潜力大、比较优势明显且适宜当地特殊气候环境的农业专业项目；其次，利用行之有效的方式构建信息、技术传播网络，如建立科研中心、示范点(专业大户、生产基地等)，鼓励但不强迫区域内经济主体的参与；最后，根据专业项目在本区域的发展态势，以市场为导向，以服务农户、企业及各经济主体为主要职能，因势利导，因地制宜，推进农业专业项目的持续发展。



西峡县政府之所以能够成功，是因为其遵循了产业的发展规律。农业专业项目的区域专业化过程是专业项目顺应市场规律，根据各地发展条件进行适应性选择的结果。政府在推动农业专业项目区域化发展过程中，需要尊重市场规律，客观认识各地资源禀赋、地理区位、基础设施等社会经济发展条件，实行差异化的推广措施。在项目推广初期，在无法确定项目发展最佳适宜点的情况下，建议将项目信息、生产技术进行地毯式普及。但之后，要根据该项目在不同区位点的发展状况采用不同的服务性措施。对于发展趋势较好的区位点建议给予更多的支持，鼓励其形成经济增长中心，进而带动周边区域的参与，逐步形成产业化、规模化、区域专业化生产格局；而对于确实无法满足项目发展条件的区位点，建议根据当地社会经济发展情况，及时重新定位发展方向。

# 第八章 郏县大根萝卜专业村的地域经济效应

封丘县树莓产业、宁陵县葡萄产业、西峡县香菇产业分别处于产业发展初期、中期和鼎盛时期，专业村地域经济效应、产业区域化和集群化效应仍然处于持续扩大、深化时期。为保证案例类型的完整性，本章以消失型专业村——河南省平顶山市郏县前王庄村为例进行分析。需要说明的是，前王庄村的大根萝卜产业始于1996年，2002年发展至鼎盛时期，2012年停止。为保证分析结果的客观性，本章对郏县情况的介绍以2012年及以前的情况为主。



## 一、大根萝卜产业特征及郏县基本概况

### （一）大根萝卜产业特征

大根萝卜，俗称“日本理想大根萝卜”，系十字花科萝卜属的一个亚种，其块茎如同萝卜，但细长，具有弹性。皮肉均为白色，质密、脆、硬，含糖量及含水量较高，新鲜的大根萝卜口感脆甜，水分大，非常适口。经腌制加工成酱菜后，味道亦佳，受到国内外消费者的青睐。中国自20世纪80年代从日本引进大根萝卜以来，全国各地迅速推广开来，多个地方已经建立了大根萝卜“繁种—生产—加工—出口创汇”的产业链条，成为农业出口创汇的一条重要途径。

1. 大根萝卜的优势特征

首先，品种多样，适宜多地区种植。大根萝卜系列品种多样，如“白将军”“理想大根”“新八洲”“晚秋”等，多数属秋冬型中熟或中晚熟品种，植株生长健壮，抗病性与适应性均较强，沙壤土、壤土和淤土地均可种植，生长旺盛，耐旱性强。我国很多地方的气候、水利条件、土壤条件等均较适合大根萝卜的栽培。

其次，不误农时，亦可增加收入。10年前，学者认为中国农业发展的关

键还在于农业劳动力产出或产值的提高，一个可能的出路是小规模、劳动密集型的经营模式(黄宗智，2010)。农业立体种植模式，是20世纪中国广大农民提高收入的一项重要措施。大根萝卜在河南的最佳播种时间为8月上中旬，需选择土层深厚、排水良好、土壤肥沃的地块，前茬最好为瓜果、茄、豆、大蒜、油菜等作物，其生长周期为2个月，在不影响上茬作物收获的同时，亦不耽误冬小麦的播种时间，可额外增加农民的收入。

再次，物质投入成本低，且种植技术简单易学。大根萝卜的种植，在物质投入方面，只需要一块深耕的土地、足量的水和种子即可，即使是生产条件极为落后的地区，也基本不存在无力投资问题。种植技术简单易学。大根萝卜有其自身的生长条件，包括土壤深耕程度和含水量、播种深度、温度等。不同地区，根据当地的气候和温度，选择适合的播种时间即可，即使是目不识丁的老农，也可以通过简单的模仿掌握种植技术。

最后，市场销售有空间。大根萝卜主要供应国外市场，经过腌制后，通过厂家可出口日本、韩国，在我国台湾也有一定的市场空间。鉴于日本、我国台湾等地劳动力价格持续走高，大根萝卜产量一直不能满足当地需求。相比较而言，我国农村劳动力价格较低，且气候、水利条件适宜，在种植大根萝卜方面具有一定的比较优势。



2. 大根萝卜的参与门槛

首先，市场销售门槛。中国生产的大根萝卜主要销往日本、韩国等，尤其以出口日本为主。近年来，由于经济、政治等多种因素，出口连连受阻。如“绿色壁垒”、反倾销、技术性贸易壁垒、政治外交关系问题等，使得大根萝卜的出口量连年下滑。相较于日本、韩国等国外消费者而言，国内消费者对大根萝卜并不热衷。这无疑增加了销售的难度，在没有订单的情况下盲目生产，很容易造成滞销。

其次，利润门槛。2000年左右，大根萝卜市场价格较高，经济效益可观。如2002年，新鲜大根萝卜的价格为0.3元/千克，经过晾晒的大根萝卜价格约为1元/千克。2003年，宁夏部分地区，每公顷可栽种7.5万株，直接收益为25233元/公顷，约是当时小麦、玉米等传统粮食作物收益的1.6倍。但是，多年来，由于国内产量激增，在投入成本日益增加的情况下，其价格却基本保持稳定。如2013年前王庄村，晾晒之后的大根萝卜价格仍在1元/千克左右徘徊。但是，大根萝卜的种子价格却越来越高。就河南省郏县而言，每公顷的种子价格由1996年的675元涨到了2012年的2250元，增长了2倍多。在市场价格不变而成本猛增的情况下，利润空间被压缩，大量农户的生产积极性受挫。

再次，技术门槛。大根萝卜生产技术虽然简单易学，但受气候变化影响极大，不易把控。在土壤方面，要求土层深厚，含有机质较多，排水良好的沙土、壤土和沙壤土等，壤干、缺硼或受冻易引起空心；如果耕作层深度不够，有砖砾石块或施用未腐熟的有机肥等都易引起分叉而降低商品等级。在温度方面，大根萝卜耐寒能力较差，当温度降至6℃以下时，植株停止生长，当温度降至-1℃时，肉质根就会受冻；若出现霜冻天气，则收成就会大大降低。在水分方面，不同时期对土壤水分的要求不同，若掌握不好，则不利于肉质根的形成，且易引起根痕突起，表面粗糙，影响等级评定，最终折损收益(龚义勤，1997)。此外，在播种、田间管理、病虫害防治以及采摘后的整理、晾晒等方面均有严苛的规范，但凡稍有不慎，都会影响萝卜的等级价格。

最后，劳动力门槛。大根萝卜的种植需要土地深耕，且除草、收割、清洗、晾晒等均需要大量劳动力。2012年前后，随着社会经济的发展，农民的收入构成及收入来源向多元化方向发展，且工资性收入所占比重越来越大(万年庆，2012)。尤其是外出务工收入，已成为提高农民收入的一种重要且有效的途径(胡雪萍，2004)。国家统计局抽样调查显示，2012年，全国农民工总量达26261万人，2012年末农民工人均收入水平为2290元。大根萝卜每666.7平方米的产值(2个月)不足2000元，远低于外出务工的收入水平。



### (二)郏县基本概况

1. 独特的地理环境

郏县位于河南省中部偏西，北纬33°48′0″~34°10′50″，东经113°0′40″~113°24′50″；东西长37.6千米，南北宽31.3千米，总面积737平方千米，其中，耕地面积为46万公顷；属温带大陆性季风气候，年平均气温14.6℃，年降水量687.4毫米，无霜期200天左右，四季分明，日照时间较长，热量比较充足，种植农作物两季有余三季不足，也就是在秋季作物收割后、冬季小麦种植前，恰好有近2个月的空档期。

2. 丰富的人力资源和复杂的民族成分

首先，乡村劳动力资源丰富。2012年底，全县人口为62.44万，其中乡村人口为35.61万。2019年末，辖8个镇5个乡，357个行政村，20个社区，全县总人口增至64.86万，常住人口57.76万，乡村人口36.16万，乡村人口密度近490.6人/平方千米，高出河南省乡村人口平均密度(306.8人/平方千米)近200人。其次，民族多样。郏县共有汉族、回族、满族、壮族、苗族、彝族、布依族、藏族、独龙族、侗族、白族、土族、蒙古族、朝鲜族、哈尼族、土家族、达斡尔族、佤族等20个民族。复杂多样的民族成分使得不同乡镇之间、村域之间，人们的思想认识及文化风俗差异较大。因此，对于同一新事物的认知、接受程度和速度可能会有所不同。

3. 复杂的丘陵地形

在地势方面，该县地处伏牛山北部余脉向豫东平原过渡地带，地势呈马鞍形，东南、西北部高，中部低，以平原和岗地为主。东南部为外方山余脉，西北部为萁山山地，中部为北汝河冲积平原。其最高点为西北边陲郏、汝、禹交界处的三管山，海拔790.8米，最低点为长桥镇坡赵村西，海拔86米。全境有大小山峰26座，山地面积135平方千米(占总面积的18.3%)，丘陵面积259平方千米(占35.1%)，平原面积271平方千米(占36.8%)，洼地面积72平方千米(占9.8%)。该县内河流属淮河流域沙颍河水系，共有大小河流15条，如北汝河、干河、鲁医河等。北汝河为干流，也是境内最大的河流，自西向东贯穿全境，境内段长48千米，境内流域总面积98平方千米，常年流量300~500立方米/秒。总之，郏县地形十分复杂，在县域内一个乡镇适宜的农业生产项目，在其他乡镇，甚至是毗邻乡镇，未必适合(见图8-1)。



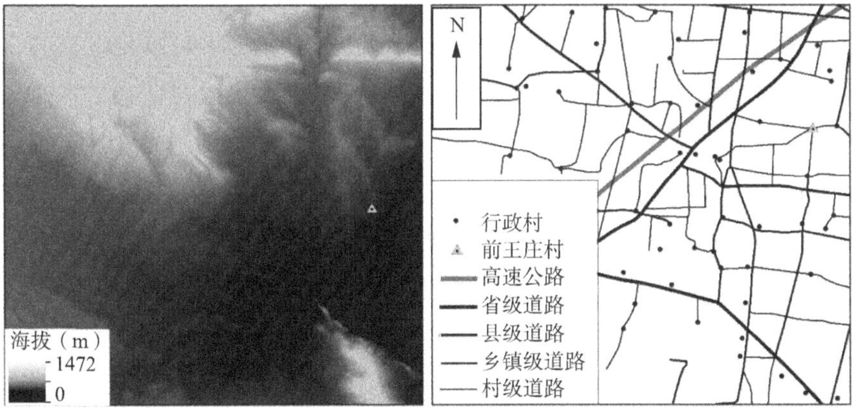


**图8-1　郏县部分区域地形与交通**

注：该图是郏县部分区域地势和交通概况草绘图，图中界线、点要素不代表实际行政边界和村庄位置。

4. 有待改善的村际道路

郏县距郑州国际机场80千米，距平顶山市区20千米，郑尧(郑州—尧山)高速、郑南(郑州—南阳)西线、洛界(洛阳—界首)公路穿境而过。境内县道、乡道、村道纵横交错，形成了便捷的交通网。但是，在2013年调研期间发现，并不是所有的村庄都建设了“村村通”柏油马路，部分村域内、村域之间依然靠乡村小道连接，泥泞不堪。这不仅对农户之间的信息共享造成了一定的障碍，而且对需要及时运输且运费较高的蔬菜、瓜果的流通不利。此类现象，在其他省份(湖北省荆州市天星村)生产水果、蔬菜的村庄中亦有明显表现(徐振宇，2008)。

5. 发展不均衡的县域经济

在资源方面，郏县位于华中动、植物区系与华北动、植物区系的过渡带，动、植物种类较多，植物总计248科，1014属，2306种。此外，郏县盛产煤炭、白云岩、水泥灰岩、陶土等矿产资源，其中煤炭资源探明储量25亿吨，白云岩普查储量4.2亿吨。丰富的资源给郏县经济的发展带来了依托。1993年，郏县国内生产总值为75521万元，第一、第二、第三产业的产值分别为29275万元(占总值的38.8%)、30774万元(占总值的40.7%)、15472万元(占总值的20.5%)，农民人均纯收入为639.93元，而农民人均消费水平为645.35元，处于入不敷出的状态。2008年，郏县国内生产总值则达到了771098万元，第一、第二、第三产业产值分别为149411万元、438292万元、183395万元，人均生产总值为14225元，农民人均收入为4125元。就各个乡镇而言，农业生产总值较高的乡镇多为地域面积较大、农村劳动力资源丰富的乡镇，但其农民人均纯收入并不高。非农产业较发达的地方，如以铁锅产业为主的广阔天地乡，以工商业和服务业为主的城关镇，农业生产总值较小，但农民人均纯收入较高(见图8-2)。虽然随着社会经济的发展，农业产值及农民人均纯收入均在增长，但不同乡镇间的差距始终存在。相差较大的收入水平，意味着从事同种经济活动的机会成本不同，进而可能影响农户的生产决策。

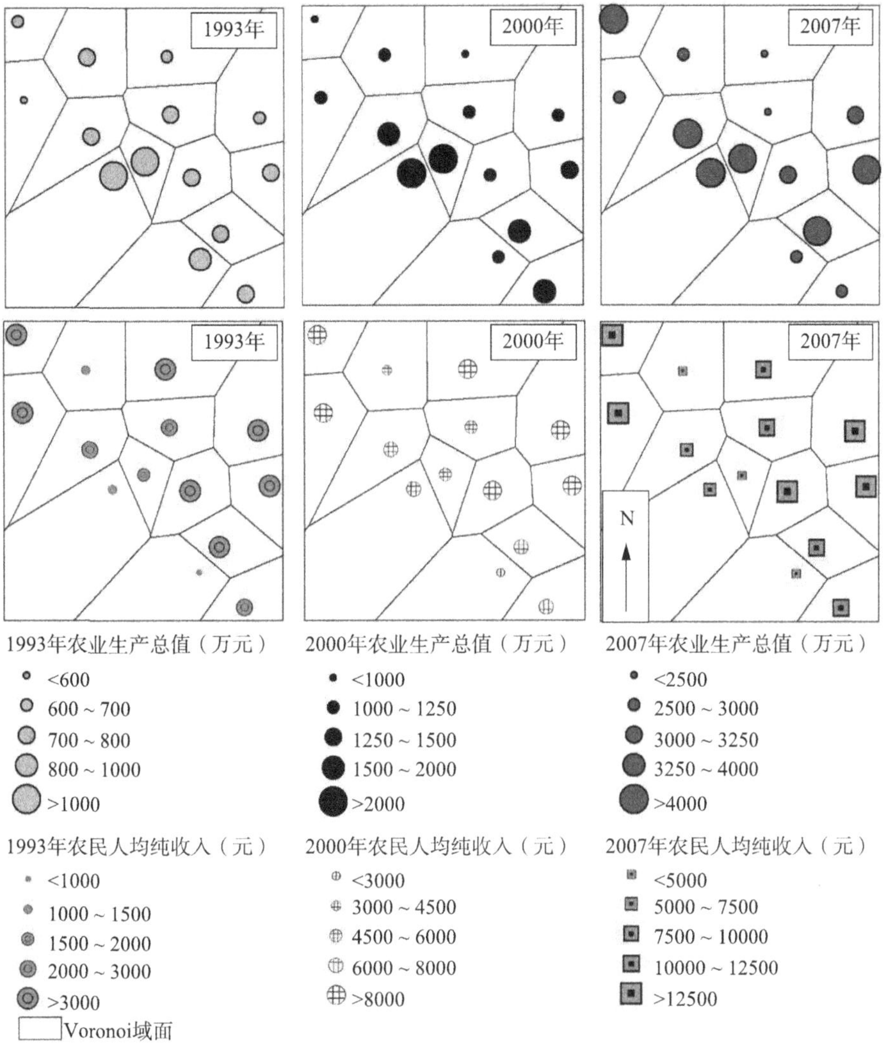


**图 8-2　郏县各乡镇农业生产及农民收入情况**

注：本图是以郏县各个乡镇域面的几何中心点所做的 Voronoi 图，图中线、点均不代表任何实际行政界线，下文此类图均如此，不再逐一说明。



6. 广泛的立体种植农业生产模式

在农业生产方面，郏县主要粮食作物为小麦、玉米、大豆等，主要经济作物为烟叶、红薯、瓜果、蔬菜。其中，郏县是全国四大烤烟发源地之一，驰名海内外的“山儿西”烟常年种植面积保持在 0. 67 万公顷以上。其传统种植模式为立体种植，即小麦套种烟叶、烟叶套种红薯、红薯收获之后再种植冬小麦，从而形成“小麦+烟叶+红薯”的立体种植模式，以及“小麦+烟叶+萝卜+小麦”“小麦+西瓜+萝卜+小麦”等立体种植模式，使得原本空闲的土地被充分利用起来，大大增加了农民的收入。但是，在烟叶收获之后和冬小麦播种之前，耕地有近2个月的空闲时间，若能在此时间引进适宜生长的作物，无疑将会增加单位耕地面积的产出。

从郏县历年夏秋作物种植结构可以看出，玉米种植规模较大乡镇的空间分布格局，多年来一直未发生较大变化，即多分布于茨芭镇、薛店镇、王集乡等西北部区域。红薯种植规模较大乡镇的空间分布格局，多年来亦未发生变化，即多分布于冢头镇、安良镇、长桥镇等东部乡镇。在烟叶种植方面，1993年，烟叶、红薯种植面积超过玉米种植面积的乡镇多在县域的东南部。1998年，烟叶种植面积较多的乡镇主要为冢头镇、长桥镇、茨芭镇等，空间分布亦以东南部为主。2002年、2007年，此种空间特征更为明显（见图8-3）。由此可见，郏县各个乡镇农业种植结构，长期以来变化较小。究其原因，可以推测为以下三点：一是长期以来，新的农业生产项目极少被引进，从而造成了固定不变的种植结构；二是新的农业生产项目极少能够与当地农业生产结构形成互补，难以适应其种植结构，从而固化了原有的种植模式；三是复杂的民族成分和地形条件，扼杀了同一农业专业项目在整个县域所有乡镇推广开来的可能性。



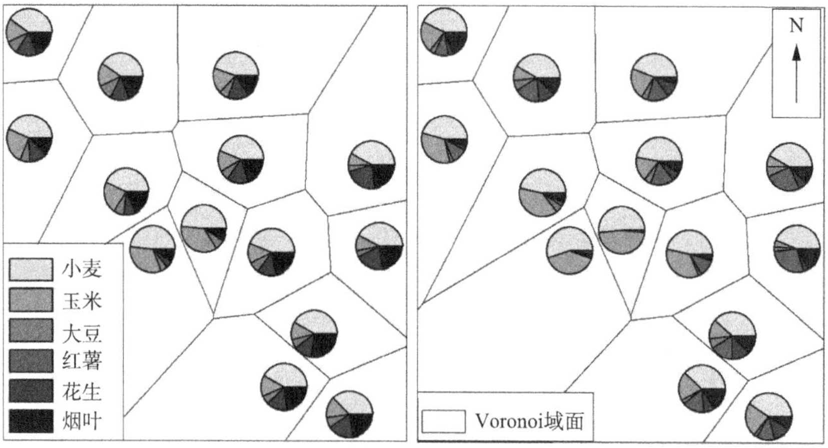


**图8-3　郏县农田种植结构**

### (三)区域特征与专业项目特征对比

首先，气候环境、季节时令均适合。大根萝卜适宜播种的时间为8月8—15日，55~60天后采收，也就是10月初结束。该时期，郏县气温适中(20℃~25℃)，光照充足，加之丰富的地下水系，自然地理环境非常适宜大根萝卜的生长。此外，小麦套种西瓜的种植模式，在西瓜彻底采摘之后，恰有2个月的时长，刚好与大根萝卜的生长周期相吻合。

其次，前期市场收益可观，但后期相对下滑。早在1993年，大根萝卜亩产值就已经达到1500元，最高者可达2300元(孙德勤，1996)。在郏县前王庄村大根萝卜发展鼎盛的2002年，河南省农民人均纯收入2215.74元，而郏县农民人均纯收入仅为2024.05元。也就是说，一茬大根萝卜的收入几乎相当于郏县农民全年的人均收入，市场收益相当可观。但2012年，河南省农民人均纯收入上升至7525元，郏县农民人均纯收入也上升为6844元。而该时期的大根萝卜亩产高者(干萝卜)为1000千克，按当时的田间收购价2~3元计算，亩产值在2000~3000元不等。由此可见，虽然大根萝卜的亩产值在缓慢上升，却跟不上社会经济发展对农民纯收入的带动速度，导致最初极具市场竞争力的农业项目，在10年之后，相对优势已不复存在。



再次，前期的劳动力成本较低，而后期较高。为保证大根萝卜肉根的顺滑、垂直，在播种前一般需要深翻耕地，做到土地平整，土粒细腻；播种后，还需要起垄、施肥；出苗后，需要间苗、定苗、除草、分次追肥、灌溉或排水、防治病虫害等；采收时，要防止断根；采收后，需要洗刷、晾晒……从种植到生长的2个月时间，繁杂、琐碎的工作几乎从未停歇。在外出务工途径有限、劳动力价格较低和大根萝卜市场收益相对较高的时期，种植大根萝卜的劳动力投入产出比值较高；但随着工业化、城市化的发展以及劳动力价格的上升，这一比值迅速下降。

最后，市场风险一直较大。大根萝卜是日本利用自交不亲和系育成的萝卜杂交种，是专供腌制的萝卜品种。20世纪80年代末，引入我国定向发展，其产品经加工后全部出口日本(孙德勤，1996)。后来，韩国、我国台湾也有些许市场，但对于普通农户而言，此类市场无法直接进入。也就是说，日本几乎成了大根萝卜唯一的市场。随着国内生产规模的逐步扩大，竞争力度越来越大，一方面容易形成内部竞争，另一方面容易受日本市场单方面的限制。在变幻莫测的国际政治局势面前，完全依靠日本市场的大根萝卜，其销售风险一直存在且极高。

总之，大根萝卜产业特性符合郏县的自然地理环境特点，在最初也与其社会经济发展条件相适应。因此，2000 年前后，大根萝卜能够快速推广扩散开来。但随着社会经济的发展和市场环境的变化，大根萝卜的比较优势很快消退，这给郏县大根萝卜产业的发展带来了很多不确定性。

## 二、项目的引进与推广

1. 专业项目的引进

郏县大根萝卜产业，主要分布在该县县域东部的冢头镇，有两个扩散点源(见图 8-4)。

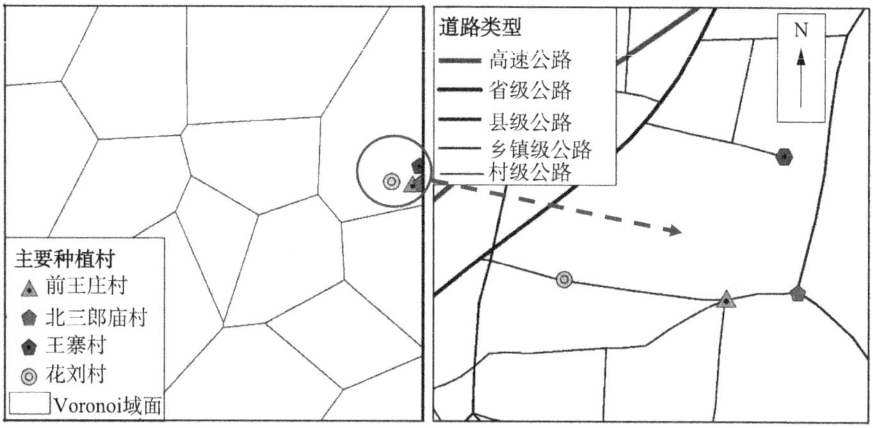


**图 8-4　郏县大根萝卜主要种植村区位及交通条件**



一是冢头镇北三郎庙村。发动该村农户种植大根萝卜者为该村原村支部书记李全太。1996 年，由县粮食局委派到经济发展水平低、治安条件欠佳的北三郎庙村担任村支部书记的李全太，为了给该村经济发展找条出路，通过“看电视”“咨询亲朋”等各种途径搜集相关信息。在“特色农业”理念的指导下，立足于该村素有蔬菜种植传统的情况，他认为通过引进新作物品种，应该不失为一条可行之路。正当此时，在连云港从事大根萝卜生产与加工的战友向他推荐说，大根萝卜生产周期短，与传统农作物相比经济效益好，且生产技术简单，群众容易掌握，建议其号召村里农户参与种植，其战友创办的大根萝卜加工企业——连云港如意公司(以下简称“如意公司”)可派技术员进行技术指导和收购。听此提议后，在县粮食局工作过的李全太将此事汇报给了镇领导，即现在的郏县政府党组副书记李国英，李书记对此表示赞成。

1995 年，李全太在镇领导的资助下，带领近 80 名群众代表前往如意公司工厂和大根萝卜种植基地进行多达 7 次的参观考察，当时的大根萝卜产量高、价格高，单产收益十分可观，群众代表一致赞同种植。之后，如意公司派技术员对北三郎庙村进行实地检测，在了解了当地的气候、地形、地质及水利条件后，认为北三郎庙村及其周边村庄均具有生产大根萝卜的条件。1996 年 8 月中旬，在如意公司提供种子和技术指导下，北三郎庙村 200 多家（占全村总户数的 60% 左右）农户参与了大根萝卜的种植。由于技术指导到位，加之当年天气状况适宜，北三郎庙村的大根萝卜长势喜人，单产收益较传统秋季作物高出 3 倍之多。在此之后的数十年中，北三郎庙村一直延续着大根萝卜的种植模式及销售方式，并带动其周边村庄——焦村的部分农户参与种植，直到如意公司倒闭停止收购。

二是冢头镇前王庄村。1995 年，前王庄村村支部书记王国申，偶然间在路边碰到一位本地熟识的信贷员，该信贷员向王国申介绍大根萝卜产业发展情况道："每亩地可收入 1500 元左右，8 月种，10 月收……"听此信息，同样身为农民的王国申发现，大根萝卜的生长时间刚好是在本村的西瓜/烟叶收获之后、冬小麦播种之前的耕地空闲阶段，种植大根萝卜可在不影响其他作物生产的情况下，增加农户收入。1995 年 10 月，王国申带领党支部成员先后到山东寿光、江苏连云港、山东青岛等地考察，并最终从山东青岛引进大根萝卜品种。最初，大多数农户不敢尝试，王国申就带头、发动党员干部，并挨家挨户做思想工作。1996 年，按照全村每人种植 0.02 公顷的标准，第一次尝试种植 20 公顷。但是，天有不测风云，在大根萝卜收获时节，阴雨天气持续近 20 天，导致大根萝卜全部绝收。1997 年，王国申再次发动群众种植 8 公顷，可又逢气温骤降，影响了萝卜的晾晒，单产收成减少。王国申等村委会成员为安抚群众情绪，高价回收晾晒完成的大根萝卜，使得极少部分群众受益。连续 2 年的失败，致使部分干部群众思想开始动摇。村党支部在总结经验的同时，再次组织人员到连云港、青岛等地学习，并聘请技术员进行生产指导。第 3 年，全村种植 5.2 公顷，天气较好，管理到位，喜获丰收。全村大根萝卜的平均单产资金额为 28350 元/公顷，是小麦、玉米等传统粮食作物的 3~5 倍。此举使得全村农户参与种植大根萝卜的士气高涨。



2. 接触式村际扩散

接触式村际扩散指扩散过程是由近及远进行的，根据这一观点，源于任一源点的地理扩散都具有距离衰减效应。美国地理学家 W R Tobler 在 1970 年提出"Everything is related to everything else, but near things are more related to each other”即“任何事物都相关，只是相近的事物关联更紧密”，后来被人们称为“地理学第一定律”，亦是地理学中较常提到的“地理衰减”现象。创新的空间扩散，在一般情况下，亦遵循这一定律(埃弗雷特·M. 罗杰斯，1969)，即距离扩散地越远，从事创新的速度越慢，规模越小。农业专业项目在某地被实施后，其周围地区的行动者易于通过观察、模仿等途径，获取农业专业项目的生产技术，进而实现农业专业项目由近及远的空间扩散，郏县大根萝卜产业的推广过程就是如此。最初，大根萝卜产业仅在北三郎庙村和前王庄村 2 个村庄种植，北三郎庙村依托如意公司，仅限于初级产品的种植，辐射带动能力有限，通过地缘关系扩散至焦村，通过亲缘关系扩散至狮王寺村。前王庄村设有工厂，从事大根萝卜的腌渍及酱菜加工，并可直接出口海外，对大根萝卜初级产品的需求量较大。最初，该村村支部书记王国申联合王寨村、花刘村等村干部，通过宣传、动员，逐户做群众思想工作，采用统一提供种子、技术，统一耕作，统一销售，由远航实业有限公司提供无息成本等方式，使得周边村庄里的农户参与进来。之后，距离略远的其他村庄的农户，见此纷纷效仿，使得大根萝卜产业呈现明显的“距离衰减”式扩散现象(见图 8-5)。



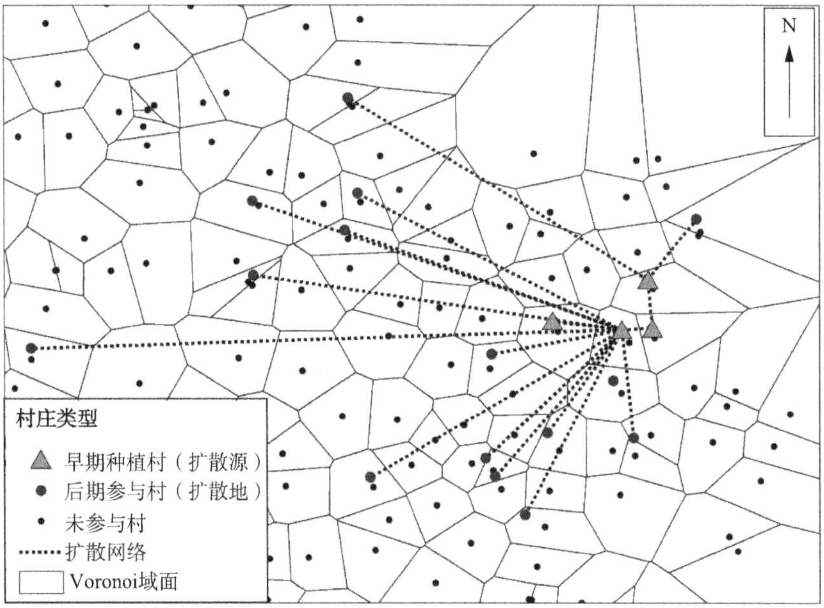


**图 8-5　郏县大根萝卜产业接触式村际扩散**

注：本图是以郏县行政村域面的几何中心点所做的 Voronoi 图，图中点、线均不代表实际行政界线。

此外，在对位于前王庄村西边的花刘村、东边的王寨村的农户调研时发现，花刘村曾经种植过大根萝卜的农户集中分布在该村的东部，该类农户的耕地亦多集中分布在邻近前王庄村的东部区域。王寨村曾经种植过大根萝卜的农户集中分布在该村的西部，同样，该类农户的耕地亦多集中分布在距离前王庄村较近的西部区域。从而在空间上呈现出种植区域和种植农户同时靠近前王庄村的现象（见图 8-6）。据农户解释，种植区域靠近前王庄村的原因在于大根萝卜单位面积产量重，且不便运输（不能有磕碰现象），距离收购点较远的地块一般不种。种植户向前王庄村集中的原因在于，此类农户的耕地多分布在距离前王庄村较近区域。最终，耕地的空间分布深刻影响着农户参与大根萝卜种植与否的决策。由此可见，在当时中国的部分农区，对价格低但产量高且不便运输的农业专业项目的推广，空间距离在某种程度上仍发挥着重要作用。

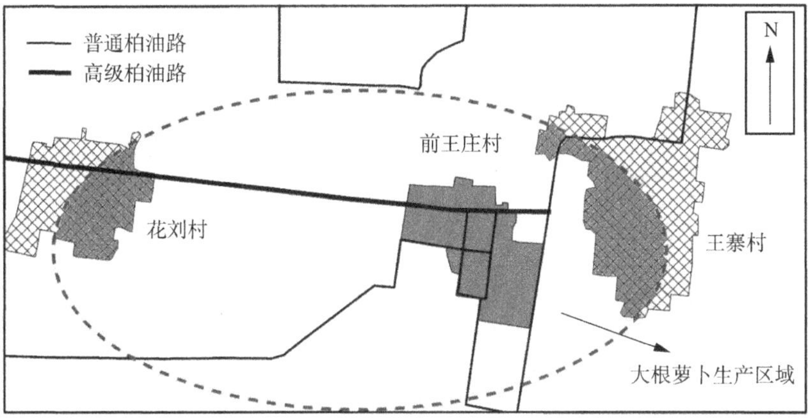


**图 8-6　前王庄村周围村庄大根萝卜种植空间示意**

3. 郏县大根萝卜引进与推广模式总结

综上所述，郏县大根萝卜的引进与推广既不同于宁陵县葡萄产业的农户个体自发参与模式、西峡县香菇产业的政府推动模式，亦不同于封丘县树莓产业的合作社主导模式，而是农户集体行动的结果。具体可归结为外来消息的渗入→进一步掌握信息→试验种植→推广种植→延伸产业链条。首先，外来消息的渗入，是指大根萝卜生产信息通过一定的渠道传播至当地；然后被具有敏锐头脑、创新精神且拥有一定资源条件的农户（村干部亦为农户）抓住，进一步全面掌握信息；试验种植阶段，掌握大根萝卜生产信息及部分技术的农户，开始实践种植，发挥了示范带头作用；推广种植阶段，在试验种植成功后，进一步号召更多的农户参与种植，以形成规模化生产；最后阶段，建立或引进龙头企业，进一步延伸产业链条，带动更多的农户参与进来(见图8-7)。

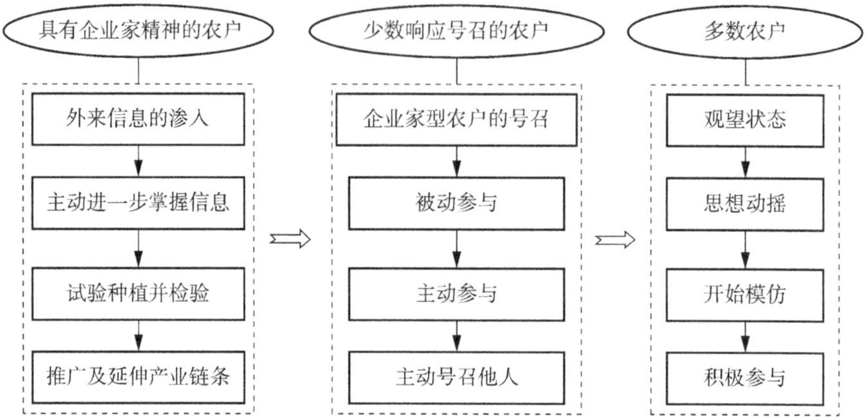


**图8-7　郏县大根萝卜的引进与推广模式**

## 三、参与主体的跟进

### (一)农户的跟进



1. 农户生产条件的获取

首先，生产信息的获取。郏县农户获取大根萝卜专业项目生产信息的途径有9条：“自己找”“媒体(看电视)”“村干部”“致富能人”“邻居”“亲戚”“外地朋友”“外地客商”“专业协会”。但是，相较于封丘县农户而言，郏县农户获取专业项目信息的途径更加集中，如“自己找”成为绝大多数(84.3%)农户获取专业项目生产信息的途径，此外，“村干部”成为27.4%的农户获取专业项目生产信息的又一渠道。其他的生产信息获取渠道，如“邻居”“媒体(看电视)”“亲戚”“外地朋友”“外地客商”“致富能人”“专业协会”等仅分别有13.4%、9.7%、8.0%、5.0%、5.0%、2.7%、1.0%的农户选择。

其次，生产技术的获取。郏县农户获取大根萝卜种植技术的途径亦有7条：“自己钻研”“邻居传授”“村干部指导”“亲戚传授”“朋友传授”“企业技术人员指导”“外来专家指导”。与封丘县农户相同，“自己钻研”被绝大多数农户(86.3%)认为是自己获取专业项目生产技术的途径之一。此外，“村干部指导”亦是农户获取生产技术的重要途径之一，18.7%的农户认为其是专业项目生产技术的重要传播渠道。但是，其他途径，如“企业技术人员指导”“邻居传授”等分别仅被12.7%、9.4%的农户作为技术来源途径之一。“外来专家指导”“朋友传授”“亲戚传授”对绝大多数(分别有91.6%、95.0%、96.7%)农户而言，并不是其获取生产技术的途径。

最后，生产资金的获取。郏县农户参与大根萝卜种植项目的启动资金来源方式亦有7个："自己存储""亲戚""邻居""朋友""企业资助""银行或信用社贷款""政府资助"。和封丘县农户相同，"自己存储+借贷"是绝大多数(98.3%)农户获取参与专业项目启动资金的途径，仅有1.7%的农户项目启动资金完全依靠借贷。在借贷方式中，选择"亲戚"借款方式的农户所占样本总量的比例最高，为5.0%；其次是"政府资助""朋友""企业资助"等，分别占样本总量的3.0%、2.0%、1.7%；而选择向"邻居"和"银行或信用社"借款的农户极少，分别占样本总量的0.3%、1.0%。这与以往研究中，"邻居"对农户的帮扶作用较大的结论不同(吴娜琳，2014)。

2. 农户的参与速度

郏县农户参与大根萝卜种植的速度与西峡县农户的参与速度特征相似，即参与速度较快的农户较多，参与速度集中分布在1年、2年的样本量占总样本数的比例分别为39.93%、13.19%，参与速度为3~14年的样本量占总样本数的比例呈波动幅度较小的下降态势，样本量所占比例最少的为参与速度在15年的农户数量，为0.35%，最多者为参与速度在5年的农户数量，占比7.99%。整体而言，参与速度在极速下滑之后，持续存在着极少数参与速度较慢的农户。之所以与西峡县相似，原因在于郏县在最初推广大根萝卜产业时所采用的方式与其相似，即干部、党员带头示范种植后的农户跟进模式，与西峡县相比，郏县仅在村内及少数村庄的农户间施行，而西峡县则为具有更高级别行政命令的全面引导与推广(见图8-8)。

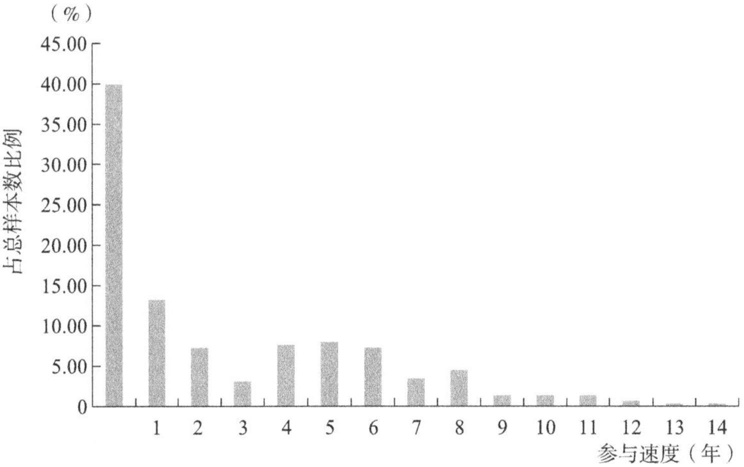


**图8-8　郏县农户参与大根萝卜产业速度特征**

3. 农户的参与强度

与西峡县、封丘县农户初始专业项目的区间分布相比，郏县农户参与专业项目的初始规模分布区间十分集中，即 53.47%的农户初始参与规模分布在小于 0.1 公顷范围内，38.54%的农户初始参与规模分布在 0.1~0.2 公顷范围内，即初始参与规模小于 0.2 公顷的农户占样本总量的 92.01%，初始参与规模在 0.2 公顷以上的农户仅占样本总量的 7.99%（见图 8-9）。

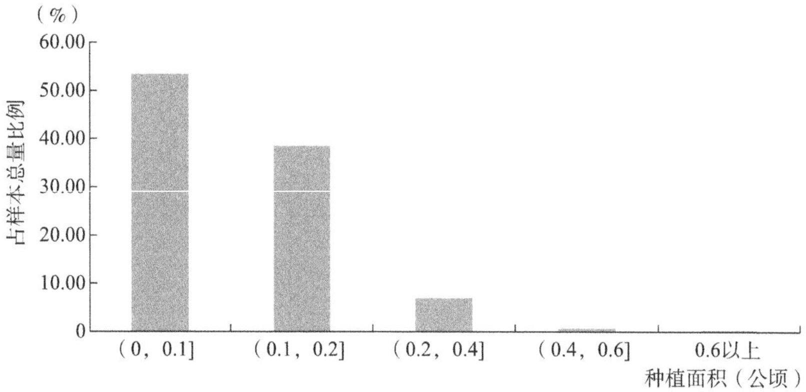




**图 8-9　郏县农户初始参与强度**

4. 农户生产规模的变化

1996 年，全部样本户大根萝卜总的生产规模为 0.652 公顷，1998 年增加至 1.101 公顷，2000 年增加至 1.311 公顷，2002 年增至最大，为 1.436 公顷。之后，处于持续下降态势，2004 年降至 1.236 公顷，2006 年为 0.829 公顷，2011 年仅有 0.048 公顷，2013 年为零。即 1996—2002 年为持续扩张期，2002 年达至顶峰，2003—2013 年为持续下降期，2013 年降至最低。

就单个农户生产规模的变化情况来看，存在以下四种类型。①种植规模一直保持不变的农户，此类农户开始种植大根萝卜的时间较晚，但结束种植的时间较早，即持续种植的时间短（普遍小于 4 年，部分农户仅持续种植 1 年），在种植期间，其规模一直保持在同一个水平，此类农户占样本总量的比例较大，为 55.2%。②最初种植规模较小，后来逐渐增大后，直接停止种植的农户，此类农户占样本总量的 18.2%。此类农户开始种植的时间多数较早，当比较收益下降后，迅速撤离。③最初种植规模较小，之后逐渐扩大，当专业项目比较收益下降后，逐步缩减种植规模的农户，此类农户占样本总量的

15.4%。④生产规模呈波动性变化的农户，即生产规模时而较大时而较小的农户，占样本总量的11.1%。总之，整体而言，郏县大根萝卜种植者的种植规模普遍较小，多数农户持续种植的时间较短，在大根萝卜经济效益可观时迅速加入，当比较收益下降时迅速撤离，少部分农户持续种植的时间较长，其种植规模随时间的变化呈现“少—多—少”的现象。

### （二）村庄的跟进

#### 1. 各村参与大根萝卜种植的时间

郏县冢头镇的北三郎庙村和前王庄村，同时在1996年引进大根萝卜产业，经过试验种植、加工厂的建立到广大群众的积极参与，曾经在不影响其他作物正常生产的情况下，1公顷可为农户增加3万~4万元收入的大根萝卜，一时间成为当地农民增加收入的一项重要来源，并带动周围近20个村庄里的农户参与其中。整体而言，种植大根萝卜的村庄多位于以前王庄村、北三郎庙村为中心的周围区域，距离冢头镇较远的其他乡镇，如茨芭镇、黄道镇、薛店镇等几乎没有一家农户曾经种植过大根萝卜，空间集聚特征明显。此外，各村开始种植大根萝卜的时间亦呈现一定的规律特征，即距离北三郎庙村和前王庄村越远的村庄，开始种植的时间一般越晚，如长桥镇各村。但也不排除个案，如距离冢头镇较远的安良镇狮王寺村，白庙乡贾坡村、老席庄村、吕村等，其开始种植的时间较早（见图8-10）。



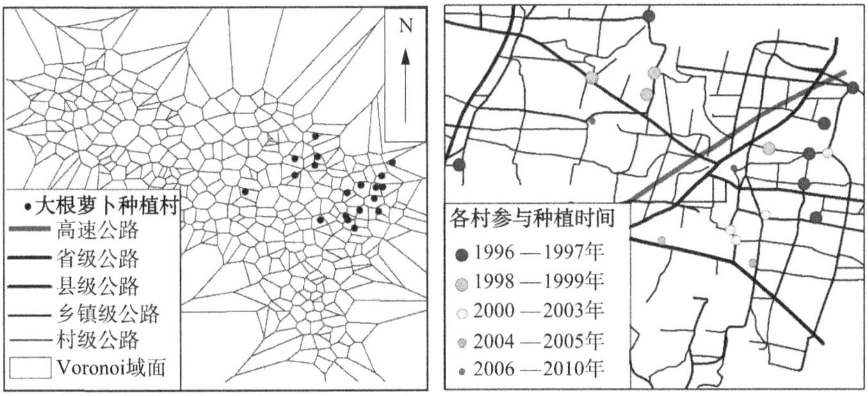


**图8-10　郏县种植过大根萝卜的村庄及其开始时间分布**

注：左侧是以郏县各个行政村域面的几何中心点所做的Voronoi图，图中线、点均不代表任何实际行政界线；右图是郏县大根萝卜种植村周边的道路环境示意，仅代表当时的路况。

2. 参与村庄时空分布格局

郏县大根萝卜产业的发展历程十分曲折，生产规模及参与村数一直处于变化之中，且变化幅度较大，直至彻底结束，此局势一直未得到扭转。以曾从事过大根萝卜生产的村为例，梳理其大根萝卜生产历程发现，虽然全县曾从事过大根萝卜种植的村庄合计近 20 个，但它们并非同时参与、同时停止，而是在不同时间加入、不同时间退出，且持续种植的时间、生产规模均不同。最终，在这种不断地“进入”与“退出”变化中，郏县大根萝卜产业趋于消逝（见表 8-1）。具体如下。

第一，1996—2002 年，虽然在此期间部分较早参与的村庄退出，但整体呈现参与村数不断增加、种植规模不断扩大的现象。1996 年，6 个村庄参与种植，生产规模为 47.4 公顷。1997 年，种植村数增加，生产规模却降至 27.8 公顷。1998 年，种植村数不变，但生产规模再次降低至 19.8 公顷。1999 年，种植村数继续增加至 7 个，种植规模一改往年低迷现象，迅速增至 107.33 公顷。2000 年、2001 年、2002 年，参与村数变化不大，分别为 7 个、7 个和 8 个，但种植规模持续上升，分别为 175.9 公顷、226.07 公顷和 261.6 公顷。



第二，2003—2009 年，参与村数先增加后减少，而种植规模呈波动式迅速下降趋势。2003 年，种植村数增至 9 个，种植规模较 2002 年降低近一半，为 132.47 公顷。2004 年，种植村数增至 11 个，但种植规模继续降低，为 86 公顷。2005 年、2006 年，种植村数递减，但种植规模却持续上升，分别为 105.40 公顷、112.67 公顷。2007 年，种植村数锐减至 6 个，种植规模突降至 21.57 公顷。2008 年、2009 年，种植村数均保持为 6 个，但种植规模在 2008 年略有上升后，降至 21.33 公顷。

第三，2010—2013 年，种植村数持续减少，种植规模继续下降，但变化幅度不大。2010—2013 年，种植村数分别为 5 个、4 个、2 个、2 个，种植规模分别为 11.87 公顷、5.07 公顷、4.60 公顷、6.20 公顷。

**表 8-1　郏县各村大根萝卜种植历史**

单位：公顷

| 村庄名称 | 隶属乡镇 | 开始种植年份 | 停止种植年份 | 1996 年全村种植面积 | 2000 年全村种植面积 | 2004 年全村种植面积 | 2008 年全村种植面积 | 2013 年全村种植面积 |
|---|---|---|---|---|---|---|---|---|
| 狮王寺村 | 安良镇 | 1996 | 1997 | 10.0 | 0.0 | 0.0 | 0.0 | 0.0 |
| 老席庄村 | 白庙乡 | 1999 | 2011 | 0.0 | 2.3 | 1.7 | 1.0 | 0.0 |
| 贾坡村 | 白庙乡 | 1996 | 1997 | 0.2 | 0.0 | 0.0 | 0.0 | 0.0 |

续表

| 村庄名称 | 隶属乡镇 | 开始种植年份 | 停止种植年份 | 1996 年全村种植面积 | 2000 年全村种植面积 | 2004 年全村种植面积 | 2008 年全村种植面积 | 2013 年全村种植面积 |
|---|---|---|---|---|---|---|---|---|
| 团造东村 | 白庙乡 | 2010 | 未停止 | 0.0 | 0.0 | 0.0 | 0.0 | 6.0 |
| 吕村 | 白庙乡 | 1999 | 2008 | 0.0 | 3.2 | 1.2 | 0.1 | 0.0 |
| 司楼村 | 白庙乡 | 1998 | 2002 | 0.0 | 0.4 | 0.0 | 0.0 | 0.0 |
| 黄庄村 | 长桥镇 | 2003 | 2007 | 0.0 | 0.0 | 11.0 | 0.0 | 0.0 |
| 东谷刘村 | 长桥镇 | 2003 | 2006 | 0.0 | 0.0 | 0.8 | 0.0 | 0.0 |
| 王丰梧村 | 长桥镇 | 2003 | 2006 | 0.0 | 0.0 | 18.1 | 0.0 | 0.0 |
| 楼王村 | 长桥镇 | 2004 | 2005 | 0.0 | 0.0 | 0.3 | 0.0 | 0.0 |
| 石羊赵村 | 长桥镇 | 2005 | 2006 | 0.0 | 0.0 | 0.0 | 0.0 | 0.0 |
| 花里赵村 | 长桥镇 | 1997 | 1998 | 0.0 | 0.0 | 0.0 | 0.0 | 0.0 |
| 王寨村 | 冢头镇 | 2002 | 2010 | 0.0 | 0.0 | 28.0 | 25.3 | 0.0 |
| 焦南村 | 冢头镇 | 1996 | 1997 | 13.3 | 0.0 | 0.0 | 0.0 | 0.0 |
| 北街村 | 冢头镇 | 2008 | 2011 | 0.0 | 0.0 | 0.0 | 2.0 | 0.0 |
| 前王庄村 | 冢头镇 | 1996 | 未停止 | 20.0 | 53.3 | 20.0 | 6.7 | 0.2 |
| 北三郎庙村 | 冢头镇 | 1996 | 2009 | 0.6 | 2.1 | 4.0 | 5.3 | 0.0 |
| 花刘村 | 冢头镇 | 1998 | 2004 | 0.0 | 1.3 | 0.2 | 0.0 | 0.0 |
| 纪村 | 冢头镇 | 1996 | 2006 | 3.3 | 113.3 | 0.7 | 0.0 | 0.0 |



3. 参与村庄的退出

以往发展红火的大根萝卜种植业，在 17 年后的 2013 年，走在北三郎庙村、前王庄村以及大根萝卜加工厂周围，很难再听到农户主动提及大根萝卜。当问及村边的农户现在是否还在种植大根萝卜时，他们纷纷表示，大根萝卜产业已成为本村的历史，现在仅有极个别农户在种植，且仅供家庭食用。通过搜集曾经种植过大根萝卜的村庄(非商品化种植村不在本文统计范畴)的相关信息发现，平均每个村持续种植的时间为 5.32 年，其中，31.6%的村庄持续种植时间仅为 1 年，21.05%的村庄持续种植时间为 3 年，持续种植时间为 4~10 年的村庄占 26.32%。持续种植时间为 10 年以上的村庄主要是大根萝卜扩散源地及其周围的村庄，如冢头镇的前王庄村、北三郎庙村、纪村和距离前王庄村较近的白庙乡老席庄村，其持续种植时间分别为 17 年、13 年、10

年和 12 年(见图 8-11)。

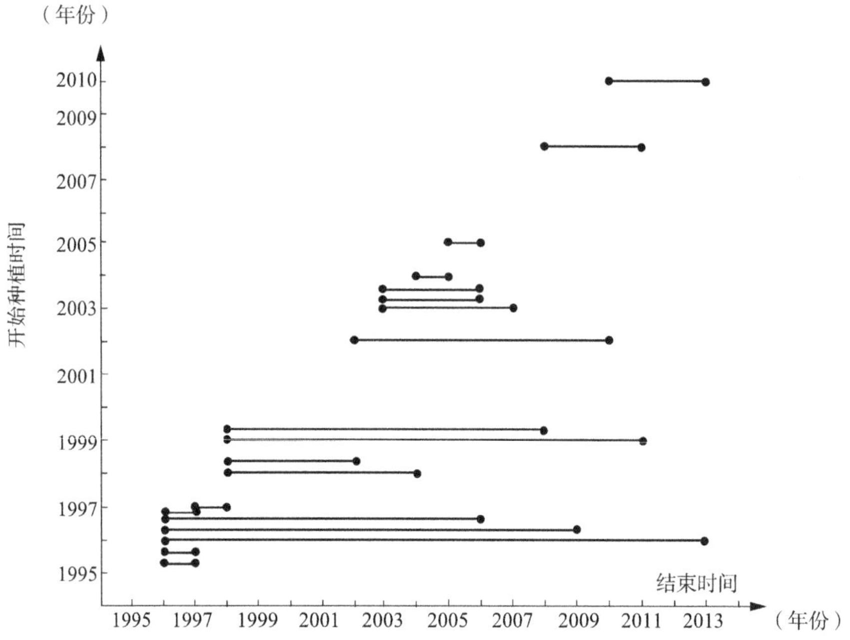


**图 8-11　郏县大根萝卜种植村的持续时间**

将距离 1996 年的时间作为自由变量 $x$，种植规模作为因变量，进行三次方曲线回归发现，相关系数 $R^2$(0.71)较高，Sig. =0.002，方程整体显著，故而曲线拟合较好，基本符合倒"U"形曲线(见图 8-12)。

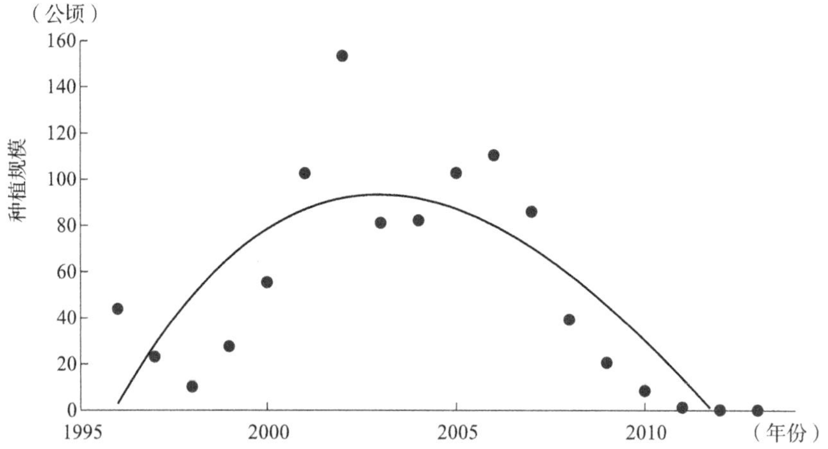


**图 8-12　郏县大根萝卜种植规模变化**

目前，北三郎庙村、前王庄村依托郏县2011年招标建立的创佳食品有限公司、曾经的大根萝卜加工厂——前王庄村的平顶山远航实业有限公司，自2012年起，开始从事芦笋、蒿菜、西兰花、豌豆、毛豆、大蒜、胡萝卜等蔬菜的生产，村域农业生产结构已经转型。由于大根萝卜为一年生植物，进入及退出的门槛均很低，其他种植时间较短的村庄，在发现大根萝卜未能如想象的那样给自己带来更多的收入时，便迅速退出，继续以前的农业生产模式。现在的疑问是，为何农户持续种植大根萝卜的时间较短？是什么因素导致他们迅速参与种植大根萝卜，又迅速退出该产业呢？这和农户自身的因素有何关系？又受什么客观因素的左右呢？

### （三）产业链特征

最初大根萝卜的销售方式，由郑州、连云港等地的商贩直接收购。为了使大根萝卜的价值尽可能多地留在当地，前王庄村党支部成员商定，每人垫资2万元，带头建起了萝卜加工厂。1998年，前王庄村党支部靠着前2年总结的经验，手把手教农户科学种植。1999年，全村种植面积达26.67公顷。2000年，迅速增加至53.3公顷。2000年之后，在前王庄村的带动下，周边的王寨村、花刘村、纪村等10多个村庄里的农户开始参与种植。2002年，大根萝卜种植面积增至100公顷。2003年，前王庄村注册成立了平顶山远航实业有限公司。走“公司+基地+农户”的道路，逐步延长产业链，已形成4个系列17个产品，并取得了外贸经营权，初步实现了农业产业化。



但是，相对于封丘县的树莓产业、西峡县的香菇产业而言，郏县大根萝卜的产业链条较短（见图8-13）。这是由于无论是大根萝卜的种植、加工，还是市场销售，均较单一。首先，在种植方面，大根萝卜的种子由日本直接引进，只需要适宜的耕地和劳动力即可实现生产，无须专门的生产工具。其次，大根萝卜的加工工艺简单，清洗→晾晒→腌渍→切丝→包装，在此过程中，除了需要简单的加工设备外，就是包装袋、纸箱等；最后，大根萝卜的市场销售，主要由加工企业直接出口韩国、日本等地，可迂回的高附加值生产工序极少。因此，受产业特征及当地生产能力的限制，郏县大根萝卜产业分工链条短，产品的出口、加工与销售全部集中于一家企业，农户所能参与的就是在企业技术人员的指导下，按照规定的要求进行田间管理、采收、清洗、晾晒，之后直接上交到企业指定地点。其他类型的行为主体，如原材料供应商、经纪人等很少参与其中。总之，郏县大根萝卜产业的生产链条短，辐射带动能力有限，且其发展水平基本完全由一家企业主导。

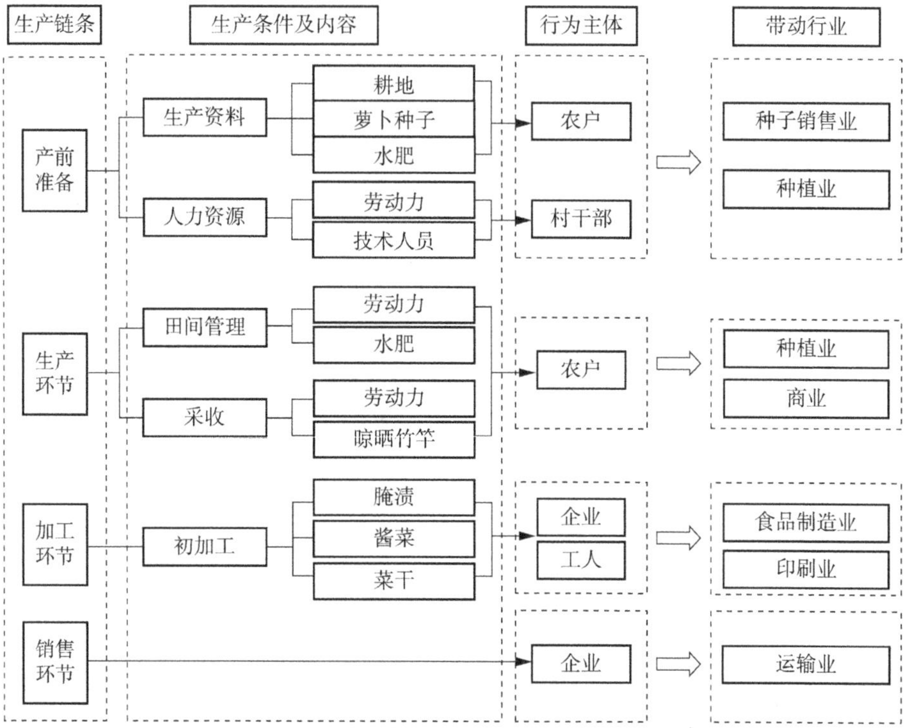


**图 8-13　郏县大根萝卜产业链**

## 四、形成机制分析

解答上述问题，可通过两条途径进行，一是探索影响农户种植时间长度的因素，可采用农户种植大根萝卜的年数来衡量；二是探索农户退出种植大根萝卜的年数，可采用农户退出的年份距离2013年的时间来表示，即用2013减去其退出种植的年份，假如农户退出种植的时间在1998年或2003年，则其退出的年数分别为“2013-1998=15”或“2013-2003=10”。显然，这两类因素均为连续变量，且相关性较强（相关系数为-0.616**），如种植的年数越长，其退出的时间就越晚。第一种方式更容易理解。因此，本章首先采用SPSS18.0中的相关分析方法，筛选影响农户持续种植大根萝卜时间长度的影响因素，对于相关性较强、规律性明显的因素，再采用EViews6.0进行多元线性回归，以测量不同因素对其的影响程度。

### (一)指标选取

在指标选取方面，由于大根萝卜产业发展的起始时间距离调研时间(2013年春)较为久远(17年)，农户家庭成员结构、耕地资源及思想意识均有一定的变化，用农户当前的属性指标来衡量其过去的行为特征，有失偏颇。因此，在调研时，本章兼顾了这一因素，首先对农户种植大根萝卜前一年的情况进行了全面调查，主要包括当时的家庭成员结构、家庭经济来源及收入、当时的耕地资源、生产工具的购买时间及价值等，以分析农户进入大根萝卜产业的原因。之后，对农户当前的家庭资源特征、就业情况等进行了调查，以分析农户属性值的变化对种植大根萝卜的影响。具体指标如下(见表8-2)。

**表 8-2　郏县农户大根萝卜种植影响因素指标**

| 指标 | | 释义 |
|---|---|---|
| 短时间内改变较小的指标 | 开始种植的时间 | 农户第一年种植大根萝卜的年份 |
| | 种植年数 | 农户总共种植了多少年大根萝卜 |
| | 户主学历 | 户主的学龄年数 |
| | 户主的风险偏好 | 分为0、1、2、3共4个等级 |
| | 种植大根萝卜的动因 | 虚拟变量，分为“响应号召”“被强制”“模仿他人”等，其中一个为“是”时，赋值为1，其他为“否”，赋值为0 |
| 种植大根萝卜前一年的家庭情况 | 户主年龄 | 岁数 |
| | 家庭人口数 | 家庭总人数 |
| | 家庭劳动力数 | 家庭中18岁以上体质健康的人数 |
| | 家庭负担指数 | (总人口数-劳动力人数)/总人口数 |
| | 家庭年总收入(元) | 家庭一年的全部收入额 |
| | 耕地面积(公顷) | 家中总的耕地面积(不包括土地流转所致的) |
| | 耕地细碎化程度 | 耕地面积除以地块数 |
| 2013年农户家庭资源条件 | 户主年龄 | 当前户主的年龄 |
| | 家庭人口数 | 当前家庭的人口数 |
| | 家庭劳动力数 | 当前家庭内16岁以上具有劳动能力的健康人数 |
| | 家庭负担指数 | 生活无法自理的家庭成员数量占家庭总人数的比重 |
| | 家庭年总收入(元) | 家庭内所有成员一年的收入之和 |
| | 耕地面积(公顷) | 家中总的耕地面积，加上租入的，减去租出的 |
| | 耕地细碎化程度 | 耕地面积除以地块数 |
| | 耕地的方便性 | 地块面积除以其与住处的距离 |

续表

| 指标 | | 释义 |
|---|---|---|
| 2013 年农户家庭消费结构 | 弹性最小的消费额 | 农户用于孩子上学、给家人看病等的花费额 |
| | 信息费用 | 农户用于有线电视、手机、网络及购买书籍、参加培训班等的花费，按照资金额赋值 |
| 2013 年农户家庭决策环境 | 种植业、养殖业、外出务工、运输业、做生意、子女教育等的决策者 | 虚拟变量，主导者分为丈夫、妻子、夫妻共商、子女、全家共商等5个，其中一个为“是”时，赋值为1，其他4个为“否”，赋值为0 |
| 2013 年农户社会交往网络 | 村干部选举参加次数 | 家庭成员一年之内参加村干部选举的次数 |
| | 村集体活动参加次数 | 家庭成员一年之内参加村集体活动的次数 |
| | 自发组织活动次数 | 家庭成员一年之内自发组织公众活动的次数 |
| | 生产信息来源 | 虚拟变量，分为“自己找”“媒体(看电视)”“致富能人”“邻居”“亲戚”“外地客商”“专业协会”等，其中一个为“是”时，赋值为1，其他为“否”，赋值为0 |
| | 生产资金来源 | 虚拟变量，分为“自己存储”“亲戚”“邻居”“朋友”“企业资助”“银行或信用社贷款”“政府资助”等，其中一个为“是”时，赋值为1，其他为“否”，赋值为0 |
| | 生产技术来源 | 虚拟变量，分为“自己钻研”“邻居传授”“村干部指导”“亲朋传授”“企业技术员指导”“外来专家指导”等，其中一个为“是”时，赋值为1，其他为“否”，赋值为0 |



### (二)相关性分析

选择 Pearson 来测量指标间的相关系数，显著性检验选择 2-tailed，即双侧检验，并标记显著性相关项。对于缺失值，选择“Exclude cases pairwise”即按对排除个案。输出结果发现，影响农户大根萝卜种植年数的因素主要有以下五个。

第一，持续种植时长和开始种植时间、1996 年的种植规模显著相关，相关指数分别为-0.514**、0.442**。即农户开始种植的时间越早，其持续种植的时间越短。据农户解释，这是因为该县的大根萝卜在 2002 年之前行情较好，价格较高。若在此之前参与种植，很容易将 2002 年前后的价格进行对比，价格骤降之后，在 2002 年之前参与种植的农户与参与较晚的农户相比更倾向于放弃种植。1996 年种植规模较大的农户，持续种植的时间较久。1996 年种植的规模越大，说明其对大根萝卜的偏好程度越强，也就更有利于其坚持种植。

第二，与农户部分家庭资源条件有一定的关系。主要表现在以下三个方面。一是户主的年龄越小、风险偏好越强的农户，持续种植的年数越久。与户主的年龄和风险偏好的相关系数分别为-0.136*、0.159*。这是因为，大根萝卜是劳动密集型作物，而且消耗体力，年龄越高（45岁之后）体力越差。因而，持续种植的年数越短。此外，大根萝卜为当地的非传统产业，若户主没有一定的冒险精神，是不敢坚持种植的。二是参与种植前一年家庭总人口数越多、负担越重的农户，其持续种植的年数越长，相关系数分别为0.283**、0.238**。由前文理论分析部分可知，家庭总人口数越多、负担越重的农户，可接受的最低工资水平越低，相对于闲暇该类农户更偏好赚钱养家。在经济来源方式较少的年代，农户为保障家庭成员最低的消费水平，势必更倾向于寻求更多的收入方式，也就更愿意参与种植。三是与家庭耕地资源条件有关。参与种植大根萝卜之前的耕地方便性和细碎化程度越高的农户，持续种植的时间越久，相关系数分别为0.198**、0.172**。大根萝卜是蔬菜的一种，小块地，尤其是距家较近的菜地，更方便种植。在郏县，地块面积较大的耕地一般距离农户的住处较远，且多用于种植烟叶、红薯等大田作物。因而，耕地方便性和耕地细碎化程度越高的农户，其持续种植的时间越久。



第三，与农户参与种植的动机有关。农户种植大根萝卜的原因在于“响应村支书号召”和“被强制”的农户，持续种植的年数更长，相关系数分别为0.368**、0.117*。而种植动机源于“模仿他人”的农户，持续种植的时间较短，相关系数为-0.338**。这是因为，“响应村支书号召”和“被强制”的农户，多为村里的党员、村干部，作为觉悟性高、村委班子成员的他们，认为自己有义务和责任起带头示范作用，于是多年来一直坚持种植。而通过“模仿他人”参与种植的农户，更多的是在经济效益的驱动下进行的，在看到周围农户通过种植大根萝卜大大增加了收入时方参与进来，而一旦觉察经济效益下滑，且投入产出比未能达到自己的期望时，便会放弃。

第四，与农户的社会网络有一定的关系。主要表现在以下两个方面。一是农户的生产信息、生产技术及启动资金越是来自村干部的农户，大根萝卜种植的年数越长，相关系数分别为0.325**、0.298**、0.168**。这是因为，此类农户对村干部的依赖性较强，更加信任村干部的决策，并积极响应他们的号召。因此，以村支书为带头人的大根萝卜产业，势必成为此类农户坚持的对象。二是生产信息越是自己找、生产技术越是自己钻研而来的农户，其持续种植的年数越短，相关系数分别为-0.182**、-0.120*。虽然相关性较弱，但仍然与前者形成了鲜明的对比。此类农户，较前者更具自主决策能力，不会“随大流”、不易受旁人左右，且有属于自己的一套经济生产方式。

第五，与农户当前的家庭消费结构及决策环境的相关性较弱。首先，当前医疗消费额越高的农户，持续种植大根萝卜的时间越久，相关系数为0.164**。这是因为，医疗费用越高的农户，病人越多，家庭成员中劳动能力较强的人越无法外出，只能选择既能够在家照顾病人又能增加家庭收入的生产项目。种植大根萝卜，虽然较为辛苦，但可以满足这一要求。其次，与家庭决策环境关系不大的原因在于，农户家庭成员属于一个经济体，他们的生产决策是在家庭成员共同讨论下做出的，无论是丈夫、妻子还是子女，他们均会兼顾彼此的想法，尽可能地达成一致意见。如在调查时，当问及“遇到事情时，咱家里都是谁当家啊”，多数农户的回答是“都当家”。

综上所述，对农户大根萝卜种植年数影响较为深刻的因素是开始种植大根萝卜的时间①(-0.514**)、1996年的种植规模(0.442**)、种植大根萝卜的原因在于“响应村支书号召”(0.368**)、种植大根萝卜的原因在于“模仿”(-0.338**)、生产信息源自村干部(0.325**)、生产技术源自村干部(0.298**)、当时家庭的总人口数(0.283**)、当时的家庭负担(0.238**)、当时耕地的方便性(0.198**)9个指标。



### (三)计量回归分析

采用最大似然值估计法，利用EViews6.0对以上指标进行回归分析，以判断各个指标对农户大根萝卜种植年数的影响程度。由于以上9个指标间具有相关性，如“生产技术源自村干部”与“生产信息源自村干部”的相关性高达0.644**，为保证数据项之间的独立性，首先利用SPSS18.0中的因子分析法进行降维，具体步骤是利用主成分分析法与方差极大法进行因子提取和因子旋转，根据变量之间的相关性将大部分变量合并成少数几个主要因子，并且根据包含因子体现的共同特征，对提取的主要因子进行重命名。并采用*KMO*统计量和Bartlett球形检验统计量考察指标之间的相关性。然后，对农户大根萝卜种植年数与各个因子进行线性回归。

首先，因子分析的KMO值为0.612(大于0.5)，Bartlett球形检验值为

---

① 为方便下文分析，将此指标修改为第一次种植大根萝卜的时间距离2013年的年数。

572.360，在1%的置信水平上显著(Sig. =0.000)。这说明，分析农户大根萝卜种植年数影响因素的相关矩阵存在公因子，适合进行因子分析。本章按照特征值大于1的原则提取公因子，从表8-3可以看出，无论是否进行正交旋转，前4个因子的特征根均大于1，累积贡献率达71.9%，说明这4个因子保留了原始数据中的大部分信息。

**表8-3　总方差分解表**

(%)

| 因子 | 未经正交旋转 | | | 正交旋转后 | | |
|---|---|---|---|---|---|---|
| | 特征根 | 解释比例 | 累计解释比例 | 特征根 | 解释比例 | 累计解释比例 |
| 因子1 | 2.519 | 27.988 | 27.988 | 1.832 | 20.356 | 20.356 |
| 因子2 | 1.562 | 17.356 | 45.344 | 1.710 | 18.999 | 39.355 |
| 因子3 | 1.372 | 15.243 | 60.587 | 1.584 | 17.604 | 56.956 |
| 因子4 | 1.017 | 11.301 | 71.888 | 1.344 | 14.929 | 71.888 |

从表8-4可以看出，在因子1中，开始种植原因是“响应号召”和“模仿”的载荷系数较大，分别为0.876、-0.888，可以将因子1归为农户种植大根萝卜的动因；在因子2中，“生产信息源自村干部”和“生产技术源自村干部”2个指标具有较大的载荷系数，其解释能力分别为0.889、0.895，可以将因子2归为农户对村干部的依赖程度；因子3与“当时家庭的总人口数”和“当时家庭的负担指数”这2个指标的相关性较强，载荷系数分别为0.885、0.875，可以将因子3归为农户家庭人力资源量；因子4主要与“农户开始种植距离现在的时间”“1996年种植的规模”“当时的耕地方便性”这3个指标有关，载荷系数分别为0.491、0.657、0.801，可以将因子4归为农户参与程度。将4因子的得分，采用最大似然值估计法，与种植年数进行回归分析，方程拟合度为0.414($R^2>0.4$)，F统计量为51.14，DW值为1.47，各个因子及方程整体均显著(Prob. <0.05)。



**表8-4　旋转后的载荷矩阵**

| 指标 | 因子1 | 因子2 | 因子3 | 因子4 |
|---|---|---|---|---|
| 开始种植距离现在的时间(年) | 0.414 | 0.244 | 0.080 | 0.491 |
| 1996年种植的规模(亩) | 0.270 | 0.197 | 0.160 | 0.657 |
| 种植原因是响应号召 | 0.876 | 0.057 | 0.023 | 0.083 |

续表

| 指标 | 因子 1 | 因子 2 | 因子 3 | 因子 4 |
|---|---|---|---|---|
| 种植原因是模仿 | -0.888 | -0.056 | -0.019 | -0.077 |
| 生产信息源自村干部 | 0.101 | 0.889 | 0.035 | 0.068 |
| 生产技术源自村干部 | 0.046 | 0.895 | -0.017 | 0.048 |
| 当时家庭的总人口数 | -0.038 | 0.045 | 0.885 | 0.052 |
| 当时家庭的负担指数 | 0.097 | -0.026 | 0.875 | 0.089 |
| 当时的耕地方便性 | -0.090 | -0.105 | -0.006 | 0.801 |

从表 8-5 可以看出，农户的初始参与程度对其种植年数影响最大，其次是农户进入大根萝卜产业的方式和对村干部的依赖性，最后才是农户自身的因素。种植动因越是源于响应村干部号召、对村干部依赖性越强、初始人力资源越丰富、初始参与规模越大，则持续种植的时间越长。由此可见，农户自身因素对其参与新农业专业项目的影响并不处于主导地位，而外界环境则发挥着极为重要的作用。此结论与前文分析结论(影响封丘县农户参与树莓种植决策的关键因素在于其社会网络)相同。



**表 8-5　回归结果**

| 变量 | 系数 | 标准差 | t 统计量 | 显著性(Prob.) |
|---|---|---|---|---|
| 常数 | 5.757894 | 0.206666 | 27.86087 | 0.0000 |
| 种植动因 | 1.701610 | 0.207030 | 8.219164 | 0.0000 |
| 村干部依赖性 | 1.508405 | 0.207030 | 7.285937 | 0.0000 |
| 初始人力资源 | 0.810495 | 0.207030 | 3.914877 | 0.0001 |
| 初始参与程度 | 1.714595 | 0.207030 | 8.281886 | 0.0000 |
| 回归结果检测 | | | | |
| 决定系数 | 0.422151 | 被解释变量均值 | | 5.757895 |
| 校正决定系数 | 0.413896 | 被解释变量标准差 | | 4.557263 |
| 标准误差 | 3.488924 | 赤池信息准则 | | 5.354452 |
| 残差平方和 | 3408.325000 | 施瓦茨信息准则 | | 5.418531 |
| 对数似然估计函数值 | -758.009400 | HQ 信息准则 | | 5.380139 |
| F 统计量 | 51.138860 | DW 统计量 | | 1.470932 |
| F 统计量的伴随概率 | 0.000000 | | | |

## 五、参与主体感知

1. 农户的主观感受

以上分析主要是从农户自身属性特征及其参与种植大根萝卜的原因，进行的一般统计性分析。但是，在农户心中，是什么因素导致了他们不再种植大根萝卜了呢？是否和计量分析相一致呢？据此，在调查时，设计了“退出种植大根萝卜的原因”这一问题，让农户自己填写。调查发现，农户主要考虑以下六个方面的因素：一是自然因素，主要包括气温、降雨、土质、地形等；二是地块因素，主要包括农户地块的细碎化程度、地块离家的距离、水利条件、田间交通等；三是大根萝卜自身的因素，主要包括农户是否认为大根萝卜的前期投入较高、大根萝卜的管理是否费事、大根萝卜是否容易生病、不好栽种、不易收获等因素；四是农户自身因素，主要包括农户的家庭劳动力因素、家庭负担情况、有无更好的挣钱项目或是否认为打工比种大根萝卜强、受其他农户影响、没销售渠道、没市场信息、没资金等；五是龙头企业因素，主要包括是否因为龙头企业技术指导怠慢、收购价格过低、不按照合同行事等因素才导致自己退出种植大根萝卜；六是政策因素，主要包括是否因为政府不补助、政策环境不好、村里没有带头人才导致自己不愿意再继续种植大根萝卜等。根据农户的解释，判断六大因素下的子选项，是“完全不符”还是“不太符合”“一般”“有点符合”“完全符合”“没有考虑过”。最后，按照某因子农户选择的频率进行统计，结果见表 8-6(表中的百分比是认为某因子符合某选项的农户数占调研样本总数的比重)。



**表 8-6　农户退出种植大根萝卜的主观原因**　（%）

| 一级指标 | 二级指标 | 完全不符 | 不太符合 | 一般 | 有点符合 | 完全符合 | 没有考虑过 |
|---|---|---|---|---|---|---|---|
| 自然因素 | 气温不合适 | 11 | 10 | 2 | 7 | 8 | 62 |
| | 降雨不合适 | 8 | 12 | 5 | 7 | 6 | 62 |
| | 土质不合适 | 17 | 7 | 2 | 2 | 2 | 70 |
| | 地形不合适 | 16 | 11 | 1 | 1 | 1 | 71 |
| 地块因素 | 地块太碎 | 9 | 10 | 5 | 5 | 4 | 68 |
| | 地块离家太远 | 14 | 10 | 5 | 2 | 0 | 69 |
| | 浇水不方便 | 10 | 12 | 4 | 3 | 2 | 68 |
| | 田间道路不方便 | 10 | 9 | 6 | 4 | 2 | 68 |

续表

| 一级指标 | 二级指标 | 完全不符 | 不太符合 | 一般 | 有点符合 | 完全符合 | 没有考虑过 |
|---|---|---|---|---|---|---|---|
| 大根萝卜自身的因素 | 前期投入成本高 | 10 | 12 | 7 | 9 | 3 | 58 |
| | 管理费事 | 7 | 4 | 2 | 14 | 23 | 49 |
| | 容易生病 | 8 | 10 | 7 | 8 | 1 | 67 |
| | 不好栽种 | 19 | 7 | 6 | 1 | 3 | 64 |
| | 不易收获 | 1 | 2 | 0 | 10 | 65 | 21 |
| 农户自身因素 | 身体不好，干不动 | 9 | 8 | 5 | 8 | 19 | 51 |
| | 家中没劳动力 | 4 | 6 | 6 | 13 | 25 | 45 |
| | 家庭负担重 | 8 | 5 | 8 | 5 | 7 | 67 |
| | 有其他更好的挣钱项目 | 3 | 7 | 8 | 14 | 20 | 49 |
| | 打工比种大根萝卜挣钱 | 2 | 2 | 7 | 15 | 28 | 46 |
| | 受其他农户影响 | 4 | 5 | 11 | 19 | 8 | 54 |
| | 无技术 | 15 | 9 | 6 | 1 | 1 | 69 |
| | 没销售渠道 | 13 | 5 | 5 | 5 | 10 | 62 |
| | 没市场信息 | 13 | 6 | 5 | 4 | 4 | 68 |
| | 没资金 | 15 | 7 | 6 | 0 | 0 | 72 |
| 龙头企业的因素 | 技术指导跟不上 | 14 | 8 | 5 | 2 | 2 | 70 |
| | 收购价格太低 | 4 | 3 | 5 | 11 | 42 | 35 |
| | 不按照合同行事 | 14 | 5 | 4 | 3 | 4 | 69 |
| 政策因素 | 政府不补助 | 9 | 3 | 8 | 4 | 7 | 70 |
| | 政策环境不好 | 9 | 6 | 9 | 4 | 6 | 66 |
| | 没带头人 | 15 | 4 | 8 | 1 | 3 | 70 |



从表 8-6 可以看出，农户的思路非常清晰，对于自然因素、地块因素、政策因素，多数农户表示均未考虑过，言下之意是，大多数农户并不认为这些因素是导致自己退出种植大根萝卜的原因之一。首先，在自然因素方面，此类农户的种植时间是在农民企业家试验种植成功之后，因此，不存在自然因素不适的情况。其次，在地块因素方面，耕地多在村庄周围，一般情况下，距离农户住处不足 0.5 千米，且各村的水利灌溉设施等基本相似，此因素亦不在其退出大根萝卜种植的影响因素之内。再次，在政策因素方面，农户认为，在市场经济条件下，农业生产结构调整与否完全由自己做主，不受政府干涉。此外，除 1996 年北三郎庙村派群众代表前往连云港参观时得到政府资助 14 万元外，郏县大根萝卜产业从始至终，基本未得到政府的其他指导、帮

扶。所以，政府的政策环境是否影响了自己种植大根萝卜，65%的农户表示没考虑过。农户关注的焦点在于大根萝卜自身的生产特点、龙头企业因素以及自身家庭生产条件。

首先，大根萝卜生产特点。大根萝卜的生产技术虽然简单，种植前期的管理较为轻松，只要深耕土地、适时浇水即可。但是，大根萝卜收获方式为“一颗一颗地拔”，大根萝卜的长度约为 45 厘米，1 公顷耕地产 7 万~8 万颗，全靠人力拔收，对于家庭内缺乏强壮劳动力的农户而言，劳动强度过高。大根萝卜收获之后，便是烦琐的清洗工作。大根萝卜的收获时节在每年的 11 月，正当初冬，天气渐冷。65%的农户表示，户外艰苦的清洗工作是使自己不愿再种植大根萝卜的一个重要原因。萝卜清洗之后是晾晒工作，若天气晴朗，则萝卜鲜亮，价格相对较高(经过晾晒后，1.6 元/千克左右①)。但是，若连续阴雨，大根萝卜很容易发霉，收购价格便会骤降(晾晒后的价格为 0.6 元/千克左右)。

其次，龙头企业因素。前王庄村的种植模式如下：由平顶山远航实业有限公司提供种子、生产管理技术以及前期投入的所有费用，但产品必须销售给该公司，且产品质量、等级的测定由该公司负责收购的职工口头判定，并无严格的规章条款可供参考。此种模式，一方面消除了农户由于缺乏资金、技术等原因而无法参与种植的障碍，促使更多的农户参与。另一方面它限制了农户对产品的自由销售权，尤其是缺乏公平合理、透明化的收购制度，使得部分农户心生不满。如 42%的农户认为工厂收购价格过低，从而限制了大根萝卜生产规模的进一步扩张。北三郎庙村大根萝卜的销售与平顶山远航实业有限公司基本没有联系，该村农户直接将萝卜销往禹州市、连云港等地。但是，2002 年之后，最初指导北三郎庙村进行大根萝卜种植的连云港大根萝卜出口公司——连云港如意公司的产品收购能力逐渐下降，并在 2009 年倒闭。自此，失去支撑的北三郎庙村，大根萝卜种植业亦走到了尽头。

最后，农户自身家庭生产条件因素。此因素主要集中在劳动力不足方面。如上文所述，大根萝卜需要强壮的劳动力，且在清洗期间需要雇佣大量的劳动力。但是，随着外出务工潮流的涌现，农民工工资的上涨，原本 10 元/天的大根萝卜清洗工作，在 2010 年，50 元/天也难再雇佣到人手。此外，农户收入渠道方式开始多样化，外出务工、搞养殖、跑运输、做生意、打零工等



---

① 2002 年左右当地的市场价格。

均是较为“省心”的经济来源方式。如28%的农户认为，打工远比在家种植大根萝卜强。20%的农户认为，自己有其他更好的生产项目。于是，劳动力资源“假性”不足，并成为阻碍农户继续从事大根萝卜种植的又一重要因素。

2. 农业企业家的分析

以上影响因素的分析，均是以农户为主体，就农户自身属性特征、参与大根萝卜生产的情况、农民退出种植大根萝卜的主观感受及其周围的环境等基础性因素进行的分析。但是，未涉及市场、销售及社会环境变化等更深层次的因素。那么，站在农业企业家的角度，大根萝卜在本地消失的原因是什么呢？据此，采访了郏县前王庄村村支部书记兼平顶山远航实业有限公司董事长——王国申。他给出如下观点。

首先，日本“肯定列表制度”导致出口受阻。“食品中残留农业化学品肯定列表制度”（以下简称“肯定列表制度”）（Positive List System），是日本为加强食品（包括可食用农产品）中农业化学品（包括农药、兽药和饲料添加剂）残留管理而制定的一项新制度，它几乎对所有农业化学品在食品中的残留都做出了规定，深刻影响着各国（地区）农产品对日本的出口。中国大根萝卜的主要销售市场在日本、韩国等地，国内市场消费不足。前王庄村平顶山远航实业有限公司加工的大根萝卜，主要出口地亦为日本。前王庄村及其周边村庄种植的大根萝卜，依托于该公司。因此，公司出口受阻，产品大量滞销，不得不增加收购限制。导致以其为主要销售点的种植户，出现了“卖难”的问题。



其次，中国加入世界贸易组织（WTO），人民币升值。人民币升值，意味着国内产品价格提升，从而压缩了市场销售空间，不利于产品出口。2001年，中国加入WTO之后，大根萝卜价格抬升，平顶山远航实业有限公司出口量下降。正当此时，前王庄村及其周围村庄的生产规模空前，导致大批农户的萝卜滞销，农户的生产积极性遭到重创。

再次，物价及劳工水平上升，投入成本增加。随着社会经济的发展，各种物资的价格不断抬升。大根萝卜的包装费用、生产加工费用亦随之上升，公司整体成本投入不断增加。但是，自2000年以来，大根萝卜的价格变动不大，致使公司盈利空间被日益压缩。鉴于此，原本以加工腌渍大根萝卜为主业的平顶山远航实业有限公司开始转型，迅速减少了大根萝卜的收购量。此外，市场经济的发展，使得农户经济收入途径越来越多，尤其是外出“务工潮”的到来，使得村里多数劳动力，尤其是青壮年男性及年轻的女性外出务工。在外出务工月均收入 2000～3000 元的对比下，价格一直保持不变且销售途径不足的大根萝卜，被农户果断放弃。

最后，本地传统经济作物——烟叶价格攀升。郏县是中国著名的“山儿西”烟叶的种植基地，常年种植面积在 5333.3 公顷以上。在 20 世纪 90 年代中期，烟叶价格(21750 元/公顷)相对于大根萝卜价格(23250 元/公顷)略低，且波动较大。但其生产工序更为烦琐，所需工作量更大。因而，农民在没有其他收入途径的情况下，很快接受了大根萝卜。但是，近年来，烟叶价格猛涨，就 2012 年而言，1 公顷的烟叶收入高达 108000 元，但是，大根萝卜的收益仍保持在 45000 元/公顷。因此，无论如何比较，大根萝卜在农户的经济生产活动中均不占优势。农户放弃种植是情理之中的事情。

## 六、本章小结

本章以郏县前王庄大根萝卜专业村为例，首先，梳理了郏县大根萝卜产业发展的脉络。由于大根萝卜适应性强，中国多个地方的自然环境均适宜种植。加之，其技术含量低、简单易学，且在 20 世纪八九十年代，其市场价格较高，单位面积产值是传统农作物的数倍。于是，在其 20 世纪 80 年代被引进中国之后，便迅速普及开来。正是在此背景下，郏县从连云港、青岛等地引进大根萝卜种子及种植技术，并建设了能够生产可直接出口产品的加工厂，在当时增加了农民的收入。但是，大根萝卜销售市场单一——只对日本、韩国等出口，可加工程度低，随着供给量的不断提升，其市场价格多年来一直未能得到进一步提升。尤其是日本“肯定列表制度”的出台，大大缩减了中国大根萝卜的海外销售量，使得国内大根萝卜产业的发展受到重创。此外，随着国内“务工潮”的出现和人民币的升值，国内劳动力及各种物资价格不断提高，大根萝卜渐渐失去了比较优势。正是在此背景下，郏县大根萝卜产业走到了尽头。



其次，分析了郏县大根萝卜产业消失的原因、影响农户持续种植年数的因素，发现农户持续种植时间主要与以下因素有关。①与农户的初始参与程度有关。农户开始种植的时间越早，其持续种植的时间越短。1996 年种植规模越大的农户，持续种植的时间越久。②与农户家庭资源条件有关，即户主的年龄越小、风险偏好越强的农户，持续种植的年数越久；参与大根萝卜种植前家庭总人口数越多、负担越重的农户，持续种植的年数越长；当时医疗消费额越高的农户，持续种植大根萝卜的时间越久；参与种植大根萝卜之前，耕地方便性和细碎化程度越高的农户，持续种植的时间越久。③与农户参与种植的动机有关，为“响应村支书号召”和“被强制”的农户持续种植的时间久。④与农户的社会网络有关，生产信息、生产技术及启动资金越是来自村干部的农户，大根萝卜种植的年数越长。就农户主观感受方面，大多数农户并不认为自然因素、地块因素、政策环境是导致自己退出种植大根萝卜的原因之一。由于大根萝卜收获困难、龙头企业收购标准不明确以及家庭经济收入方式的多元化，使大根萝卜比较优势迅速消失，导致自己不愿继续种植。农业企业家站在社会、市场经济等角度，基本给出了同样的解释，即产品销售受阻，生产成本上升，大根萝卜比较优势下滑是导致该产业在本地“昙花一现”的原因。

将西峡县香菇产业的发展历程与郏县大根萝卜产业的发展历程进行对比，不难发现二者之间差异悬殊。首先，专业项目之间的差异。西峡县香菇产业立足于自身资源优势，如气候资源、林木资源及劳动力资源等，选择营养价值高、经济价值高、具有一定进入门槛和广阔市场前景的香菇产业。郏县选择的大根萝卜产业虽然立足于自身资源、环境条件，但是大根萝卜的种植技术简单，进入及退出门槛低，且市场销售空间有限，市场价格极不稳定。其次，产业定位不同。西峡县香菇产业被定位为该县农村经济发展的主导产业，而郏县大根萝卜产业仅作为该县农业生产空闲期增加农民收入的一项副业。再次，生产规模变化程度的差异。西峡县各个乡镇、村庄的香菇生产规模、专业化程度及香菇产值占全村经济总产值的比重一直处于不断上升态势，最初参与香菇种植的村庄或农户始终坚持从事香菇生产，极少出现中途退出的现象。郏县从事大根萝卜种植的村庄和农户数量，一直处于不断波动之中，生产规模变化幅度较大。最后，空间分布的差异。西峡县香菇产业是县域产业，最初仅有少数村庄的专业化水平较高，随着时间的推移，高专业化水平村庄的空间分布范围不断向外扩延。郏县仅有位于扩散源附近的极少数村庄参与种植大根萝卜，生产规模不稳定，且持续时间较短。

结合以上分析，本书认为，郏县大根萝卜产业迅速消逝的根本原因在于：大根萝卜非地方特色产业。所谓特色产业，是指以产品、特色资源(包括自然资源、社会资源)为基础，以现代工业、农业技术为依托，以市场经济运行方式为手段，围绕特色产品、特色资源进行综合开发形成的区别于其他传统产业，具有鲜明的地域性、不可替代性、可持续性和竞争性，经济效益高，发展前景广阔，能生产开发满足公众需要的特色产品的产业体系（宁夏统计局课题组，2001）。特色农业项目的竞争优势主要源于以下三个方面：一是营养价值高，产品本身具有丰富的营养价值，能够满足人们对健康、美好生活的追求；二是具有稀缺性，物以稀为贵，人们急需的且又稀少的产品才具有更高的市场价格和竞争力；三是开发潜力大，产品中的各种营养物质易于提取，且可以通过一定的设备和技术条件，加工成多样化的产品，形成集聚化、规模化发展的产业集群。其中，营养价值和开发潜力属于产品的属性特征，不可轻易改变；而稀缺性具有相对性，当产品产量严重低于市场需求时即为稀缺，在经济利益的引诱下，人们可加大生产规模给予调节；但是，当一种产品的生产条件具有地方性（只有在当地才能够生产出来）时，不可复制的地理环境将使其获得“自然垄断”，从而保持市场竞争力。

大根萝卜不具备特色产业的所有特点，主要体现在以下三个方面。首先，地域分布广泛。大根萝卜的种植基本不受地域限制，凡是适宜普通萝卜生长的地方均可。自 20 世纪 80 年代从日本引进以来，由于其种植技术门槛低，且适宜性强，在中国各地均有种植，生产规模在短时间内快速扩大，进而导致供大于求。其次，市场潜力不足，发展前景狭隘。社会需求是产业形成最基本和最重要的条件，没有市场需求或不面向市场，经济活动就失去了存在和发展的基础，其生产经营活动也不可能达到产业形成的规模门槛（戴宾，2003）。中国生产的大根萝卜主要销往日本和韩国等地，市场单一，受国外市场行情或其他不确定性因素的影响较大。虽然国内有些生产厂家将其加工为咸菜进行销售，但是市场潜力仍显不足。最后，产品附加价值低，不具有竞争力。大根萝卜多用于腌渍、做酱菜等，目前虽然出现了萝卜汁的加工，但是市场销路尚未打开。因此，虽然大根萝卜单位耕地面积的产量较高，但其价格多年来变化不大，显然不具有产业优势。

第九章

# 专业村地域经济效应形成机制的比较分析

## 一、专业项目的确定机制

### （一）理论基础

一个区域能否成功（这里的成功是指形成区域化、集群化的发展态势并给区域带来巨大社会经济效益）发展某个产业，受多种因素的综合作用。一个区域选择发展哪种产业或不发展哪种产业的确定过程，似乎被学者认为充满传奇的色彩。例如，美国经济学家Krugman（2002）在他的《地理和贸易》一书中写道："在美国，制造业非地方化，当你试图寻找地方化的原因时，你会发现它可以追溯到一些历史上看似微不足道的偶然事件……""美国工业化的整个过程都有类似的故事：一些小的偶然事件导致了一个或两个的久盛不衰的生产中心的兴起……""一次偶然事件导致了在某个地区建立了一个行业，在此之后，积累过程便开始发挥作用……"也就是说，区域产业项目的确定是没有任何征兆的偶然事件所致，一旦区域出现专业化生产以后，在规模收益递增因素的作用下，区域内制造业发展产生的"锁定"（locking in）效应或"路径依赖"效应会使该区域持续这一生产活动（李小建，2000），并最终成为产业集群。但是，历史偶然事件只是集群得以萌芽、发生的机遇，只有影响地理集中的向心力超过离心力，积累过程才开始并持续，否则"集群的可能"难以转化为"集群的现实"（陆明祥，2006）。也就是说，专业项目被发现后，后期能否得到持续发展，还在于区域本身集聚资源、承载发展的能力。



专业村地域经济效应的形成过程是某农业项目在一个地区出现、发展、壮大的过程。因此，农业专业项目的选取是专业村形成的第一步，也是专业村地域经济效应出现的首要步骤。农业项目不同于一般的非农项目，其对自然禀赋的依赖性更强。在选择项目时，首先需要考虑当地的自然地理、气候环境及相应的自然资源条件。其次一个专业项目之所以能够引起重视，让众多的行为主体放弃原有的生产活动参与其中，主要在于其相较区域内原有生产项目而言，具有显著的比较优势。因此，还需要权衡区域内其他农业生产项目、非农生产项目的经济效益，尤其是农产品生产基地的构成主体——农户的收入结构和水平。最后以上诸多指标，尤其是经济发展、产业结构等各项指标，将会随着时代的变迁而发生巨大变化。专业项目引入时的区域状况将直接决定专业项目能否快速扩散；而随着时间的推移，自然资源条件及社会经济发展水平的变化将直接影响经济主体是否继续采用该生产项目，即决定了专业村地域经济效应的持续时间。

### (二)专业项目特征比较

封丘县树莓项目、宁陵县葡萄产业、西峡县香菇产业和郏县大根萝卜种植业的确定方式主要有两种。一是本地培植型，从本地农业专业项目中选取市场竞争力强、发展前景广阔的项目，通过改良品种、创新生产工艺，使原有项目的生产率、市场价值进一步提高，并使其具备明显区域比较优势，如西峡县香菇产业。二是外地引入型，结合本地资源环境状况，从外地引入特色农业专业项目，即行动者通过一定的渠道和方式将专业项目的种子、生产技术等从其他地区引入本地，并在区域内进行试验生产，最终取得成功，如封丘县树莓项目、宁陵县葡萄产业和郏县大根萝卜产业。虽然选择模式不同，但相似的是具有高度的市场敏感性和创新精神、善于发现机会、敢于承担风险的农业企业家在专业项目的选取过程中发挥着极其重要的作用。封丘县青堆村的王书勤、宁陵县袁庄村的王其美、西峡县水峡河村领导王文成、郏县前王庄村支书王国申和北三郎庙村支书李全太均在产业选择时发挥了关键性作用。但是，产业的持续发展最终还是受制于区域自然资源环境、社会经济环境等发展条件。实践证明，只有与区域发展条件相适应或能够充分发挥区域比较优势，且具有广阔的市场空间、较高的附加价值的项目才能够在专业村形成前后，吸引更多农户及其他相关经济主体加入，形成更多的同类专业村或纵向衍生出相关专业村，进而产生地域经济效应。



就项目本身属性特征而言，封丘县的树莓和宁陵县的葡萄虽然同属水果，但可深加工程度、可替代性、市场空间和价格均不同。相对而言，树莓本身的价值更高，营养更丰富，可深加工程度更高，可替代性更差，市场价格更高，但生产技术要求更高、劳动强度更大、可存储性更差，且产量仅为葡萄的一半(1500~3000斤)；葡萄的生产技术普及性更强，品种多样，区域适应能力更强，产量较树莓更高(5000~6000斤)，但市场可替代性强，价格不高。西峡县的香菇和郏县的大根萝卜均为蔬菜，但产品本身价值、可深加工程度、市场空间相去甚远。相对而言，香菇自身内在的价值更高，可深加工程度、可存储性均更强，市场更广阔且稳定；而郏县的大根萝卜在以上诸多方面均不占优势。但是，专业项目的优势和劣势并不是一成不变的，它们可以相互转化。环境适应力差，种植范围有限，但因此可能导致市场供应不足，抬升市场价格；而品种多样、适应能力强的农作物，由于种植范围广泛导致供应量充足，市场价格反而较低，经济效益未必可观。例如，封丘县的树莓种植进入门槛高，产量低，因此阻止了大批生产者的进入，反而使其市场价格一直稳定在高位。

就区域适宜性方面，四个案例显示，在专业项目引入初期，专业项目的属性特征和区域自然资源环境、社会经济环境均较适宜，也就是说，区域具有的资源特征刚好满足了专业项目发展所需的条件，因此专业项目的生产活动得以开展。但是，随着时间的推移、区域内外环境的变化，原本的平衡可能很快就被打破，若专业项目的生产活动仍停留于最初的状态，势必难以为继。郏县大根萝卜产业的消失正是如此，原本低廉的劳动力价格，因工业化、城市化的快速推进而迅速提升，机会成本增加后，大根萝卜便失去了优势，是区域生产条件与专业项目发展所需条件间相溶度不断下降的过程。但是，西峡县香菇产业能够紧跟时代步伐，通过改进生产设备、调整生产模式、延伸产业链条等多种手段，不断降低单位香菇的生产成本，提高劳动生产效率，从而保证了初级农产品的供给，是区域生产条件与专业项目发展所需条件间相溶度保持的过程。宁陵县葡萄产业发展初期，普通农户难以负担设施费用，技术门槛高是其发展缓慢的原因之一；但随着经济发展水平的提升，设施费用相对下降，高效而丰富的信息、技术获取途径，大大降低了普通农户的进入门槛，是区域生产条件与专业项目发展所需条件间相溶度不断提升的过程。封丘县树莓产业，苛刻的采摘时间和存储条件、绿色生产模式与人工采摘要求、长期保持不变的产业结构，即使经过近20年的发展，也一直未能突破，区域内初级产品供应不足，产业化进程缓慢，集群化特征不明显，属于区域生产条件与专业项目发展所需条件间吻合度不稳定的状态。因此，产业特征能否和区域社会经济发展状态保持动态协调，将深刻影响产业发展趋向(见表9-1)。

表 9-1　专业项目特征与区域发展条件相溶度

| 区域 | 项目 | 专业村名称 | 相溶度 | 区域化格局 | 产业化特征 | 集群化特征 |
|---|---|---|---|---|---|---|
| 封丘县 | 树莓产业 | 青堆村 | 不稳定 | 不稳定 | 明显 | 不明显 |
| 宁陵县 | 葡萄产业 | 袁庄村 | 上升 | 稳定 | 较明显 | 较明显 |
| 西峡县 | 香菇产业 | 水峡河村 | 保持 | 稳定 | 明显 | 明显 |
| 郏县 | 大根萝卜产业 | 前王庄村 | 下降 | 形成后消失 | 形成后消失 | 不明显 |

## 二、农户参与机制

保持稳定的初级产品供给，是产业持续发展的前提。而初级农产品生产者——农户或农场位于产业链的前端，是专业村的基础组成部分，他们是否参与、何时参与、参与程度、持续时长等不仅直接影响专业村的形成速度和持续发展能力，而且影响着整个产业的区域化、集群化的发展潜力。在一般情况下，当具有一定优势的农业项目被引进之后，易于通过示范效应和网络联系扩散至其他农户，使得区域内部分农户逐渐接受并参与，从而产生更多的示范点和带动效应，推动专业村地域经济效应的形成。根据方法论中的个体主义（Methodological individualism），每个个体（决策主体）之间互不相同，有着不同的与不断变化的偏好、目标和观念，并面对不同的约束条件，由此也就决定了每个个体的行为必然是千差万别的。同理，农户对参与新专业项目的决策行为是根据自身条件和面临的决策环境做出的。农户选择参与专业项目的过程，实则就是农户在一系列环境条件下的生产决策行为。



### （一）概念定义及指标选取说明

1. 概念界定

一是参与速度的概念。农户参与专业项目的速度是指与区域内最早参与该农业专业项目的农户相比，自身参与专业项目的时间与其的差值。表达式为：

$$V_i=T_i-T_0,\ i=1,\ 2,\ \cdots,\ n \qquad \text{式(9-1)}$$

式中，$V_i$ 表示第 $i$ 个农户参与专业项目的速度，$T_i$ 表示第 $i$ 个农户参与专业项目的时间，$T_0$ 表示区域内最早参与该项目农户的参与时间，$n$ 为农户数。显然，$V_i$ 越大，表示第 $i$ 个农户参与的速度越慢；$V_i$ 越小，表示参与的速度越快。

二是参与强度的概念。农户初始参与专业项目的强度是指农户第一次参与某农业专业项目时的生产规模、投入成本等。由于不同区域或同一区域不同时间的物价水平不同，采用物资价值（投入成本）来衡量农户初始参与专业项目的程度，恐怕失之偏颇。因此，本书采用农户第一次参与专业项目的生产规模进行分析。对于西峡县，采用农户第一年种植袋料香菇时的袋数，封丘县和郏县均采用种植面积（树莓的种植面积、大根萝卜的种植面积）进行分析。宁陵县各村参与葡萄产业的速度、强度在前文已经分析，本章不再展示计量分析结果，但不影响结果间的对比。

2. 指标选取

在影响因素的指标选择方面，除了上文提及的农户家庭生计资本、社会网络、政府的作用等因素外，仍需重点考虑以下因素。一是重点考虑距离因素。区域内农户不断参与某一新农业专业项目的现象，其实亦是该专业项目在区域内的空间扩散。虽然，随着交通运输等基础设施水平的提高，距离因素对社会经济发展的影响越来越弱，但不可否认，新现象、新事物的空间扩散仍深受距离因素的影响和制约，尤其是项目参与者与项目扩散源的距离（吴娜琳，2013）。因此，将空间距离作为影响农户参与专业项目速度的一项重要指标。二是重点考虑户主风险偏好因素。风险偏好，是农户接受新事物、新技术的“软环境”。由前文对其的定义可知，风险偏好势必深刻影响农户参与专业项目的时间和规模，即参与速度与初始强度。三是重点考虑农户生产信息的来源渠道对于农户参与速度的影响。生产信息是农户参与专业项目的首要条件，信息获取途径单一或信息源不同的农户，其参与专业项目的速度应该也不同。



此外，需要说明的是，虽然并未对这三个农业项目的所有参与者开始参与专业项目的时间进行统计，但是采用随机大样本抽样调查的方式，在某种程度上应该能够反映一定的真实特征。

### （二）农户参与专业项目的速度与强度

1. 农户参与速度影响机制

（1）相关性分析结果。

计量分析结果（见表 9-2）显示，在不同区域环境下，不同的专业项目，影响农户参与专业项目速度的因素不同。主要表现在以下五个方面。

第一，扩散源空间距离的影响。由前文分析可知，距离扩散源地越远，尤其是空间距离越远的农户，参与专业项目的速度越慢。这是因为，当新信息从一个地方扩散至另一个地方时，距离越远，到达所需的时间越长。因此，农户距离扩散源地越远，其参与专业项目的速度就越慢。宁陵县的分析证明了这一点，与扩散源的距离对宁陵县各村参与葡萄种植业的影响十分显著，距离越远参与的速度越慢。可现实并非完全如此。分析显示，郏县大根萝卜种植的空间扩散非常符合这一点（皮尔逊指数为 0.558**），而西峡县、封丘县则不同，前者和农户参与速度的皮尔逊指数为-0.186**，后者与农户参与速度的相关性则非常弱。西峡县农户参与香菇种植的速度与其距离扩散源（县城）的距离负相关，即距离县城越近，参与种植的速度越慢。这是因为，距离县城越近，非农就业机会越多（吴娜琳，2012），香菇产业的优势越不明显，农户参与的速度相应越慢。而封丘县农户参与树莓产业的速度，更多地受户主风险偏好和信息获取渠道的影响，与其距离扩散源地的远近关系不大。

第二，户主风险偏好的影响。依据前文理论分析，户主风险偏好性越强，参与新项目的速度越快。但是，现实分析表明，在不同推广模式背景下，农户参与专业项目的速度受户主风险偏好的影响程度不同。例如，西峡县、郏县的农户，其参与专业项目是在党员、干部带头示范之后实施的，是在产品价格稳定、销售渠道畅通的情况下参与的。因此，基本不存在风险。所以，农户的风险偏好对其参与专业项目的速度影响微弱。但是，封丘县树莓产业就目前而言，市场尚未完全打开，种植技术尚未普及，销售渠道尚不稳定，农户是否参与种植，则多数取决于户主的冒险性心理。因此，农户参与专业项目的速度（距离区域内第一个参与户的参与时间）与户主的风险偏好相关性较强（皮尔逊指数为-0.306**），即农户冒险性精神越强则参与速度就越快。和此结果不同，宁陵县各村农户在决策是否参与葡萄种植时，冒险性精神（风险意识）太强或太弱均不利于葡萄种植的区域化发展。

第三，农户社会网络的影响。社会网络是农户获取生产信息、生产技术以及项目启动资金的渠道。农户的社会网络不同，获取的信息内容不同，对其参与专业项目的影响就有差异。例如，在村干部、党员带头——西峡县、郏县推广模式下，生产信息越是源自村干部的农户，其参与专业项目的速度越快，皮尔逊指数分别为-0.186**、-0.245**。生产信息越是源自外地客商的农户，其参与专业项目的速度越慢，皮尔逊指数分别为 0.207**、0.121*。宁陵县的分析结果更是证明，社会网络越丰富的村，在其他条件相似的背景下，参与葡萄种植的速度越快、规模越大。但不同的是，直接反映与周边农户和村庄联系频度的同质性社会资本，对各村参与葡萄种植的速度具有明显正向影响，对各村葡萄种植扩散中心性的影响也十分显著。也就是说，社会网络虽然直接影响农户参与的速度，但对于不同推广模式的产业项目而言，影响其推广速度的网络结构不同。

第四，农户家庭经济收入水平的影响。唯一同时显著影响三县农户参与专业项目速度的因素是刚参与专业项目前家庭年纯收入。前文理论分析表明，专业项目的参与是农户在权衡专业项目收入与家庭目前所能从事的专业项目收入之后，选择具有比较优势产业的结果。若农户家庭当前的收入大于从事专业项目的收入，在不考虑其他因素的影响下，其一般不会选择从事专业项目。因此，参与专业项目之前，农户家庭收入水平与其参与专业项目的速度应为负相关，即家庭收入水平越高的农户，参与专业项目的速度越慢。但是，调查发现，客观事实并非完全如此。西峡县和郏县的数据显示，收入越高，参与专业项目所用的决策时间越长，即参与速度越慢，符合以上分析，皮尔逊指数分别为0.368**、0.336**。但是，封丘县却与此相反，收入越高的农户，参与专业项目所用的决策时间越短，即参与的速度越快，皮尔逊指数为-0.340**。这是因为，树莓种植前期投入成本较多，没有一定收入水平或家庭资产的农户不敢贸然尝试。调研发现，参与树莓种植的农户，其户主或多或少地具备企业家精神，家庭农业生产条件一般较好，耕地资源、人力资源较为丰富。此结果同样表示，虽然家庭金融资本影响农户参与的速度，但其影响方向和程度仍因项目不同而不同。



第五，专业项目生产条件的影响。同一因素，对农户参与不同专业项目速度的影响程度和方向也是不同的。首先，农户参与专业项目前一年的户主年龄、家庭劳动力人数、家庭负担、地块量等家庭资源禀赋直接影响郏县农户参与种植大根萝卜的速度。但是，对于西峡县、封丘县而言，这些因素的影响并不显著，即对农户参与专业项目的速度基本没有影响。其次，农户刚参与专业项目前的外出务工收入、农林牧渔业机械资产量、运输机械资产量对封丘县农户参与专业项目的速度影响深刻，而对于西峡县、郏县农户而言，并不那么重要。再次，更为明显的是，农户家庭决策环境中不同的决策项目对不同县域、不同专业项目从事者的影响均有不同。例如，种植业是否由夫妻协商决策，间接影响着郏县农户参与专业项目的速度（皮尔逊指数为0.207**），而其对西峡县、封丘县的影响不明显。子女教育是否由夫妻协商间接影响西峡县农户参与专业项目的速度(皮尔逊指数为0.211**)①，但对封丘县、郏县的影响不显著。最后，相同的社会网络，对不同农户参与不同专业项目速度的帮助不同。例如，生产资金来自同村人，对封丘县农户参与专业项目的速度影响较大(皮尔逊指数为-0.255**)，但对西峡县、郏县的影响微弱。

**表9-2 农户参与专业项目速度与影响因素的相关性**

| 影响因素 | 西峡县 | 封丘县 | 郏县 |
|---|---|---|---|
| 与扩散源的距离(千米) | -0.186** | — | 0.558** |
| 户主风险偏好 | — | -0.306** | — |
| 参与专业项目时户主的年龄(岁) | — | — | 0.289** |
| 刚参与专业项目前的家庭劳动力人数(个) | — | — | 0.150* |
| 刚参与专业项目前的家庭负担 | — | — | -0.149* |
| 刚参与专业项目前的地块量(块) | — | — | 0.132* |
| 耕地总面积(666.67平方米) | — | -0.304** | — |
| 耕地细碎化程度 | -0.175** | -0.305** | — |
| 耕地方便性 | 0.124* | -0.319** | — |
| 灌溉方便程度 | — | -0.302** | — |
| 刚参与专业项目前家庭年纯收入(元/年) | 0.368** | -0.340** | 0.336** |
| 刚参与专业项目前家庭消费水平(元/年) | 0.353** | — | — |
| 刚参与专业项目前的外出务工收入(元/年) | — | -0.180* | — |
| 农林牧渔业机械资产量(元) | — | 0.231** | — |
| 运输机械资产量(元) | — | -0.287** | — |
| 种植业由丈夫决策(是为1，否为0) | — | — | -0.119* |
| 种植业由妻子决策(是为1，否为0) | — | -0.179* | — |
| 种植业由夫妻协商(是为1，否为0) | — | — | 0.207** |
| 养殖业由丈夫决策(是为1，否为0) | — | — | -0.128* |
| 运输业由子女决策(是为1，否为0) | — | — | -0.123* |
| 子女教育由丈夫决策(是为1，否为0) | 0.128** | — | — |



① 至于为何出现这种现象，属于社会学范畴，本文在此不做过多讨论。

续表

| 影响因素 | 西峡县 | 封丘县 | 郏县 |
|---|---|---|---|
| 子女教育由夫妻协商(是为1，否为0) | 0.211** | — | — |
| 与邻居的联系频度(次/年) | 0.173** | — | — |
| 村干部选举参加次数(次/年) | 0.118* | -0.173* | — |
| 村集体活动参与的次数(次/年) | — | — | -0.116* |
| 生产信息源自专业协会(是为1，否为0) | — | -0.209* | — |
| 生产信息源自外地客商(是为1，否为0) | 0.207** | — | 0.121* |
| 生产信息源自自己出去找(是为1，否为0) | -0.148* | — | — |
| 生产信息源自村干部(是为1，否为0) | -0.186** | — | -0.245** |
| 生产信息源自本地市场(是为1，否为0) | 0.125* | — | — |
| 生产资金源自同村人(是为1，否为0) | — | -0.255** | — |
| 生产资金源自政府资助(是为1，否为0) | — | — | -0.125* |
| 生产技术源自自己钻研(是为1，否为0) | 0.164** | -0.187* | — |
| 生产技术源自合作社(是为1，否为0) | — | -0.208* | — |
| 生产技术源自外来专家(是为1，否为0) | — | -0.222** | — |
| 生产技术源自村干部(是为1，否为0) | — | — | -0.206* |
| 生产技术源自本村农户(是为1，否为0) | 0.121* | — | — |

注：表中的数字指各个因素与农户参与专业项目的相关系数(皮尔逊指数)，“*”表示在5%的显著性水平上显著，“**”表示在1%的显著性水平上显著，“—”表示相关性不显著，下同。



(2)回归分析结果。

为进一步量化各因子对农户参与专业项目速度的影响程度，利用EViews6.0，采用最大似然估计法，分别对不同产业农户参与专业项目的速度及其影响因子进行了回归，剔除显著性较弱(Sig. >0.1)的因子，分析结果如下。

一是封丘县，回归方程拟合度为0.350，DW值为1.58，方程整体(F统计量)的显著性为0.000，方程整体回归效果良好(见表9-3)。结果显示，生产资金、生产技术等的来源方式对农户参与专业项目速度的影响程度较大。例如，农户的生产资金源于向同村人借货的可能性每增加1个单位，则其参与专业项目的速度将加快4.62年，生产技术源于自己的可能性每增加1个单位，则其参与专业项目的速度将加快0.813年。此外，户主风险偏好的程度、种植业由妻子决策的可能性每变化 1 个单位，农户参与专业项目的速度将分别加快 0.65 年和 0.76 年。总之，生产条件获取越便捷、农户越偏好风险，则其参与专业项目的速度越快；此外，和以往发现相似，妇女在家庭中的地位对农户参与专业项目同样具有深刻影响（李飞，2020），种植结构由妻子决策的农户，参与专业项目种植的速度更快。

**表 9-3　封丘县农户参与专业项目速度的影响因素回归结果**

| 变量 | 系数 | 标准误差 | t 统计量 | 显著性（Prob.） |
| --- | --- | --- | --- | --- |
| 常数 | 11.557150 | 0.645763 | 17.896880 | 0.000000 |
| 户主风险偏好 | -0.653325 | 0.192305 | -3.397338 | 0.000900 |
| 刚参与专业项目前的家庭年总收入（元/年） | -0.000006 | 0.000002 | -3.136184 | 0.002100 |
| 灌溉方便程度 | 0.010913 | 0.004305 | 2.534741 | 0.012400 |
| 生产资金源自同村人（是为 1，否为 0） | -4.621505 | 1.324385 | -3.489549 | 0.000700 |
| 生产技术源自自己（是为 1，否为 0） | -0.813063 | 0.460094 | -1.767167 | 0.079500 |
| 种植业由妻子决策（是为 1，否为 0） | -0.761651 | 0.366431 | -2.078566 | 0.039600 |
| 回归结果检验 | | | | |
| 决定系数 | 0.34957 | 被解释变量均值 | | 8.556338 |
| 校正决定系数 | 0.32066 | 被解释变量标准差 | | 2.270766 |
| 标准误差 | 1.87161 | 赤池信息准则 | | 4.139513 |
| 残差平方和 | 472.89400 | 施瓦茨信息准则 | | 4.285223 |
| 对数似然估计函数值 | -286.90540 | HQ 信息准则 | | 4.198723 |
| F 统计量 | 12.09255 | DW 统计量 | | 1.578827 |
| F 统计量的伴随概率 | 0.00000 | | | |



二是西峡县，回归方程拟合度为 0.481，DW 值为 2.01，方程整体（F 统计量）的显著性为 0.000，由此可见，方程回归效果好。由其影响因素可以看出，西峡县和封丘县相似的是，生产信息和技术的获取方式对农户参与香菇种植速度影响也非常深刻；不同的是，生产技术源自同村农户却会滞缓其参与速度。生产信息源自村干部的可能性每增加 1 个单位，农户参与香菇种植的速度将加快 2.18 年，而技术源自本村农户的可能性每增加 1 个单位，农户参与的速度将会延迟 1.84 年。其他因素，如农户所在村与县城的距离，每增加 1 千米，其参与的速度将会加快 0.04 年；耕地细碎化程度每增加 1 个单位，农户参与的速度将会加快 0.99 年（见表 9-4）。此结果再次证明了政府对西峡

县香菇产业发展的推动作用，同时说明看似不利的条件(耕地细碎化)未必不利于专业项目的推广，这需要结合项目本身的特性进行确定。

**表 9-4　西峡县农户参与专业项目速度的影响因素回归结果**

| 变量 | 系数 | 标准误差 | t 统计量 | 显著性(Prob.) |
|---|---|---|---|---|
| 常数 | 4.023379 | 0.678597 | 5.928967 | 0.000000 |
| 与县城的距离(千米) | -0.039201 | 0.011227 | -3.491700 | 0.000600 |
| 耕地细碎化程度 | -0.992589 | 0.299785 | -3.310997 | 0.001100 |
| 耕地方便性 | 0.010397 | 0.005782 | 1.798170 | 0.073600 |
| 刚种植香菇前的年纯收入(元/年) | 0.000097 | 0.000023 | 4.300404 | 0.000000 |
| 刚种植香菇前的消费(元/年) | 0.000344 | 0.000059 | 5.853098 | 0.000000 |
| 子女教育由夫妻协商(是为 1，否为 0) | 1.115918 | 0.480650 | 2.321683 | 0.021200 |
| 生产信息源自村干部(是为 1，否为 0) | -2.175343 | 0.522753 | -4.161322 | 0.000000 |
| 技术源自本村农户(是为 1，否为 0) | 1.839546 | 0.617180 | 2.980565 | 0.003200 |
| 回归结果检验 | | | | |
| 决定系数 | 0.480651 | 被解释变量均值 | | 4.917808 |
| 校正决定系数 | 0.460866 | 被解释变量标准差 | | 4.360225 |
| 标准误差 | 3.201528 | 赤池信息准则 | | 5.205361 |
| 残差平方和 | 2152.454000 | 施瓦茨信息准则 | | 5.344638 |
| 对数似然估计函数值 | -560.987000 | HQ 信息准则 | | 5.261611 |
| F 统计量 | 24.294010 | DW 统计量 | | 2.014556 |
| F 统计量的伴随概率 | 0.000000 | | | |



三是郏县，回归方程拟合度为 0.45，DW 值为 1.69，方程整体(F 统计量)的显著性为 0.000，方程整体回归效果良好。对郏县农户参与专业项目速度影响最为深刻的是与扩散源的距离，该距离每增加 1 千米，则农户参与专业项目的速度将延迟 4.04 年。影响较深刻的是家庭决策模式，养殖业由丈夫决策和运输业由子女决策的可能性每增加 1 个单位，农户参与专业项目的速度将分别加快 1.46 年和 1.95 年。参与时户主的年龄及家庭总收入对其参与专业项目的速度影响显著但非常微弱(见表 9-5)。此结果再次回应了郏县大根萝卜产业接触式扩散的路径；此外，郏县和封丘县一样，家庭决策模式同样也会影响农户参与专业项目的速度。

表 9-5　郏县农户参与专业项目速度的影响因素回归结果

| 变量 | 系数 | 标准误差 | t 统计量 | 显著性(Prob.) |
|---|---|---|---|---|
| 常数 | -1.684763 | 0.566259 | -2.975253 | 0.003200 |
| 与扩散源的距离(千米) | 4.035331 | 0.365416 | 11.043130 | 0.000000 |
| 参与时户主的年龄 | 0.051753 | 0.013710 | 3.774919 | 0.000200 |
| 参与时家庭总收入(元/年) | 0.000090 | 0.000014 | 6.447605 | 0.000000 |
| 养殖业由丈夫决策(是为 1，否为 0) | -1.460462 | 0.719810 | -2.028954 | 0.043400 |
| 运输业由子女决策(是为 1，否为 0) | -1.949444 | 0.872143 | -2.235235 | 0.026200 |
| 回归结果检测 | | | | |
| 决定系数 | 0.450590 | 被解释变量均值 | | 2.734266 |
| 校正决定系数 | 0.440779 | 被解释变量标准差 | | 3.222620 |
| 标准误差 | 2.409909 | 赤池信息准则 | | 4.617811 |
| 残差平方和 | 1626.145000 | 施瓦茨信息准则 | | 4.694510 |
| 对数似然估计函数值 | -654.346900 | HQ 信息准则 | | 4.648554 |
| F 统计量 | 45.927590 | DW 统计量 | | 1.694095 |
| F 统计量的伴随概率 | 0.000000 | | | |



总之，农户生产信息、生产资金、生产技术的来源方式等生产条件获取方式，户主的风险偏好程度、与扩散源的距离、家庭农业生产条件及决策环境，对农户参与专业项目的速度均具有深刻的影响。其共同的规律在于：①越接近专业项目扩散源的农户参与专业项目的速度越快；②专业项目生产条件越丰富或获取专业项目生产条件越方便的农户参与专业项目的速度越快；③冒险性精神越强的农户参与专业项目的速度越快；④妇女在家庭决策中的地位深刻影响农户参与专业项目的速度。但是，相同因素对不同区域、参与不同专业项目的农户的影响程度和方向是不同的。因此，在分析现实问题时，需要因地而异，因项目而异。

2. 农户参与专业项目强度影响机制

(1)相关性分析结果。

由前文分析可知，不同区域、不同专业项目的农户，具有不同的参与强度集中分布区间。那么，影响农户初始参与强度的因素是否相同呢？同样，运用 SPSS18.0 对各因素与农户初始参与强度进行相关性分析，采用双尾检验(2-tailed)标注显著性水平，皮尔逊指数作为相关系数，分析结果(见表 9-6)

可归结为以下四点。

第一，农户参与速度的影响。就理论角度而言，农户参与专业项目的时间越晚，所承担的风险成本应该越少，即所谓“搭便车”成分越多。农户参与专业项目的时间越晚，即参与速度越慢，其顾虑因素越少，因此，参与的强度应该越强。从表 9-6 中可以发现，西峡县农户初始参与强度较符合这一逻辑，相关系数达 0.461**。但封丘县、郏县农户参与专业项目的初始强度与其参与速度的关系较弱。

第二，农户家庭资源禀赋的影响。家庭资源禀赋是农户农业生产的基础条件，在不考虑其他因素影响的情况下，资源禀赋越丰富的农户，专业项目的初始参与程度应越强。实践分析证实了这一点，例如，封丘县农户参与专业项目的初始强度与农林牧渔业机械资产量、运输业机械资产量及耕地总面积正相关，皮尔逊指数分别为 0.233**、0.203*、0.215**。郏县农户参与专业项目的初始强度同样与其耕地总面积、刚参与专业项目前的地块数成正比，皮尔逊指数分别为 0.183**、0.165**。但由于香菇种植不占用耕地，耕地总面积越多，农户用于非专业项目的时间和精力越少，因此，西峡县农户参与香菇种植的初始强度与其耕地总面积呈负相关(-0.116*)，即家庭耕地面积越多的农户，参与专业项目的初始规模越小。



第三，刚参与专业项目前的家庭总收入影响。虽然家庭总收入越高的农户，参与专业项目的速度越慢。但是，一旦参与了专业项目，家庭总收入越高，则意味着其原始资本积累越多，越有利于专业项目的开展，在不考虑其他因素的影响下，初始参与的强度一般会越强。实证分析亦证明了这一点，西峡县、封丘县、郏县农户刚参与专业项目前的家庭总收入与其参与专业项目的初始强度均呈现正相关关系，皮尔逊指数分别为 0.377**、0.181*、0.265**。此外，封丘县农户刚参与专业项目前的外出务工收入、养殖业收入对其参与专业项目的初始强度亦有帮助，皮尔逊指数分别为 0.169*、0.226**。由此可见，金融资本量不仅有助于提升农户参与专业项目的时间，同时也有利于提升其参与强度。

第四，项目推广模式的影响。项目推广模式不同，有关专业项目的信息、技术的扩散方式不同。与专业项目扩散源接触越多的农户，获取专业项目信息的速度越快、越详细。因此，参与专业项目的初始强度应越强，反之则弱。西峡县香菇产业的推广初期，是由政府为农户提供部分启动资金，生产技术由村干部负责传授等。因此，农户初始参与强度与“资金源自自己存储”和“技术源自自己钻研"负相关，皮尔逊指数分别为-0.114*、-0.135*。

**表 9-6　农户参与专业项目初始强度与影响因素的相关性**

| 影响因素 | 西峡县 | 封丘县 | 郏县 |
|---|---|---|---|
| 参与速度 | 0.461** | — | — |
| 与扩散源的距离(千米) | — | -0.175* | — |
| 户主风险偏好 | -0.138* | — | — |
| 耕地总面积(666.67 平方米) | -0.116* | 0.215** | 0.183** |
| 刚参与专业项目前的地块数(块) | — | — | 0.165** |
| 耕地细碎化程度 | — | -0.283** | — |
| 灌溉方便性程度 | — | 0.215** | — |
| 刚参与专业项目前的家庭总收入(元/年) | 0.377** | 0.181* | 0.265** |
| 刚参与专业项目前的外出务工收入(元/年) | — | 0.169* | — |
| 刚参与专业项目前的养殖业收入(元/年) | — | 0.226** | — |
| 刚参与专业项目前的家庭消费额(元/年) | 0.331** | — | — |
| 农林牧渔业机械资产量(元) | — | 0.223** | — |
| 运输业机械资产量(元) | — | 0.203* | — |
| 村集体活动参与次数(次/年) | 0.119* | — | — |
| 资金源自自己存储(是为 1，否为 0) | -0.114* | — | — |
| 资金源自金融机构贷款(是为 1，否为 0) | 0.135* | — | — |
| 技术源自自己钻研(是为 1，否为 0) | -0.135* | — | — |
| 务工由子女决策(是为 1，否为 0) | — | — | -0.119* |
| 运输业由子女决策(是为 1，否为 0) | — | — | 0.130* |
| 做生意由丈夫决策(是为 1，否为 0) | — | — | 0.159** |
| 子女教育由全家共商(是为 1，否为 0) | — | — | 0.139* |

(2)回归分析结果。

为进一步量化各因子对农户参与专业项目速度的影响程度，利用 EViews6.0，采用最大似然估计法，分别对不同产业农户参与专业项目的强度及其影响因子进行回归，剔除显著性较弱(Sig. >0.05)的因子，分析结果如下。

一是封丘县，将农户种植树莓的土地面积作为强度指标与各因素进行回归，方程拟合度为0.53，DW值为1.84，方程整体(F统计量)的显著性为0.000，由此可见，方程整体回归效果较好(见表9-7)。与西峡县不同，影响封丘县农户参与专业项目初始强度的均为农户的家庭资源禀赋。其中，影响最为显著的是耕地细碎化程度，系数为-2.4，即耕地细碎化程度每增加1个单位，农户初始参与强度就减少2.4公顷。其次为耕地总面积、与扩散源的距离，农户耕地总面积每增加1公顷、与扩散源的距离每减少1千米，则农户参与专业项目的初始强度分别增加0.347公顷、0.339公顷。此外，刚参与专业项目前的家庭年总收入、外出务工收入、养殖业收入对其参与专业项目的初始强度影响微弱。

**表9-7 封丘县农户参与专业项目初使强度的影响因素回归**

| 因素 | 系数 | 标准差 | t统计量 | 显著性(Prob.) |
|---|---|---|---|---|
| 常数 | 3.516179 | 1.566314 | 2.244875 | 0.026400 |
| 与扩散源的距离(千米) | -0.338840 | 0.120945 | -2.801617 | 0.005800 |
| 刚参与专业项目前的家庭年总收入(元/年) | 0.000047 | 0.000010 | 4.890544 | 0.000000 |
| 刚参与专业项目前的外出务工收入(元/年) | 0.000046 | 0.000019 | 2.391096 | 0.018200 |
| 刚参与专业项目前的养殖业收入(元/年) | 0.000025 | 0.000011 | 2.371309 | 0.019100 |
| 耕地总面积(666.67平方米) | 0.347261 | 0.152038 | 2.284040 | 0.023900 |
| 耕地细碎化程度 | -2.396714 | 0.311430 | -7.695828 | 0.000000 |
| 回归结果检测 | | | | |
| 决定系数 | 0.52934 | 被解释变量均值 | | 6.093706 |
| 校正决定系数 | 0.50858 | 被解释变量标准差 | | 12.632310 |
| 标准误差 | 8.85543 | 赤池信息准则 | | 7.247651 |
| 残差平方和 | 10664.93000 | 施瓦茨信息准则 | | 7.392685 |
| 对数似然估计函数值 | -511.20700 | HQ信息准则 | | 7.306586 |
| F统计量 | 25.49301 | DW统计量 | | 1.844363 |
| F统计量的伴随概率 | 0.00000 | | | |

二是西峡县，将农户种植香菇的袋数作为强度指标与各因素进行回归分析，方程拟合度为0.266，DW值为1.68，方程整体(F统计量)的显著性为0.000，由此可见，方程整体回归效果并不是很理想，但仍具有一定说服力

(见表9-8)。由其影响因素可以看出，家庭决策环境对农户参与专业项目的初始强度影响最深刻，耕地总面积的影响最微弱。但为何“子女教育决策”这一非生产决策因素对农户参与专业项目的初始强度有如此深刻的影响，有待进一步研究。此外，资金来源对农户参与专业项目初始强度的影响较为深刻，资金源自自己存储、资金源自银行或信用社的可能性每增加1个单位，农户参与专业项目的初始强度就将分别减少1.93袋、1.71袋。也就是说，虽然家庭耕地资源对农户参与香菇种植的速度和强度均影响不大，但金融资本对其影响深刻。

**表9-8　西峡县农户参与专业项目初使强度的影响因素回归**

| 因素 | 系数 | 标准差 | t统计量 | 显著性(Prob.) |
|---|---|---|---|---|
| 常数 | 8.138792 | 0.981152 | 8.295135 | 0.00000 |
| 参与速度 | -1.068833 | 0.261892 | -4.081199 | 0.00010 |
| 耕地总面积 | 0.000081 | 0.000013 | 6.218970 | 0.00000 |
| 子女教育由丈夫决策(是为1，否为0) | 1.963892 | 0.535177 | 3.669613 | 0.00030 |
| 资金源自自己存储(是为1，否为0) | -1.931480 | 0.766665 | -2.519326 | 0.01240 |
| 资金源自银行或信用社(是为1，否为0) | -1.710313 | 0.763189 | -2.241007 | 0.02600 |
| 回归结果检测 | | | | |
| 决定系数 | 0.26643 | 被解释变量均值 | | 5.04583 |
| 校正决定系数 | 0.25075 | 被解释变量标准差 | | 4.44327 |
| 标准误差 | 3.84606 | 赤池信息准则 | | 5.55666 |
| 残差平方和 | 3461.37000 | 施瓦茨信息准则 | | 5.64367 |
| 对数似然估计函数值 | -660.79900 | HQ信息准则 | | 5.59172 |
| F统计量 | 16.99717 | DW统计量 | | 1.68370 |
| F统计量的伴随概率 | 0.00000 | | | |

三是郏县，将农户种植大根萝卜的面积作为强度指标与各因素进行回归，方程整体(F统计量)的显著性为0.000，DW值为2.01，但是，拟合度仅有0.131，方程整体回归效果并不是很理想(见表9-9)。影响郏县农户参与专业项目初始强度的因素可分为两类，一是刚参与专业项目前的家庭总收入，系数为正，即家庭总收入每增加1元，农户参与专业项目的初始规模则增加0.000033公顷，可见影响非常微弱。二是农户的家庭决策环境，尤其是非农生产活动的决策。农户家庭决策环境对其参与专业项目初始程度的影响机理，

有待进一步研究。

**表 9-9 郏县农户参与专业项目初使强度的影响因素回归**

| 因素 | 系数 | 标准差 | t 统计量 | 显著性(Prob.) |
|---|---|---|---|---|
| 常数 | 1.589671 | 0.099814 | 15.926320 | 0.000000 |
| 刚参与专业项目前的家庭总收入(元/年) | 0.000033 | 0.000007 | 4.991982 | 0.000000 |
| 务工由子女决策 | -0.341402 | 0.145716 | -2.342928 | 0.019800 |
| 运输业由子女决策 | 0.976006 | 0.408718 | 2.387973 | 0.017600 |
| 做生意由丈夫决策 | 0.957704 | 0.336764 | 2.843841 | 0.004800 |
| 回归结果检测 | | | | |
| 决定系数 | 0.13144 | 被解释变量均值 | | 1.84167 |
| 校正决定系数 | 0.11916 | 被解释变量标准差 | | 1.21337 |
| 标准误差 | 1.13878 | 赤池信息准则 | | 3.11501 |
| 残差平方和 | 367.00190 | 施瓦茨信息准则 | | 3.17860 |
| 对数似然估计函数值 | -443.56080 | HQ 信息准则 | | 3.14049 |
| F 统计量 | 10.70654 | DW 统计量 | | 2.00588 |
| F 统计量的伴随概率 | 0.00000 | | | |



### (三)小结

首先，不同的产业，不同的推广模式，农户参与的速度是不同的，需要因地而异，因项目而异。但其共同的规律在于：①越接近专业项目扩散源的农户参与专业项目的速度越快；②越符合专业项目生产条件的农户参与专业项目的速度越快；③冒险性精神越强的农户参与专业项目的速度越快；④妇女在家庭决策中的地位深刻影响农户参与专业项目的速度。

其次，不同区域、不同专业项目的农户，具有不同的参与强度集中分布区间。农户参与专业项目的速度、农户的家庭资源禀赋、参与专业项目前的家庭收入水平、项目本身的推广模式均影响着农户参与专业项目的初始强度。其中，西峡县和郏县农户的家庭决策环境对其参与专业项目的初始强度影响最为深刻。封丘县农户的家庭资源禀赋，尤其是耕地资源对其参与专业项目的初始强度影响深刻。

虽然影响农户参与专业项目速度、强度的因素纷繁多样，不同因素的影响程度、影响方向各异，但无论是对于农户参与专业项目的速度还是初始强度，农户刚参与时的家庭收入水平对农户的生产决策均发挥着重要作用。

## 三、村域参与机制

专业项目仅有单个农户或少数农户参与，无法形成具有一定规模效应的农产品生产基地，以达到销售商、加工类企业等经济主体的参与门槛。在一般情况下，农业专业项目被引进后，农业企业家通过自身广泛的社会网络将信息扩散至其他农户，并通过一定的诱导机制使其参与进来。最先参与的农户，通过自身的社会网络将专业项目信息传播至更多的农户，促使更多的农业生产者参与进来，以此类推，逐渐形成区位商较高的农产品生产基地。无人为干扰的自由成功的扩散，是具有某方面同质性的农户根据比较优势原则，集体、同时、自行选择从事的结果。专业项目能够实现进一步扩散的原因在于，存在与已参与专业项目的行为主体相似的行为者，他们之间有着共同的需求门槛、风险偏好和满足专业项目生产的条件。短距离、小范围区域内的农户同质性一般较强，易于通过模仿实现专业项目的扩散，形成区域专业化生产态势。村庄，作为中国广大农区最为基础的组成单元，村庄内部不同农户间的农业生产条件、经济水平、风俗习惯等相似性较强。农户间存在邻里关系、族亲关系、姻缘关系、朋友关系等复杂错落的社会网络，个人与个人、个体与群体、群体与群体之间通过社会网络发生信息的传播，农户在此环境下的选择行为将受到其他农户选择的影响(李小建，2009)。



### (一)样本点选择及数据获取

为兼顾区域内各种不同类型村庄的专业化生产情况，本文采用分层抽样调查法，以扩散源为中心，在乡镇级层面选择扩散源所在的乡镇、扩散源所在乡镇的周边乡镇、非扩散源周边乡镇的其他任一乡镇。在村级层面，以乡镇区域内所有的村庄为调查对象。采用问卷调查法，由县政府负责人将问卷发放至各乡镇，由各乡镇负责人将其发放至村，最后，由村干部负责填写，并在问卷中备注“填写人”及“村支书”的姓名、常用联系方式(手机号码)，以备数据核查。通过问卷间比较、电话核查，最终获得封丘县 7 个乡镇(留光镇、冯村乡、赵岗镇、潘店镇、鲁岗乡、荆隆宫乡、黄德镇)中的 217 个村庄的树莓生产情况数据，郏县 6 个乡镇(冢头镇、安良镇、长桥镇、王集乡、白庙乡、堂街镇)中的 194 个村庄的大根萝卜生产历史情况数据和西峡县 15 个乡镇(除了太平镇的其他乡镇)中的 260 个村庄的基本情况及香菇发展历程。在具体指标方面，主要包括村域专业项目生产情况(参与的起始时间、生产规模等）、村域资源状况（劳动力、耕地等）、村域经济发展方式及水平（产业结构、经济总产值）等（见表 9-10）。

**表 9-10　主要数据指标**

| 县域 | 封丘县 | 西峡县 | 郏县 |
|---|---|---|---|
| 专业项目生产情况 | ①是否种植过树莓<br>②开始种植的时间及规模<br>③农户对树莓的态度 | ①种植香菇的起始时间<br>②不同年份的生产规模<br>③不同年份香菇产值占全村经济总产值的比重<br>④种植香菇之前户均收入水平<br>⑤生产条件（资金、技术、信息）获取方式 | ①有无种植过大根萝卜<br>②种植起始时间<br>③不同年份的种植规模 |
| 村庄资源状况 | ①全村劳动力资源量（总人口数、户数、劳动力数）<br>②村域行政总面积及耕地资源量、粮食种植面积等 | ①全村劳动力资源量（总人口数、户数、劳动力数）<br>②人口结构（高学历人数、致富能人数、科技能人数）<br>③村域行政总面积及耕地资源量、粮食种植面积等 | ①全村劳动力资源量（总人口数、户数、劳动力数）<br>②村域行政总面积及耕地资源量、粮食种植面积等<br>③土壤类型及其种植大根萝卜的适宜性 |
| 村域经济发展状况 | ①主导产业类型<br>②村域劳动力就业结构（务农人数、务工人数、做生意人数、在家兼业人数等）<br>③全村经济总收入、户均收入 | ①主导产业类型<br>②全村收入结构（农业、工业、商业、旅游业等）<br>③全村户均收入水平 | ①主导产业类型<br>②村域劳动力就业结构（务农人数、务工人数、做生意人数、在家兼业人数等）<br>③全村经济总收入、户均收入 |
| 其他 | | ①农户整体的创新性<br>②专业项目未来规划 | ①是否种植烟叶或其他经济作物<br>②退出种植大根萝卜普遍原因 |

## （二）结果分析

### 1. 地形的影响

地形泛指地块的海拔高度、坡度、坡向、坡位、坡形等。地形通过影响气温、降水等，不仅影响不同类型作物的空间分布（马克明，2002），更影响作物的品质（张小波，2009）。例如，闫慧敏（2007）以 10 年为时间尺度分析 20 世纪 80 年代到 90 年代中国农田生产力变化的空间格局特征发现，地形通过调节水热状况控制农田生态系统生产力变化的时空格局，随着地形起伏度增大，耕地生产力降低的概率增加。李小建（2004）对河南省巩义市吴沟村 482 块农田的调查表明，地形因子对山区农田人地系统投入产出特征具有重要影响：农田人工能量的投入与产出能量转换效率，具有随地块的高程增加而逐渐降低的特征。由于本文以县域为分析范围，以村庄为分析单元，村庄的坡位、坡向等复杂多样，因此本节中的地形主要是指村域平均海拔高程。

（1）封丘县地形对树莓生产基地分布的影响。

封丘县地处黄河滩区，地势平坦，海拔变化较小（65～73 米）。但由于封丘县濒临黄河，微小的海拔高程变化，则意味着不同的地质条件。黄河沿岸地区的乡镇，例如，位于黄河附近的李庄乡、尹岗乡土质偏沙，土壤含水量高，且碱性较大，不适宜种植树莓。荆隆宫乡，黄河大堤将其分为南北两种不同地形，大堤以南为黄河滩区，地势较高，土质为黏土，以小麦、玉米、花生、棉花、金银花等作物为主；大堤以北为背河洼地，土质盐碱性较重，以小麦和水稻为主。陈桥镇，土质为弱碱性，域内有沼泽地，区内水域、滩涂广阔，多数地区不适宜树莓生长。因此，从树莓村的空间分布来看，多位于距离黄河较远的北部乡镇（见图 9-1）。



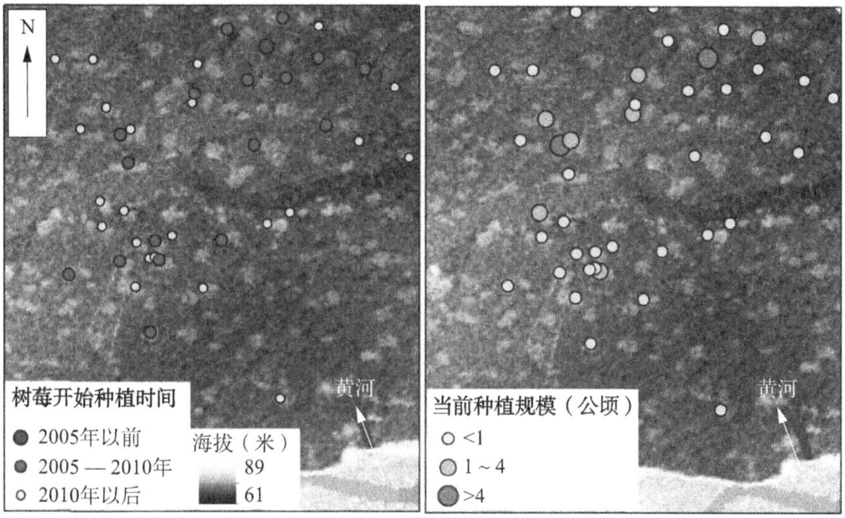


**图 9-1　封丘县树莓种植村分布及县域海拔**

（2）西峡县地形对香菇生产基地分布的影响。

西峡县位于深山区，整体呈西北高、东南低的倾斜状，海拔变化（181～2212.5 米）在三个样本县中最大。在海拔不同的区域，林木资源、矿藏资源不同。在海拔较低的东南地区，例如丹水镇、回车镇等，以丘陵、低缓坡地为主，森林覆盖率较低，居民点分布相对集中，空闲土地面积有限。又如田关乡刘岭村，行政总面积的96.3%为耕地。但此类乡镇亦具有比较优势，首先耕地资源较多，人均耕地面积在0.1公顷以上的样本村均分布于田关乡、丹水镇。其次，距离县城较近，交通方便。例如，五里桥镇多数村庄均位于县城区附近，五里桥村与县政府的距离仅为1.8千米。在北部高海拔深山区，林木资源丰富，空闲山地、荒坡较多，且居民点分布分散。在此环境下，农户在利用周围土地进行传统农业生产的同时，利用经济林(如山茱萸、天麻、油桐、生漆等)、矿产资源(脉金、砂金、石墨等)从事其他农业、工业生产活动，获取收入。但深山地区各乡镇亦具有比较劣势，首先，耕地资源有限且极其分散，例如西坪镇的下营村，人均耕地面积0.03公顷，耕地面积仅占全村行政总面积的0.02%。其次，受地势影响，道路盘山，交通不便。例如，距离县城最远的桑坪镇横岭村，其与县城的空间距离为55.5千米，交通距离为101.5千米。

海拔不同、地形差异较大的西峡县，因以林木资源为生产原料的香菇产业发展，而出现泾渭分明的"南北分异"格局。首先，从各村开始种植袋料香菇的时间来看，北部山区，尤其是位于深山区的各村，开始的时间一般较早，而东南部低海拔地区开始种植的时间普遍较晚。其次，从各村的初始参与规模来看，初始参与率在40%以上的村庄，绝大多数分布于北部高海拔深山区。最后，无论从当前(2012年)各村从事香菇生产的户数占全村总户数的比重，还是香菇产值占全村经济总产值的比重来看，高海拔深山区均为重点分布区域。因而，香菇专业化程度与海拔高度形成了鲜明一致的空间分布格局(见图9-2)。



(3)郏县地形对大根萝卜生产基地分布的影响。

郏县地势南北较高，中间较低，呈马鞍状，海拔变化较大(86~791米)。东南、西北部较高，例如，郏县海拔最高点(790.8米)位于北部的茨芭镇，该镇地势坡度为30度，耕地面积占行政区划总面积的70%，以烟叶和红薯为主要经济作物，经济林533.33公顷，是全国八大良种牛之一"郏县红牛"的主产区，属典型的浅山丘陵区。中部地区海拔较低，以平原和岗地为主，如冢头镇、长桥镇、王集乡、白庙乡海拔高程相近，海拔高度分别在98.2~133.1米、87.2~93.5米、97.7~108.9米、106.6~215.0米(河南省测绘局，2006)①。为便于灌溉，地势平坦、地形较为规整的区域更适宜大根萝卜的种

① 数据来源于河南省测绘局2006年绘制的《郏县地图》。

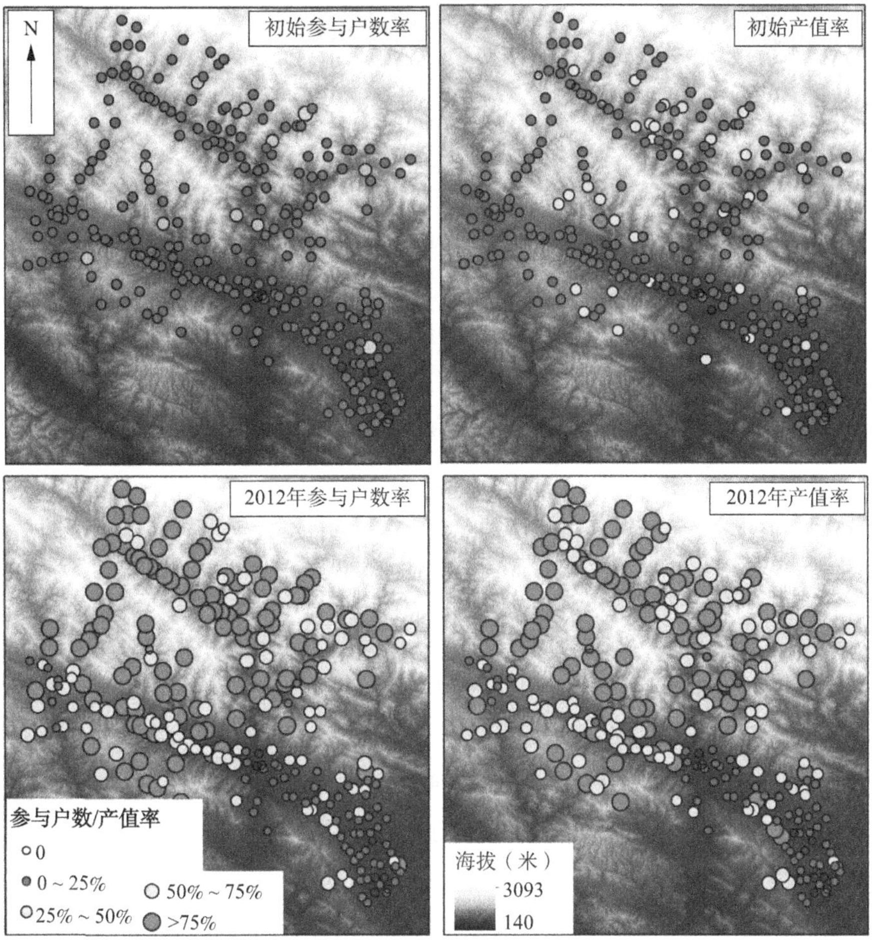


**图 9-2　西峡县香菇种植村与海拔**

注：图中仅包含样本村，并非西峡县全部村落。



植。由此看来，东南部、北部的乡镇显然不适宜。从现实情况来看，郏县大根萝卜种植村主要集中分布于中部海拔在 100 米左右的各乡镇。例如，前王庄村及其周围村庄(花刘村、王寨村、北三郎庙村)的海拔在 102.4 米，白庙乡各种植村的海拔在 106.6 米，长桥镇各参与种植大根萝卜的村庄海拔均在 90.0 米左右(见图 9-3)。

2. 交通的影响

交通道路对农业生产活动的影响深刻，早在杜能时期便将运费作为农业区位选择的决定性因素。随着我国农产品商品化率的提高，交通道路在克服

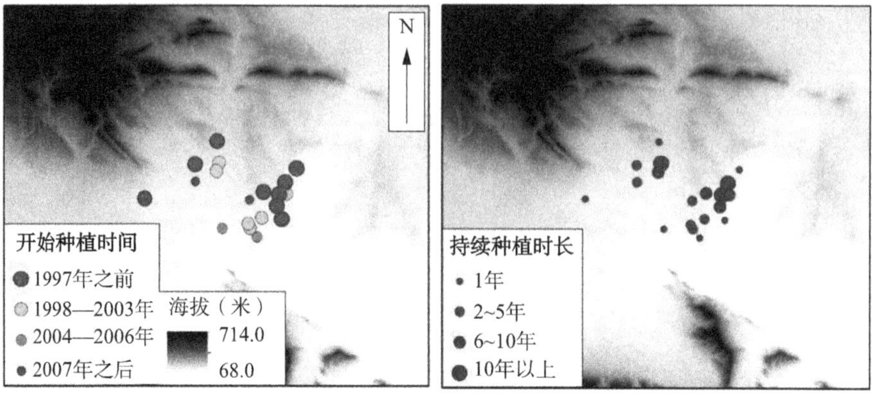


**图 9-3　郏县大根萝卜种植村与海拔**

农业生产地域性和农产品消费分散性带来的产—销地空间障碍方面起着决定性作用，它通过影响农产品流通时间、销售市场空间影响农产品的价格，进而左右农民的农业收入水平。为此，有学者提出，农业发展需要有一定水平的运输能力与之相适应，农村道路的发展也要与农业现代化发展程度相适应，加强农村公路网建设已成为促进现代农业发展的重要环节(张贵友，2008)。在农业产业区的形成过程中，初级农产品的生产由居住在不同村庄(各个村庄分散分布于区域内)的农户进行，最终通过交通运输网络汇集到交易市场、龙头加工企业。村庄区位不同，交通运输条件不同，将直接影响农产品的销售速度，甚至是知名度。从三县产业特征来看，封丘县的树莓为聚合性浆果，果实柔嫩多汁，不便存储与运输，因此，凡是种植树莓的村庄，均需要具备良好的交通条件。郏县的大根萝卜，单产重量高，且不宜磕碰，与销售点的距离及其交通状况，直接影响农户是否选择参与种植。西峡县香菇，虽然易于存储和运输，但目前，其主要生产原料——木屑，需从外省或地区购买，通达性较差的村庄，生产成本会受到一定程度的影响。



(1)封丘县交通状况对树莓生产基地分布的影响。

交通道路对封丘县各村是否参与树莓种植的影响明显。封丘县树莓种植村多围绕省级道路、县级道路分布，此类村庄占样本村总量的 43.3%。部分种植村围绕乡级公路分布，且存在以下两种类型，一是乡级道路从村中穿过，二是乡级道路绕村而过，此类村庄占样本村的 36.7%。而仅有 20%的样本村交通道路欠佳，但此类村庄种植规模普遍偏低，参与户数均不足 3 家，最少的为 1 家。从各村参与树莓种植的时间来看，开始时间较早的村庄以围绕高速公路和省道分布为主，例如，青堆村位于高速公路与省道的交叉口处，冯村乡、鲁岗乡各树莓种植村与省道的距离亦不足1千米。从不同种植规模的村庄分布来看，道路对其影响更为显著，种植规模较大的留光镇青堆村、南常岗村，冯村乡的东王村、西王村，鲁岗乡的赵刘横村以及赵岗镇的小辛庄，均位于省道、县级道路附近，交通十分便利(见图9-4)。

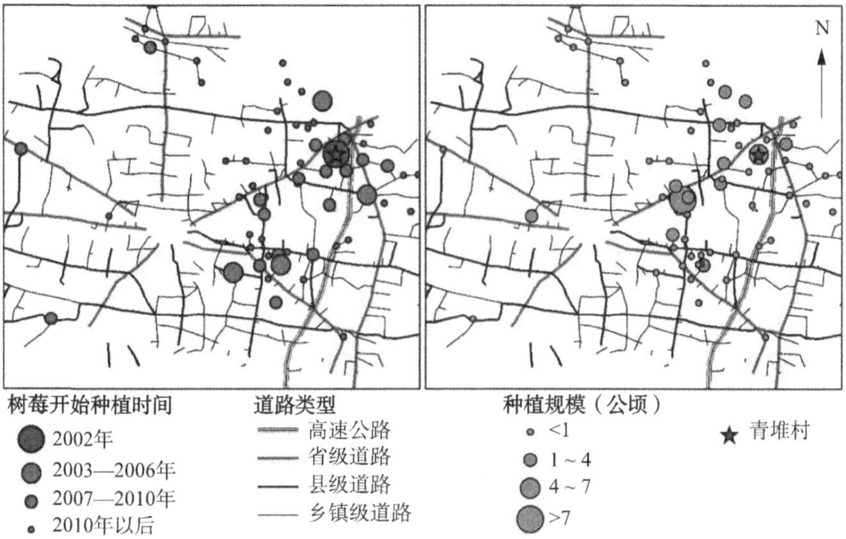


**图9-4　封丘县树莓种植村空间分布与交通道路示意**

注：此图只显示了2012年树莓种植村及其周边交通状况。

(2)郏县交通状况对大根萝卜生产基地分布的影响。

郏县各村种植大根萝卜的持续时间与其交通道路网络的空间分布关联性不大，但是，各村参与种植的时间与其空间分布关系密切。除扩散源前王庄村、北三郎庙村外，位于省道、高速公路出入口附近的村庄少有农户参与种植，即便参与，其时间也一般较晚，如冢头镇的北街村，长桥镇的石羊赵村、楼王村等，其距离省道不足500米，参与时间分别为2008年、2005年和2004年。位于乡道和村级道路上的村庄，参与时间较早，如长桥镇的花里赵村、冢头镇的焦村和纪村，其参与时间分别为1997年、1996年、1996年。这是因为各村的大根萝卜并不直接外销，而是以前王庄村为主，高速、省道的利用机会较少。位于高速公路、省道附近的村庄，则以商业经营为主，对费神劳力的大根萝卜兴趣不大。由此可见，产业的发展水平不同，农业生产活动类型不同，对不同级别交通道路网的依赖程度不同(见图9-5)。

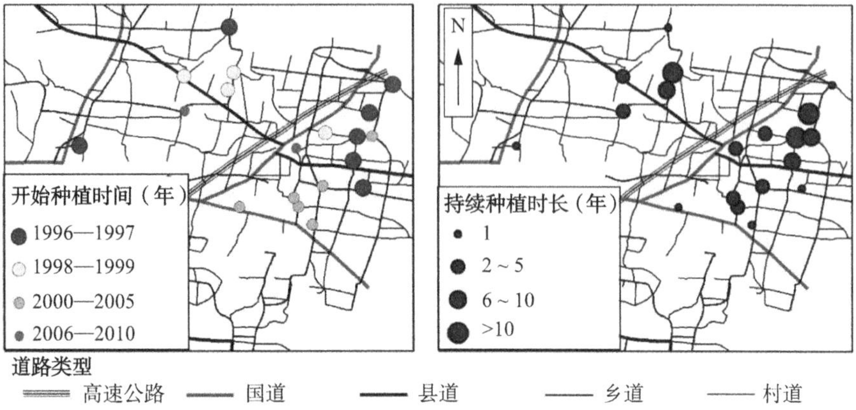


**图 9-5　郏县大根萝卜种植村空间分布与交通道路**

注：此图只显示了 2012 年调研时大根萝卜种植村及其周边交通状况。

（3）西峡县交通状况对香菇生产基地分布的影响。

从西峡县的情况来看，交通道路对该县香菇产业的发展举足轻重。最初，政府为了确保香菇产业的主导地位，全县实施集中连片发展模式，并以 312 国道沿线 8 个资源比较丰富的乡镇为发展重点。为便于管理、技术指导和产品销售，在区域布局上，主要是沿路或围绕市场，相对集中连片，规模发展。因此，袋料香菇开始种植时间最早的村庄，即 1996 年或在此之前村中便有袋料香菇种植户的村庄，集中分布在国道附近的数量占此类样本数的 47.1%，即使是香菇生产整体规模极低的东南部各乡镇也不例外。不仅如此，38.4%的此类样本村分布在县三级道路上。即在袋料香菇开始种植时间最早的村庄中，有 85.5%分布在国道及县三级道路周围，从而形成了“两极分化”的布局。但是，就各村第一年种植香菇时的香菇产值占全村经济总产值的比重（根据前文，又称“初始参与强度”）而言，国道附近村庄的初始参与强度普遍较低。



随着香菇产业的发展，西峡县各村，尤其是北部山区各村的香菇种植户数率普遍增加。2012 年，香菇种植户占全村总户数的比重（参与率）在 80%及以上的村庄占样本村总数的 37.7%，该类村庄集中分布在县一级、二级道路上，尤其是县一级道路附近。国道、高速公路、县三级道路附近的村庄，香菇种植户数率并不高，尤其是东南部各乡镇。就 2012 年各村香菇产值占全村经济总产值的比重而言，比重在 80%以上的村庄，同样集中分布于县一级、二级道路上。此外，直接与县一级道路相通的县三级道路附近，香菇产值比重在 80%以上的村庄较多。由此可见，国道、高速公路对农产品生产基地形成的直接作用有限，其更多的是打通县域经济与外界市场的对接。区域内的县级交通道路网更贴近农户生产与生活，利用频率较高，对香菇产业的发展作用也更为明显(见图 9-6)。

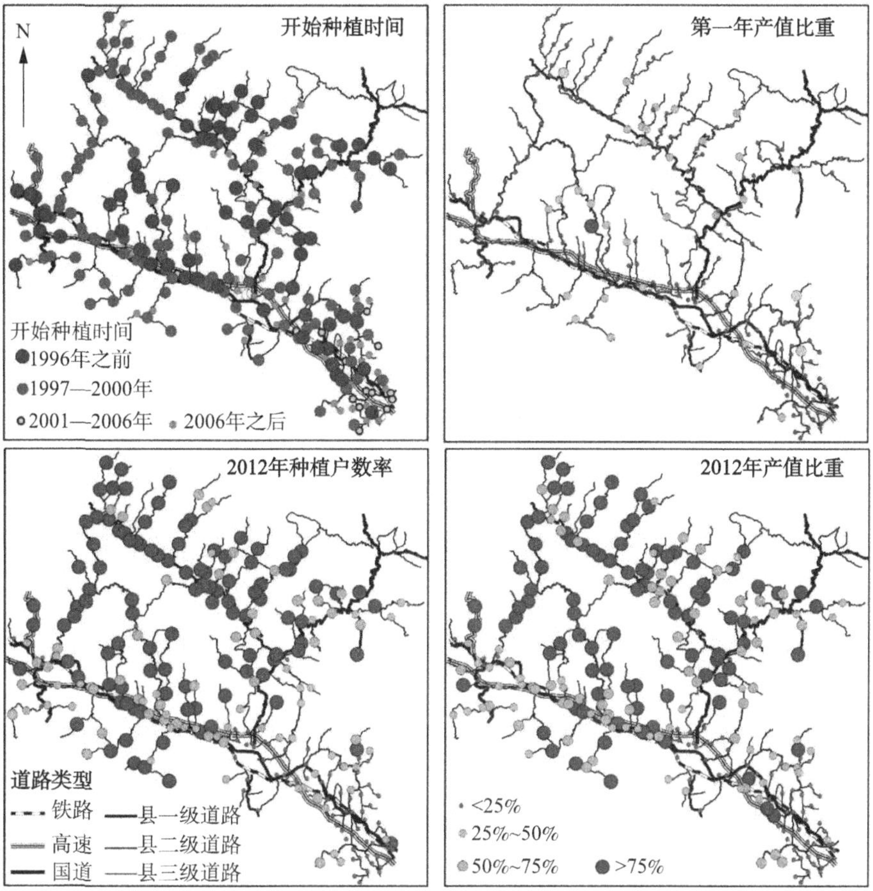


**图 9-6　西峡县香菇种植村空间分布与交通道路**

注：此图只显示了 2012 年部分香菇种植村及其周边交通状况，图中村、交通不代表 2022 年的状况。



3. 与扩散源距离的影响

与扩散源的距离是影响专业项目空间扩散的重要因素，各村距离扩散源的远近不同，将直接影响其对专业项目信息的了解速度与深度，进而影响其是否参与、何时参与以及参与程度。由于西峡县香菇产业的发展是在政府大力推动下的“面式扩散”，生产信息、技术多为政府组织下的有序扩散，且扩散点源较多，不具有自发性。因此，在此仅对封丘县树莓产业和郏县大根萝卜产业进行分析。

(1)对各村是否参与专业项目的影响。

将各村是否种植与扩散源的距离进行 Logistic 回归分析。在封丘县样本村中，树莓种植村为 59 个，未参与树莓种植的村数为 158 个。在郏县样本村中，曾经种植过大根萝卜的村庄为 18 个，未参与过种植的为 176 个，在自由度为 1、置信度为 95%的情况下，卡方临界值为 3.84，而二者的卡方检验值分别为 18.545、21.244，均大于 3.84，方程回归通过卡方检验。而在模型摘要中，给出最大似然平方的对数、Cox & Snell 拟合优度值以及 Nagelkerke 拟合优度值。最大似然平方对数值用于检验模型的整体性拟合效果，该值在理论上服从卡方分布，上面给出的卡方临界值为 3.84，封丘县和郏县的最大似然平方对数值分别为 235.401 和 98.621，均大于临界值，因此，最大似然对数值检验通过(见表 9-11)。



**表 9-11　模型摘要**

| 县域 | 最大似然平方对数值 | Cox & Snell 拟合优度值 | Nagelkerke 拟合优度值 |
|---|---|---|---|
| 封丘县 | 235.40119150 | 0.081910096 | 0.118759657 |
| 郏县 | 98.62101357 | 0.103723392 | 0.225043290 |

在封丘县样本村中，树莓种植村为 59 个，未参与树莓种植的村数为 158 个，总体预测正确率为 72.8%，模型效果良好。在郏县样本村中，曾经种植过大根萝卜的村庄为 18 个，未参与过种植的为 176 个，总体预测正确率为 90.7%，模型效果很好。

最终，在自由度为 1 的情况下，距离对各村是否参与专业项目的影响均显著，影响系数分别为-0.092、-0.264，即封丘县各村与青堆村的距离每增加 1 千米，则其参与树莓种植的可能性就会降低 0.092，郏县各村与前王庄村的距离每增加 1 千米，则其参与大根萝卜种植的可能性就会降低 0.264(见表 9-12)。总之，与扩散源的距离对各村参与专业项目的影响为负，距离越远，参与专业项目的可能性越低，且郏县(接触式扩散)各村对距离的敏感度较封丘县(通道式扩散)更强。

**表 9-12　最终方程中的变量**

| 县域 | 指标 | 系数值 | 标准误 | 卡方值 | 自由度 | $p$ 值 | OR 值 |
|---|---|---|---|---|---|---|---|
| 封丘县 | 与青堆村的距离(千米) | -0. 092050 | 0. 024974 | 13. 58660 | 1 | 0. 000228 | 0. 912055 |
| | 常数 | 0. 087003 | 0. 300340 | 0. 08392 | 1 | 0. 772060 | 1. 090900 |
| 郏县 | 与前王庄村的距离(千米) | -0. 264240 | 0. 069536 | 14. 44030 | 1 | 0. 000145 | 0. 767789 |
| | 常数 | -0. 199240 | 0. 483717 | 0. 16966 | 1 | 0. 680414 | 0. 819351 |

(2)对各村参与专业项目时间的影响。

相关分析发现，封丘县各村开始种植树莓的时间和其与青堆村的距离的相关系数为-0. 268**，郏县各村开始种植大根萝卜的时间和其与前王庄村的距离的相关系数为-0. 341**。设距离为自变量 $x$，采用参与专业项目的时间年数为因变量 $y$，则一元线性回归模型的方差分析结果(见表 9-13)表明，$p$ 值大于 0. 05，封丘县的解释度仅为 87. 75%，郏县的解释度仅为 32. 39%，拟合度欠佳。

**表 9-13　方差检验**

| 模型 | | 平方和 | 自由度 | 均方差 | F 统计值 | $p$ 值 |
|---|---|---|---|---|---|---|
| 封丘县 | 回归 | 7. 205763590 | 1 | 7. 205763590 | 2. 4579904 | 0. 122463580 |
| | 残差 | 167. 099321200 | 57 | 2. 931567038 | | |
| | 总计 | 174. 305084700 | 58 | | | |
| 郏县 | 回归 | 3. 492036382 | 1 | 3. 492036382 | 0. 1811058 | 0. 676093599 |
| | 残差 | 308. 507963600 | 16 | 19. 281747730 | | |
| | 总计 | 312 | 17 | | | |

由回归计算出来的各方程系数(见表 9-14)可知，封丘县各村与青堆村的距离每增加 1 千米，其开始种植树莓的时间将延迟 0. 06 年，郏县各村与前王庄村的距离每增加 1 千米，其开始种植大根萝卜的时间将延迟 0. 12 年，较封丘县更为显著。但是，由于封丘县树莓处于起步节点，郏县大根萝卜扩散范围较小，参与种植的村数有限，因而样本量偏少，这可能是导致方程整体解释能力较弱的关键。

**表 9-14 回归计算过程中各方程系数**

| 模型 | | 非标准化系数 | | 标准化系数 | t 值 | $p$ 值 |
|---|---|---|---|---|---|---|
| | | 系数值 | 标准误 | 系数值 | | |
| 封丘县 | 常数 | 8.27084 | 0.42086 | | 19.65238 | 0.00000 |
| | 与青堆村的距离(千米) | 0.05966 | 0.03805 | 0.20332 | 1.56780 | 0.12246 |
| 郏县 | 常数 | 5.03777 | 1.80418 | | 2.79227 | 0.01305 |
| | 与前王庄村的距离(千米) | 0.11729 | 0.27561 | 0.10579 | 0.42557 | 0.67609 |

(3)对各村参与强度及持续时间的影响。

封丘县各村树莓种植规模和与青堆村的距离的相关系数为-0.154*，郏县各村持续种植大根萝卜的时间和与前王庄村的距离的相关系数为-0.292**。设距离为自变量 $x$，种植规模、持续的年数为因变量 $y$，则一元线性回归模型的方差分析结果(见表 9-15)表明，Sig. 分别为 0.02、0.00，均小于 0.05，说明方程回归效果良好。

**表 9-15 方差检验**

| 模型 | | 平方和 | 自由度 | 均方差 | F 统计值 | $p$ 值 |
|---|---|---|---|---|---|---|
| 封丘县各村种植规模 | 回归 | 758.05 | 1.00000 | 758.05327 | 5.16088 | 0.02410 |
| | 残差 | 31286.40 | 213.00000 | 146.88452 | | |
| | 总计 | 32044.45 | 214.00000 | 904.93779 | | |
| 郏县持续种植的时间 | 回归 | 60.130 | 1.00000 | 60.130 | 17.769 | 0.00001 |
| | 残差 | 646.347 | 191.00000 | 3.384 | | |
| | 总计 | 706.477 | 192.00000 | 63.514 | | |



由回归计算出来的各方程系数(见表 9-16)可知，封丘县各村与青堆村的距离每增加 1 千米，其种植规模将减少 0.21 公顷，郏县各村与前王庄村的距离每增加 1 千米，其持续种植大根萝卜的时间将缩减 0.106 年。由此可见，即便是在交通运输条件较为发达的今天，距离因素仍是影响农业专业项目扩散、农产品生产基地形成的重要因素。

**表 9-16 回归计算过程中各方程系数**

| 模型 | | 非标准化系数 | | 标准化系数 | t 值 | $p$ 值 |
|---|---|---|---|---|---|---|
| | | 系数值 | 标准误 | 系数值 | | |
| 封丘县各村种植规模 | 常数 | 5.61 | 1.48563 | | 3.77498 | 0.00021 |
| | 与青堆村的距离(千米) | -0.21 | 0.09257 | -0.15381 | -2.27176 | 0.02410 |

续表

| 模型 | | 非标准化系数 | | 标准化系数 | t值 | p值 |
|---|---|---|---|---|---|---|
| | | 系数值 | 标准误 | 系数值 | | |
| 郏县持续种植的时间 | 常数 | 1.514 | 0.295 | | 5.137 | 0.00000 |
| | 与前王庄村的距离(千米) | -0.106 | 0.025 | -0.292 | -4.215 | 0.00004 |

4. 村域资源条件的影响

相对于英美发达国家，我国的比较优势在于拥有大量廉价劳动力，尤其是在广大农区，随着农业生产技术的不断进步，农村出现了大量的剩余劳动力。因此，发展机械动力无法取代的高产值劳动密集型产业，成为我国农业经济发展的出路之一(黄宗智，2010)。案例项目——树莓、葡萄、香菇、大根萝卜均属于劳动密集型产业。因此，村域人力资源禀赋必然影响其参与专业项目的时间以及当前的生产规模。此外，村域耕地规模、土壤类型不同，将直接影响作物类型的空间分布。那么，人力、耕地等资源禀赋对村域专业项目生产活动的影响是怎样的呢?

首先，耕地资源的影响。从西峡县香菇产业来看，各村开始种植香菇的时间距离1996年的年数(又称“参与速度”)受本村耕地总面积、耕地面积占行政总面积的比重(比重越大，说明闲散空地的面积越小，反之则越大)、人均耕地面积和劳动力结构(文化结构中的高中以上学历人数、自主发展能力结构中的本村致富能人数量)等因素的影响显著，各个因子的显著性均在0.05以下，方程拟合度为0.33，DW值为2.13，且F统计量显著性较高。在耕地资源方面，耕地面积每增加1公顷，袋料香菇扩散至本村的时间将提前0.02年，影响微弱。但耕地面积占本村行政总面积的比例每增加1个百分点，袋料香菇扩散至本村的时间可推迟7.89年，影响较大。人均耕地面积每增加1公顷，袋料香菇扩散至本村的时间将推迟60.50年(此分析仅基于理论层面，一般情况下，在现实中很难实现)。这是由于香菇生产不利用耕地，凡是树荫地、荒山坡地等闲置土地均可使用。在山区，粮食产量低，且耕地资源有限，在闲散土地较少的地区，农户不轻易废弃耕地而发展香菇，因而本文得出如此结论。



其次，人力资源的影响。西峡县案例分析发现，高中以上学历人数越多，越有利于加快袋料香菇扩散至本村的速度，此类人数每增加1人，袋料香菇扩散至本村的时间将提前0.002年。这是由于农户学历越高，对新专业项目技术的掌握速度越快，从而越有利于专业项目的推广。由此可见，农村高质量的劳动力对农业现代化建设的重要性。但是，本村致富能人越多，越不利于袋料香菇种植技术在本村的扩散速度。本村致富能人数每增加 1 人，袋料香菇扩散至本村的时间将推迟 0.005 年。所谓能人，是指那些在农村组织并开展生产和交易等各种经营活动、以劳动或投资致富的群体（符钢战，2007）。所以，此类农户越多，村域经济非农成分一般也越多，越不利于农业专业项目的推广（见表 9-17）。

**表 9-17　西峡县各村香菇种植扩散速度与资源禀赋的回归**

| 变量 | 系数 | 标准差 | t 统计量 | 显著性（Prob.） |
|---|---|---|---|---|
| 常数 | 0.51479 | 0.46519 | 1.10661 | 0.26960 |
| 耕地面积（公顷） | -0.02136 | 0.00657 | -3.25115 | 0.00130 |
| 耕地面积占行政总面积的比重（%） | 7.89039 | 1.17025 | 6.74248 | 0.00000 |
| 人均耕地面积（公顷） | 60.49697 | 11.49564 | 5.26260 | 0.00000 |
| 高中以上学历人数（人） | -0.00210 | 0.00105 | -1.98749 | 0.04800 |
| 本村致富能人数（人） | 0.00511 | 0.00228 | 2.24057 | 0.02600 |
| 回归结果检测 | | | | |
| 决定系数 | 0.32801 | 被解释变量均值 | | 2.99170 |
| 校正决定系数 | 0.31371 | 被解释变量标准差 | | 3.67309 |
| 标准误差 | 3.04289 | 赤池信息准则 | | 5.08807 |
| 残差平方和 | 2175.90200 | 施瓦茨信息准则 | | 5.17483 |
| 对数似然估计函数值 | -607.11260 | HQ 信息准则 | | 5.12302 |
| F 统计量 | 22.94122 | DW 统计量 | | 2.12911 |
| F 统计量的伴随概率 | 0.00000 | | | |



就 2013 年西峡县各村香菇种植户数率与其资源禀赋的关系来看，全村总户数（亦可代指人口规模）越多的村庄，2013 年的香菇种植户数率越小。即村庄总户数每增加 1 户，村域香菇种植户数率将缩减 0.0005 个百分点（见表 9-18）。这是由于西峡县人口规模越大的村庄（行政村），自然村数越少，居民点分布越趋于集中，户均空闲林地面积越少，越不利于香菇的生产。耕地面积占行政总面积的比重每增加 1 个百分点，香菇种植户数率将减少 0.57 个百分点。此原因同前，耕地面积比重越大，空闲林地越少，林木资源、树荫坡地越少，在农户尚不能接受利用耕地放置香菇大棚的情况下，香菇生产空间有限，因此，不利于袋料香菇的生产。同样的道理，人均耕地面积、耕地总

面积越多的村庄，同样不利于袋料香菇产业的发展。此外，人均耕地较多的村庄，多分布于西峡县东南部各乡镇，该类乡镇传统的农业生产活动为烟叶种植，近年来在政府的倡导下开始发展猕猴桃产业。由于香菇生产无须耕地，因此，耕地资源对西峡县香菇生产的扩散起着阻碍作用。

就封丘县树莓产业而言，耕地资源却起着一定的作用。将各村树莓种植的年数与全村耕地总面积进行线性相关分析发现，二者呈正相关(0.109**)，这说明耕地面积越多的村庄，树莓种植年数越长，且规模越大。

**表 9-18　2013 年西峡县各村香菇种植户数率与资源禀赋的回归结果**

| 变量 | 系数 | 标准差 | t 统计量 | 显著性(Prob.) |
|---|---|---|---|---|
| 常数 | 0.979864 | 0.053833 | 18.201760 | 0.000000 |
| 全村总户数(户) | -0.000457 | 0.000112 | -4.067665 | 0.000100 |
| 耕地总面积(公顷) | -0.001546 | 0.000710 | -2.178095 | 0.030300 |
| 耕地面积占行政总面积的比重(%) | -0.568269 | 0.094826 | -5.992736 | 0.000000 |
| 人均耕地面积(公顷) | -6.319348 | 1.140498 | -5.540865 | 0.000000 |
| 回归结果检测 | | | | |
| 决定系数 | 0.412233 | 被解释变量均值 | | 0.531281 |
| 校正决定系数 | 0.402866 | 被解释变量标准差 | | 0.329880 |
| 标准误差 | 0.254913 | 赤池信息准则 | | 0.123548 |
| 残差平方和 | 16.310130 | 施瓦茨信息准则 | | 0.192790 |
| 对数似然估计函数值 | -10.814200 | HQ 信息准则 | | 0.151397 |
| F 统计量 | 44.009960 | DW 统计量 | | 1.235409 |
| F 统计量的伴随概率 | 0.000000 | | | |

就郏县而言，各村是否参与种植大根萝卜、何时参与以及参与规模等与该村土壤是否适宜种植大根萝卜具有明显的相关性。将各村是否参与种植(虚拟变量，是为 1，否为 0)、参与时间以及持续时间作为因变量 $y$，将该村土壤是否适宜种植大根萝卜作为自变量 $x$(适宜为 1，不适宜为 0)，进行线性相关分析发现，三者的相关系数分别为 0.546**、0.525** 和 0.351**。

由此可见，无论是人口规模，还是耕地及其性状，均深刻影响着专业项目的实施状况。但对于不同的生产项目而言，其影响方向及程度不同。

5. 村域经济发展水平与产业结构的影响

(1)专业项目一般分布在经济发展水平相近的区域内。

案例分析证实，封丘县树莓种植现象主要分布在经济发展水平相近的乡镇内。生产总值代表经济的整体发展水平，经济整体发展水平越相近，其对同一专业项目的接受程度越相似。据此推断，树莓种植村应分布于生产总值相近的乡镇。黄德镇、赵岗镇、冯村乡、留光镇、鲁岗乡是封丘县树莓种植村分布最多的乡镇，参与树莓种植的村数分别为 8 个、13 个、10 个、12 个和 13 个，其乡镇经济生产总值分别为 18886 万元、19364 万元、14970 万元、24587 万元和 22711 万元。可见，除冯村乡略低、留光镇略高外，其他乡镇的经济生产总值十分接近 20000 万元。整体而言，89.1%的树莓种植村集中分布于生产总值在 20000 万元左右的乡镇内。从各乡镇工业生产总值空间分布来看，规律性更为明显，黄德镇、赵岗镇、冯村乡、留光镇、潘店镇、鲁岗乡、曹岗乡、荆隆宫乡，其工业生产总值分别为 7412 万元、12965 万元、9824 万元、13914 万元、12605 万元、10317 万元、12747 万元、10611 万元。同样，除黄德镇略低、留光镇略高外，其他乡镇的工业生产总值均在 10000 万元左右。而在此类乡镇中分布着全县 95.3%的树莓种植村(见图 9-7)。

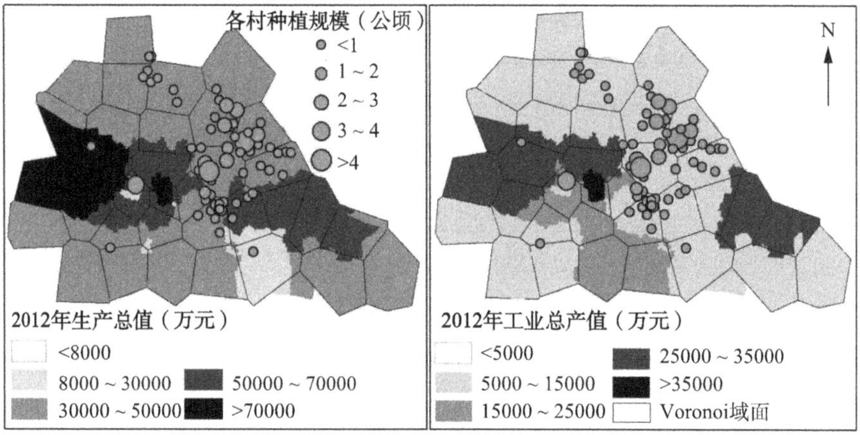


**图 9-7　2012 年封丘县工农业产值及树莓种植村生产规模**

郏县大根萝卜的种植现象同样主要分布在经济发展水平相近的乡镇内。以曾经参与种植村数最多的一年——2002 年为例，首先，就各乡镇工业总产值而言，曾经种植过大根萝卜的村庄集中分布于冢头镇与白庙乡，当年，二者的工业总产值均在亿元以下，分别为 9552 万元、4091 万元。其他乡镇，如距离冢头镇较近的长桥镇、安良镇、王集乡的工业生产总值较高，分别为 41036 万元、44549 万元、21336 万元，分别是冢头镇工业总产值的 4 倍、4 倍、2 倍，前两者更是白庙乡的十余倍。2002 年，三者均没有参与种植的村庄。其次，就各乡镇农民人均纯收入而言，同样以 2002 年为例，白庙乡、冢头镇的农民人均纯收入均不足 1000 元，分别为 938 元、857 元，相差不足 100 元(见图 9-8)。

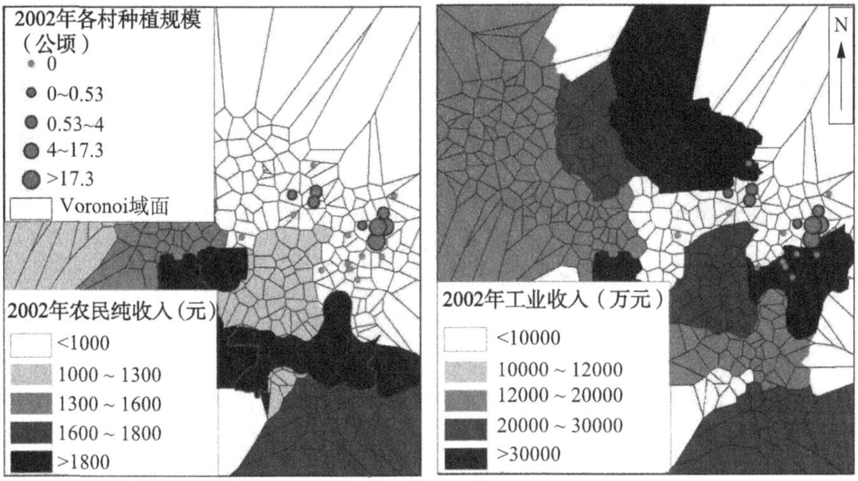


**图 9-8　2002 年郏县工农业产值及大根萝卜种植村生产规模**

(2)产业项目分布在产业结构相似的区域内。

首先，人均农业总产值较高的乡镇香菇种植户数率高。2012 年，西峡县人均农业总产值较高的乡镇多分布于北部区域，如丁河镇、重阳镇、寨根乡、米坪镇、二郎坪镇以及东南部的田关乡、阳城镇。该类地区是 2012 年香菇种植户数率较高村庄的集中分布区域。西峡县城区附近的乡镇，人均农业产值较低，如五里桥镇、回车镇、丹水镇，人均农业产值分别为 5985. 4 元、8627. 1 元、7663. 4 元。其次，人均工业总产值越高的乡镇，香菇种植户数率越低。位于西峡县城区附近的五里桥镇、回车镇、丹水镇以及阳城镇的人均工业产值较其他乡镇高，分别为 4. 18 万元、6. 98 万元、2. 45 万元、3. 45 万元，而户均香菇产值(全县最高为 1822. 70 千克，最低为 163. 93 千克)较低，分别为 163. 93 千克、221. 32 千克、194. 69 千克和 227. 10 千克，此类地区各村的香菇种植户数率普遍较低。最后，烟叶、猕猴桃等作物种植率越高的乡镇，香菇种植户数率越低。由于东南部各乡镇地势平坦，耕地面积分布较为集中，较为适宜大田作物的种植。其中，烟叶是西峡县东南部各乡镇的传统产业，随着近年来烟叶价格不断攀升，种植规模一直较大。西峡县烟叶种植集中分布于五里桥镇、回车镇、丹水镇、田关乡和阳城镇等东南部各乡镇，而受地形及土质影响，该县北部山区则无法种植。此外，随着环保意识的增强，菌材成本的增加，西峡县政府计划逐步将该县农业的三大主导产业“菌果药”(菌菇、猕猴桃、山茱萸)调整为“果菌药”，即开始重视猕猴桃产业的发展。东南部各乡镇林木资源欠缺，但丘陵耕田丰富，十分适宜猕猴桃的规模化种植。此类地区也积极响应政府号召，猕猴桃种植规模普遍高于北部各乡镇。总之，香菇产值率高的区域，工业产值一般较低，烟叶和猕猴桃种植规模一般较小，从而在空间上形成了鲜明对比(见图 9-9)。

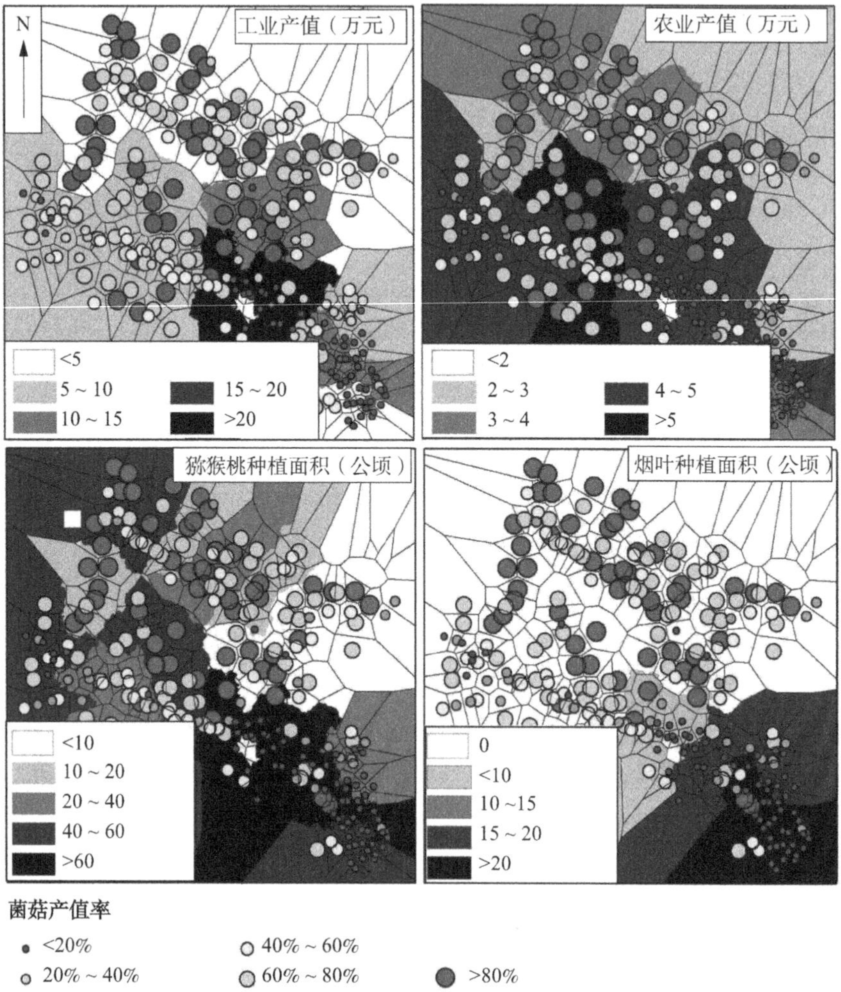


**图 9-9　西峡县各乡镇经济生产活动及各村香菇生产情况**



6. 户均收入水平及生产习惯的影响

(1)户均收入水平的影响。

专业项目的参与是农户在权衡专业项目收入与家庭目前所能从事的专业项目收入之后，选择具有比较优势产业的结果。若农户家庭当前的收入大于从事专业项目后的收入，在不考虑其他因素的影响下，其一般不会选择从事专业项目。因此，参与专业项目之前，农户家庭收入水平越高的农户，参与专业项目的速度越慢。那么，对于村域整体而言，是否也是如此呢？由于封丘县树莓产业处于发展初期，多数样本村尚未从专业项目中获得收入，而郏县大根萝卜产业仅作为副业，占农户家庭收入的比重较低，因此均不能作为回答此问题的理想案例。因此，再次选取西峡县作为样本进行分析。

将村庄参与专业项目的时间与此时间前一年的村域整体户均收入水平进行回归发现（见表 9-19），回归因子显著性均较高，且 DW 值为 1.7，虽然方程拟合度仅为 0.06，但方程整体显著（Sig. = 0.00006），某种程度上具有一定的解释力。由其回归系数可知，户均收入每增加 1 元，该村种植袋料香菇的时间将推迟 0.00007 年，将此结果放大 1 万倍，若户均收入每增加 10000 元，该村种植袋料香菇的时间将推迟 0.7 年。即户均收入越高，参与种植袋料香菇的时间越晚。以重阳镇香坊村（西峡县最早试验种植袋料香菇成功的水峡河村与该村相邻）钟氏农户为例，在最初发展袋料香菇时，钟与其妻子在外地做生意，年收入 1 万元左右，而当时夫妻二人种植香菇的收入不足万元，钟不愿意种植香菇，理由是“太累、不如做生意挣钱”。之后，随着香菇市场的稳定，种植技术的进步，劳动量的减少，以及外面生意的不景气，钟转行搞建筑后，选择让其妻子种植袋料香菇。推而广之，众多单个农户基于收益门槛的决策行为最终影响了村域整体的产业结构：户均收入水平越高，参与种植的时间越晚。



**表 9-19　户均收入水平与参与时间的回归分析**

| 变量 | 系数 | 标准差 | t 统计量 | 显著性（Prob.） |
|---|---|---|---|---|
| 常数 | 1998.36700 | 0.24813 | 8053.60300 | 0.00000 |
| 收入（元） | 0.00007 | 0.00002 | 4.09834 | 0.00010 |
| 回归结果检验 | | | | |
| 决定系数 | 0.06226 | 被解释变量均值 | | 1998.70600 |
| 校正决定系数 | 0.05855 | 被解释变量标准差 | | 3.85001 |
| 标准误差 | 3.73561 | 赤池信息准则 | | 5.48151 |
| 残差平方和 | 3530.55200 | 施瓦茨信息准则 | | 5.50928 |
| 对数似然估计函数值 | -696.89240 | HQ 信息准则 | | 5.49268 |
| F 统计量 | 16.79638 | DW 统计量 | | 1.70445 |
| F 统计量的伴随概率 | 0.00006 | | | |

(2)生产习惯的影响。

任何一项新产业的植入，均受当地社会、经济以及文化风俗等多种原有环境的影响和制约。农业专业项目的扩散也不例外，除了作物本身性质(产量、品质及抗病性)和农户自身因素(经济收入、个人见识、人际网络)外，扩散区域的资源禀赋、经济发展水平、原有的种植习惯及人文环境等亦发挥着重要作用(时宽玉，2008)。尤其是随着信息科技的发展及时间距离的缩短，接受地的各种环境对扩散模式的影响越来越大(Richard，1990)。那么，本文结论是否如此呢?

农户在选择一种新的作物品种时，往往主要根据自己的社会经验、经济条件以及对品种特性的了解进行(Horna J D，2007)。其中，社会经验是农户长年在日常生产、生活中所体会出的认识。因此，其是否接受一项新的生产项目，受原有农业生产习惯的深刻影响，与其生产习惯差异越大的专业项目，被接受的速度和程度一般越慢。在《创新的扩散》一书中，罗杰斯称此为创新的“相容性”，它是指创新(本书中的创新就是新的农业专业项目)与现有的价值观、以往的各种实践经验以及潜在采纳者的需求相一致的程度。相容性与该创新的采纳率呈正比关系，即相容性越强，被采纳的速度越快(Rogers，1995)。那么，在当前我国的中部传统农区中，此结论是否成立呢?



西峡县在大范围推广袋料香菇种植技术之前，早在改革开放初期就已经出现了木耳、椴木香菇等食用菌的种植现象，只是仅有极少数山区农户零星种植，且多是为了自身食用。之后，随着湖北、浙江等我国南方食用菌生产者的进入，西峡县的食用菌种植现象逐渐增多，尤其是椴木香菇的生产已成为山区耕地少、经济收入微薄类农户的重要经济来源。直至 1996 年，全县转向袋料香菇的生产，椴木香菇比较优势下降，并在 1998 年被强制全面退出。椴木香菇和袋料香菇的生产具有很多相似性，一是二者同属菌类；二是在生产过程中，二者均需大量的林木资源；三是二者都能为农户带来大量的经济收入。那么，椴木香菇种植历史对西峡县各村参与袋料香菇种植的影响有多大呢? 将各村开始种植椴木香菇的时间与开始种植袋料香菇的时间(直接采用年份，如 1998、2006 等)进行回归发现(见表 9-20)，方程拟合度为 0.5，DW 值为 2.12，且回归方程整体显著。由方程系数值可知，椴木香菇开始种植的时间每推迟 1 年，则袋料香菇种植的时间将推迟 0.46 年，即椴木香菇开始种植的时间越早，袋料香菇开始种植的时间也越早。由此可见，生产习惯确实对农户参与专业项目有着显著的影响。

表 9-20　椴木香菇种植时间的影响

| 变量 | 系数 | 标准差 | t 统计量 | 显著性(Prob.) |
|---|---|---|---|---|
| 常数 | 1086.47900 | 57.21251 | 18.99023 | 0.00000 |
| 椴木香菇开始种植的时间 | 0.45767 | 0.02870 | 15.94461 | 0.00000 |
| 回归结果检测 | | | | |
| 决定系数 | 0.50121 | 被解释变量均值 | | 1998.70600 |
| 校正决定系数 | 0.49924 | 被解释变量标准差 | | 3.85001 |
| 标准误差 | 2.72443 | 赤池信息准则 | | 4.85021 |
| 残差平方和 | 1877.90300 | 施瓦茨信息准则 | | 4.87799 |
| 对数似然估计函数值 | -616.40190 | HQ 信息准则 | | 4.86138 |
| F 统计量 | 254.23070 | DW 统计量 | | 2.12210 |
| F 统计量的伴随概率 | | | | |

## (三)小结

选取封丘县 7 个乡镇的 217 个村庄、郏县 6 个乡镇的 194 个村庄和西峡县 15 个乡镇的 260 个村庄为分析对象，以村域整体专业化的生产情况为分析内容，主要回答了各村参与专业项目的时间、速度和规模的影响因素。



第一，分析了以海拔高度为衡量指标的地形因素对农产品生产基地空间分布的影响。结果如下：地势平坦的封丘县，海拔高度的微小变化对树莓生产基地空间分布的影响明显；马鞍状地形的郏县，大根萝卜种植基地多分布在海拔高度相似的乡镇；深山区的西峡县，香菇基地多分布在海拔较高的乡镇，而海拔较低的东南丘陵地带香菇种植基地少。总之，海拔相似的地区专业项目生产率一般相近。

第二，分析了道路交通对农产品生产基地空间分布的影响。结果如下：不同的农业专业项目受不同级别的道路影响不同，封丘县树莓对运输条件要求较高，生产基地多分布在道路级别较高的交通线路附近；郏县大根萝卜不直接外销，与交通道路网络的空间分布关联性不大，但村域到大根萝卜收购点的交通影响更为显著；西峡县香菇生产基地多分布在县二级、三级道路附近，即村域间道路交通状况对香菇生产的影响更大。此发现说明，交通道路对农业项目的区域化发展影响显著，但不同项目对不同级别或类型的道路需求不同。

第三，分析了村域专业化程度受其与扩散源距离的影响。结果如下：与扩散源距离越远的村庄，参与专业项目的可能性越低，参与专业项目的时间越晚，参与的规模越小，持续参与的时间越短。此发现说明，扩散源的空间区位对整个农业产业区的形成起着至关重要的作用。

第四，分析了资源禀赋、区域经济发展水平与产业结构、户均收入水平以及生产习惯等社会经济因素对农产品生产基地的影响。同一资源禀赋对不同农业专业项目的影响不同，例如，耕地不利于西峡县香菇生产基地的形成，但有利于封丘县树莓基地的扩张，高学历者有利于香菇技术的扩散，但致富能人阻碍着香菇种植现象的扩散；经济发展水平、户均收入水平、产业结构和生产习惯相似的地区，同一农产品生产基地的规模也相似。

## 四、和非农专业村地域经济效应特征对比

就空间格局来看，农业专业村地域经济效应的形成一般为“点→面”的空间扩散过程。虽然，西峡县香菇产业在政府的推动作用下呈现“面→点”逆向扩散现象，但就其空间分布特征来看，整体仍然为“大面积”集中分布向“小范围”分散分布的变化过程，仍属于“面状”区域。那么，农业专业村的地域经济效应空间分布格局是否和其他类型专业村的地域经济效应空间布局相似，如工业专业村、服务业专业村等？若不同，原因何在？为进一步探析农业专业村的地域经济效应空间格局，本书就旅游业专业村、工业专业村对周边区域的辐射影响情况进行分析，希望通过对比，进一步明确农业专业村地域经济效应特征。



### （一）旅游专业村的地域经济效应

1. 案例介绍与数据来源

（1）案例介绍。

柯楼村位于河南省商城县苏仙石乡西南部，距县城20千米，全村总面积为8.7平方千米，其中山林面积约为653公顷，耕地面积约为55公顷，有效灌溉面积约为33公顷，辖17个居民组、38个自然村庄、420户1626人、劳动力750人。柯楼村是西河景区的核心。西河景区位于河南省信阳市商城县东南20千米，豫皖两省的交界处，东南与安徽省的金寨县接壤，西靠伏牛山，西北与汪岗镇搭界，北接金刚台镇与苏仙石乡，属大别山北麓地带，地处秦岭—淮河地理分界线上。地跨北纬31°41′~31°45′、东经115°28′~115°37′，总面积达48平方千米，是国家AAAA级旅游景区，金刚台“红军洞群”

被列为全国12条重点红色旅游线路、30个红军精品旅游区、100个红色旅游景点之一。在景区的不断发展中，柯楼村旅游发展逐渐辐射及周边的小荒田、庙湾、东河村、回龙寺和华佗庙等，基本具备了一定的地域经济效应。

(2)数据来源。

一是官方数据。首先是地图条数据，河南省地图来自Google Maps卫星图像，Google Earth截取图像(1∶5000卫星图像，UTM投影，WGS84坐标系)，1∶400万国家基础信息数据库中的河南省县级行政区划矢量图、乡级行政区划图，并利用ArcGIS 10.2和Adobe Photoshop CC 2017制图软件进行相应的处理；其次是官方统计数据，由当地村委会提供的村庄农户户数、人口状况数据等。二是实地调查数据。调查成员于2018年1月21日至2月10日，对西河景区附近区域以及当地村民及旅游者进行半结构式问卷调查，共计发放150份问卷调查表，其中129份有效，有效率为86%。问题涉及景区对各村农户生产、生活的影响情况，如农户参与景区旅游业及其相关旅游服务情况。

2. 旅游专业村地域经济效应空间特征

(1)地域经济效应空间形态呈"丫"字形。

柯楼村农户数量较多，且挨家挨户布局紧凑，是金刚山西河景区的家庭旅馆与农家乐集中地。因村庄位于山脉南侧，向北发展受山脉阻隔，导致村庄规模偏小，农户多沿交通线路布局，形成山区特有的狭长线状分布形态。受山区地形限制，该村与周边村域的联系主要通过单向交通干道进行，未能与其他村之间形成多维路网。加之北部山脉阻隔，该村旅游业的发展对周围村落的辐射，主要以其为中心沿东—西—南三个方向的交通干道向外延伸，北部村域辐射力度受山脉阻隔而突然消失；在东、西、南三个方向，随着与柯楼村距离的增加，与柯楼村联结的道路逐渐由干路转变为支路，该类村因交通不便而显得偏僻，很难吸引外地游客。因此，整体而言，柯楼村对北部区域的辐射作用偏弱，几乎可以忽略不计，而南部村落受到的带动作用强，加之道路走向的导向作用，整体呈"丫"字形结构(见图9-10)。在经营过程中，各村庄的特色差别不大，经营类型单一，为游客提供的服务有限，同行竞争比较激烈。距离柯楼村越近，其竞争优势越显著。而且，竞争力强的农户多位于村庄外缘或紧邻道路，距离干道越远的农户竞争力越弱。言下之意，柯楼村与周围村庄的实际互动可能不多，未能因景区的发展而形成统一的整体。

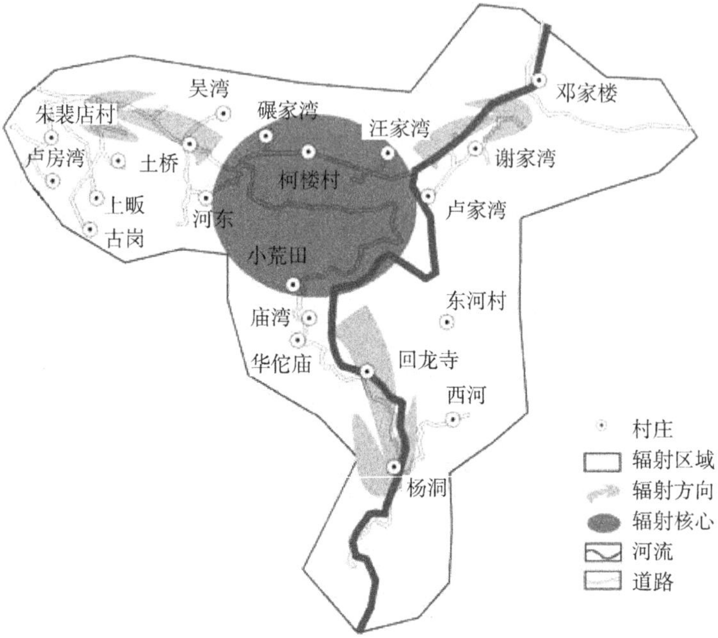


**图 9-10　商城县柯楼旅游专业村地域经济效应**



(2)地域经济效应引起的村域结构变化。

其主要表现在以下三个方面。一是空间结构变化。旅游产业的发展使柯楼村在当地的经济地位发生了变化，即由普通村庄逐渐转变为中心村，成为当地社会经济发展的引擎，并吸引其他原本零散布局在山间平地的村庄迅速向该村及其沿线道路迁移(见图 9-11)。伴随着偏远村庄人口的会聚，柯楼村的居民点范围逐渐扩大，聚落空间布局更加紧凑，并成为人员、货物的集散地；与此同时，周边部分村落逐渐萎缩、荒废。

二是经济结构变化。村域经济结构的变化主要包括经济类型的变化和主导产业类型的变化，前者是指经济生产活动类型由单一型向多样化转变，即由单一的农业生产类型向服务业、商业、农业等多种经济活动类型转变；后者是指村域主导产业由农业向旅游服务业、商业或其他产业转变。旅游专业村的蓬勃发展，催生了旅游服务业、商业，创造了更多的非农就业机会，改变了乡村以农业为主的单一生产结构，为人们提供更多的经营性收入来源渠道。相较于农业而言，旅游服务业、商业等的经济效益更占优势，因此，迅速吸引了大量村民的参与，并将其逐渐从农业生产中分离出来。

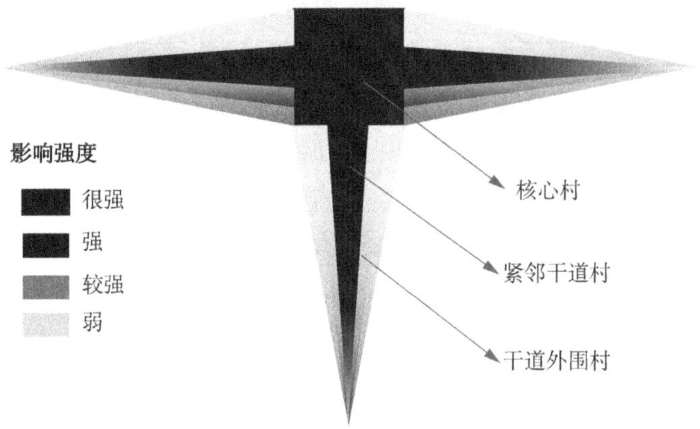


图 9-11　山地旅游村面状带动区

三是功能结构变化。村域空间结构和经济结构的变化促使村域功能结构调整。随着旅游产业的发展、游客的大量流入，柯楼村以及周边村域的功能逐渐转向餐饮业、休闲娱乐业，即旅游服务功能和文化功能增强，物质生产功能减弱。旅游业文化功能的增强，尤其是民俗文化活动的举办，打破了山脉阻隔的地域限制，加强了各村庄的交流与联系，丰富了当地村民的精神文化生活，增强了民俗乡土文化的认同感和归属感，为民俗乡土文化的传播、继承和发扬提供了重要的活动载体与传播途径。



3. 旅游专业村地域经济效应格局的成因

一是地形的限制作用。柯楼村及其周边村域所处地区为丘陵山区，北部高山耸立，南部地形复杂，村落分布稀少，与东西两侧村落无直接交通联系，尽管空间直线距离较近，但交通距离较远。虽然随着农村“路路通”工程建设的推进，交通状况有了很大的提升，但是道路分布在河流沿岸，村落并非沿道路两侧分布，而是沿道路一侧背靠丘陵山地面向河流布局，导致村落分布分散且规模较小，旅游专业村对其他村落的辐射带动性呈现距离衰减态势，东西两侧以及南部村落受其影响较弱。总之，地形因素决定了辐射带动区域的宏观框架结构，限制了旅游专业村地域经济效应的空间结构。

二是经济区位的影响。柯楼村所在的西河景区，位于沪陕高速下站口 30 千米，距离商城县城关镇仅约 20 千米，即不足 30 分钟的车程。对外交通便利既是优势也是劣势。一方面，便捷的交通吸引了更多游客前来观光、游玩；另一方面，娱乐购物更加便利的县城吸引着游客白天在景区游玩，下午返回县城条件较好的酒店居住。加之，景区周边村落农家乐与家庭旅馆在旅游旺季价格均偏高，内部服务设施并不完善，娱乐设施匮乏，造成农家乐、家庭旅馆等经营品质偏低，游客留宿较少，不利于专业村对周围村域的辐射带动。

三是经营制度的影响。景区在规划开发的过程中，忽视了柯楼村、邓家楼村以及朱裴店村等位于景区道路一带的村庄与其他村庄的协同联动性，未能将附近的村庄纳入景区开发设计中，导致距离景区偏远的村落与旅游专业村并无直接交通联系，游客踏足较少，旅游专业村对周边村庄的影响力偏弱，甚至孤立于周边村域，协同联动性不足，进而影响了对地区民俗、乡土文化的挖掘，使得旅游产业仅依托于山区自然美景，丧失了乡土文化的渲染。

### （二）工业专业村的地域经济效应

1. 案例介绍与数据来源

（1）案例介绍。

长垣县张三寨乡马安和村村民王纪勇在外推销劳保用品过程中，因与医疗卫生部门的接触发现了医用卫生材料市场的商机，返回马安和村，利用村域土地、劳动力和棉花等生产要素丰富、低廉的优势开始组织生产。由于产品生产过程简单、技术容易掌握，加之当时纱布、棉签等卫生材料市场需求空间巨大，在其带动下，周围村域迅速聚集了一批生产同类卫生材料的家庭作坊式企业，形成了家家生产卫材、户户销售卫材的卫材专业村。在马安和村的成功效应带动下，社区群众争相模仿，生产区域逐渐由张三寨乡向邻近的丁栾镇扩散，并最终在丁栾镇形成了全国最大的卫生材料生产基地。2011年10月8日，长垣县被全国卫生产业企业管理协会授予“中国卫生材料生产基地”的称号。目前，生产企业、销售企业合计约500家，产品种类达70多个系列1600多个品种，产品销往全国各地，并出口欧亚多国，年交易额约达90亿元，占全国市场近70%的份额。

（2）数据来源。

以2017年长垣县食品药品监督管理局提供的企业注册数据为基础，涉及位于长垣县域内实际运营的医疗器械生产企业70家、卫生材料销售企业400家，主要包括企业名称、区位、成立时间、注册资金、员工人数、经营范围等属性信息。通过百度地图API接口，结合Google Earth、长垣县行政区划图（长垣县民政局、河南省地图院编制，2008），根据工商登记的企业地址信息查找各企业的地理坐标，最终使用ArcGIS10.1将企业坐标转化为长垣县卫生材料企业空间点数据文件，以此作为空间演变特征研究的基础。研究范围主要是长垣县行政区域内的企业，不包括本地公司在长垣县域外设立的子公司和本地子公司所属的外地母公司。

为进一步探讨企业空间演变的动机及其与周边区域的相互作用关系，设置两个调查范围，一是以全县为调查范围，随机选取50家企业，就企业创办动机、启动资金来源、生产或销售信息来源、与当地企业交互活动以及生产原料来源地、产品销售地、员工规模及来源地、企业间相互模仿或学习等生产经营状况进行问卷调查；二是以长垣县卫生材料最为集中的乡镇——丁栾镇为调查范围，就企业创办动机、经营状况及发展规划等进行访谈式问卷调查。该调查由项目组成员于2017年3月6—12日进行，前者获取有效问卷39份，后者为105份，以此作为长垣县卫材企业空间演变格局形成原因的探讨依据。

2. 空间特征分析

(1)卫材销售企业空间分布演化特征。

长垣县卫材销售实际运营类企业合计400余家。整体而言，其空间分布集聚现象明显，除在张三寨、佘家镇及方里镇等有少量企业分布外，大多数销售公司均分布于308国道沿线，且集中分布于丁栾镇、满村镇商业街处，308国道入长垣县城处的蒲东区，在空间上呈现两头重(多)、中间轻(少)的“扁担挑水式”空间集聚分布格局(见图9-12)。



2000年以前成立的企业数量仅有14家(占总量的3.5%)，21.4%的企业注册资本在500万元以上，35.7%的企业员工人数超过500人，42.9%的企业经营产品类数超过30种。该时期成立的企业主要位于张三寨镇、丁栾镇及蒲东区。2005年，销售类企业数量迅速从2000年的14家增至40家。但新增企业中，绝大多数(76.9%)企业的注册资本在500万元以内，员工人数规模一般不大(500人以下规模的企业占新增企业总数的69.2%)，多数(65.4%)企业的经营产品在30种以内。该类企业多位于丁栾镇商业街及蒲东区成立时间较早的销售类企业附近，佘家镇及满村镇、张三寨镇、方里镇仅有少量分布，空间集聚现象明显。2010年，销售类企业增至75家，注册资本较大的企业比例有所提升(占40%)，企业经营产品种类较多(30种以上)的企业越来越多(占总量的37.1%)，但多数企业的员工人数仍然不多(500人以上规模的企业仅占25.7%)，该段时间新增的企业同样选择布局于已有的销售企业附近。

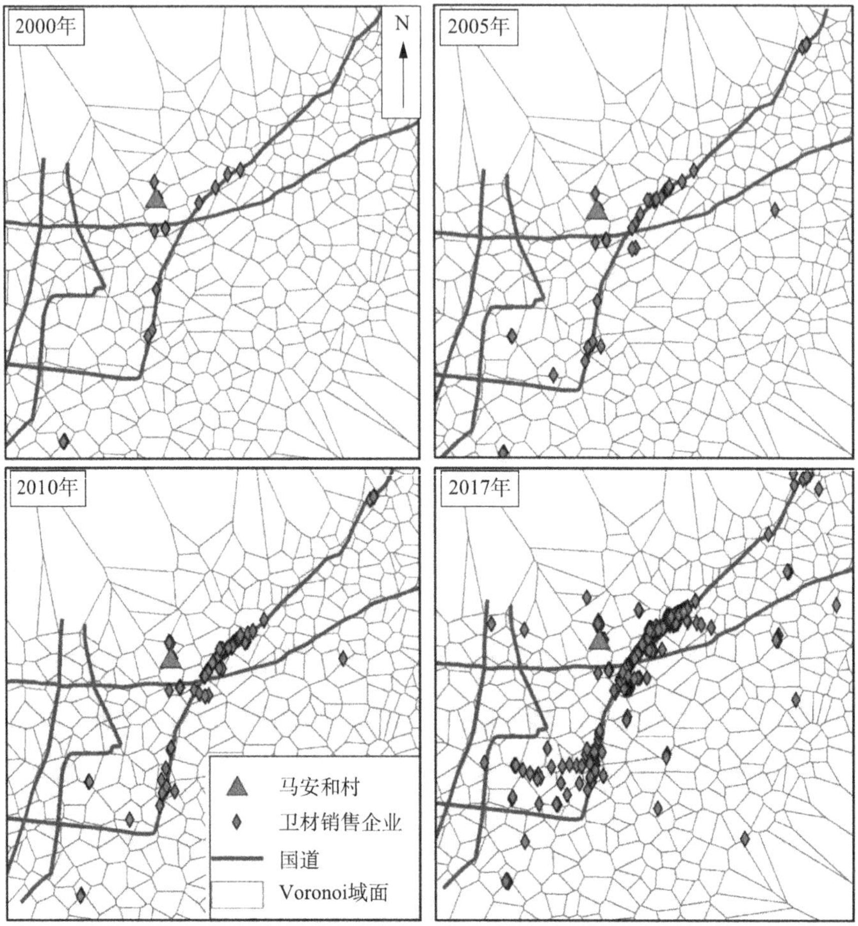


**图 9-12　长垣县卫材销售企业空间分布演变**



2017 年，实际运营类卫材销售企业从 2011 年的 84 家快速增至 400 家，该阶段成立的企业规模一般不大，注册资本在 500 万元以上的企业仅占总数的 22.7%，员工人数也多(85.9%)在 100 人以下，但多数(62.6%)企业经营产品的种类较多，均在 30 种以上。

(2)卫材生产企业空间分布特征。

长垣县卫材生产企业合计 70 家。整体而言，有两大特征，一是空间集聚分布明显，且呈“三簇”分布，即主要位于张三寨镇、丁栾镇及县城蒲东区三处，其他区域，如方里乡镇、佘家镇、孟岗镇仅有少量分布；二是大多位于 308 国道附近。由此在空间上形成了“Y”字形的空间分布格局(见图 9-13)。

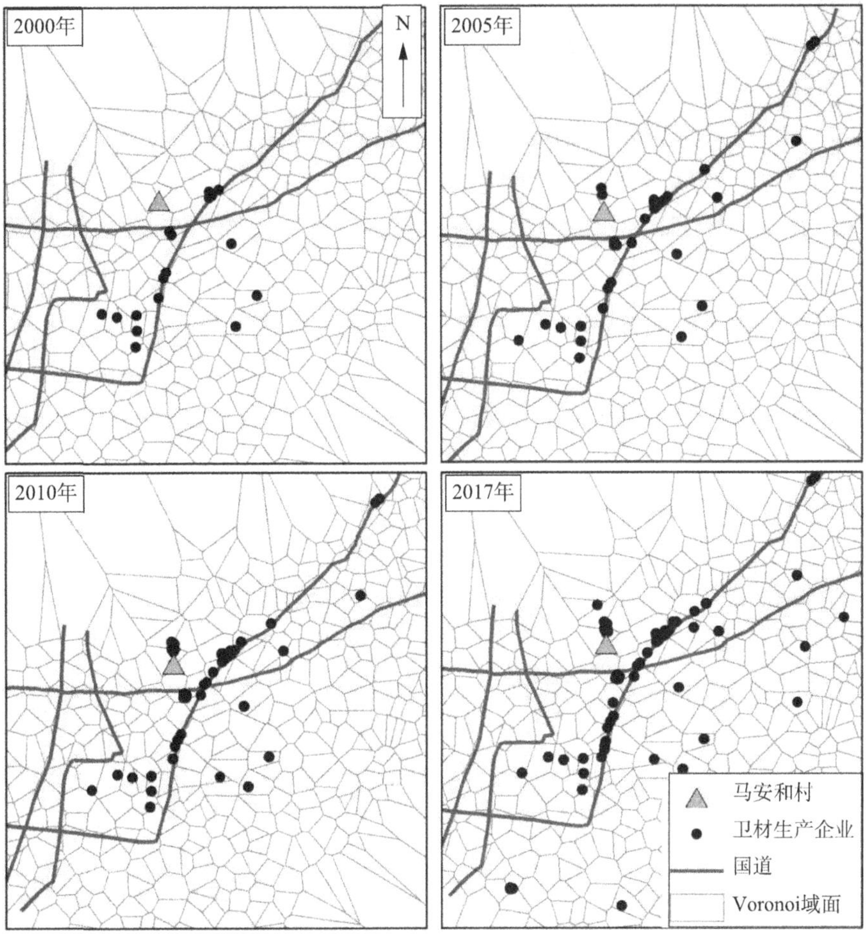


**图 9-13　2000—2017 年长垣县卫材生产企业空间分布演变**



2000 年，卫材生产企业已达到 19 家(占总量的 27.1%)，但规模普遍偏小，52.6%的企业注册资本在 1000 万元以下，47.4%的企业占地面积不足 10000 平方米，63.2%的企业职工人数不足 500 人。该时期成立的企业主要位于张三寨镇、丁栾镇 308 国道和长垣县的蒲东区 308 国道附近，孟岗镇、满村镇极少，整体空间布局较为分散。2005 年，生产企业数量增至 35 家，新增企业规模普遍较大，注册资金在 1000 万元及以上者占 75%，75%的企业占地面积大于 10000 平方米，但职工人数仍然普遍低于 500 人。该时期成立的企业主要位于张三寨镇和丁栾镇，且区位选择倾向于紧邻先前成立的生产企业，此外，佘家镇及长垣县城区亦有少量增加。2010 年，相较于 2005 年，生产企业数量增加了16家，达到51家，新增企业规模注册资金多(62.5%)在1000万元以下，但占地面积普遍较大，75%的新增企业占地面积超过10000平方米，而职工人数全部低于500人。该时期成立的企业同样选择分布于丁栾镇308国道和张三寨已有企业附近，致使集聚格局进一步凸显。2017年，生产企业数量增至70家，新增企业的注册资金额度同样较高，有63.2%在1000万元以上；单个企业的占地面积进一步增加，94.7%的企业占地面积超过了1000平方米，其中，42.1%的新增企业占地面积超过了10000平方米；而职工人数与现有其他企业相比，仍然不多，仅有一家新增企业职工人数超过了500人。该时期成立的企业空间分布略微分散，除张三寨、丁栾镇仍为主要集聚区外，满村镇、长垣县城的蒲东区亦成为重要分布区域。此外，也有部分企业选择布局在方里镇、孟岗镇。整体而言，长垣县卫材生产企业注册资金越来越高，占地面积越来越大(见图9-14)。



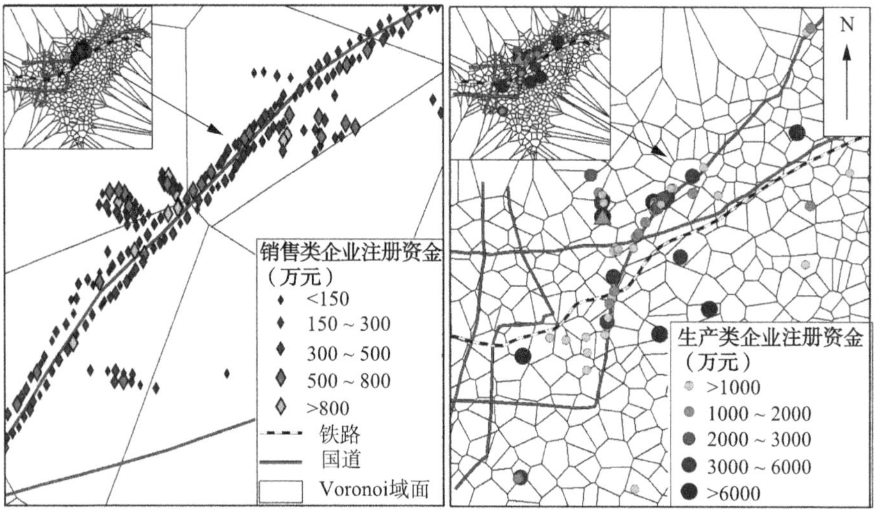


**图9-14　长垣县卫材生产及销售企业空间分布格局**

3. 影响因素分析

任何经济现象的出现、发展、变化，均是各种要素条件综合作用下的产物，可能同时受区域资源禀赋、技术进步、意识形态、政策环境及时代背景等多种因素的影响。根据与政府相关工作人员的座谈、入企业调查等，长垣县卫材产业空间特征形成与演变的原因，可归结为以下四个方面。

一是经济效益激励下农户主观能动性的发挥。人类积极主观能动性的发挥，是社会经济发展的保证。在传统农区的县域经济发展中，农户是主体，因此，农户积极主观能动性的发挥直接影响县域经济的发展。而激励农户积极发展卫材产业的动力在于卫材产业的经济效益及市场前景。20 世纪 80 年代初，长垣县农户收入水平极低，某卫材经营者反映，当时其家庭年收入仅靠农业不足 300 元，但从事简单的卫材加工，一次成功的销售即可获利上百元，全年收入是农业收入的数十倍，甚至上百倍。在巨大利益的驱动下，农户开始积极寻找市场，并根据客户需要不断改进技术、研发新产品。凭借改革开放初期我国卫材产品市场缺口巨大的东风，很多农户在从事卫材生产与销售的较短时间内就积累了大量的资金，从而为其长远发展提供了原始积累。例如，对“创办企业的动机”及“创办企业的资金来源”进行调查的结果显示，丁栾镇 68%的卫材企业经营者认为“自己发现能赚钱”是其创办企业的原因，“自家积累资金”是 68.8%的企业经营者创办企业的注册资金来源。长垣县健康产业研究所提供的内部调查资料也说明了这一点，长垣县卫材企业几乎全部为民营企业，企业经营者绝大多数为农民。在企业创办之前，企业经营者就通过跑市场从事卫材销售、运输，建立起了自己的销售网络、经营渠道，在获得一定的原始积累后注册成立自己的卫材生产或销售公司、物流公司。



二是产业集聚效应的展现。大量研究证实，企业集聚的原因主要在于降低运输成本、共享劳动力市场及公共基础设施、获取规模经济和范围经济、共享隐性知识及外部经济等。长垣县卫材产业发展遵循同样的规律，农民企业家因偶然性因素进入卫材生产领域，在获取一定经济效益后被区域内农户模仿跟进，随着生产规模的扩大，外部经济逐渐凸显，促使更多的农户参与其中。以丁栾镇为例，51.0%的卫材经营者是在看到“本地大家都在干”的情况后才选择从事卫材生产或销售的，76.6%的经营者回答自己的市场信息主要来自周边企业、亲友及其他专业户，66.0%的经营者认为自己的生产技术或销售技能来自当地企业、能人或亲属。网络连接与隐性知识的传播是产业集群形成的关键因素。在回答“您愿意将生产技术传授给什么人”这一问题时，34.2%的企业经营者选择“任何需要的人”，27.5%与 22.5%的企业经营者分别选择“好友”和“亲人”。

三是路径依赖与锁定。20 世纪七八十年代资源贫乏的长垣县，为谋求生路，农户充分发挥积极主观能动性，从全国各地获取了多种经济生产活动信息，并在全县分布开来，经过多年的探索与实践，最终形成了起重机械、医疗器械、建筑、防腐等七大产业，且不同产业主要分布的乡镇区域不同。例如，起重机械集中在魏庄镇和恼里镇，医疗器械产业集中分布在丁栾镇和满村镇，防腐产业目前集中分布在长垣县城蒲北防腐蚀及新材料产业园等。根据相关研究结论，地方经济发展是一个演化过程，具有路径依赖特性、历史不可逆性，过去的发展路径、结构与结果制约着现在和未来的发展。长垣县产业经济的发展再次证明了这一点。早期不同乡镇对不同类型经济活动的探索，通过路径依赖产生空间锁定效应，出于分享集聚经济效益的目的，新增企业更倾向于选址在原有企业的附近，例如，60.5%的经营者认为丁栾镇集聚大量卫材企业的原因在于当地"有经营传统"。

四是政府鼓励性政策及相关规划的影响。政府，尤其是地方政府，是区域发展的重要行为主体，是建立知识流动通道的关键。通过诱导或限制个人或企业经济活动行为的空间选择，从而影响到一个区域发展某种行业的条件和约束。长垣县政府根据该县重商的历史传统，很早就确立了"民营立县"战略，明确提出全民创业作为该县经济发展的重要出路。调查发现，4.0%的企业经营者认为，其创办企业的动机源于政府的鼓励；1.3%的企业创办时的启动资金来自政府；4.1%的企业经营者认为，其生产信息和技术均来自政府，丁栾镇卫材产业的发展离不开政府的支持；而2016年企业收入更与各经营者对政府的评价有显著的相关关系，例如，2016年经济收入与创办动机源自政府鼓励的相关系数达0.375**，与政府培训机会的相关系数为0.261**等。目前，政府在县城南部建立"健康产业园"，并出台了相关优惠政策，引导发展潜力大、科技实力强的大中型企业入园；同时，将卫材产业源发地张三寨、丁栾镇定位为中小企业孵化区，并限制大型生产企业向县城北部扩展，鼓励丁栾镇发展为国家级卫材商贸、物流中心。



### （三）农业专业村和非农专业村地域经济效应形成机制的比较

1. 和旅游专业村地域经济效应的比较

旅游专业村往往是依托自然资源禀赋、资源特色、文化特征等禀赋差异化优势，再借助地方旅游产业基础、市场需求水平、休闲消费氛围等产业环境和社会经济发展起来的（李涛，2022）。自然禀赋（如优美的环境、特殊的地貌等）、文化特征（长期的历史沉淀）等属于先天性优势，不可通过模仿获取；市场投资对改善旅游专业村产业发展能力与活力至关重要，属于后天因素，但乡村旅游投资仍然由自然生态环境、文化资源等吸引而来。因此，旅游专业村发展的基础和关键是其本底资源要素。本底资源要素具有先天优势，无法通过模仿获取。言下之意，旅游专业村的产业项目很难像农业专业项目那样被周边村域的农户轻易模仿。根据实践及相关研究，旅游专业村地域经济效应的发挥主要有两条途径，一是吸引周边劳动力、资本等生产要素向其集聚，通过带动就业增加农户收入，从而对周边区域产生影响；二是推动旅游发展相关要素的流动，增进旅游专业村和周边区域间的关联与互动，提升旅游专业村发展的空间影响力（董培海，2022）。但是，旅游发展相关要素往往沿着特殊的路径流动，如道路、河流等，而较少呈“摊大饼”式的面状区域。因此，旅游专业村的地域经济效应往往呈现“傍景”“环城”“沿路”等特殊的形状（见图 9-15）。这就和农业专业村形成了鲜明的对比。

**图 9-15　老姆登村旅游扶贫开发吸引物及设施空间分布**

2. 和工业专业村地域经济效应的比较

就长垣县卫材产业而言，工业专业村地域经济效应的终极形式就是典型的制造业产业集群。制造业产业集群和农业专业村地域经济效应的终极形式——农业产业集群不同。从以往期刊文献来看，农业产业集群包含农产品生产基地这一地域空间实体，它是指在一定区域范围内，依托某特定农产品的生产基地，形成多个从事该产品生产、加工、销售等的行为主体群，如农户、企业、合作组织等，它们在长期的生产活动中自觉进行专业化分工与合作，并形成了根植于当地文化环境的企业网络，促使相关产业形成与发展，最终发展为农业产业集群（李二玲，2020）。需要强调的是，农业产业集群不仅包含了农产品加工企业、金融机构、合作社以及其他社会经济组织，更包含了以农户为生产主体的农产品生产基地（郑风田，2005）。其中，农户家庭分散分布在广大农区内，不可轻易移动，用于生产农产品的耕地在空间上更是固定不变。因此，农业产业集群以农产品生产基地为依托，空间范围相对明确和稳定。而制造业产业集群是由中小企业组成的群体，企业在外部景观上以厂房、车间等地表建筑为载体，占地面积较小；此外，企业之间为便于共享信息、基础设施以及降低产品运输成本等，常常聚集在特定的有限空间内。因此，非农产业集群是“地方系统”“中小企业综合体”，强调空间内的经济主体及其之间的关系网络（王缉慈，2010），而极少将可视化的“土地斑块”这一实体纳入其中，学术界也尚未明确规定产业集群占地面积的大小。因此，制造业产业集群的形状可以是任何形态，区域分布范围可以小到一个村，大到几座城，甚至是省市。所以，本书中有关农业专业村地域经济效应的研究框架似乎并不适合工业专业村。



## 五、本章小结

本章首先以四个农业专业村为例，从专业项目的确定、农户参与、村域参与三个方面，详细阐述了农户个体特征、家庭资源条件对其参与专业项目的速度、强度等的影响机制；其次探讨了地形、交通、与扩散源的距离、村域资源条件、社会经济发展水平、生产习惯等对村域专业化水平的影响机制；最后分析了旅游业专业村、工业专业村地域经济效应的空间格局，通过将农业产业集群与它们对比，进一步反观农业专业村的地域经济效应及其形成机制。得出以下结论。

（1）封丘县树莓、宁陵县葡萄、西峡县香菇和郏县大根萝卜生产项目的确定分为本地培植型与外地引入型两种模式，但具有企业精神的能人均在其中发挥着关键作用。专业项目的确定过程是将专业项目生产条件与区域发展条件拟合的遴选过程，能够充分发挥区域比较优势且具有较高市场价值和发展潜力的专业项目才具有可选价值。专业项目引入时的区域状况将直接决定专业项目能否快速扩散开来；而随着时间的推移，自然资源条件及社会经济发展水平的变化将直接影响经济主体是否继续采用该生产项目，即决定了专业村地域经济效应的持续时间，只有紧跟时代变化，不断创新性调整产业发展模式的区域才能成就专业村的地域经济效应。

(2)农户参与速度与强度的影响机制方面。首先，越接近专业项目扩散源的农户参与专业项目的速度越快；越符合专业项目生产条件的农户参与专业项目的速度越快；冒险性精神越强的农户参与专业项目的速度越快；妇女在家庭决策中地位深刻影响农户参与专业项目的速度。其次，不同区域、不同专业项目的农户参与强度不同，农户参与专业项目的速度、农户家庭资源禀赋、参与专业项目前的家庭收入水平、项目本身的推广模式均影响农户参与专业项目的初始强度。其中，西峡县和郏县农户的家庭决策环境对其参与专业项目的初始强度影响最为深刻。而封丘县农户的家庭资源禀赋，尤其是耕地资源对其参与专业项目的初始强度影响深刻。虽然影响农户参与专业项目速度、强度的因素纷繁多样，不同因素的影响程度、影响方向各异，但无论是对农户参与专业项目的速度还是初始强度来说，农户刚参与时的家庭收入水平对农户的生产决策均发挥着重要作用。

(3)村域参与的影响机制方面。一是海拔相似的地区专业项目生产率一般也相近，符合“相似相溶”的化学经验理论。二是交通道路对农业项目的区域化发展影响显著，但不同项目对不同级别或类型的道路需求不同。三是扩散源所处的空间区位对专业村的形成及其地域经济效应的发挥起着至关重要的作用，与扩散源距离越远的村庄，参与专业项目的可能性越低、参与专业项目的时间越晚、参与的规模越小、持续参与的时间越短。四是同一资源禀赋对不同农业专业项目的影响不同。例如，耕地不利于西峡县香菇生产基地的形成，但有利于封丘县树莓基地的扩张，高学历者有利于香菇技术的扩散，但致富能人阻碍香菇种植现象的扩散；经济发展水平、户均收入水平、产业结构和生产习惯相似的地区，同类农产品的生产规模也相似，同样符合“相似相溶”的化学经验理论。

(4)农业专业村地域经济效应的终极形式——农业产业集群和制造业产业集群不完全相同。旅游专业村不可复制，其对周边区域的影响沿着道路、河流等路径展开，和农业专业村“面状”的地域经济效应不同，呈“傍景”“环城”“沿路”等特殊的形状；相较于没有范围、形状的工业专业村地域经济效应的终极形式——制造业产业集群，农业专业村的地域经济效应依托于农产品生产基地，具有相对稳定的空间范围。

专业村地域经济效应的形成过程可总结为(见图 9-16)：专业项目的确定→农户的参与→村域的参与→区域化、集群化格局的形成。

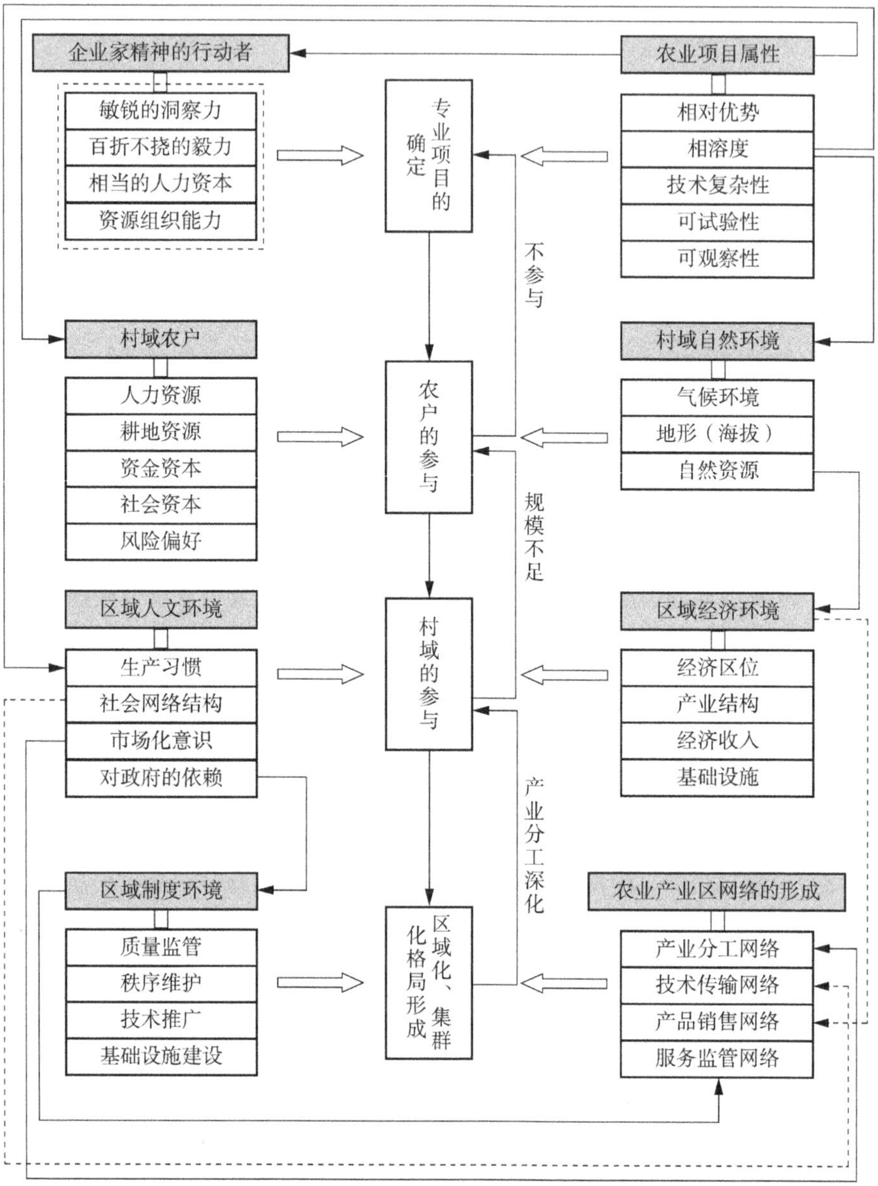


**图 9-16　专业村地域经济效应的区域化、集群化格局形成过程**

# 第十章 结论与政策建议

专业村是乡村经济发展的重要模式之一，其健康持续的发展对推动我国乡村振兴具有重要意义。当前，有关专业村的研究非常丰富，内容涉及专业村的形成机制、专业村的空间格局与演变、专业村经济效应的形成机理等。但其共同特点是，认为专业村是一个“自然村”或“行政村”专业化地从事某项生产活动，专业村的形成与发展都是在专业村内部完成的，是专业村自身的事情。但长期的观察发现，专业村的形成与发展从来都不是一个“村”的事情。无论是自然村还是行政村，村只是广阔开敞乡村地区的一个点，无时无刻不与外部环境发生各种各样的联系。在村内60%以上的农户专业化地从事某项专业项目前后，即在专业村形成与发展的各阶段，专业村就通过各种廊道对周边区域传递各种信息，或多或少、或大或小地与周边区域产生诸多联系，对周边区域产生这样或那样的影响。尤其是专业村通过自身示范带动效应使得周边村域、农户参与专业项目的生产，从而形成区域化、规模化、产业化的产业区、产业集群的现象，更证实了专业村只是产业项目在发展初期集中分布在一个村的阶段性现象，成功持续发展的专业村及其产业活动，一般不会停留于一个狭小的村内，而会向更广区域范围内扩展，带动更多农户、更多经济行为主体参与其中。因此，专业村问题的研究不应该将视角局限于一个狭小的村内，而应该放在更广的区域内，从产业的区域化、集群化发展视角入手进行剖析。否则，可能无法真正解读专业村形成与发展背后的机理。但是，如何解读专业村为“始发器”的产业区域化、集群化发展现象，目前，很少有学者对其进行深入、系统的分析，而这对于指导乡村经济建设与发展具有重要意义。



为方便理解、避免混淆，本书仍然沿用以往专业村的概念，将专业村的地域经济效应界定为“专业村在形成及发展过程中，其产品生产、经营模式等引发周边村域农户模仿、学习，或受其产业发展需要的影响，参与专业村产品生产、销售等相关的上下游产业，从而扩大了专业村专业项目的生产规模，延伸原专业项目的产业链条，最终出现产业空间覆盖区域逐步或跳跃式扩展的地域经济现象”。首先，以农户行为理论、空间相互作用理论、专业化分工理论为基础，以空间扩散理论、农业产业集群理论、农业产业区理论为支撑，在假定参与专业村形成与发展的各行为主体均为有限理性且存在异质性、专业村具有生命周期、专业村地域经济效应遍在且其终极表现形式为产业区的前提下，按照和产业区基本特征的相似程度，将专业村地域经济效应划分为初显、扩大、强盛、衰落四个阶段，并从理论上详细阐释了专业村地域经济效应形成的基本条件、动力机制、形成机理；其次，采用空间换时间的思维范式，以农业型专业村为主、专业村地域经济效应水平不一、案例村所在的自然环境不完全一致为原则，选取河南省封丘县青堆树莓专业村、宁陵县袁庄葡萄种植专业村、西峡县水峡河香菇专业村、郏县前王庄大根萝卜专业村分别作为专业村地域经济效应的形成阶段、发展阶段、强盛阶段、衰落阶段，运用历时10年(2013—2022年)的实践调研数据，按照专业项目的引入、农户的参与、村域的参与、其他经济主体的参与、销售网络及产业链特征的顺序，展示了处于专业村地域经济效应不同发展阶段的整个产业发展历程、空间分布变化特征、形成机制；最后，系统剖析了专业村地域经济效应形成过程中的农户参与机制、村域参与机制，并将农业专业村的地域经济效应和旅游专业村、工业专业村的地域经济效应进行对比，进一步明确农业专业村地域经济效应的特征，得出了一系列研究结论。



## 一、本书研究结论

### (一)专业项目的引入机制

1. 具有企业家精神的能人在专业项目的引入或发现过程中发挥着“导火索”的直接作用

专业项目的确定过程是将专业项目生产条件与区域发展条件比对的遴选过程，也是创造性地改进或调整专业项目使其本地化的实践过程。该工作的执行者需要具备以下条件：一是拥有丰富的资源条件，其中，丰富的社会资本有助于其获取外部生产条件，如信息、技术、金融资本等；二是敏锐的眼光和市场洞察力，能够助其发现价值含量高、市场前景广阔、发展潜力大的专业项目；三是拥有一定技术水平或创新能力，能够掌握核心技术或改进技术，以突破技术门槛；四是百折不挠的韧性，能够助其坚持探索与反复尝试，直至成功。具备以上品质者往往被称为“企业家”或“具有企业家精神的能人”。封丘县树莓生产项目、宁陵县葡萄种植项目、西峡县香菇产业项目、郏县大根萝卜项目的确定模式分为外地引入型和本地培植型，但无论哪种模式，封丘县的王书勤、宁陵县的王其美、西峡县的王文成和郏县的王国申等具有企业家精神的能人均在其中发挥着直接作用。

2. 专业项目与区域特征间的“相溶度”是决定专业村地域经济效应能否出现的根本原因

能够充分发挥区域比较优势且具有较高市场价值和发展潜力(绿色化水平高、可持续发展能力强)的专业项目才具有可选价值。很多专业项目在地方未能发展起来，根本原因并不完全是专业项目本身的问题，而更在于专业项目与当地资源条件、交通区位及社会经济结构、发展水平等之间的适配、协调问题，即专业项目与地方特征间的结构相似度问题。区域发展条件、环境与专业项目发展所需的条件、环境越相似，则专业项目成功“落地”的概率越大。本书创新性地借鉴化学中的“相似相溶”经验理论，将结构相似度导致的专业项目融入地方发展的现象，称为专业项目与区域特征间的“相溶度”。



3. 专业项目生产模式能否随着区域特征的变化而做相应的调整是决定专业村地域经济效应持续时长的关键

区域发展环境、条件只有满足专业项目发展所需的环境、条件，专业项目的生产活动才能持续开展。但是，区域环境、资源条件会随着社会经济的发展、外部环境的变化而改变。当改变后的外部环境、发展条件无法适应专业项目生产所需的环境和条件时，若专业项目发展模式不能及时做出调整以适应不断变化的外部环境，那么专业项目可能就无法持续。因为“相溶度”取决于“结构相似度”及外部环境。郏县大根萝卜专业村地域经济效应的消失正是这一现象的真实写照：外部环境发生变化，农户生产的机会成本上升，但大根萝卜的生产模式、产值均没有任何变化，“结构相似度”下降，“相溶度”降低，直至郏县失去对大根萝卜的“溶解”能力。

### (二)农户的参与机制

1. 农户参与专业项目的行为是其在家庭生产条件约束下的理性决策

(1)家庭农业生产基础条件与专业项目的特征越相符，农户初始参与强度越强。家庭人力、土地资源是农户农业生产的基础条件，在不考虑其他因素影响的情况下，农户家庭人力资源、耕地资源条件与专业项目发展所需的资源条件越相符，则农户参与专业项目的初始强度一般越强。

(2)家庭收入水平越高，农户参与速度越慢。家庭收入水平越高的农户，参与专业项目的机会成本一般就越高，参与速度一般越慢。但是，一旦参与了专业项目，家庭收入水平越高，则意味着其原始资本积累越多，越有利于专业项目的开展，在不考虑其他因素的影响下，初始参与强度一般会越强。西峡县、封丘县、郏县农户参与专业项目前的家庭收入水平与其参与专业项目的初始强度均呈正相关关系；封丘县农户参与专业项目前的外出务工收入、养殖业收入对其参与专业项目的初始强度亦有正向影响。

(3)同一要素条件对农户参与不同专业项目的影响方向和程度不同。农户家庭资源禀赋劣势与优势和区域发展条件一样可以相互转化，这主要取决于农户生产条件与专业项目生产所需条件间的“相溶度”。例如，农林牧渔业机械资产量、运输机械资产量及耕地面积对封丘县农户参与树莓种植初始强度具有显著的正向影响，耕地面积及细碎化程度对郏县农户参与强度同样具有正向作用。但是，西峡县农户参与香菇种植的初始强度与其耕地面积呈负相关关系，即家庭耕地面积越多的农户，参与专业项目的初始规模越小。



(4)农户参与专业项目的意愿随生产条件的变化而变化。农户家庭资源条件的优势与劣势不仅随着专业项目的不同而不同，也会随着时间的变化而改变，进而影响其不同时期的决策方案。随着社会经济的变化、农户生计资本的丰富，以往不能或不愿参与生产项目的农户则可能会参与专业项目。但是，随着机会成本的上升、专业项目相对优势的下降，农户也可能退出专业项目。

2. 社会网络越丰富的农户参与专业项目的速度越快、强度越大

(1)社会网络越丰富的农户，在其他条件相似的背景下，参与专业项目的速度一般也越快。社会网络是农户获取生产信息、生产技术以及项目启动资金的渠道。农户的社会网络不同，获取的信息内容不同，对其参与专业项目的影响就有差异。例如，在村干部、党员带头——西峡县、郏县推广模式下，生产信息越是来自村干部的农户，其参与专业项目的速度越快，皮尔逊指数分别为$-0.186^{**}$、$-0.245^{**}$。而生产信息越是来自外地客商的农户，其参与专业项目的速度越慢，皮尔逊指数分别为$0.207^{**}$、$0.121^{*}$。宁陵县的分析结果证明，社会网络越丰富的村，在其他条件相似的背景下，参与葡萄种植的速度越快、规模越大。

(2)不同类型社会网络的影响程度和方向会因专业项目的不同而不同。对于地域经济效应的形成模式为农户自主发起型、民间组织发起型的专业村而言，同质性社会网络是农户获取生产信息、技术、资金等生产条件最为快捷的途径，对农户参与速度具有显著正向影响。如宁陵县葡萄产业，同质性网络越发达的村域，村域农户整体参与葡萄种植的可能性越大、种植规模越大、种植时间越长，且对其他村域带动性越强。但是，对于企业主导型、政府引导推动型的地域经济效应形成模式，异质性社会资本的正向影响更显著，而同质性社会资本反而可能阻滞农户的参与速度。例如，西峡县农户生产信息来自村干部的可能性每增加 1 个单位，农户参与香菇种植的速度将加快 2.18 年，而技术来自本村农户的可能性每增加 1 个单位，农户参与的速度将会延迟 1.84 年。

3. 不同推广模式背景下，农户参与专业项目的速度受户主风险偏好的影响程度不同

当推广模式是企业主导型、政府推动型，由于技术可靠、产品价格稳定、销售渠道畅通，基本不存在风险，农户的风险偏好对其参与专业项目的速度影响微弱。但是，对于农户自主发起型、民间组织发起型，市场尚未完全打开，种植技术尚未普及，销售渠道尚不稳定，参与决策受农户的冒险性心理影响明显，农户参与专业项目的速度(距离区域内第一个参与户的参与时间)与户主的风险偏好相关性较强(皮尔逊指数为-0.306**)，即农户冒险性精神越强，参与速度一般越快。



4. 农户家庭决策模式显著影响农户参与决策

封丘县的案例分析显示，种植结构由妻子决定的农户，参与专业项目种植的速度较快；西峡县的案例分析证明，家庭决策越民主，农户参与香菇种植的速度越慢；郏县的案例分析证明，养殖业由丈夫决策和运输业由子女决策的可能性每增加 1 个单位，农户参与专业项目的速度将分别加快 1.46 年和 1.95 年。总之，农户家庭决策模式显著影响农户参与专业项目的速度和强度，但其内在影响机制是什么，未来可做进一步分析。

## (三)村域的参与机制

1. 村域社会网络显著影响村域整体参与专业项目的速度

专业村地域经济效应未必出现在专业村形成之后。新的生产项目在某地出现后，不会受地域限制而停留于最先将其引进的村域内，而可能会在“落

地”的那一刻就通过地缘、业缘、亲缘、政缘等区域原有的各种社会关系网络向外围区扩散。因此，在项目发展初期，区域原有的社会关系网络对创新知识的空间溢出发挥着更重要作用，直接影响村域整体参与专业项目的速度。宁陵县结果证明，社会网络越丰富的村参与专业项目的速度越快。

2. 交通道路对农业专业项目的区域化发展影响显著，但不同专业项目受不同级别或类型的道路影响不同

道路虽然对农业经济发展起着重要的作用，但是不同的农业专业项目对不同级别的道路依赖程度不同。在促进农业产业区的形成过程中，道路交通网络的建设因项目特性而异。最能满足专业项目发展所需的道路等级和结构就是最好的路网结构。封丘县树莓对运输条件要求较高，生产基地多分布在道路级别较高的交通线路附近；郏县大根萝卜不直接外销，与高速、国道等交通道路网络的空间分布关联性不大；西峡县香菇生产基地多分布在县二级、三级道路附近，高速公路、国道、省道等高级公路附近较少。

3. 同一资源要素对不同专业项目空间扩散的影响方向不同



区域资源优势和劣势的判断需要根据项目的属性来确定，符合项目发展条件即为优势，否则即为劣势。对于西峡县香菇产业而言，耕地面积占全村行政总面积的比重每增加 1 个百分点，西峡县袋料香菇扩散至该村的时间可推迟 7. 89 年；人均耕地面积每增加 1 公顷，袋料香菇扩散至村内的时间将推迟 60. 50 年；村内致富能人越多，越不利于袋料香菇种植技术在村内的扩散速度。但对于封丘树莓产业而言，耕地面积越多的村庄，树莓种植年数越长，且规模越大；高中以上学历的人数越多，越有利于加快树莓扩散至村内的速度。

4. 与扩散源的距离对不同村域专业化率的影响符合“距离衰减”的地理学第一定律

与扩散源距离越远的村庄，参与专业项目的可能性越低、参与专业项目的时间越晚、参与的规模越小、持续参与的时间越短。封丘县各村与青堆村的距离每增加 1 千米，则其参与树莓种植的可能性就会降低 0. 092，开始种植树莓的时间将延迟 0. 06 年，种植规模将减少 0. 21 公顷；郏县各村与前王庄村的距离每增加 1 千米，则其参与大根萝卜种植的可能性就会降低 0. 199，开始种植大根萝卜的时间将延迟 0. 12 年，持续种植大根萝卜的时间将缩减 0. 106 年。

### (四)专业村地域经济效应的空间格局与规律

1. 专业村地域经济效应出现的初期，专业项目空间分布稳定性不强

出于家庭责任心，我国农户普遍有“赢得起输不起”的保守心理，对于产业化水平有限、市场风险不可控的专业项目，一般会先进行“观望”或小规模尝试，参与决策极不稳定。产业发展初期正是这样，生产技术尚不成熟或未普及，市场收益尚不明确，产业化水平一般也较为有限。因此，农户参与行为往往也具有较高的不确定性。展现在空间上，即为不连续、不稳定的空间分布状态。封丘县树莓种植村空间分布即为如此：区域内各村树莓种植持续时间长短不等，且出现了“开始→停止→开始→停止”的循环往复现象，种植户数和种植面积均处于非持续增加亦非持续减少的难以估测状态，在空间上即为非持续扩张亦非持续缩减的点状无序变化格局。

2. 农业专业村地域经济效应的空间格局一般呈现面状区域

农业专业村地域经济效应的空间格局和旅游业、工业等非农专业村不同。旅游专业村资源环境、生产条件及发展历程一般不可复制，其对周边区域的影响一般沿着道路、河流等路径展开，呈“傍景”“环城”“沿路”等特殊的形状；工业专业村地域经济效应的终极表现形式为制造业产业集群，衍生企业一般优先选择对外运输方便的区位，为便于共享信息、基础设施等，逐渐聚集在特定的有限空间内，其空间格局可以是任何形态，区域范围可大可小。而农业产业区，一般围绕在大规模农产品生产基地周围，呈现面状区域分布格局。

3. 地形特征、经济发展水平、生产习惯相似的地区，同一农业项目的专业化水平相当

(1)海拔高度相近区域内的村域，同一农业项目的专业化水平相近。海拔、地形相似的地区意味着土壤、气候等农业生产条件相似，适宜开展的农业生产活动也较相似。地势平坦的封丘县，海拔高度的微小变化对树莓生产基地空间分布的影响明显。马鞍状地形的郏县，大根萝卜种植基地多分布在海拔高度相似的乡镇。深山区的西峡县，香菇种植基地多分布在海拔较高的乡镇，而海拔较低的东南丘陵地带香菇种植基地少。

(2)区域经济发展状态相似的地区，同一农业项目的村域专业化水平相似。经济发展水平及结构相似，意味着区域内大多数农户的机会成本相当。封丘县，89.1%的树莓种植村集中分布于生产总值在20000万元左右

的乡镇内。郏县，曾经种植过大根萝卜的村庄集中分布于工业总产值在10000万元以下、农民人均纯收入不足1000元的乡镇内。西峡县，人均农业总产值较高的乡镇，香菇种植户数率高；人均工业总产值越高的乡镇，香菇种植户数率越低；烟叶、猕猴桃等作物种植率越高的乡镇，香菇种植户数率越低。

(3)种植习惯相似的村域，同一项目的专业化水平相似。种植习惯相似，意味着拥有相似的先验经验。西峡县，有过椴木香菇种植历史的村庄，参与袋料香菇种植的时间一般较早。计量分析结果显示，椴木香菇开始种植的时间每推迟1年，则袋料香菇种植的时间将推迟0.46年，即椴木香菇开始种植的时间越早，袋料香菇开始种植的时间也越早。

### (五)政府行为显著影响专业村地域经济效应的发挥

政府是在一定约束条件下实现其利益最大化的理性行为主体所组成的集团，其较一般行为主体拥有更多的信息，更可能发挥着民间力量所不及的调动资源、规范经济人行为的作用。因此，产业的发展需要政府的协助，尤其是对于市场机制不够健全的我国广大欠发达地区来说，地方政府的作用尤为重要。本书四个案例专业村地域经济效应的出现，均离不开县政府的引导与推动。封丘县树莓产业的发展，自始至终从未离开过地方政府的引导与帮助；宁陵县在葡萄产业发展过程中，引进品种、合理规划，出台了一系列行之有效的举措；西峡县香菇产业更是在县政府不断规范生产、筹建交易市场、保证产业发展环境下的倾力打造；郏县早期大根萝卜种植技术的引进也得到过农业局的资助。但是，不同案例项目，政府在其中发挥的作用不同。郏县大根萝卜产业的消逝以及封丘县树莓产业发展缓慢的重要原因之一是缺乏有效的监管机制，个体理性与集体理性的冲突未能很好地解决；而西峡县政府在香菇生产技术的推广、销售市场的建立、香菇监管体系等多方面，发挥了主导性作用，极大地促进了农业产业区的快速形成。



## 二、政策建议

农业产业区是一种有效的资源整合方式，能够产生巨大的竞争力，是世界农业发展的趋势之一。虽然我国不乏农业产业区的雏形，但是真正发展成功、成熟的农业产业区屈指可数。这是因为农业产业区的形成是多方面原因综合作用的结果，如区域内的自然地理(气候、地形、土壤)条件、资源(自然、人力)条件、社会经济发展水平(基础设施建设、人均收入水平)、区位条件(地理区位、经济区位)以及社会文化传统、外部投资，甚至是随机的偶然事件等，任何一个因素发生变化，均会影响农业产业区的形成。在此过程中，市场通过价格的波动、市场主体对利益的追求、市场供求的变化等调节经济的运行，驱动农业产业区的形成与衰落。但市场机制也有不足，尤其是对于当前社会主义市场经济体制尚不健全的中国而言，农业产业区的形成不仅需要充分发挥市场机制的作用，更需要政府在适当的时机采取适当的政策手段，以推动农业产业区的形成与发展，如交易规则的制定、产品质量体系的制定。西峡县食用菌产业区的形成过程就足以说明这一点。但是，产业具有自身的性质，比较优势不足或日趋下降的产业，即使政府大力扶持，也很难发展为竞争力强大的产业区。因为尽管知识和技术可以增加产业的附加值，但从根本上改变不了产业的性质，任何产业都有一个资本与环境容量问题，这与经济的发展阶段密切结合在一起(苗长虹，2011)。故而，政府又不能过度干预农业产业区的形成，应该是“有所为，而又有所不为”。

### (一)政府可行性措施建议



#### 1. 培育农业企业家

由前文分析可知，大多数专业村无法形成具有一定竞争优势的农业产业区的原因，关键在于缺乏具备不屈不挠精神的农业企业家，无法将农业专业项目从源地扩散至更广区域，从而使区域失去了进一步发展的机会。农业企业家具有创新性思维，敢于行动，最有可能引入新的生产要素，且敢于打破固有的农业生产经营形式；农业企业家具备坚韧不拔的意志品质，有战略头脑，富有牺牲精神，拥有突破发展瓶颈的内在动力和能力；农业企业家一般具有一定的组织能力和领导能力，能够促使生产要素的优化配置；农业企业家也具有较强的号召力和说服力，能够通过引领示范，促进区域内农民思想意识形态的转变(孙学海，2009)。鉴于农业企业家对专业村地域经济效应出现发挥的直接作用，建议地方政府在推进专业项目发展的前期，通过创造良好的政策体制环境，完善基础设施，并适当地给予资金、技术等方面的支持，着力培养具备企业家精神的农民，积极支持农民的自主创业行为，鼓励外出务工者积极回乡建设、大学生村官在当地创业。此外，区域外部企业家往往比内部企业家掌握更多区域外的资源、技术和管理方法以及更广阔的市场，他们的进入对促进专业项目产业的升级有着积极的作用。地方政府可通过出台优惠政策或搭建平台，吸引外部企业家的进驻。

2. 重视具有本地地域特色、价值含量高的农产品生产

农业产业区形成的另一个重要因素是农业专业项目的选择，而专业项目的发展潜力及市场价值取决于农产品的属性特征。区域特色明显、营养价值含量高、可加工程度深且市场销售范围广阔的农产品，更具发展潜力。尤其是具备一定进入门槛的产业，如技术含量高、对自然地理环境要求苛刻的农产品，虽然农户不易掌握，在空间上也不易扩散，但恰恰如此，其防止了“遍地开花”“一哄而上”的现象；由于生产规模有限，由供求原理可知，其市场价值就不容易滑落，农户一旦掌握了生产技术，只要能够不断进行生产技术的改造，从而形成地域品牌优势，产业发展的生命周期就不会太短。本书案例中，大根萝卜进入门槛低，简单易学，且对地理环境要求低，于是，全国各地均有大根萝卜的生产，规模迅速膨胀后，在其可加工深度有限的情况下，市场容纳能力有限，供大于求，致使价格迅速下滑，产业迅速消失。因此，选择具有一定区域发展优势、竞争优势、价值含量高，且具有一定进入门槛的农产品生产项目，对农业产业区的成功形成尤为重要。



3. 创造良好的竞争合作制度环境，促进内部行为主体间的交流与合作

专业村地域经济效应的终极表现形式——产业区的优势在于在产业链不同的位置存在着大量的同类企业，它们通过复杂的技术传输网络、产品流通网络等进行密切的分工与合作，并通过竞争促进生产技术的创新，提高生产效率。因而，产业区内各经济主体的协调发展和密切合作是产业区竞争优势的一个重要源泉。但众多行业内企业同处一地，也加剧了竞争的程度，容易产生恶性竞争行为，而导致“非合作博弈”。企业往往从自身利益出发，缺乏共同发展的使命感和一致性目标。例如，封丘县的两家树莓企业，彼此之间无任何交流与合作，甚至为争夺专业户而发生不愉快的事情。因此，在农业产业区形成的初期阶段，需要政府制定适应的规则，通过保护产权，降低契约的执行、监督成本，鼓励产业区形成诚信、合作的区域文化，通过建立正式制度和非正式制度，形成有效的内部协调机制，将有助于专业村地域经济效应的发挥。

4. 大力支持研究与开发，建立技术创新与传输网络，促进产学研相结合

资源是技术的函数，而技术又是知识的函数，因此，集群发展的资源约束亦是知识创造的约束(苗长虹，2009)。故而，具有自主研究与开发能力的

区域才是真正能够自我维护和自我发展的区域。专业村地域经济效应能否持续发挥，关键在于品种研发、生产与加工技术，营销技术等多重技术的持续改进与升级，且具备复杂、无形的传输网络，形成区域内未编码知识的传递，促进技术创新的扩散。据此，政府要努力构建一定的激励机制与产权保护政策，刺激区域内各类行为主体积极改进生产、加工技术，促使农户勇于打破传统生产经营方式，尝试新兴农业专业项目和生产技术的方式。为防止“搭便车”行为的发生，政府出面建立技术交流中心，提供不同经济主体间合作对话的平台，鼓励中介组织和民间行业组织的建设，大力引导农业生产者积极构建广泛的社会关系网络，促进产学研相结合；或者通过投资研发机构、引进外国技术先进的企业，间接推动本地技术创新活动。例如，西峡县出台的食用菌产业化集群建设方案中提出，支持食用菌产业化龙头企业建设国家、省、市级重点实验室、工程技术研究中心、企业技术中心等各类研发中心，与高校、科研院所开展技术合作，提高企业的自主研发能力和科研成果转化能力，支持食用菌产业化龙头企业申请专利，掌握具有自主知识产权的核心技术；对产业化龙头企业新设立的国家级研发中心，给予财政补助；鼓励食用菌产业化龙头企业实施品牌发展战略，奖励获得中国驰名商标的企业等。此外，还可加强基础设施建设以减少交往过程中的空间摩擦，普及信息通信设施以提高信息传输效率等。



5. 注重农民经济组织的构建

农民经济组织又称为“农业合作社”“农业生产协会”“农民组织”等。其形式多样，如“农户+公司”“专业农协模式”“股份合作模式”“农村合作社模式”等。它是以家庭经营为主的农业生产者为了维护和改善自身的生产及生活条件，在自愿互助和平等互利的基础上，遵守合作社的法律规章制度，联合从事特定经济活动所组成的企业组织形式。研究发现，农民经济组织的发展是促进农业专业化水平提高的有效途径（Cardner B，Lerman Z，2006）。本书通过对封丘县树莓生产基地空间扩散的研究发现，较为关心村集体活动的农户，生产条件依赖于合作社、政府组织等社会机构的农户，其参与树莓种植的可能性较大。其他社会网络结构对其是否参与树莓种植的影响微弱。据此，积极构建能够传递生产技术、销售信息的农民经济组织，降低农户风险决策成本与进入门槛，应该能够促使农户积极参与新农业项目，从而促进专业村地域经济效应的快速形成。

6. 重视地方专业市场的建设

传统意义上的专业市场是一种以现货批发为主，集中交易某一类商品或者若干类具有较强互补性或替代性商品的场所。规模越大的专业市场，其辐射带动能力越强，吸引着一定区域范围的企业、经纪人会集于市场内，进行产品信息的交流，实现产品的交易。因此，它不仅是商品集中交易的场所，更是产品需求信息的来源地，具有准公共平台的性质，并且可以为区域内的企业提供多样化的共享性资源，促使产业内不同行为主体的空间集聚，从而加速专业村地域经济效应终极形式的出现(陆立军，2011)。通过文中分析可知，西峡县在食用菌产业发展初期，就已在双龙、丁河形成了香菇交易市场，随着食用菌产业的发展，专业市场的规模迅速扩大，国内外客商云集于此，共享信息资源，相互交流与合作，使得双龙成为全国最大的香菇交易市场和中国北方香菇价格的形成中心。据此，政府在促进农业产业区的形成过程中，首先，要搞好基础设施建设，提供信息、金融、检测、仓储等配套服务；其次，与区域发展相结合，以大型专业市场为主，布局在交通方便、运输畅通的节点，不搞“一哄而上”，防止盲目建设，重复建设；最后，建立一套公平、合理的制度规则，不搞地区封锁，吸引世界各地相关企业参与竞争。



### (二)政府需重点关注的问题

1. 不能只扶持某一个或一类行为主体

农业产业区内集合了农产品生产主体——农户、农产品加工龙头——企业、产业服务主体——金融机构、民间组织等类型多样的行为主体，每一类行为主体的出现均是产业分工不断深化的结果，是产业分工网络的一个节点，其存在均能产生一定的分工经济，并促进产业区进一步发展，形成更加密切的分工与合作系统，使产业区具备更强的生命力与竞争优势。因此，政府在促进农业产业区形成的过程中，应服务于区域内的所有行为主体，要一视同仁，不能只扶持某一个或一类行为主体，而忽视其他行为主体，更不能只帮助某一类行为主体，而盘剥另一类行为主体。例如，在农业产业化过程中，政府未能充分尊重农户的自主选择主体地位，而是站在龙头企业一方共同盘剥农民，把农民的土地低价或无偿给开发商使用，强制农民生产某种加工原料，低价收购农民手中的农产品等。又如，按地域区分对待不同行为主体。尽量将农产品的生产、加工、销售各个环节的利润留给当地人，而排斥外地企业的进驻。实际上，这是一种“肥水不流外人田”的小农思想，不符合市场经济发展规律，极不利于产业区的健康形成。在本书的封丘树莓产业案例和郏县大根萝卜产业案例中，或多或少地存在诸如此类的现象，在某种程度上阻碍了专业村地域经济效应终极形式的出现。

2. 不能忽视农户的主体地位

农业产业区不同于其他类型的产业区，整个产业区的发展基础原料是农产品，没有农产品也就无所谓农业产业区。农产品的生产者有两种类型：一类是分散化经营的农户，他们分散分布于区域内各个角落，通过各种网络获取生产技术，进行精耕细作；另一类是规模化、企业化经营的大农场。但是，在我国大多数区域，大规模的农场数量极其有限，即便有，也是以生产大宗农产品为主，且雇佣的农业工人亦多为具备一定农业生产管理经验的农民。至于以经营劳动密集型的特色农产品（水果、蔬菜等）为主的大规模、企业化农场，目前尚鲜有见到。因此，农户是农业产业区内生产资料的重要供应者，其集聚生产亦是促使农产品生产基地形成的关键。加之，农户的知识、技术、观念等直接影响生产要素的质量，进而影响最终产品的质量。因此，在当前及未来一定时期内，政府在促进专业村地域经济效应发挥的过程中，不可忽略农户的主体地位。



3. 不能越俎代庖

在专业村地域经济效应的形成过程中，政府仅仅是改善基础设施条件、维护市场秩序的服务者，其作用在于提供公共物品或服务以及准公共物品或服务、规范市场秩序等，不能代替市场直接干预专业项目的空间扩散，强制性要求农户参与。专业村地域经济效应的终极表现形式是专业项目生产规模、产业分工等由量变到质变的过程，其形成速度与发展水平受自然气候、地质、地形、自然资源等自然环境的制约，同时亦受产品属性、产业关联、社会历史文化等多重因素的影响。也就是说，它不仅是多重因素综合作用下的产物，更是一个长期的发展过程，不可能一蹴而就。因此，政府不能急于求成，切忌过度地卷入专业项目生产区域化、产业化、集群化发展中，超越自身的服务主体地位，盲目规划制造产业区，更不能悖逆市场经济规律，强制农户生产某类农产品或参与某专业项目。但是，在产业区发展到一定阶段，需要政府制定一定的政策制度以维护市场秩序，或需要政府在生产资金、技术等方面构建平台给予支持时，政府若不能顺势而为，未能及时采取积极有效的应对策略，也可能会延缓专业村地域经济效应的发挥。

4. 不能盲目借鉴

农业产业不同于其他产业，专业村地域经济效应的发挥不仅受社会经济发展水平和人文环境的影响，更受自然环境的制约，带有明显的地域特征。自然地理环境的独特性和唯一性，决定了每个专业村的形成、专业村地域经济效应的形成均具有自身的、无法被复制的特征。虽然整体而言，不同类型专业村地域经济效应的发挥均遵循一定的共同规律，但每个阶段出现的问题，持续的时间以及解决的方式均有所差异。封丘县树莓产业是以合作社为主导的推广模式、宁陵县葡萄产业是以农户为主导的社会化扩散方式、西峡县香菇产业是以政府为核心的推广模式、郏县大根萝卜产业是以企业为主导的推广模式，在各自的推广过程中，根据产品属性特征的差异以及社会文化背景的不同，遇到的问题以及解决的方式均不同。虽然，彼此之间均有可借鉴之处，但是，若将西峡县的推广模式运用到群众基础有待强化的封丘县树莓产业推广中，未必奏效；同样，若将市场空间有限的郏县大根萝卜放到西峡县，亦未必能发展起来。故而，政府在通过专业村示范带动建设产业区的过程中，可以借鉴相关案例的发展模式，但是，更要根据自身的地理环境、社会经济发展水平及人文环境特征进行，不能盲目借鉴。



5. 不能忽视环境问题

经济的发展不能以牺牲环境为代价，尤其是直接供人食用的农产品生产活动。环境破坏意味着原有生产条件发生了变化，这不仅可能影响农产品的产量，亦可能直接影响农产品的品质。产业发展所需的原材料发生了变化，整个产业区的发展势必受到影响。因此，保护农业生产环境，注重农产品的品质，是促使专业村进一步发展为产业区的重要环节。西峡县政府在此方面表现突出，在产业发展初期，就制定了详细的质量安检体系，整顿农业化学品投入市场，查处经营假冒伪劣农药及违禁药品，严格控制新污染源的产生，定期对加工企业、种养基地等重点区域的大气、水源进行取样检测，为控制林木资源的过度开采，实施菌材外调，控制食用菌产量，转型发展草腐菌等。郏县大根萝卜销售难，一方面是由于市场空间有限，但关键在于农药残留超标，虽然及时采取了一定的措施，但效果不佳。封丘县树莓不允许打除草剂、农药，田间管理劳动力消耗大，也是其推广扩散慢的重要原因。但若因此而放开限制，势必直接影响产品销售，进而左右整个产业的发展。

## 三、讨论

### （一）本书的创新点

1. 研究视角的创新——跳出专业村研究专业村

村是我国最基层的行政管理单元，其发展规划、产业结构调整等直接受县、乡两级政府的左右；它也是乡村地域经济系统中的一个开放式节点，无时无刻不与周边区域发生各种各样的联系。所以，村域经济独立运行的能力不强，其发展与变化深受周边村域、地方政策等外部环境的影响。专业村同样如此。笔者非常赞同“专业村就是社会化大分工中所形成的一个个相互关联的行业或专业的连接点”（陈建胜，2007）的观点，认为专业村的发展绝不是一个村的事，对专业村的研究也不能停留于村域内部，就专业村分析专业村。而应该在将专业村作为一个微观区域面进行细致剖析的基础上，跳出村域，提高俯瞰高度，分析专业村与其所在区域其他村域、企业等各类行为主体的联系，专业村受所在区域的路网结构、资源环境、政府政策等的影响；也应该将时间要素纳入分析框架，探索专业村在宏观经济发展环境变迁下的走向。在此思路的指引下，本书在分析村域内部农户、资源特征等对专业村发展影响的同时，也探讨了专业村与周边村域、其他经济主体、政府等的网络联系对其发展的影响，更将时间要素纳入分析框架，解读了不同时期专业村及其产业项目的发展与变化。



2. 研究范式的创新——时空演化的细致剖析

本书认为，专业村只是产业项目在发展初期集中分布在一个村的阶段性现象，是产业走向区域化、集群化发展道路的“始发器”或“起始点”。因此，对专业村的研究不仅要跳出村域界限，更要跳出专业村的概念范畴，从产业发展演化视角透视专业村的发展演变规律。但目前很少有学者将专业村发展与产业发展联系起来，通过对专业村地域示范效应的分析，对其中的内在机理、机制问题的分析，探究专业村发展演变问题。以往有关专业村空间演变特征的分析虽然丰富，但一般以某一区域为例，就不同时期、不同类型专业村的数量、空间分布格局进行综合性展示，而无法揭示专业村的发展路径、空间演变轨迹，更未能追根溯源、抽丝剥茧地分析专业村的空间演变特征、根本制约因素。本书虽然仅选取了处于形成期的封丘县青堆树莓专业村、发展期的宁陵县袁庄葡萄专业村、成熟期的西峡县水峡河香菇专业村、衰落期的郏县前王庄大根萝卜专业村四个案例，但四个案例村仅作为产业发展源头，以其为起始点，按照专业项目的引进→推广→扩散→区域化→产业化→集群化顺序，对专业项目的空间扩散过程及关键因素作用机制展开了细致剖析，并进行了对比，以此管窥专业村的地域经济效应，回答了“专业村形成之后又当如何”的学术界疑问。

3. 研究结论的创新——众多新的发现

在“专业项目的引进→推广→扩散→区域化→产业化→集群化”分析框架下，本书得出了以往相关研究鲜有提及的发现。首先，构建了专业村地域经济效应理论框架体系，阐释了专业村地域经济效应发挥的机理，给出了本书研究的理论基础。其次，发现地理学“第三定律”同样适宜解读专业村地域经济效应的空间分布格局，即同一专业项目分布的区域，其在地形特征、经济发展水平、生产习惯等方面具有相似性。这回答了前文提出的专业村地域效应空间表现规律性问题。再次，创造性地引入化学“相似相溶”经验理论，认为影响专业村发展程度的根本原因在于专业村发展条件与专业项目发展所需条件的相似度，农户参与速度、生产规模取决于其生计资本条件与专业项目发展所需条件的相似度等；回答了前文提出的专业村地域经济效应的发生机制问题。最后，四个案例村的对比分析，以及将农业专业村和非农专业村的对比，阐释了专业村地域经济效应的持续放大能否形成专业化生产区域的问题。此外，文中还有诸多与以往研究不完全一致的观念。例如，能人在专业村形成过程中的作用定位问题、农户生计资本对其参与专业项目的影响问题等。



## （二）本书的不足

1. 没能确定专业村地域经济效应的确切空间边界

虽然本书利用了长时间序列的调查数据，并采用时空演变分析法，展示了不同类型、不同发展水平专业村地域经济效应的空间分布格局及其演变特征，但未能测算出专业村地域经济效应空间分布的确切边界和区域面积，也没能阐释专业村地域经济效应空间分布格局影响因素间的关系。后期研究可以构建这样一个模型，该模型主要包含以下三类要素，一是“溶剂”的特性——专业项目发展所需的条件；二是“溶质”的特性——村域（交通、经济）区位条件、自然资源、社会资源、产业结构、经济发展水平等区域内各村发展条件；三是外部环境——国内外市场经济环境、科学技术水平、政治局势等。首先，在假定外部环境不变的前提下，通过计算区域各村生产条件与专业项目生产条件之间的“结构相似度”水平，进而计算出专业项目空间扩散的理论边界和区域面积，即“溶解度”；其次，逐步限定假设条件或改变外部环境，分析专业村地域经济效应在不同环境下的空间扩散边界，即观察外界条件发生变化时的“溶解度”；最后，找出专业村地域经济效应的空间变化规律。

2. 专业村视角下的农业产业集群形成机理仍然有待挖掘

本书假定专业村地域经济效应的终极表现形式为产业区，并将理论分析与案例验证相结合，展示了不同发展水平专业村地域经济效应的产业化、集群化状态。但是，农业专业项目(初级产品生产活动)是如何以专业村为载体或平台逐步发展为产业集群的？这不仅需要从专业项目生产规模、空间范围扩展等表象特征进行展示，更需要借助产业集群形成与演化理论、产业发展与分工理论等进行深入剖析。鉴于该类研究已经在产业集群理论、农业产业集群理论等相关研究中做了详尽的论述，故而本书并未将专业村视角下的农业产业集群形成机理进行更为细致的阐释。实际上，本书介于单纯考察区域内专业村空间分布格局和单纯从理论上分析农业产业集群形成机理研究的中间地带，即抓住某一个专业项目，借助专业村的区域示范与带动作用，对其生产区域化格局进行分析。但这样可能无法让读者直观感知专业村地域经济效应终极表现形式的具体形成过程与内在机理。



### (三)需要进一步明确的问题

1. 专业村的概念该如何界定

虽然不同国家、不同区域的专业村，无论在区域范围、生产规模抑或产业发展水平等诸多方面千差万别，但国内外学者极少对专业村的概念与内涵进行辨析，仿佛也并不存在争议。国内学者对专业村概念的定义更是出奇地一致，专业村的区域范围是一个自然村或行政村，专业化生产率是测度一个自然村或行政村是否为专业村的唯一标尺。有限的区域范围、简单的衡量标准是致使众多学者质疑专业村发展前景的重要原因。例如，一个拥有 200~300 户农户的白菜专业村，即使白菜种植户数率达到 100%，过低的产业门槛让农户可以随意进出，过低的农产品附加值和有限的深加工空间让企业无法进驻，其发展前景将非常有限，甚至可能会“昙花一现”。那么，若停留于分析或寻求这类专业村的可持续发展出路，现实意义势必非常有限。那么，专业村的概念应当如何界定呢？在测度产品附加值或发展潜力较为困难的情况下，专业村持续发展的时长可能更为直观。一般而言，持续发展时间越长的专业村，在某种程度上表示了村域发展条件与专业项目发展条件之间的相似度越高，持续发展能力越强，对外影响一般也越大。因此，引发以下问题值得思考。一是在界定专业村概念时，是否将时间要素纳入其中，而不仅仅考虑专业化率？二是在研究专业村时，是否分类进行，重点关注发展潜力大或竞争实力强的专业村，而不是将所有专业村作为分析对象，以提升研究的实践价值？

2. 专业村未来的发展方向是什么

在城市化、工业化快速推进的时代背景下，世界各国大量村落凋零甚至消失，出现了近郊型村落被城市吞并，成为城市中的一部分；远郊型村落，大量劳动力流失、村民变迁，成为“空心村”；处于中间地带的村落，受城市化、技术进步、机械化水平等多种因素的影响，乡村性也越来越弱。在此背景下，以村域为载体的专业村是否会随着村落的终结而消失？此外，从《农业农村部关于公布第十一批全国“一村一品”示范村镇及2021年全国特色产业十亿元镇亿元村名单的通知》（农业农村部，2021）中不难发现，专业村以特色农产品、乡村旅游、手工制品等非粮产品为主。而新冠肺炎疫情肆虐、世界各地政治局势紧张、国际粮食危机加剧的当前，国务院办公厅颁布的《关于防止耕地“非粮化”稳定粮食生产的意见》明确规定永久基本农田要重点用于发展粮食生产；也有部分学者研究认为国家“一村一品”政策大大影响了耕地非粮化，即专业村建设通过调整农业生产结构、加大基础设施建设等大大提升了耕地非粮化程度，不利于国家粮食安全（Yang，2021）。那么，在此背景下，专业村的发展是否会受到影响？毫无疑问，保障国家粮食安全的战略地位势必优先于乡村经济发展，但乡村振兴也事关国计民生。那么，专业村未来如何才能既不影响国家粮食安全又能促进乡村经济发展？



3. 专业村未来发展的模式是什么

乡村是具有自然、经济和社会等特征的地域综合体，其兼具生产、生活、政治、文化和生态等多重功能。因此乡村资源丰富多样，且分布广泛。但受自然地理、行政区划、历史因素等的影响，乡村资源（尤其是土地）一般呈分散化、碎片式分布于各个村内，且不同村域拥有的资源类型、数量、质量均不完全相同。因而，各村能够利用自身资源优势进行专业村建设。但是，随着乡村振兴战略的实施，各种资源要素逐渐被整合。被整合后，一个村的优势可能减弱，也可能增强。但无论如何，村域资源的配置不再局限于一个村内，而是和区域内其他要素被统筹安排，区域分工被重新划定。此外，随着5G的普及，以及即将到来的6G、自媒体的飞速发展，“直播带货”“厂家直销”现象越发普遍的同时，专业户自产自销现象也越来越多。专业户不再停留于过去的只生产不销售，而是通过网络平台直接对接消费者。线上集聚、线上交流越来越成为专业户之间、专业户和企业之间以及其他不同经济主体之间交流与合作的主要方式。即虚拟集聚逐步取代地理空间上的集聚，且更具有优势，远超马歇尔的外部规模经济（刘燕，2021）。那么，面对资源整合、合作模式等外部生产条件及环境的变化，专业村的建设是鼓励单个村的高度专业化，还是集中区域内零散资源进行规模化、专业化生产？与此相对应的专业村研究，又该何去何从？

# 参考文献

[1]Arafat Y, Tayyab M, Khan M U, et al. Long-Term Monoculture Negatively Regulates Fungal Community Composition and Abundance of Tea Orchards[J]. Agronomy, 2019, 9(8).

[2]Bański J, Wesołowska M. Disappearing villages in Poland-selected socioeconomic processes and spatial phenomena[J]. European Countryside, 2020, 12(2): 221-241.

[3] Battisti G . Innovations and the economics of new technology spreading within and across users: Gaps and way forward[J]. Journal of Cleaner Production, 2008, 16(1): 22-31.

[4] Beer A, Ayres S, Clower T, et al. Place leadership and regional economic development: a framework for cross-regional analysis[J]. Regional Studies, 2018: 1-12.

[5]Bento N, Fontes M. Spatial diffusion and the formation of a technological innovation system in the receiving country: The case of wind energy in Portugal[J]. Environmental Innovation and Societal Transitions, 2015, (15): 158-179.

[6]Bergman E M, Feser E J. Industrial and regional clusters: concepts and comparative applications[J]. Regional Research Institute, West Virginal Univessity, 1999(19).

[7] Boeke J H. Economics and economic policy of dual societies [M]. Haarlem, 1953.

[8] Boulding K E. The consumption concept in economic theory [J]. The American Economic Review, 1945, 35(2): 1-14.

[9]Brandth B , Haugen M S . Farm diversification into tourism-implications for social identity? [J]. Journal of Rural Studies, 2011, 27(1): 35-44.

[10]Burnett E, Wilson R S, Heeren A, et al. Farmer adoption of cover crops in the western Lake Erie basin[J]. Journal of Soil & Water Conservation, 2018,

73(2): 143-155.

[11]Cai Q H, Zhu Y C. Social trust, relationship network and participation in the supply of rural public goods of farmers[J]. China Rural Econ, 2015(7): 57-69.

[12]Carter C A, Zhong F N. China's past and future role in the grain trade [J]. Economic Development and Cultural Change, 1991, 39(4): 791-814.

[13] Casetti E. Innovation diffusion as a spatial process[J]. Geographical Analysis, 1969, 1(3): 318-320.

[14]Choy L H T , Lai Y , Lok W . Economic performance of industrial development on collective land in the urbanization process in China: Empirical evidence from Shenzhen[J]. Habitat International, 2013, 40(4): 184-193.

[15] Christakis N A, Fowler J H. Connected: the surprising power of our social networks and how they shape our lives[M]. Beijing: Beijing United Publishing Co. , Ltd, 2017.

[16]Collier P. Social capital and poverty[J]. Social Capital Initiative Working Paper, 1998(4).

[17]David S, Tuma N B. Spatial and temporal heterogeneity in diffusion [J]. American Journal of Sociology, 1993, 99(3): 614-639.

[18] Duan W, Su N, Jiang Y, et al. Impacts of social trust on rural households' attitudes towards eological conservation: example of the giant panda nature reserves in China[J]. Forests, 2022, 13(1): 53.

[19]Fujita M . Economic development capitalizing on brand agriculture : turning development strategy on its head[J]. IDE Discussion Papers, 2006: 205-229.

[20]Ge D , Long H , Zhang Y , et al. Farmland transition and its influences on grain production in China[J]. Land Use Policy the International Journal Covering All Aspects of Land Use, 2018(70): 94-105.

[21]Grubler A. Time for a change: on the patterns of diffusion of innovation [J]. Daedalus, 1996, 125(3): 19-42.

[22] Hagerstrand T. Innovation diffusion as a spatial process [D]. A. Pred. Chicago: University of Chicago Press, 1968.

[23]Hagerty M R. Testing Maslow's hierarchy of needs: national quality-of-life across time[J]. Social Indicators Research, 1999, 46(3): 249-271.

[24]Hien N T, Hoa H T M, Tu V C, et al. The impact of product quality on intention to experience tourism according to OCOP standards in Vietnam[J]. Research Review International Journal of Multidisciplinary, 2022, 7(2): 46-51.

[25]Hoang Thanh L, Ta Nhat L, Nguyen Dang H, et al. One Village One Product (OVOP): A rural development strategy and the early adaption in Vietnam, the case of Quang Ninh Province[J]. Sustainability, 2018, 10(12): 4485.

[26]Horna J D, Smale M, Oppen Mvon. Farmer willingness to pay for seed-related information: rice varieties in Nigeria and Benin[J]. Environment and Development Economics, 2007(11): 799-825.

[27]Hualou Long. Land Use Transitions and Rural Restructuring in China[M]. Springer, 2020.

[28]Igusa K. The problem of the regional revitalization in Asia and One Village One Product: adaptability of Oita model to Asian countries[J]. Journal of OVOP Policy, 2008, 1(1): 1.

[29]Jacobs. The death and life of great American cities[M]. London: Penguin, 1965.



[30] Jinlong Gao, Yansui Liu , Jianglong Chen. China's initiatives towards rural land system reform[J]. Land Use Policy, 2020(94).

[31] Kang X. The impact of family social network on household consumption [J]. Modern Economy, 2019, 10(3): 679.

[32]Karki B B. Doing business and role of government for entrepreneurship development [J]. The Journal of Nepalese Business Studies, 2010, 7(1): 53-62.

[33]Kay R. Caring communities: processes of marginalization andaccess to formal and informal care and assistance in rural Russia[J]. Journal of Rural Studies, 2011, 27(1): 45-53.

[34] Kemavuthanon. Leadership in the OVOP and Similar Movements: The Comparative Study Between the OVOP Movement in Japan and OTOP Project in Thailand[J]. International Journal of Public Administration, 2014, 37(9).

[35] Kilic T, Carletto C, Miluka J, et al. Rural nonfarm income and its impact on agriculture: Evidence from Albania[J]. Agricultural Economics, 2009, 40(2): 139-160.

[36]King B, Fielke S, Bayne K, et al. Navigating shades of social capital

and trust to leverage opportunities for rural innovation[J]. Journal of Rural Studies, 2019(68): 123-134.

[37]Krishna A, Uphoff N. Mapping and measuring social capital through assessment of collective action to conserve and develop watersheds in Rajasthan, India [M]. Washington: The World Bank, Social Development Department, 1999.

[38]Kunio Igusa. The problem of the regional revitalization in Asia and One Village One Product-adaptability of Oita model to Asian countries [J]. Journal of OVOP Policy, 2008, 1(1).

[39]Lalitha N, Viswanathan P K. Technology diffusion and adoption in cotton cultivation: Emerging scenario in Gujarat[J]. The Journal of Agrobiotechnology Management & Economics, 2015, 18(2): 210-220.

[40]Li Erling, Li Xiaojian, Liu Zhigao. Relationships and evolving networks of rural manufacturing clusters: a case study in Yucheng County, Henan Province of China [J]. Chinese Geographical Science, 2011, 21(3): 364-376.

[41]Lin J Y. Rural reform and agricultural growth in China[J]. American Economic Review, 1992, 82(2): 34-51.



[42]Luhmann N. Trust and power[M]. John Wiley & Sons, 2018.

[43]Winsberg M D. Concentration and specialization in United States agriculture, 1939-1978[J]. Economic Geography, 1980, 56(3): 183-189.

[44]van Dijk M P. Smallenterprise cluster in India and Indonesia, an evolutionary perspective [M]. European institute for comparative urban research, Erasmus University Rotterdan, 1997.

[45]Mai N T. Analysis of the differences in OCOP products between Thanh Hoa Province and Nghe an Province[J]. Journal La Bisecoman, 2021, 2(6): 1-10.

[46]Marlina N, Iskandar D. Cooperative and poverty alleviation: exploring the role and effort of Serba Usaha Melati cooperative in Wonoyoso Village Semarang [J]. Advanced Science Letters, 2018, 24(12): 9722-9725.

[47]Martin P, Ottaviano G I P. Growth and agglomeration [J]. International Economic Review, 2001, 42(4): 947-968.

[48]Martin T, Sunley P. Deconstructing clusters: chaotic concept or policy panacea? [J]. Journal of Economic Geography, 2003, 3(1): 5-35.

[49] Mendels F F. Proto-industrialization: the first phase of the industrialization process[J]. The Journal of Economic History, 1972, 32(1): 241-261.

[50] Miagina Aveanty, Biso Hernansi, Kembauw Esther. Sustainable development through the One Village One Product (OVOP) approach for local commodities [J]. IOP Conference Series: Earth and Environmental Science, 2021, 755 (1): 012071.

[51] Michael E Porter. Clusters and new economics of competition [J]. Harvard Business Review, 1998(11): 77-91.

[52] Min Xia, Yanyuan Zhang, Zihong Zhang, et al. Modeling agricultural land use change in a rapid urbanizing town: linking the decisions of government, peasant households and enterprises[J]. Land Use Policy, 2020(90): 104-266.

[53] Moore R H. Japanese agriculture: patterns of rural development [M]. Boulder: Westview Press, 1990.

[54] Morrill R, Gaile G L, Thrall G I. Spatial diffusion[M]. Beverly Hills and London: Sage, 1988.



[55] Nahapiet J, Ghoshal S. Social capital, intellectual capital and the organizational advantage[J]. Academy of Management Review, 1998, 23(2): 242-266.

[56] Narayan Deepa, F Michael Cassidy. A dimensional approach to measuring social capital: development and validation of a social capital inventory[J]. Current Sociology, 2001, 49(2): 59-102.

[57] Natsuda K, Igusa K, Wiboonpongse A, et al. One Village One Product-rural development strategy in Asia: the case of OTOP in Thailand[J]. Canadian Journal of Development Studies/Revue canadienne d'études du développement, 2012, 33(3): 369-385.

[58] Nguyen T T, Vo H T. Value chain and competitiveness of OCOP standardized clown knife fish products in Hau Giang province[J]. Can Tho University Journal of Science, 2021, 13(3): 88-99.

[59] Niu N, Li X, Li L. Exploring the Spatio-Temporal Dynamics of Development of Specialized Agricultural Villages in the Underdeveloped Region of China[J]. Land , 2021(10): 698.

[60] Ntassiou K. Studying abandoned settlements' renaissance in the context of rural geography: perspectives for Prespes, Greece[J]. European Planning Studies,

2022，30(2)：359-383.

[61] Okura Y. A study of regional development and the One Village One Product movement in Oita Prefecture，Japan[J]. Kansai University review of business and commerce，2009(11)：99-122.

[62] Onyx Jenny，Bullen Paul. Measuring social capital in five communities [J]. The Journal of Applied Behavioral Science，2000，36(1)：23-42.

[63] Ormrod R K. Local context and innovation diffusion in a well-connected world[J]. Economic Geography，1990，66(2)：109-122.

[64] Piore M，Sable C. The second industrial division[M]. New York：Basic Brookes，1984.

[65] Porteous J D. The nature of the company town[J]. Transactions of the Institute of British Geographers，1970：127-142.

[66] Prayitno G，Matsushima K，Jeong H，et al. Social capital and migration in rural area development[J]. Procedia Environmental Sciences，2014(20)：543-552.

[67] Kunio I. The problem of the regional revitalization in Asia and One Village One Product：adaptability of Oita model to Asian countries[J]. Journal of OVOP Policy，2008(1).

[68] Putnam R D. The prosperous community：social capital and public life [J]. American Prospect，1993(13)：35-42.

[69] Qiao Jiajun et al. Spatiotemporal evolution of specialized villages in the Yellow River Basin and its influencing factors[J]. Papers in Applied Geography，2022，8(2)：217-234.

[70] Qiu H G，Wang X B，Zhang C P，et al. Farmers' seed choice behaviors under asymmetrical information：evidence from maize farming in China[J]. Journal of Integrative Agriculture，2016，15(8)：1915-1923.

[71] Richard K Ormrod. Local context and innovation diffusion in a well-connected world[J]. Economic Geography，1990，66(2)：109-122.

[72] Richard L M，Diane M. Critical parameters of spatial diffusion processes [J]. Economic Geography，1975，51(3)：269-277.

[73] Rozelle S，Boisvert R N. Control in a dynamic village economy：the reforms and unbalanced development in China's rural economy[J]. Journal of Devel-

opment Economics, 1995, 46(2): 233-252.

[74]Sabet N S, Khaksar Sogand. The performance of local government, social capital and participation of villagers in sustainable rural development[J]. The Social Science Journal, 2020: 1-29.

[75]Sitabutr V, Deebhijarn S. Community-Based Enterprise (CBE) export performance strategy: An analysis of Thailand's entrepreneurial OTOP program[J]. Asia-Pacific Social Science Review, 2018, 18(1): 91-110.

[76]Smith R N. One village, one product: agro-industrial village corporatism in contemporary China[J]. Journal of Agrarian Change, 2019, 19(2): 249-269.

[77]Stenning N, Koichi M. Knowledge and networking strategies for community capacity development in Oyama-machi: an archetype of the OVOP movement[J]. Journal of OVOP Policy, 2008, 1(6): 5-20.

[78]Thaiprasert N. Rethinking the role of the agricultural sector in the Thai economy and its income distribution: a SAM analysis[J]. Forum of International Development Studies, 2004, 8(27): 187-212.

[79]Theodore W Schultz. Transforming traditional agriculture[M]. Chicago: University of Chicago Press, 1983.

[80]Tichy Q. Cluster: less dispensable and more risky than ever, clusters and regional specialization[M]. Published by Pion limited, 207 Brondesbury park, London NW25JW, 1998.

[81]Tobler W A. On the first law of geography: a reply[J]. Annals of the Association of American Geographers, 2004, 94(2): 1749-1763.

[82]Tobler W A. On the first law of geography: a reply [J]. Annals of Association of American Geographers, 2004, 94(2): 304-310.

[83]Tuamsuk K, Phabu T, Vongprasert C. Knowledge management model of community business: Thai OTOP Champions[J]. Journal of Knowledge management, 2013, 17(3): 363-378.

[84] Ullman E L. American commodity flow [M]. Seattle: University of Washington Press, 1957.

[85]Uphoff N. Understanding social capital: Learning from the analysis and experience of participation[J]. Social Capital A Multifaceted Perspective, 2000.

[86]Urokawa K, Tembo F, Velde D W. Challenges for the OVOP movement

in Sub－Saharan Africa－Insights from Malawi, Japan and Thailand[J]. 2010: 1-44.

[87]Valentin Noble. Mobilities of the One-Product policy from Japan to Thailand: a critical policy study of OVOP and OTOP[J]. Territory, Politics, Governance, 2019, 7(4).

[88]Viñas C D. Depopulation processes in European rural areas: a case study of Cantabria (Spain)[J]. European Countryside, 2019, 11(3): 341-369.

[89]Wang J , Cramer G L , Wailes E J . Production efficiency of Chinese agriculture: evidence from rural household survey data[J]. Agricultural Economics, 1996, 15(1): 17-28.

[90]Wen W Q, Zhong B Z, Ya H. Impact of perceived social norms on farmer's behavior of cultivated land protection: an empirical analysis based on mediating effect model[J]. Int. J. Low-Carbon Tec, 2021(16): 114-124.

[91] Xiaojian Li. Specialized villages in inland China: spatial and developmental issues[J]. Sustainability, 2018, 10(9) : 2994.

[92] Yamagami, Susumu. The origin of OVOP: the experience of Oyama town's diversification strategy[J]. Policy Science Association, 2006, 14(3).



[93]Yan J , Chen C , Hu B . Farm size and production efficiency in Chinese agriculture: output and profit[J]. China Agricultural Economic Review, 2019, 11(1): 20-38.

[94]Yang L, Rezitis A, Zhu Y, et al. Investigating the effects of social trust and perceived organizational support on irrigation management performance in rural China[J]. Water, 2018, 10(9): 1252.

[95] Yang Q , Zhang D . The influence of agricultural industrial policy on non-grain production of cultivated land: a case study of the"one village, one product"strategy implemented in Guanzhong Plain of China[J]. Land Use Policy, 2021(108).

[96] Yoshimura T. Sustainable local development and revitalization: case of one village one product movement: its principles and implications[R]. 32nd international training course in regional development, 2004.

[97]Zeng Y M, Tian Y, He K, et al. Environmental conscience, external incentives and social norms in rice farmers' adoption of pro-environmental agricultural

practices in rural Hubei province, China [J]. Environmental Technology, 2020 (19): 2518-2532.

[98] Zhijun Liu, Jiansheng Chen. The Predicament of Specialized Villages and Its Solutions: a Case Study of Zhe-Village [J]. International Journal of Business Anthropology, 2011(2): 78-90.

[99] Zhou Yang, Li Xunhuan, Liu Yansui. Land use change and driving factors in rural China during the period 1995-2015 [J]. Land Use Policy, 2020 (99): 1-16.

[100]阿兰·斯密德. 制度与行为经济学[M]. 刘璨，吴水荣，译. 北京：中国人民大学出版社，2004.

[101]埃弗雷特·M. 罗杰斯. 创新的扩散[M]. 北京：中央编译出版社，2002.

[102]白丹丹，乔家君. 服务型专业村的形成及其影响因素研究：以河南省王公庄为例[J]. 经济地理，2015，35(3)：145-153.

[103]白丹丹. 服务型专业村时空演化研究[D]. 开封：河南大学，2016.

[104]边燕杰. 城市居民社会资本的来源及作用：网络观点与调查发现[J]. 中国社会科学，2004(3)：136-146，208.

[105]卞贵建，周庆阳，张庆霞. 树莓经济性状主成分分析及优种选择[J]. 安徽农业科学，2005，33(4)：610-611.

[106]宾阳县统计局. 宾阳县一九九五年农林牧渔业综合统计表[B]. 宾阳县档案馆(卷宗号 101)，1998.

[107]蔡昉. 区域比较优势与农业发展政策[J]. 经济研究，1994(6)：33-40.

[108]曹智，刘彦随，李裕瑞，等. 中国专业村镇空间格局及其影响因素[J]. 地理学报，2020，75(8)：1647-1666.

[109]常军，王永福，景彦文. 一个高效益的养猪专业村[J]. 甘肃畜牧兽医，1993(1)：26.

[110]常向阳，韩园园. 农业技术扩散动力及渠道运行对农业生产效率的影响研究：以河南省小麦种植区为例[J]. 中国农村观察，2014(4)：63-70.

[111]陈建胜. 分工·市场·合作：基于浙江专业村发展路径研究[J]. 中外企业家，2007(12)：89-91.

[112]陈莫凡，黄建华. 政府补贴下生态农业技术创新扩散机制：基于

"公司+合作社+农户"模式的演化博弈分析[J]. 科技管理研究，2018，38(4)：34-45.

[113]陈永良，石一飞. 南通市专业村调查和启示[J]. 中国农业资源与区划，1996(3)：32-36.

[114]陈玉萍，吴海涛. 农业技术扩散与农户经济行为[M]. 武汉：湖北人民出版社，2010.

[115]陈悦，陈超美，刘则渊，等. CiteSpace 知识图谱的方法论功能[J]. 科学学研究，2015，33(2)：242-253.

[116]陈钊，熊瑞祥. 比较优势与产业政策效果：来自出口加工区准实验的证据[J]. 管理世界，2015(8)：67-80.

[117]戴宾，杨建. 特色产业的内涵及其特征[J]. 农村经济，2003(8)：1-3.

[118]戴维・诺克，杨松. 社会网络分析：第 2 版[M]. 上海：格致出版社，2017.

[119]单卫东，包浩生. 非均质空间随机扩散方程及其在城市基准地价评估中的运用[J]. 地理学报，1995，50(3)：215-223.



[120]丁栋虹. 企业家理论研究的历史回顾与世纪发展[J]. 南京农业大学学报(哲学・人文科学・社会科学)，2000，37(6)：143-150.

[121]丁世显，马东升. 发挥西峡特色优势争创全国香菇强县[J]. 中国食用菌，1998(3)：43-45.

[122]董培海，张东强，李伟. 民族村寨社区参与旅游扶贫的空间生产效应：以云南省怒江州老姆登村为例[J]. 旅游研究，2022，14(4)：57-70.

[123]董志勇. 行为经济学[M]. 北京：北京大学出版社，2005.

[124]樊杰."人地关系地域系统"是综合研究地理格局形成与演变规律的理论基石[J]. 地理学报，2018，73(4)：597-607.

[125]范达，韩喜平."农户经营"内涵的探析[J]. 当代经济研究，2003(9)：37-41.

[126]费孝通. 江村经济[M]. 北京：北京大学出版社，2012.

[127]费孝通. 乡土中国：第 3 版 [M]. 北京：北京出版社，2011.

[128]符钢战，韦振煜，黄荣贵. 农村能人与农村发展[J]. 中国农村经济，2007(3)：38-47.

[129]傅晨，狄瑞珍. 贫困农户行为研究[J]. 中国农村观察，2000(2)：

39-42，80.

［130］高更和，石磊．专业村形成历程及影响因素研究：以豫西南 3 个专业村为例［J］．经济地理，2011，31（7）：1165-1170.

［131］龚义勤，汪隆植，黄保健，等．出口萝卜干理想大根栽培技术［J］．长江蔬菜，1997（7）：11-13.

［132］郭清卉，李世平，李昊．社会规范、个人规范与农户有机肥施用行为研究：基于有机肥认知的调节效应［J］．干旱区资源与环境，2020，34（1）：19-26.

［133］哈尔·R. 范里安．微观经济学：现代观点［M］．上海：格致出版社，2004.

［134］韩明漠．农村社会学［M］．北京：北京大学出版社，2001.

［135］韩喜平．中国农户经营系统分析［M］．北京：中国经济出版社，2003.

［136］郝允德，李庆江．立足专业村（户）建设加快农民增收步伐：安徽省五河县发展养殖业的调查报告［J］．乡镇经济，2001（8）：47.

［137］何蒲明，魏君英．试论农户经营行为对农业可持续发展的影响［J］．农业技术经济，2003（2）：24-27.

［138］何问陶，王成进．从“储蓄约束”到“消费约束”：虚拟经济下的宏观投资决定［J］．财贸研究，2007（2）：85-93.

［139］贺灿飞，朱彦刚，朱晟君．产业特性、区域特征与中国制造业省区集聚［J］．地理学报，2010，65（10）：1218-1228.

［140］贺普超．葡萄学［M］．北京：中国农业出版社，1999.

［141］侯林岐，张杰，翟雪玲．社会规范、生态认知与农户地膜回收行为研究：来自新疆 1056 户棉农调研问卷［J］．干旱区资源与环境，2019，33（12）：54-59.

［142］侯廷帅，韩晓东，赵江，等．葡萄的加工技术综述［J］．食品工业，2015，36（5）：223-228.

［143］胡豹．农业结构调整中农户决策行为研究［D］．杭州：浙江大学，2004.

［144］胡雪萍．提高农民收入的一种有效途径：外出务工［J］．农业经济问题，2004（8）：63-66，80.

［145］黄献军．专业村是农村商品生产发展的新起点：湖南省益阳农村

150 个专业村的调查[J]. 经济体制改革，1990(4)：89-91.

[146]黄映晖，史亚军，李立伟，等. 北京郊区“一村一品”发展特点、问题及对策分析[J]. 中国农学通报，2008(8)：490-494.

[147]黄宗智. 长江三角洲小农家庭与乡村发展[M]. 北京：中华书局，2000.

[148]黄宗智. 中国的隐性农业革命[M]. 北京：法律出版社，2010.

[149]纪玉俊，冯阔. 双重政府博弈下的大国海洋产业集聚：一个理论分析框架[J]. 中国海洋大学学报(社会科学版)，2020(4)：77-87.

[150]姜明文. 发展手工业特色专业村：贫困农村城镇化的有效途径[J]. 农业经济，2004(4)：37-38.

[151]琚胜利，陶卓民. 南京市农家乐专业村的网络空间中心性[J]. 经济地理，2016，36(3)：109-117.

[152]克拉克. 制度与经济发展：欠发达和后社会主义国家的增长与治理[M]. 余劲松，李玲，译. 北京：法律出版社，2006.

[153]孔祥斌，李翠珍，张凤荣，等. 基于农户土地利用目标差异的农地利用变化机制研究[J]. 中国农业大学学报，2010，15(4)：57-64.

[154]孔祥智，李圣军. 发展一村一品经济：背景内容与原则[J]. 贵州社会科学，2008(2)：92-98.

[155]李春媛. 北京市蔬菜专业村产业集聚度及影响因素分析[D]. 北京：北京农学院，2020.

[156]李二玲. 中国农业产业集群演化过程及创新发展机制：以“寿光模式”蔬菜产业集群为例[J]. 地理科学，2020，40(4)：617-627.

[157]李飞，王静. 贫困妇女家庭决策权的影响因素研究：基于江华县贫困妇女的调查[J]. 农村经济与科技，2020，31(17)：125-128.

[158]李昊，曹辰，李林哲. 绿色认知能促进农户绿色生产行为吗?：基于社会规范锁定效应的分析[J]. 干旱区资源与环境，2022，36(9)：18-25.

[159]李君华，彭玉兰. 产业集群的制度分析[J]. 中国软科学，2003(9)：127-132.

[160]李丽静，张海军. 香菇“状元兄弟”成长记[J]. 农民文摘，2022(5)：24-25.

[161]李歧，王伟中. 一个正在发展中的栈羊专业村[J]. 中国畜牧杂志，1995(4)：53.

[162]李强，张林秀．农户模型方法在实证分析中的运用：以中国加入WTO后对农户的生产和消费行为影响分析为例[J]．南京农业大学学报(社会科学版)，2007，7(1)：20，25-31.

[163]李树奎，李同昇．我国西北地区县域农业技术扩散环境的评价研究[J]．干旱区地理，2011，34(1)：179-186.

[164]李涛，王钊，陶卓民，等．基于产业投资视角的乡村旅游发展区域差异与形成机制[J]．自然资源学报，2022，37(8)：2051-2064.

[165]李伟，张涛．宁陵县土壤养分现状、变化与评价[J]．河南农业，2012(23)：19-20.

[166]李小建，周雄飞，郑纯辉，等．欠发达地区地理环境对专业村发展的影响研究[J]．地理学报，2012，67(6)：783-792.

[167]李小建，葛震远，乔家君．偶然因素对区域经济发展的影响：以河南虞城县稍岗乡为例[J]．人文地理，2000(6)：1-4.

[168]李小建，罗庆，樊新生．农区专业村的形成与演化机理研究[J]．中国软科学，2009(2)：71-80.

[169]李小建，乔家君，李二玲，等．中国中部农区发展研究[M]．北京：科学出版社，2010.

[170]李小建，乔家君．地形对山区农田人地系统投入产出影响的微观分析：河南省巩义市吴沟村的实证研究[J]．地理研究，2004，23(6)：717-726.

[171]李小建，周雄飞，郑纯辉，等．欠发达区地理环境对专业村发展的影响研究[J]．地理学报，2012，67(6)：783-792.

[172]李小建．公司地理论[M]．北京：科学出版社，2002.

[173]李小建．经济地理学[M]．北京：高等教育出版社，2018.

[174]李秀娟，孟丽红，吉登艳．我国农业产业集聚度比较分析及区划研究[J]．中国农业资源与区划，2021，42(12)：51-59.

[175]李亚静．河南省专业村集聚研究[D]．开封：河南大学，2012.

[176]李玉．中国食用菌产业的发展态势[J]．食药用菌，2011，19(1)：1-5.

[177]梁书民．中国农业种植结构及演化的空间分布和原因分析[J]．中国农业资源与区划，2006，27(2)：29-34.

[178]林柄全，谷人旭，严士清，等．企业家行为与专业村形成及演变的关系研究：以江苏省宿迁市红庙板材加工专业村为例[J]．经济地理，2017，

37(12)：17-24，40.

[179]林常艳，何难．宁陵县陈营村：“科技葡萄”让农民不愁销路[N]．河南日报农村版，2013-07-16(2)．

[180]林毅夫．小农与经济理性[J]．中国农村观察，1988(3)：31-33.

[181]林毅夫．制度、技术与中国农业发展[M]．上海：三联书店，1992.

[182]刘晨光．黄河流域专业村空间格局演化及影响因素[J]．资源科学，2020，42(12)：2300-2313.

[183]刘晨光．黄河流域专业村区位分布的空间格局及演化机理[D]．开封：河南大学，2018.

[184]刘凤之．中国葡萄栽培现状与发展趋势[J]．落叶果树，2017，49(1)：1-4.

[185]刘浩，韩晓燕，薛莹，等．社会网络、环境素养对农户化肥过量施用行为的影响：基于东北三省741个玉米种植农户的调查数据[J]．中国农业大学学报，2022，27(7)：250-263.

[186]刘儒，卫离东．地方政府竞争、产业集聚与区域绿色发展效率：基于空间关联与溢出视角的分析[J]．经济问题探索，2022(1)：79-91.

[187]刘生学，谷振环，王少权．田野上的新希望：来自北京市大兴县专业村的调查与思考[J]．首都经济，1994(1)：26-31.

[188]刘炫廷，李谦．农户生计资本现状及展望[J]．西南林业大学学报(社会科学)，2021，5(2)：80-86.

[189]刘燕，罗明灿．林业产业集聚研究进展：兼论虚拟集聚对林业产业的影响[J]．林业经济问题，2021，41(6)：665-672.

[190]刘玉振，周灿，乔家君．欠发达农区特色种植空间扩散研究：以河南省大营村为例[J]．经济地理，2012，32(2)：116-120.

[191]卢向虎．国外“一村一品”运动对中国发展现代农业的借鉴[J]．世界农业，2007(10)：16-19.

[192]陆慧玲，赵雪雁，侯彩霞，等．社会资本对农户收入的影响机理研究[J]．干旱区资源与环境，2014，28(10)：14-19.

[193]陆明祥．谈历史偶然事件与产业集群起源的关系[J]．商业时代，2006(33)：82，83-84.

[194]罗必良．现代农业发展理论：逻辑线索与创新路径[M]．北京：中

国农业出版社，2009.

[195] 罗家德．社会网分析讲义［M］．北京：社会科学文献出版社，2005.

[196]罗军．传统农区产业集群形成与演化[M]．北京：社会科学文献出版社，2010.

[197]孟德友，陆玉麒．基于引力模型的江苏区域经济联系强度与方向[J]．地理科学进展，2009(5)：697-704.

[198]孟建利．树莓的栽培利用及发展前景探讨[J]．种子科技，2020，38(21)：67-68.

[199]孟向东．国际物流通了西峡香菇又俏销[N]．河南日报，2022-05-26(4).

[200]苗长虹，魏也华，吕拉昌．新经济地理学[M]．北京：科学出版社，2011.

[201]苗长虹，魏也华．分工深化、知识创造与产业集群成长：河南鄢陵县花木产业的案例研究[J]．地理研究，2009，28(4)：853-864.

[202]苗长虹．"产业区"研究的主要学派与整合框架：学习型产业区的理论构建[J]．人文地理，2006(6)：97-103.

[203]穆维松，冯建英，田东，等．我国鲜食葡萄产业的国际贸易与国内需求形势[J]．中国果树，2019(2)：5-10.

[204]牛文元．现代应用地理[M]．北京：科学出版社，1987.

[205]农业农村部．关于公布第十一批全国"一村一品"示范村镇及2021年全国特色产业十亿元镇亿元村名单的通知[J]．中华人民共和国农业农村部公报，2021(12)：9-23.

[206]农业农村部新闻办公室．全国贫困县已发展各类一村一品专业村1.5万个[J]．云南农业，2019(1)：94.

[207]裴志军．村域社会资本：界定、维度及测量：基于浙江西部37个村落的实证研究[J]．农村经济，2010(6)：92 -96.

[208]彭文平．农民经济学：发展经济学的新发展[J]．外国经济与管理，2002(2)：2-6，13.

[209]齐双虎．专业村建设在创建和谐新农村过程中的作用[J]．经济论坛，2006(24)：129，138.

[210]奇金．日本也搞专业村：介绍"一村一品运动"[J]．农村实用工程

技术，1992（2）：29.

[211]乔地，乔宪生．黄河故道应该铭记[N]．科技日报，2010-12-09（8）.

[212]乔家君，李亚静．专业村形成的集聚机理：以河南省专业村为例[J]．河南大学学报(自然科学版)，2014，44(3)：312-316.

[213]乔家君，杨家伟．中国专业村研究的新近进展[J]．人文地理，2013，28(5)：60，76-80.

[214]乔家君，张羽佳．农业型专业村发展的时空演化：以河南省南阳市专业村为例[J]．经济地理，2014，34(4)：131-138.

[215]乔家君．中国乡村地域经济论[M]．北京：科学出版社，2008.

[216]乔家君．乡村社区空间界面理论研究[J]．经济地理，2012，32（5）：107-112.

[217]秦富，张敏，钟钰，等．我国“一村一品”发展理论与实践[M]．北京：中国农业出版社，2010.

[218]秦夏明，董沛武，李汉铃．产业集群形态演化阶段探讨[J]．中国软科学，2004(12)：150-154.

[219]任振鹤．小村子大路子：利川市特色专业村的调查[J]．湖北社会科学，2000(1)：42-43.

[220]沈璐璐．农区专业村的形成机制与经济实力评价研究：以河南省安阳市为例[D]．广州：华南师范大学，2012.

[221]石金，徐广才．北京市蔬菜专业村产业集聚测度实证研究[J]．中国农学通报，2021，37(11)：158-164.

[222]时宽玉，崔永伟，胡瑞法．我国水稻优良品种扩散的决定因素分析：以浙江为例[J]，农业技术经济，2008(6)：36-41.

[223]史宇鹏，李新荣．公共资源与社会信任：以义务教育为例[J]．经济研究，2016，51(5)：86-100.

[224]舒尔茨．改造传统农业[M]．梁小民，译．北京：商务印书馆，2010.

[225]宋明智，龙子红，李悦，等．贵州食用菌国际市场推广探索[J]．合作经济与科技，2021(20)：97-101.

[226]孙德勤，马玉柱，于夫军，等．干理想大根萝卜高产栽培及加工技术[J]．山东农业科学，1996(4)：22-23.

[227]孙洪志，张建中．专业户、专业村促进了农村经济大发展[J]．农业经济问题，1982(4)：65.

[228]谭传凤，李祥妹．试论区域经济空间相互作用的微观机制[J]．地理研究，2001，20(3)：315-321.

[229]万年庆，李红忠，史本林．基于偏离-份额法的我国农民收入结构演进的省际比较[J]．地理研究，2012，31(4)：673-686.

[230]王承云．日本研发产业的空间集聚与影响因素分析[J]．地理学报，2010，65(4)：387-396.

[231]王初田．葡萄的营养价值及栽培技术[J]．中国园艺文摘，2012，28(9)：159-160.

[232]王春超．中国农户就业决策与劳动力流动[M]．北京：人民出版社，2010.

[233]王栋．我国农业产业集聚区形成机理研究[M]．北京：中国传媒大学出版社，2009.

[234]王缉慈，谭文柱，林涛，等．产业集群概念理解的若干误区评析[J]．地域研究与开发，2006，25(2)：1-6.



[235]王缉慈，等．超越集群·中国产业集群的理论探索[M]．北京：科学出版社，2010.

[236]王乐夫，唐兴霖．珠江三角洲：地方政府在经济发展中的地位和作用[J]．中山大学学报(社会科学版)，1997(4)：8-16.

[237]王留鑫，何炼成．农业专业化分工：研究进展与述评[J]．农林经济管理学报，2017，16(3)：293-300.

[238]王明杰，颜梓晗，余斌，等．电子商务专业村空间格局演化及影响因素研究：基于2015—2020年中国淘宝村数据[J]．地理科学进展，2022，41(5)：838-853.

[239]王鹏飞，徐文萍．村级尺度下土地集约度因素分析：以山东省东老庄为例[J]．地理研究，2015，34(6)：1088-1096.

[240]王天琪，黄应绘．农村社会资本测度指标体系的构建及其应用[J]．调研世界，2015(1)：38-43.

[241]王伟，乔家君，马玉玲，等．不同类型旅游专业村时空演变及发展方略：基于河南省旅游专业村数据的研究[J]．经济经纬，2020，37(5)：26-36.

[242]王小叶．农户土地规模决策行为：盲目还是理性：以河南小麦种植户为例[J]．经济学家，2018(12)：81-90.

[243]王晓，李二玲．河南省农村区域专业化发展研究：基于对河南省17个专业村的调查[J]．河南科学，2011，29(3)：368-373.

[244]王星媛，白俊红．要素流动、资源错配与全要素生产率[J]．经济问题探索，2021(10)：50-61.

[245]王亚华．小农户的集体行动逻辑[J]．农业经济问题，2020(1)：59-67.

[246]王亚楠．树莓收获机械化发展前景分析[J]．农业与技术，2015，35(2)：62.

[247]王玉斌，华静．信息传递对农户转基因作物种植意愿的影响[J]．中国农村经济，2016(6)：71-80.

[248]王治华．山东省青州市发展专业村的经验[J]．经济与管理研究，1994(4)：54-56.

[249]魏后凯，刘楷．镇域科学发展之路：对河北迁安及野鸡坨镇的调查[M]．北京：中国社会科学出版社，2010.

[250]文长存，孙玉竹，吴敬学．农户禀赋、风险偏好对农户西瓜生产决策行为影响的实证分析[J]．北方园艺，2017(2)：196-201.

[251]翁贞林．农户理论与应用研究进展与评述[J]．农业经济问题(月刊)，2008(8)：93-100.

[252]巫振富，赵彦锋，程道全，等．河南省夏玉米产量空间分布特征及其影响因素[J]．资源科学，2019，41(10)：1935-1948.

[253]吴林海，郭娟．我国城乡居民食品消费结构的演化轨迹与未来需求趋势[J]．湖湘论坛，2010(3)：66-71.

[254]吴娜琳，白丹丹，李小建，等．农户社会网络、经济活动与礼金消费行为的关系：基于887家农户调查数据的实证分析[J]．河南大学学报(自然科学版)，2017，47(2)：137-146.

[255]吴娜琳，李二玲，李小建．特色种植专业村空间扩散及影响因素分析：以河南省柘城县辣椒种植为例[J]．地理研究，2013，32(7)：1303-1315.

[256]吴娜琳，李立，李二玲，等．特色种植的空间持续性及其影响因素研究：以河南省封丘县树莓产业为例[J]．地理科学，2018，38(3)：428-436.

[257]吴娜琳，李小建，李二玲．经济作物种植与非农生产活动空间关系

探究：以河南省柘城县为例[J]. 经济地理，2012，32(8)：117-123.

[258]吴娜琳，李小建，乔家君. 农户行为与专业村形成的关系研究：以河南省柘城县史老八杨木加工专业村为例[J]. 地理科学，2014，34(3)：322-331.

[259]吴娜琳，李小建. 我国农区专业村消失因素的分析：以河南省郏县前王庄村为例[J]. 经济地理，2016，36(1)：127-134.

[260]吴娜琳. 特色农业产业区的形成过程与机制研究：以河南省三个农业项目在不同县域内的发展为例[D]. 开封：河南大学，2014.

[261]吴晓明. 农民增收之路：江苏吴江市专业村调查[J]. 苏南乡镇企业，2002(10)：30-31.

[262]吴云亭，孙承启，徐荔. 农村改革和经济发展的新跨越：山东省新泰市推进专业户向专业村跨越巡礼[J]. 瞭望新闻周刊，1994(36)：29-30.

[263]吴正超，刘小虎，韩晓日，等. 不同施肥处理对策对树莓果实产量和品质的影响[J]. 北方园艺，2010(12)：9 -12.

[264]伍景琼，贺海艳，苏娜，等. 云南省水果产业空间格局及其物流网络设计[J]. 经济地理，2019，39(5)：135-142.



[265]肖卫东. 农业地理集聚与农业分工深化、分工利益实现[J]. 东岳论丛，2012，33(8)：126-131.

[266]肖玉军，孔令家，黄中华，等. 一株野生泡囊侧耳的鉴定及生物学特性研究[J]. 食用菌，2022(4)：24-27.

[267]谢兆森，曹红梅，王世平. 影响葡萄果实品质的因素分析及栽培管理[J]. 河南农业科学，2011，40(3)：125-128.

[268]辛向阳，乔家君. 淘宝村集聚的时空演变及形成机制[J]. 地域研究与开发，2018，37(1)：11-15，30.

[269]徐广才，李春媛，张蕊，等. 北京市蔬菜专业村发展时空动态研究[J]. 中国农学通报，2019，35(20)：158-164.

[270]徐金海. 专业化分工与农业产业组织演进[M]. 北京：社会科学文献出版社，2008.

[271]徐丽明，邢洁洁，李世军，等. 国外葡萄生产机械化发展和对我国现状的思考[J]. 河北林业科技，2014(Z1)：124-128.

[272]徐旭初，吴彬. 合作社是小农户和现代农业发展有机衔接的理想载体吗？[J]. 中国农村经济，2018(11)：80-95.

[273]徐旭初．农民合作社发展中政府行为逻辑：基于赋权理论视角的讨论[J]．农业经济问题，2014，35(1)：19-29，110.

[274]徐玉妹，张润清．我国香菇产业现状及未来发展分析[J]．中国食用菌，2021，40(10)：89-92，96.

[275]徐振宇．小农—企业家主导的农业组织模式：天星村葡萄业技术与市场演化[M]．北京：社会科学文献出版社，2011.

[276]颜廷武．中西部地区农户经济行为与农村反贫困研究[D]．武汉：华中农业大学，2005.

[277]杨海龙，吕耀，焦雯珺，等．传统农业地区土地利用方式变化的驱动因子分析：基于贵州省从江县农户行为的实证研究[J]．资源科学，2010，32(6)：1050-1056.

[278]杨家伟．栾川县旅游专业村集聚研究[D]．开封：河南大学，2014.

[279]杨瑾，陈雯，袁丰．苏州老城区文化产业空间格局演化及其机理分析[J]．地理科学，2015，35(12)：1551-1559.

[280]杨忍，张昕，林元城．农业型专业村地域类型分化特征及对乡村产业振兴的启示：以广东省为例[J]．经济地理，2021，41(8)：34-44.



[281]杨小凯．发展经济学超边际与边际分析[M]．张定胜，张永生，译．北京：社会科学文献出版社，2003.

[282]杨小凯．经济学原理[M]．北京：社会科学文献出版社，1998.

[283]杨扬，李桦，薛彩霞，等．林业产权、市场环境对农户不同生产环节林业投入的影响：来自集体林改试点省福建林农的调查[J]．资源科学，2018，40(2)：427-438.

[284]叶勇．专业村群体崛起的奥秘[J]．江苏农村经济，2002(10)：17-19.

[285]尤小文．农户一个概念的探讨[J]．中国农村观察，1995(5)：17-20，51.

[286]俞文钊．当代经济心理学[M]．上海：上海教育出版社，2004.

[287]苑鹏．工业化进程中村庄经济的变迁：以东部地区的一个发达村庄为例[J]．管理世界，2004(7)：69-77.

[288]占锡昌．商品生产中的专业村[J]．赣江经济，1984(3)：44-45.

[289]张超，乔家君．种植专业村空间集聚的定量分析：以河南省信阳市浉河区为例[J]．河南大学学报(自然科学版)，2015，45(3)：291-298，307.

[290]张聪颖，霍学喜．社会资本多维视角与农户销售渠道选择：基于微

观调研数据的实证[J]. 华中农业大学学报(社会科学版)，2017(1)：23-31，141.

[291]张敦富. 区域经济学[M]. 北京：中国轻工业出版社，2003.

[292]张海军，王彦辉，张清华，等. 国内外树莓产业发展现状研究[J]. 林业实用技术，2010(10)：54-56.

[293]张建锋. 专业化分工视角下稻农的合作及其治理：以农机服务为例[D]. 重庆：西南大学，2020.

[294]张劲. 信息化对经济区域空间的作用机制[J]. 现代管理科学，2010(3)：83-84，91.

[295]张柳青. 制造业型专业村空间集聚机理研究[D]. 开封：河南大学，2014.

[296]张明龙. 产业集群与区域发展研究[M]. 北京：中国经济出版社，2008.

[297]张仁寿，符戈. 从"专业村"看农村商品生产发展的新势头[J]. 南方经济，1984(4)：27-29.

[398]张薇，张雪梅. 树莓产业发展现状及对策分析[J]. 河北果树，2021(3)：1-3，10.

[299]张晓山. 农民专业合作社的发展趋势探析[J]. 管理世界，2009(5)：89-96.

[300]张岩. 黑龙江省树莓产业发展现状及对策[D]. 哈尔滨：东北农业大学，2016.

[301]张永森，褚瑞云，丁福亮，等. 一个正在崛起的新的经济增长点：专业户、专业村、专业乡、专业合作经济组织、专业批发市场"五位一体"增长方式的调查[J]. 农业经济问题，2000(1)：12-16.

[302]赵文娟，杨世龙，王潇. 基于 Logistic 回归模型的生计资本与生计策略研究：以云南新平县干热河谷傣族地区为例[J]. 资源科学，2016，38(1)：136-143.

[303]赵玉山. 我国葡萄产业现状、影响因素及发展建议[J]. 果农之友，2014(11)：3-4，27.

[304]郑风田，程郁. 从农业产业化到农业产业区：竞争型农业产业化发展的可行性分析[J]. 管理世界，2005(7)：64-73，93.

[305]郑风田，程郁. 创业家与我国农村产业集群的形成与演进机理：基

于云南斗南花卉个案的实证分析[J]. 中国软科学，2006(1)：100-107.

[306]郑风田，顾莉萍. 准公共品服务、政府角色定位与中国农业产业簇群的成长：山东省金乡县大蒜个案分析[J]. 中国农村观察，2006(5)：18-25.

[307]郑耀群. 产业集群发展的制度因素研究[D]. 西安：西北大学，2009.

[308]钟涨宝，汪萍. 农地流转过程中的农户行为分析：湖北、浙江等地的农户问卷调查[J]. 中国农村观察，2003(6)：55-64.

[309]周德章，李海涛，李友忱，等. 关于我省专业村情况的初步调查[J]. 中州学刊，1984(1)：14-19.

[310]周丽，黎红梅，李培. 易地扶贫搬迁农户生计资本对生计策略选择的影响：基于湖南搬迁农户的调查[J]. 经济地理，2020，40(11)：167-175.

[311]周爽，吴娜琳. 中国特色种植村镇的空间分布及其成因：以国家级示范性专业村镇为例[J]. 经济地理，2021，41(4)：137-147.

[312]周维颖. 新产业区演进的经济分析[M]. 上海：复旦大学出版社，2004.

[313]周文. 产业空间集聚机制理论的发展[J]. 经济科学，1999(6)：96-101.



[314]周霞，周玉玺. 能人带动、组织承诺与农民专业合作社社员满意度研究：基于差序格局调节效应的跨层次分析[J]. 经济与管理评论，2018，34(5)：84-96.

[315]朱乾坤，乔家君，韩冬，等. 河南省专业村销售市场的时空变化：以50个专业村为例[J]. 地理研究，2022，41(3)：794-809.

[316]邹华斌. 毛泽东与“以粮为纲”方针的提出及其作用[J]. 党史研究与教学，2010(6)：46-52.

# 致 谢

我出生在豫东平原一个普普通通的小村，成长在党、政、军、企合一的新疆生产建设兵团。我的父母是地地道道的农民，勤劳朴实，善良本分，而又有着小农的精明。从很小的时候，我就跟随父母参加各种农业生产劳动，割过麦子、掰过玉米、掘过红薯，也拾过棉花、摘过哈密瓜。我清晰地记得1995年前后豫东乡村的样子、2005年前后新疆大农业的生产场景，见证农村的发展与没落，切身感受着农民的疾苦与无奈。怎样才能让农民过上好日子？这是我在初中时期就悄悄埋在心底的一个问题，也是激发我走向乡村地理学术研究道路的种子。

非常幸运的是，我在大三那年遇到了我的启蒙恩师——乔家君教授。



乔老师不仅从学术思想上给予我点拨，还在各种软件的学习与使用、数据的搜集与处理等基本技能方面言传身教，悉心指导。最终，在恩师的引领下，我平稳地踏上了探究深埋心底那个问题的学术道路。更幸运的是，在这条道路上，我遇到了我的人生导师——李小建教授。李老师渊博的学识、敏锐的洞察力、高屋建瓴的学术思想，不仅让我成功迈过这条道路上的一个个沟坎，更照亮了我前进的方向；李老师的人生智慧一点不亚于他的学术造诣，常常让我们醍醐灌顶、如沐春风。在这条道路上，我还遇到了很多学术大咖级的贵人：我的博士后导师苗长虹教授，学识广博，辩口利辞，精辟的见解常常语惊四座，在他的指导下，我逐步破解固化的思维模式，提升学术素养；大师姐兼老师的李二玲教授，慧心妙舌，侃侃而谈，她的头脑永远闪烁着智慧的光芒，更是如姐姐般对我呵护备至，不仅在学术上，更在工作上、生活上给予我全方位的照顾。可以说，本书中也包含了以上诸位老师的很多思想。在这条道路上，我还遇见了彭宝玉、祝英丽、许家伟、朱纪广、史焱文等同门师兄、师姐、师弟、弟妹，他们的热心、善良与聪慧，常常给我温暖、启发与各种帮助，让我时刻感受一路同行的畅快与温暖。

最让我感到幸运的是还有一群小伙伴，他们就是直接参与本书数据搜集与调研的全体同学：娄帆、陈晓燕、白丹丹、舒艳玲、张志伟、周洋、韩峰、闫书生、汪海飞、徐江浩、梁婉真、朱文哲、杜萍萍、马雪姣、张超、代猛、徐煜东、张庆华、施瑞、张百献、王蓝蓝、周爽、李喆、吴凯、张露、季永月、吕秋立、朱晶晶、吴胜利、朱津逸。调研条件有限，环境艰苦，虽然不至于风餐露宿，但挨饿受冻是常有的。虽然时隔多年，但每每想到他们调研时认真的样子，仍让我感动不已。可以说，没有他们的无私帮助，本书不可能呈现。当然，还要感谢封丘县农业局、宁陵县政府、西峡县政府、郏县农业局在数据搜集方面给予的大力支持和帮助，现任封丘县人大常委会党组副书记刘虎成书记、青堆村王书勤书记，宁陵县胡鹏县长、郭超峰站长、常炳春主任，西峡县菌办陈东旭主任、袁超峰主任、王文成老先生，郏县前王庄村王国申书记等，他们在百忙之中抽出宝贵的时间，陪我走过了一个又一个村庄，拜访了一家又一家农户，没有他们的鼎力协助，本书中的大量数据也不可能顺利获取。本书在撰写过程中，我的硕士生杨涵璐、卢重阳、范英杰参与了文献搜集与整理工作，王康、王忠阳参与了部分图件的制作工作，杨涵璐、黄国超、苗静静、黄佳美、吴小妮、周俊杰参与了文稿校正工作。他们聪慧、认真而又努力，时常给我小惊喜，在此感谢他们的辛勤付出。本书在签约、出版过程中，也得到了同事翟彬老师的大力支持，学院领导的关怀，在此向他们表示由衷的感谢。

导师的方向性指引、学术团队的温暖呵护、单位平台的稳固支撑为我的旅途提供了方向和平台，而家庭及家人给予的支持和关爱则为我的前进提供了保障。杨培宁，为人正直、宽容、睿智而又谦和，是我的爱人、知心朋友，也是我学术思维困顿时的开解者，纵容我的任性，支持我的各项工作，他但凡在家，洗衣做饭照顾孩子，无所不做；齐秀珍，我的婆婆，勤劳善良的传统农家老太太，帮我照顾孩子，料理家务；我的侄子杨童博、杨祎童，懂事、勤快，学习认真努力，还能帮我照顾年幼的儿女；我的父母，勤劳、聪慧、务实，不仅在学习上给予我全力支持，更教会了我不怕吃苦、坚韧不拔、努力生存的本领。正是他们的默默付出，才保障了我探索问题的时间和精力。

本书虽然不厚，但凝结了太多人的智慧与付出。在此，感谢恩师、导师、老师及各位同门、同学的大力支持与帮助，感谢家人的陪伴与付出，感谢学院提供的平台，感谢学生们的协助。如果说，滴水之恩当涌泉相报的话，那么，我需要一片海！非常歉疚的是，我至今好像还没能拥有一眼泉，只能借此机会表达感激之情、感谢之意，谢谢大家！